S

FORTSETZUNG

Stadt (Fortsetzung des Artikels von Band VII)

L. Byzantinisches Reich

I. Allgemein – II. Von der Spätantike bis zur Mitte des 7. Jh. – III. Von der Mitte des 7. bis ins 9. Jh. – IV. Vom 10. Jh. bis 1204 – V. Während der Lateinerherrschaft (1204–61) – VI. Von 1261 bis 1453.

I. ALLGEMEIN: Das byz. S.ewesen ist in allen Phasen seiner Entwicklung in Abhängigkeit von der territorialen Ausdehnung des →Byz. Reiches zu sehen. Die riesigen Gebietsverluste des 7. Jh., die Rückeroberung von Gebieten Syriens und Bulgariens in der 2. Hälfte des 10. Jh., die Etablierung und Expansion des Sultanats der →Selǧuqen in Kleinasien, die Eroberung von →Konstantinopel 1204 (4. →Kreuzzug) sowie die Ausdehnung des Staates der →Osmanen (Eroberung Konstantinopels 1453) hatten entscheidenden Einfluß auch auf die S.e, so daß sich diese (zunächst polit.) Ereignisse auch als Periodisierungspunkte anbieten. Hinzuweisen ist ebenso auf die stets bemerkbaren regionalen Unterschiede, gegenläufige Entwicklungstendenzen und insbes. auf die übermächtige Rolle der Großs. Konstantinopel, die einen der wesentl. Unterschiede zur städt. Entwicklung im westl. Europa zum Ausdruck bringt. Eine umfassende Darstellung des byz. S.ewesens steht vor einigen gravierenden Problemen: Breitere wiss. Vorarbeiten existieren nur zu bestimmten Epochen oder einzelnen städt. Siedlungen. Die systemat. Auswertung der schriftl. Quellen liegt bisher nur punktuell vor, und auch die Erschließung des archäolog. Materials befindet sich trotz aller Fortschritte der letzten Jahre erst in den Anfängen.

II. VON DER SPÄTANTIKE BIS ZUR MITTE DES 7. JH.: Bis ins ausgehende 6. Jh. repräsentierte das S.ewesen des Byz. Reiches noch das antike/spätantike System von πόλεις/ →civitates in ihrer Einheit von städt. Siedlung und mehr oder weniger ausgedehnter χώρα. Allerdings sind spätestens seit dem 4. Jh. Zerfallstendenzen erkennbar. Der Verlust der städt. Territorien und Steuereinkünfte unter Konstantin dem Gr. und Constantius II. (nur teilweise durch Valens wieder aufgehoben) hatte eine Verarmung zur Folge, die nur ungenügend durch Aufwendungen der (staatl.) Zivilverwaltung ausgeglichen wurde. Eine zunehmende Verarmung der kurialen Oberschicht der S.e (→decurio) und der (oft erfolgreiche) Versuch dieser Schicht, sich finanziellen Lasten zu entziehen, verstärkten die Niedergangstendenzen. Trotzdem gab es bis ins 7. Jh. eine Anzahl von Großstädten (neben Konstantinopel bes. →Antiocheia, →Alexandreia, →Ephesos u.a.), die mit ihren Bädern, Theatern, Hippodromen, öffentl. Gebäuden, Aquädukten und mit einem regen geistigen Leben Zentren der spätantiken Kultur darstellten. Sie waren auch Brennpunkte von Handel und Gewerbe, obwohl die Landwirtschaft in den meisten S.en Haupterwerbszweig blieb. Der spätantike Staat zog immer mehr – urspgl. – munizipale Aufgaben (z. B. Steuererhebung) an sich. Die Christianisierung des Reiches hatte erhebl. Auswirkungen auf die soziale Struktur, aber auch auf das S.bild (Überbauung offener Plätze, starkes Hervortreten von Kirchen, Kl. und →Hospitälern, selbst Anlage von →Friedhöfen innerhalb des S.gebietes, was in der Antike undenkbar gewesen war). Da die territoriale Struktur der Kirche sich der staatl. anpaßte, hatte bald jede Polis ihren Bf., der zunehmend, z. T. durch die Ks. gefördert, eine wichtige polit. und wirtschaftl.-soziale Rolle in den S.en spielte. Das Niveau der Urbanisierung schwankte erheblich zw. den einzelnen Reichsteilen. Ein bes. enges Netz von S.en wies z. B. das westl. Kleinasien auf. In demograph. Hinsicht wirkte sich die →Pest (542, weitere Pestwellen bis in die Mitte des 8. Jh.) katastrophal aus. Die seit Mitte des 6. Jh. eingetretenen Bevölkerungsverluste bilden (auch wenn sie sich nicht exakt beziffern lassen) einen wesentl. Faktor für den Niedergang des byz. S.ewesens, der auch durch die extremen finanziellen Belastungen (Eroberungspolitik Ks. Justinians I.) mitverursacht wurde und sich nach Ausweis der archäolog. Untersuchungen (z. B. in Sardes, Nordafrika oder Syrien) wohl bereits in der 2. Hälfte des 6. Jh. in der Aufgabe ganzer S.viertel manifestierte.

Das Ende der spätantiken Urbanität (mit nicht zu unterschätzenden kulturellen Auswirkungen) trat in der 1. Hälfte des 7. Jh. ein; dazu trugen die Perserkriege (bis 638) wie der Ansturm der Araber (ab ca. 641) bei. Eine regelrechte Enturbanisierung trat ein. Der Zusammenbruch der überregionalen Handelsbeziehungen (→Handel, B) war eine weitere Folge. Byzanz war nun auf Kleinasien beschränkt. Der Großteil der europ. Provinzen war seit der 2. Hälfte des 6. Jh. durch die Landnahme der →Slaven (und die Staatsbildung der →Avaren, ab 680 der →Bulgaren) dem Reich verlorengegangen. Nur wenige S.e, in der Regel Hafens.e, konnten gehalten werden (z. B. →Thessalonike).

III. VON DER MITTE DES 7. BIS INS 9. JH.: Lange Zeit in der Byzantinistik umstritten war die Entwicklung des S.ewesens und – davon nicht zu trennen – der Wirtschaft in den sog. »Dunklen Jahrhunderten«. Sah die ältere Forschung neben der Themenordnung (→Themen) die angebl. Kontinuität des S.ewesens in Kleinasien, dem Kernland des Byz. Reiches seit der Mitte des 7. Jh., als eine der Hauptursachen für das Überleben des Staates überhaupt, so hat sich in letzter Zeit die Ansicht durchgesetzt, daß im 7. und auch noch im 8. Jh. das byz. S.ewesen den tiefsten Punkt seiner Entwicklung erreichte. Eine erhebl. Anzahl von S.en verschwand (bes. auf dem Balkan, aber auch in Kleinasien), oft als Folge krieger. Ereignisse. Die fortgesetzten Versuche der →Araber, das Byz. Reich zu erobern (Belagerungen Konstantinopels 674–678, 716–717), und ihre fast jährl. Plünderungszüge (→Razzia) ins byz. Kleinasien hatten verheerende Auswirkungen auf das S.ewesen. Die byz. Provinzen sind nach dem 7. Jh. auf lange Zeit durch dörfl. Siedlungen und →'Kastra' geprägt, letztere oft Nachfolgesiedlungen antiker Poleis und wohl zumeist nicht als S.e im funktionalen (ökonom., sozialen, administrativen und kulturellen) Sinn anzusprechen. Wandlungen in topograph. Hinsicht zeigen sich u. a. in der Verlagerung des Siedlungskerns auf die Akropoleis bei gleichzeitiger (z.T. extremer) Schrumpfung (→Pergamon, →Sardes) der Siedlungen, die (in der Regel unter Verwendung antiker →Spolien) stark befestigt wurden. Zur Deckung des (bei der sehr kleinen Einwohnerzahl geringen) Wasserbedarfs genügten mit Mörtel ausgekleidete →Zisternen. Zwar sind in den Q. (sog. →Notitiae episcopatuum, Subskriptionslisten des VI. und VII. Ökumen. Konzils v. →Konstantinopel) Siedlungen zu Hunderten als Poleis genannt, doch dies reflektiert nur ihren Status als Bf.ssitz (der in manchen Fällen ohnehin nur ein nomineller war), sagt aber nichts über ihren tatsächl. Zustand aus.

Eine Wiederbelebung, ausgedrückt u. a. in einer Ausweitung der besiedelten Fläche (Entstehung von Vorstädten), läßt sich bereits im 9. Jh. feststellen, sogar für inneranatol. S.e wie Ankyra oder Euchaita. S.e an der Ostgrenze (→Byz. Reich, H) wie →Theodosiupolis oder Artze blühten durch Handel mit den Kaukasusländern auf. Gestützt auf umfangreiche Schafhaltung, exportierten einige anatol. S.e wollene Kleidung, doch blieb überregionaler Export die Ausnahme. Im Normalfall beschränkte sich die Ausstrahlung einer S. auf die engere Umgebung, wodurch die handwerkl. Produktion (mangels größerer Nachfrage) auf bescheidenem Niveau blieb.

Im 8. und 9. Jh. lassen sich bestimmte Ansätze einer ksl. S.entwicklungspolitik, die allerdings dem Primat militär. Erfordernisse folgte, feststellen. Stimulierend auf die lokale handwerkl. Produktion wirkten staatl. (und kirchl.) Verwaltung sowie die Armee. Die hierdurch wesentlich erweiterte Geldzirkulation drängte die im 7. und 8. Jh. regional dominierenden naturalwirtschaftl. Verhältnisse zurück.

IV. VOM 10. JH. BIS 1204: Einhergehend mit der Konsolidierung und dem erneuten Aufschwung des Byz. Reiches seit dem ausgehenden 9. Jh. läßt sich ein neues Wachstum der S.e beobachten. Ihre Siedlungsstruktur unterschied sich deutlich vom Erscheinungsbild, wie es bis ins 6. Jh. geherrscht hatte. Die nun wieder verstärkten Bauaktivitäten verliefen »regellos«. Große offene Plätze oder repräsentative Straßen verschwanden. Relativ kleine, nach außen abgeschlossene Hauskomplexe bestimmten das S.bild. Hinzu trat eine wachsende Anzahl von Kirchen und Kl., wobei letztere zunehmende wirtschaftl. Bedeutung errangen. Die Wiederbelebung des S.ewesens vollzog sich regional und zeitlich differenziert. In Kleinasien z. B. setzte sie sich wesentl. langsamer durch als im europ. Reichsteil, wo Thessalonike zur – nach Konstantinopel – zweitwichtigsten S. des Reiches aufblühte (→Messe des hl. →Demetrios). Im 11. Jh. prosperierten dann auch viele S.e in Anatolien (→Melitene, Kaisareia/→Kayseri, Sebasteia/→Sivas, Euchaita, Amaseia/→Amasya, Ankyra/→Ankara, Ikonion/→Konya, Amorion, →Dorylaion) sowie auf dem Balkan bzw. in Nordgriechenland und Makedonien (→Ohrid, →Skopje, →Ioannina, →Kastoria, →Trikala, →Larisa u.a.). Seit dem 10. Jh., bes. aber im 11. und 12., prägten die sich entwickelnden großen Magnatenfamilien (→'Mächtige') das Leben der Provinzs.e (Kastra), in denen sie wohnten und von wo aus sie ihre z. T. sehr großen Landgüter verwalteten, wobei sie sich zunehmend dem Handel mit landwirtschaftl. Produkten zuwandten.

Im 12. und 13. Jh. setzte sich der Aufschwung der byz. (wie der unter Herrschaft der Selǧuqen stehenden) S.e in Kleinasien fort. Einige →Häfen am →Schwarzen Meer, →Sinope und bes. →Trapezunt, profitierten sowohl vom Handel mit dem Norden (Kiever Rus', →Kiev) als auch vom Orienthandel (via Kaukasus). Der Export von Getreide, Wein und anderen landwirtschaftl. Produkten (schon im 10. Jh. nachweisbar) war ztw. bedeutend. Eine ähnl. Rolle erlangte an der kleinasiat. Südküste Attaleia/→Antalya. Verglichen mit Kleinasien, erlebte das S.ewesen der byz. Balkangebiete und Griechenlands einen größeren Aufschwung. Nach der byz. Eroberung des Bulgarenreiches durch Basileios II. waren hier günstige Bedingungen entstanden. Die alten – oft seit langer Zeit verlassenen – S.e wurden wiederbesiedelt. Einige mittel- und südgriech. S.e erlebten einen Aufschwung der handwerkl. Produktion über lokale Bedürfnisse hinaus. Schon im 9. Jh. läßt sich dies auf der Peloponnes nachweisen. →Korinth, der wichtigste Hafen im westl. Teil des Byz. Reiches (Venedighandel), und Sparta/Lakedaimon (Vorgängersiedlung von →Mistra) nahmen einen Aufschwung, der im 11. und 12. Jh. seinen Höhepunkt erreichte (Handwerk, Olivenölexport). Neben Korinth war →Theben für Herstellung und Export von →Seide (sowie Glaswaren; →Glas, IV) berühmt. In einigen S.en war eine nicht geringe jüd. Bevölkerung (→Judentum, C) an diesem Wirtschaftsaufschwung beteiligt. Thessalonike blühte seit dem beginnenden 10. Jh. durch den Handel mit slav. und bulg. Gebieten auf (Handelsmonopol bis ins ausgehende 10. Jh.). Einen bisweilen hemmenden Einfluß auf die Entwicklung der Provinzs.e übte die geogr. Nähe der Haupts. aus, insbes. in bezug auf das →Handwerk, da Konstantinopel in der Lage war, die benötigten gewerbl. Produkte in jeder Qualität und Quantität zu liefern.

Ein spezifisches – und im einzelnen noch nicht hinreichend erforschtes – Problem ist der erhebl. (wirtschaftl., aber auch polit.) Einfluß Venedigs (und anderer it. S.e) auf die byz. S.e (seit dem 11./12. Jh.). Bereits im entscheidenden Handelsprivileg des Ks.s Alexios III. für Venedig (1198) läßt sich eine Tendenz zur polit. Zersplitterung der einzelnen S.e, die weniger wirtschaftlich als vielmehr polit.-militär. bedingt war, erkennen. Lokale Aristokratengeschlechter, →'Archonten', Bf.e, 'geitoniai' (Nachbarschaftsverbände) spielten eine zunehmende Rolle. Diese zentrifugalen Tendenzen verstärkten sich nach 1204.

V. WÄHREND DER LATEINERHERRSCHAFT (1204–61): Die Errichtung des →Lat. Ksr.es als Ergebnis des 4. Kreuzuges hatte für das byz. S.ewesen einschneidende Bedeutung, zumal etwa gleichzeitig das Reich der →Selǧuqen in Kleinasien sich konsolidierte. Andererseits bedeutete dies für die Haupts.e der byz. Reststaaten (v. a. →Nikaia unter den Laskariden, Trapezunt, Thessalonike, →Arta, →Mistra) einen Aufschwung. Die stets dominierende Rolle Konstantinopels war lange Zeit abgeschwächt. Einige S.e (Thessalonike, →Nikomedeia, →Philadelpheia, Nikaia, →Tralles, →Mesembria, →Philippopel, →Adrianopel, Kastoria, Mistra, →Monemvasia, Ioannina u.a.) konnten auch im 13. und 14. Jh. ihre Bedeutung – nicht zuletzt für den überregionalen Handel – bewahren. Während die S.e im Reich v. Nikaia in erster Linie für den Eigenbedarf produzierten, ist z. T. gleichzeitig eine enorme Belebung der Bautätigkeit zu konstatieren (z. B. in Ephesos, →Pergamon, mit Einschränkungen auch in Sardes oder →Milet).

VI. VON 1261 BIS 1453: Nach der Rückeroberung Konstantinopels (1261) erlebten das Byz. Reich und seine S.e zunächst eine (Schein-)Blüte. Die tiefgehende allg. Krise des 14. Jh., begleitet von sozialen Unruhen, die insbes. die S.e in Mitleidenschaft zogen, sowie die Entwicklung des Reiches hin zu einem Kleinstaat, der am Anfang des 14. Jh. nur noch über wenige europ. Gebiete verfügte, hatten negative Wirkungen auf die dem Reich verbliebenen S.e. Die Schwäche der Zentralgewalt führte zu Verselbständigungstendenzen. Erdbeben und die Pest (seit 1348) taten ein Übriges. Ein drast. Rückgang der Einwohner und eine allg. Verarmung kennzeichneten die Entwicklung selbst von Konstantinopel und Thessalonike, die allerdings im 14. und 15. Jh. immer noch einige zehntausend Einwohner hatten (die übrigen S. e zählten in der Regel selten mehr als 5000 Einwohner, oft weniger als 2000).

Die Entwicklung der byz. S. der Palaiologenzeit ist – verglichen mit den frühen Epochen – erst in geringem Maße erforscht. Man hat einen Trend zur weiteren Ruralisation der S.e, d. h. eine Zunahme des unmittelbar landwirtschaftl. tätigen Bevölkerungsanteils, festgestellt. Analog sank die Bedeutung der handwerkl. Betätigung. Der Handel litt unter starken staatl. Beschränkungen und (seit dem 12. Jh.) auch unter der dominierenden Rolle der ven., genues. oder pisan. Kaufleute; →Genua errichtete, gestützt auf den Vertrag v. →Nymphaion (1261), ein weiträumiges Netz von Faktoreien, dessen Knotenpunkte dynam. Handelss.e wie →Caffa oder privilegierte S.viertel wie →Pera/Galata bildeten. In der byz. Gesellschaft führten dagegen der Verlust an technolog. Kenntnissen, das Absinken der Qualität, die Zersplitterung der handwerkl. Produktion in kleinen und kleinsten Werkstätten zum Verfall des Exportgewerbes und zur Verarmung der gewerbetreibenden Schichten. Das S.-Land-Verhältnis in der Spätzeit des Byz. Reiches hatte sich dahingehend geändert, daß jetzt auch in den Dörfern erstaunlich viele Handwerker tätig waren (bekannt ist das Beispiel des Dorfes Radolivo auf der Chalkidike), was eine gesunkene Bedeutung des städt. Handwerks reflektiert.

Aristokratengeschlechter lebten in den S.en, die sie wohl auch polit. dominierten. Sie bildeten jedoch kein städt. Patriziat im Sinne der S.gesellschaft West-und Mitteleuropas. Diese soziale Gruppe befaßte sich auch mit Handels- und Geldverleihgeschäften, trat aber auch als Mäzen auf und förderte nicht unerhebl. das geistige Leben. Seit dem 14. Jh. wurden verstärkt S.privilegien durch die Herrscher (Palaiologen) verliehen. Diese Rechte für S.bürgerschaften dienten als Mittel im (z. T. in S.bürgerkriegen kulminierenden) Machtkampf zw. der Zentralgewalt und den lokalen aristokrat. »feudalen« S.herren. →Bürger, -tum, I.

W. Brandes

Lit.: Tabula Imperii Byzantini, Iff., 1976ff. – A. KAŽDAN, Vizantijskie goroda v VII–XI vv. Sovetskaja archeologija 21, 1954, 164–188 – E. KIRSTEN, Die byz. S. (Ber. zum XI. Internat. Byzantinistenkongreß V/3, 1959) – G. OSTROGORSKY, Byz. Cities in the Early MA, DOP 13, 1959, 45–66 – A. KAŽDAN, Derevnja i gorod v Vizantii (IX–X vv.), 1960 – F. DÖLGER, Die frühbyz. und byz. beeinflußte S. (V.–VIII. Jh.) (Paraspora, 1962), 107–139 – E. FRANCÈS, La ville byz. et la monnaie aux VII^c–VIII^c s., Byzantino-Bulgarica 2, 1966, 3–14 – D. ABRAHAMSE, Hagiographic Sources for Byz. Cities, 500–900, 1967 – V. HROCHOVÁ, Byzantská města ve 13.–15. století, 1967 – V. VELKOV, Die antike und die ma. S. im Ostbalkan (Die S. in Südosteuropa. Struktur und Gesch., 1968), 23–34 – D. CLAUDE, Die byz. S. im 6. Jh., 1969 – A. H. M. JONES, The Cities of the Eastern Roman Provinces, 1971 – C. FOSS, The Persians in Asia Minor and the End of Antiquity, EHR 90, 1975, 721–747 – C. ASDRACHA, La région des Rhodopes aux XIII^c et XIV^c s., 1976 – C. FOSS, Byz. and Turkish Sardis, 1976 – H. AHRWEILER, La ville byz. (Guide internat. d'hist. urbaine, I: Europe, hg. PH. WOLFF, 1977), 21–31, 134–144 – L. CRACCO RUGGINI–G. CRACCO, Changing Fortunes of the It. City from Late Antiquity to Early MA, Riv. di filol. e di istruz. class. 105, 1977, 448–475 – G. DAGRON, Le christianisme dans la ville byz., DOP 31, 1977, 9–10 – C. FOSS, Archaeology and the »Twenty Cities« of Byz. Asia, Amer. Journ. of Archaeol. 81, 1977, 469–486 – G. DAGRON, Entre village et cité: La bourgade rurale des IV^c–VII^c s. en Orient, Κοινωνία, 1979, 29–52 – C. FOSS, Ephesus after Antiquity, 1979 – N. OIKONOMIDÈS, Hommes d'affaires grecs et latins à Constantinople (XIII^c–XIV^c s.), 1979 – CH. BOURAS, City and Village: Urban Design and Architecture, JÖB 31/2, 1981, 611–653 – LJ. MAKSIMOVIČ, Charakter der sozialwirtschaftl. Struktur der spätbyz. S. (13.–15. Jh.), JÖB 31/1, 1981, 149–188 [dazu JÖB 32/1, 1982, 183–188] – City, Town and Countryside in the Early Byz. Era, ed. R. L.
HOHLFELDER, 1982 – G. DAGRON, Les villes dans l'Illyricum protobyz. (Villes et peuplement dans l'Illyricum protobyz., 1984), 1–20 – K.-P. MATSCHKE, Bemerkungen zu »S.bürgertum« und »stadtbürgerl. Geist« in Byzanz, Jb. für Gesch. des Feudalismus 8, 1984, 265–285 – J.-P. SODINI, L'habitat urbain en Grèce à la veille des invasions, ebd., 341–396 – J.-M. SPIESER, La ville en Grèce du III^c au VII^c s., ebd., 315–340 – W. MÜLLER-WIENER, Von der Polis zum Kastron. Wandlungen der S. im Ägäischen Raum von der Antike zum MA, Gymnasium 93, 1986, 435–475 – J. RUSSELL, Transformations in Early Byz. Urban Life: The Contribution and Limitations of Archaeological Evidence (The 17th Internat. Byz. Congress 1986, Major Papers, 1986), 137–153 – W. BRANDES, Die byz. S. im 7. und 8. Jh. in Kleinasien – ein Forsch.ber., KLIO 70, 1988, 176–208 – H. SARADI-MENDELOVICI, The Demise of the Ancient City and the Emergence of the Medieval City in the Eastern Roman Empire, Echos du monde classique/Classical Views 32, 1988, 365–402 – W. BRANDES, Die S.e Kleinasiens im 7. und 8. Jh., 1989 – V. V. FALKENHAUSEN, Die S.e im byz. Italien, MEFRM 101, 1989, 401–464 – A. HARVEY, Economic Expansion in the Byz. Empire 900–1200, 1989, bes. 198ff. – J.-M. SPIESER, L'évolution de la ville byz. de l'époque paléochrétienne à l'iconoclasme (Les hommes et les richesses dans l'Empire byz., I: IV^c–VII^c s., 1989), 97–106 – J. DURLIAT, De la ville antique à la ville byz., 1990 – J. HALDON, Byzantium in the Seventh Century, 1990, bes. 92ff. – M. WHITTOW, Ruling the Late Roman and Early Byz. City: A Continuous Hist., PP 129, 1990, 3–29 – D. J. CONSTANTELOS, Poverty, Society and Philanthropy in the Late Med. World, 1992 – G. PRINZING, Ortsnamenindex zu stadtgesch. Arbeiten aus der Byzantinistik, 1994.

M. Südosteuropa (westlicher Bereich)

Das S.ewesen im ma. Südosteuropa läßt sich in fünf Bereiche gliedern: Die dalmatin.-istrische S.; die ostmitteleurop. S. in →Slavonien und kontinentalen Bereich des heutigen Slowenien; die aus Bergbauorten und Karawanenstationen hervorgegangenen S.e in →Serbien und →Bosnien; die als polit.-militär. und kult. Zentren entstandenen S.e im 1. und 2. Bulg. Reich (→Bulgarien); die byz. S.

Der dalmatin.-istrische S.typ weist bezogen auf seine innere Struktur wie auch auf seine Bauformen zahlreiche Gemeinsamkeiten mit Italien auf; bis ins 11. Jh. wirken auch noch byz. Einflüsse. Spezif. für ihn sind die Vermittlerrolle zw. Adriaraum und wenig urbanisiertem Binnenland, die ethn. Zusammensetzung (Slaven, Romanen) und die slav.-roman. Mehrsprachigkeit. Die Kontinuität der S.landschaft seit der Antike – eventuell bei räuml. Verlagerung: →Salona nach →Split, →Epidaurum nach →Ragusa – zeigt sich in der teilweisen Bewahrung des antiken *ager* als städt. Territorium, im Falle räuml. Kontinuität auch in den Stadtplan (→Poreč, →Pula, →Zadar; der Teil von Split im Diokletianspalast), im Erhalt der ausschließl. Kompetenz des S.gerichtes und des einheitl. Rechtskreises, in der Kleinräumigkeit der kirchl. Gliederung, in der fast jede S. zugleich Bf.ssitz war.

Im FrühMA lag die S.regierung gemeinsam bei Bf. und Prior bzw. locopositus. Seit dem 12. Jh. organisierten sich die S.e als →Kommunen (slav. *općina*) durch feste Abgrenzung des Kreises der Bürger (cives); zw. weltl. und kirchl. Kompetenzen erfolgte eine klare Trennung. Die seit dem 13. Jh. ausgebildete Ratsverfassung weist gemeinsame Züge v. a. mit Venedig auf. Der seit dem 14. Jh. abgeschlossene Kreis der ratsfähigen Familien bildete das städt. Patriziat. Notariat und Statuten zeugen von einer entwickelten pragmat. Schriftlichkeit.

Seit dem 12. Jh. entwickelten sich zahlreiche neue Zentren, am erfolgreichsten →Šibenik, →Hvar und →Korčula. Sie glichen sich wirtschaftl., sozial und polit. bis ins 14. Jh. den älteren S.en an; zu ihrer Emanzipation gehörte auch die Erlangung eines Bf.ssitzes.

Nachdem das antike S.ewesen im Raum des heutigen Slowenien und nördl. →Kroatien im Zuge von Völkerwanderung und slav. Besiedlung zusammengebrochen war, erfolgte, meist in Anknüpfung an bestehende Siedlungen, eine neue Urbanisierung seit dem HochMA. Die Gründung des Bm.s in →Zagreb 1094 ist Indiz für die bereits gegebene Verdichtung. Die Welle von S.gründungen und -privilegierungen im 13. Jh. ordnete sich ein in den hochma. →Landesausbau und folgte der Agrarkolonisation. In diesen S.en oder S.teilen dominierte von Anfang an die wirtschaftl. vor der polit. und religiösen Zentralitätsfunktion. Der S.ausbau war von →hospites getragen, die zumeist aus dem dt.sprachigen Raum kamen; doch waren auch Slaven (Slovenen, Kroaten), Italiener und in Slavonien Ungarn präsent. In Gradec, der durch die Goldene Bulle v. 1242 privilegierten kgl. Freistadt innerhalb von Zagreb, bestand 1377–1437 ein expliziter Nationalitätenproporz in der S.regierung.

Die Organisation als Kommune, Bürgergemeinde, und die Ratsverfassung verbanden die S.e Slavoniens und des heutigen Slovenien strukturell sowohl mit den adriat. Küstens.en als auch mit dem weiteren Raum des mitteleurop. und it. S.ewesens. Dem gesamten Bereich gemeinsam war des weiteren die Rolle der stadtorientierten Bettelorden, die Pflege des Bruderschaftswesens und die Ausbildung von Zünften.

In den seit dem 14. Jh. sich ausbildenden S.en in Bosnien und Serbien finden wir ebenso Ansätze der Gemeindebildung, wurde der →Bergbau doch von →Sasi ('Sachsen') betrieben, und an den Handelsplätzen bestanden Kolonien von Kaufleuten aus Ragusa. L. Steindorff

Lit.: S. Vilfan, Die ma. S. zw. Pannonien und der Nordadria, Internat. kulturhist. Symposium Mogersdorf 4, 1974, 125–141 – M. Suić, Anitički grad na istočnom Jadranu, 1976 – F. W. Carter, Urban Development in the Western Balkans 1200–1500, An Hist. Geography of the Balkans, 1977, 149–195 – K. D. Grothusen, Zum S.begriff in Südosteuropa, Zs. für Balkanologie 13, 1977, 62–81 – D. Kovačić-Kojić, Gradska naselja srednjovjekovne bosanske drzave, 1978 – EncJugosl. IV², 1986, 492–515 – J. Dusa, The Medieval Dalmatian Episcopal Cities. Development and Transformation, 1991 – N. Budak, Gradovi Varaždinske županje (Urbanizacija Varaždinske županije do kraja 16. stoljeća), 1994 – L. Steindorff, Das ma. Zagreb – ein Paradigma der mitteleurop. S.gesch., Südosteuropa Mitt. 35, 1995, 135–145.

N. Osmanisches Reich

Die →Osmanen gebrauchten v. a. das pers. Wort *šahr/şehîr* (vgl. →Akşehîr, →Eskişehîr) und das arab. *qaṣaba*, um städt. Siedlungen größeren bzw. kleineren Umfangs zu bezeichnen. Die meisten S.enamen gehen auf vorosman. Zeit zurück. Die Sultane ermutigten nach der Einnahme wichtiger Zentren (wie →Thessalonike, →Konstantinopel und →Trapezunt) muslim., aber auch christl. und jüd. Bewohner anderer S.e zur Niederlassung. Weitere Maßnahmen zur Wiederbelebung der S.e waren Zwangsumsiedlungen (*sürgün*), insbes. von Spezialisten. Neuankömmlinge wurden zunächst als Personenverband (*cemāt'at*) registriert, bevor sich die Organisation nach S.vierteln (*maḥalle*) durchsetzte. Die idealtyp. Form des osman. Quartiers besteht aus einem Gebetshaus (Moschee, Kirche, Synagoge) als Nukleus einer stark unterschiedl. Anzahl von Wohnhäusern (ca. 20–30). Quartierbewohner bildeten eine Haftungsgemeinschaft gegenüber dem Fiskus, übten gegenseitige soziale Kontrolle aus, unterstützten sich in Notfällen und stifteten oft v. a. für die Bedürfnisse der so umgrenzten Nachbarschaft (Brunnen, Schulen). Die Mehrzahl der *maḥallât* war konfessionell homogen. Durchreisende und Junggesellen lebten in Gemeinschaftsunterkünften (*hâne*) außerhalb der Wohnquartiere.

Wenn sich auch der Status der S.bewohner de jure nur wenig von denen ländlicher Siedlungen abhob, galt in den S.en gemeinhin eine größere Rechtssicherheit, v.a. wenn sie Sitz eines Richters (→*qāḍī*) waren. Ein wichtiger Wirtschaftsbau, der eine S. im engeren Sinne auszeichnete, war die Markthalle vom Typus *bedestān*.

Nach der Eroberung von Konstantinopel (1453) nahm der Abstand der neuen Haupts. vor den alten Residenzen →Adrianopel und →Bursa rasch zu. Provinzzentren waren Sitz eines *sanǧaqbegs* bzw. →*beglerbegs* und hochrangiger →*ʿulemā*. Im 16. Jh. ist in Südosteuropa und großen Teilen Anatoliens ein starkes Anwachsen der städt. Bevölkerung zu verzeichnen. Für 1520/30 ist die Anzahl der steuerpflichtigen Haushalte zahlreicher S.e bekannt (z. B. Ankara 2704, Athen 2297, Sarajevo 1024, Saloniki 4863, Nikopolis 1243). Viele osman. S.e sprengten den Mauergürtel der byz. Vorgänger. Gartenreiche S.erweiterungen extra muros sind in Anatolien und Rumelien charakteristisch für die osman. Glanzzeit, in der Sicherheit kein bestimmender Faktor mehr ist. In Südosteuropa und Nordanatolien bildete sich, zunehmend auch als Kolonialstadt (Larisa/Yeñişehir, Sarajevo, Tirana) ein unverwechselbarer osman. S.typus aus. K. Kreiser

Lit.: R. Busch-Zantner, Zur Kenntnis der Osman. S., Geograph. Zs. 38, 1932, 1–12 – M. Cerasi, La Città del Levante, 1986 [Lit.] – N. Todorov, The Balkan City 1400–1900, 1988 – The Ottoman City and its Parts, hg. I. A. Biermann u. a., 1991 – K. Kreiser, Istanbul und das Osman. Reich, 1995.

Stadtansicht und Stadtbild
A. Westen – B. Byzanz

A. Westen
I. Definition – II. Frühchristentum – III. Mittelalter.

I. Definition: Die Begriffe S.ansicht und S.bild werden in der Regel synonym verwandt. »S.bild« ist enger der Malerei zuzuordnen, »S.ansicht« der Druckgraphik. Beide Begriffe werden den vielfältigen Möglichkeiten, »Stadt« bildl. zu schildern, nicht immer gerecht, z. B. der abstrahierten Stadtwiedergabe des MA. »Ansicht« intendiert eine mehr oder weniger frontale Blickrichtung auf das Objekt und schließt andere Illustrationsformen nicht zwangsläufig ein (z. B. die Schrägaufsicht). »S.bild« assoziiert bestimmte Techniken (Gemälde, Zeichnungen) und eine individuelle künstler. Interpretation, die in der (frühen) Druckgraphik selten gegeben ist. Wenig zutreffend erscheint die Bezeichnung »Vedute«. Zum einen ist sie ikonograph. wie bildkünstler. zu definieren, zum anderen ist »Vedute« ein fester kunsthist. Begriff für die weitgehend exakte Wiedergabe topograph. Situationen, vornehml. der it. Malerei des 18. Jh. Als neutraler Oberbegriff scheint »bildl. Stadtdarstellung« geeignet, üblicher ist die Bezeichnung »S.ansicht«. M. Schmitt

II. Frühchristentum: Die beiden wesentl. Arten antiker und frühchr. Stadtdarstellungen sind →Personifikationen und bildzeichenartige S.bilder (Piktogramme). Personifikationen von Residenzstädten, v.a. von Rom und Konstantinopel, finden sich bes. in der Herrscherpropaganda (z. B. Münzen bis zu Justinus II., 565–578). Neben der generellen Mauerkrone kommen auch spezif. Attribute und Namensbeischriften vor. Typisch spätantike, an das MA weitergegebene piktograph. S.bilder geben die Ansicht oder Schrägaufsicht einer ummauerten Stadt. Im Innern einer zinnenbewehrten, meist sechseckigen Mauer mit Ecktürmen und Tor steigen schematisierte Bauten auf: Giebelhausfront, Rundbau mit Kegel- oder Kuppeldach, Kolonnade. Da diese S.bilder meist keine realist. Architekturen aufweisen, wurde ihnen der Ortsname beigegeben (z. B. in den →Notitia dignitatum). Einige S.bilder der Mosaikkarte von Madaba zeigen allerdings spezif.

Merkmale, v. a. Jerusalem; neben größeren S.bildern sind hier (wie auch auf der →Tabula Peutingeriana) viele kleine Ortschaften in Bildkürzeln von einem oder wenigen Gebäuden angegeben. Im W sind piktograph. S.bilder seit dem 4. Jh. bes. häufig für Bethlehem und Jerusalem belegt, die (meist mit →Lämmerallegorie) z. B. in der unteren Zone von Apsismosaiken erscheinen. Im O, v. a. in Israel, Jordanien, Syrien und Libyen, erscheinen sie oft in →Fußbodenmosaiken mit umfassenden Programmen von Erde und Meer und von Nillandschaften (Beispiele und Lit.: DECKERS), auch hier öfters ohne Mauerring. Realist. S.ansichten fehlen in frühchr. Zeit (dies gilt auch für das Apsismosaik in S. Pudenziana in Rom und die S.bilder von Ravenna und Classe in S. Apollinare nuovo in Ravenna). Vgl. auch →Himmlisches Jerusalem.   J. Engemann

Lit.: LCI IV, 198–205, 205–209 – I. EHRENSPERGER-KATZ, CahArch 19, 1969, 1–27 – B. KÜHNEL, From the Earthly to the Heavenly Jerusalem, 1987 – H. MAGUIRE, Earth and Ocean, 1987 – J. DECKERS, RömMitt 95, 1988, 303–382.

III. MITTELALTER: [1] *Allgemein:* Die bildl. Darstellung der Stadt ist ab dem 11. Jh. formelhaft verkürzt auf Münzen, Siegeln und in der Buchmalerei anzutreffen. Die frühen Darstellungen des MA definieren die Stadt nicht nach ihrer spezif. Gestalt, sondern nach Inhalt und Wesen. Zwangsläufig konnte diese symbol. Bewertung nur eine weltanschaul. (aber keine realitätsbezogene) Schilderung finden. Im Entwicklungsgang von der allgemeingültigen Abbreviatur zum individuellen S.bild können einzelne Phasen unterschieden werden.

a) Die formelhafte Verkürzung auf eine dominierende Einzelheit, vorzugsweise die →Stadtmauer, steht symbol. für die Idee »Stadt«. Allein durch Hinzufügen des Stadtnamens oder -wappens wird das Signum, das in dieser Form z. B. auf Landkarten weit über das MA tradiert wird, individualisiert. b) Eine um typ. architekton. Merkmale wie Sakral- und Wohnbauten erweiterte Stadtformel vermittelt bereits die Vorstellung eines konzentrierten Stadtorganismus, bleibt aber aufgrund ihrer allgemeingültigen Architekturformen anonym und somit auswechselbar (→Tafelmalerei, frühe Druckgraphik, →Siegel). Eine Identifizierung ist ebenfalls erst über zusätzl. schriftl. oder herald. Informationen oder einen szen. Zusammenhang möglich. c) Ab dem späten 13. Jh. geschieht die Individualisierung mittels charakterist. Architekturzitate, unverwechselbarer Besonderheiten oder Geschehnisse (z. B. →Köln: Dom – Domkran – Ursulalegende). d) »Phantasiestädte«, die in ihrem Detailreichtum und -realismus glaubwürdig und individuell wirken, bleiben – in Unterordnung zum religiösen Bildthema – gleichfalls unbestimmbar. Im Gegensatz zur tatsächl. existierenden Stadt sind sie so von ewigem Bestand (Abbild des →Himml. Jerusalem). Entscheidend für die Individualisierung waren die Ideen der it. Renaissance. Erst auf diesen, von den ma., religiös gebundenen Vorstellungen losgelösten geistesgeschichtl. Grundlagen war die Bewältigung der Wirklichkeitsgestaltung, das Erkennen individueller städt. Gestalt gegenüber der Gattung »Stadt«, möglich. Die spezif. Architektur- bzw. Stadtdarstellung setzte etwa gleichzeitig mit der authent. Landschaftsschilderung (erstmals 1444 im »Fischzug Petri« von Konrad Witz) und dem Individualporträt ein. Die Überwindung der Zweidimensionalität (ab Mitte des 14. Jh. in Italien) und die Entwicklung perspektiv. Regeln erlaubten neue Illustrationsformen. Trotz des sinkenden Abstraktionsgrads sind die individualisierten Stadtdarstellungen des 15. Jh. weit entfernt von einem »Stadtporträt« im späteren Sinne.

[2] *Malerei:* In der Malerei des MA wurde Stadtgestalt nie um ihrer selbst willen dargestellt. Stets fungierte sie als Hintergrund- oder Nebenmotiv eines szen., fast immer religiösen Geschehens; zuerst in der sienes. Kunst des beginnenden 14. Jh., in Ambrogio Lorenzettis Wandbild »Die Stadt des guten Regiments« (1339). Versatzstückartig zeigt Lorenzetti sienes. Bauformen, vermeidet aber den konkreten Bezug zu Siena. Weitere Beispiele abstrahierter Stadtdarstellungen stammen u. a. von Giotto, Masaccio, Gentile Bellini und Piero della Francesca. Erste authent. Architekturzitate sind in der Buchmalerei zu finden, eindrucksvoll in den berühmten »Très Riches Heures du Duc de Berry« (1415/16 Brüder v. Limburg). Daß sich der Malerei die Frage nach Abbildtreue nicht stellte, die Möglichkeit, Stadtgestalt und -organismus realist. zu schildern, aber durchaus vorhanden war, verdeutlichen zahlreiche Beispiele der flandr. Malerei (u. a. Jan van Eyck, Madonna des Kanzlers Rolin, um 1437; Rogier van der Weyden, Bladelin-Altar; Meister von Flémalle, Mérode-Altar, Salting-Madonna; Hans Memling, Johannes-Altar, Brügge). Etwa zeitgleich entstanden in Deutschland summar., teils durch Architekturzitate individualisierte S.ansichten – ebenfalls stets in motiv. Funktion –, die später zum Vorbild für die Druckgraphik wurden, darunter die Tafelbilder Kölner Meister aus der 1. Hälfte des 15. Jh., die die Ursulalegende thematisieren. Ab 1450 fungierten identifizierbare Städte (an den wichtigsten Bauten) als Hintergrundmotiv religiöser Themen, u. a. Lüneburg (1447 von Hans Bornemann), Bamberg (1483 von Wolfgang Katzheimer d. Ä.), Freising (um 1485 von Jan Polack) oder Rothenburg o. T. (1466 von Franz Herlin). Nach ma. Vorstellung definierte das religiöse Thema die Architektur, z. B. ist in Herlins Tafelbild »Die Überführung der Leiche des Hl. Jakobus« als umgebende Kulisse Santiago de Compostela gemeint, aber Rothenburg o. T. abgebildet (stellvertretende Stadtdarstellung). Daß Künstler Ende des 15. Jh. Stadtgestalt durchaus wirklichkeitsbezogen wiedergeben konnten, dieses aber nicht in ihrem Wirkungswillen lag, verdeutlichen u. a. Albrecht Dürers Städteaquarelle, die als Motivvorlagen für spätere Bildthemen gedacht waren.

[3] *Druckgraphik:* Ihr kam Ende des 15. Jh. die Funktion zu, die in der Malerei als Motiv fungierende S.ansicht zum Bildthema zu verselbständigen. Techn. gesehen ist die druckgraph. S.ansicht nicht mehr ma., inhaltl. und formal dagegen tradierte sie bis in die nachfolgenden Jahrhunderte spätma. Seh- und Darstellungsweisen. Inhalt und Form bestimmte eine verbindl. Hierarchie der darzustellenden Baugattungen, mit dem Sakral- und Befestigungsbau an der Spitze und der bürgerl. Wohnbebauung am Ende. Kirchen galt es möglichst vollständig und auch unverwechselbar zu schildern, Wohnbebauung dagegen reduziert und schematisiert. Spezif. wird gezeigt, Auswechselbares dagegen weggelassen. Ähnlichkeit ist nicht das Ergebnis genauer Beobachtung vieler Details, sondern die Konzentration auf wenige Charakteristika. Verbindl. Gestaltungsweisen lassen die druckgraph. S.ansicht schon früh zum Topos erstarren, z. B. Überhöhung von Sakral- und Befestigungsbauten, Raffung der Silhouette, Staffelung der Bebauung zum Hintergrund, Wahl mehrerer, teils imaginärer Blickpunkte, Reduktion der Wohnbebauung usw. Von Beginn an ist die Kopiertätigkeit charakterist. für die druckgraph. Stadtdarstellung. Zwangsläufig mußten sich die frühen Darstellungen an der Tafelmalerei orientieren. Danach sind Anleihen untereinander obligator. Ohne dieses Vorgehen wäre keines der großen topograph. Sammelwerke zustande gekommen. Im Unterschied zur Malerei ist die druckgraph. S.ansicht in der

Regel ein anonymes, außerkünstler. Werkstattprodukt, das abweichenden Intentionen und Interessen unterliegt. Als erstes Druckwerk mit individualisierten S.ansichten gilt die »Peregrinatio in terram sanctam« (1486) des →Bernhard v. Breidenbach (26. B.). Das bekannteste Bl. zeigt eine summar. Schilderung Venedigs mit einigen gut beobachteten Einzelheiten. Hartmann →Schedel, mit dessen »Liber chronicarum« 1493 der Druck von Welt-, Länder- und Städtechroniken einsetzte, kopierte bereits die wenigen bis dahin gedruckten bzw. in Erfahrung gebrachten Vorlagen, darunter Reuwichs Ansichten von Venedig, Heraklion und Rhodos. Lediglich ein Viertel der 116 in Schedels Chronik gezeigten Städte ist identifizierbar. Von wenigen Ausnahmen abgesehen, handelt es sich bei den Holzschnitten um starre und naive Stadtformeln, die mehrfach verwandt wurden, insgesamt weit hinter den Leistungen zeitgleicher Tafelmalerei zurückbleibend. Gleiches gilt für Johann →Koelhoffs »Cronica van der hilliger Stat van Coellen« (1499). Den Typus der formelhaft verkürzten Phantasieansicht spätma. Prägung tradierte Sebastian Münsters »Cosmographia« von 1544 bis 1628 in 46 Ausgaben, fast unbeschadet vom Erscheinen der moderneren »Civitates orbis terrarum« (Erstausg. 1572f.), dem ersten großen topograph. Sammelwerk (6 Bde), das ausschließl. (meist realitätsbezogene) Stadtdarstellungen enthält. Daß auch die frühe Druckgraphik auf diesem Gebiet Hervorragendes zu leisten vermochte, beweisen großformatige Einzelbll., die einige (bedeutende) Städte in Auftrag gaben. Zu den bekanntesten Bll. zählen der sog. »Kettenplan« (1477/78) von Florenz, die erste Schrägaufsicht, eine später in der Druckgraphik zunehmend beliebter werdende Illustrationsform. Sie wandte auch Jacopo de' Barbari für seine berühmte Venedig-Ansicht (um 1500) an. Der größere Teil dieser repräsentativen Druckgraphiken entstand im 16. Jh. Die Bll. verdeutlichen eindrucksvoll Erkenntnisse und Möglichkeiten naturnaher Wiedergabe von Stadtgestalt, repräsentativ für den topograph. Realitätsbezug druckgraph. Stadtdarstellungen des 15. (bis 17.) Jh. sind sie nicht.

M. Schmitt

Bibliogr.: M. SCHEFOLD, Bibliogr. der Vedute, 1976 – *Lit.:* F. BACHMANN, Die alten S.ebilder, 1939 – P. LAVEDAN, Représentations des villes dans l'art du MA, 1954 – O. KLOSE–L. MARTIUS, Ortsansichten und Stadtpläne der Hzm.er Schleswig ..., 1962 – A. FAUSER, Rep. älterer Topographie..., 1978 – H. KUGLER, Die Vorstellung der Stadt in der Lit. des dt. MA, 1986.

B. Byzanz

Das Thema S.ansicht ist direkt mit dem von →Architekturdarstellung verbunden. Beide spielen in der byz. Kunst insofern eine wichtige Rolle, als sie in jeden nur denkbaren szen. Zusammenhang gebracht werden und dabei auch in die Landschaftsdarstellung (→Landschaftsmalerei [2]) eingebunden sind. Dabei ist bislang v.a. der jeweilige Realitätscharakter wie – damit eng verbunden – die eindeutige von jeweiligen Künstlern auch gemeinte Erkennbarkeit wie Benennung einer bestimmten Stadt bzw. eines bestimmten Gebäudes oder einer Gebäudegruppe diskutiert worden. Die Benennbarkeit wird allerdings durch Beischrift des Orts- bzw. Stadtnamens häufig erleichtert. Dabei ist festzuhalten, daß die realist. Vedute einer Stadt im modernen Sinn kein Thema der byz. Kunst und deren S.ansicht ist. Zwar sind die S.ansichten (wie die Architekturdarstellungen allg.) generell abbreviiert, doch scheint die neuerdings gebrauchte Vokabel vom Piktogramm doch zu weit zu gehen, denn sowohl Architekturals auch S.ansicht sind nicht etwa eingedampfte Veduten, denen der Realitätscharakter verlorengegangen ist, sondern der Realitätscharakter eignet in bes. Maße den Details einer Darstellung wie Säulen, Kapitellen, Dachziegeln etc. Reduziert wird in aller Regel die Anzahl mehrfach vorkommender Elemente, deren Einzelheiten allerdings (in der durch die Verminderung der Elemente ermöglichten Vergrößerung) deutlicher erkennbar werden. Der Zusammenhang der S.bilder wird durch engstes Zusammenrücken der Elemente, auch durch turmartig aufsteilende Gruppierung und Umgürten mit einer Mauer oder zumindest mit Schließung des Konturs durch Einzelmauern samt Darstellung von Tor(en) ausgedrückt. Dieses Darstellungsprinzip wird mit der Übernahme des spätantiken Erbes in der frühbyz. Zeit bis zum Ende der byz. Kunst im 15. Jh. phantasievoll variiert und in allen Gattungen der Malerei (Mosaik, Wandmalerei, Buch- wie Ikonenmalerei) ausgedehnt angewandt. Bes. hervorzuheben ist die seit der mittelbyz. Zeit immer mehr zu beobachtende Einbettung in die Landschaftsmalerei, die ihren Höhepunkt – zusammen mit dieser – in den Schöpfungen der spätpalaiolog. Monumentalmalerei (deutlichstes Beispiel: Peribleptos-Kirche in Mistras) erreicht.

M. Restle

Stadtarchiv → Archiv, IV

Stadtbefestigung → Befestigung, V

Stadtbevölkerung → Bevölkerung, B. II

Stadtbezirk → Stadtflur

Stadtbilder → Stadtansicht und Stadtbild

Stadtbrände → Brandkatastrophen, [1]

Stadtbücher. Zur Klassifikation von Archivschriftgut erstmals durch K. G. HOMEYER (1861), sodann durch K. BEYERLE (1910) und P. REHME (1913/27) geprägt, bezeichnet der Begriff S. heute in Anlage wie Inhalt unterschiedl. Überlieferungsbestände zumeist aus Verwaltung, Recht, Gericht und Handel, die erstrangige Q. der Verfassungs- und Sozialgesch. ma. →Städte sind. Er geht zurück auf die ma. Bezeichnung »Liber civitatis« aus dem späten 13./ frühen 14. Jh. (Lübeck 1227, Elbing 1330), volkssprachl. als *stat buch* (Coburg 1405, Bayreuth und Olmütz 1440) seit dem frühen 15. Jh. benannt. Im Zuge der Verschriftlichung des Rechts- und Verwaltungshandelns begannen größere Städte seit dem 12. Jh. (Kölner →Schreinsbücher [Grundbuch] um 1130), verbreiteter dann im 13. Jh. (Kiel 1242, Rostock um 1254, Wismar 1272) über rechtsverbindl. Akte des Rates und der Bürger Aufzeichnungen anlegen zu lassen, die bis zum 14. Jh. den Rang der Beweiskraft erhielten. Sie wurden (zunächst lat., seit der 2. Hälfte des 14. Jh. zunehmend volkssprachl.) von den →Stadtschreibern geführt und im Ratsauftrag verwahrt, was ihnen öffentl. Glaubwürdigkeit gab. Die Schreiber notierten die Einträge zunächst auf Wachstafeln und/oder Papierbögen in oblong-Format und übertrugen sie sodann in die S. (selten Pergament, meist Papier in Folio- oder Quartformat). Einträge über erledigte Rechtsgeschäfte wurden mitunter durch Streichung getilgt.

Die frühesten S. sind im Hanseraum zu Beginn des 13. Jh. belegt (Lübeck, Köln), aus der Folgezeit dort wie für weitere polit. und wirtschaftl. bedeutende Städte (z.T. bezeichnet als Ratsbuch, Satzungsbuch u.ä.) erhalten. Als »Libri memoriales« (Stralsund, seit 1320), später »Gedenkbücher« (Braunschweig Mitte des 14. Jh., Lüneburg 1409, Bremen Mitte des 15. Jh.), zur Beweissicherung geführt, waren die S. zunächst ausschließl. gemischten Inhalts und sind es mancherorts auch geblieben. Bereits seit Ende des 13. Jh., verstärkt seit dem 14. Jh., entwickelten sich zudem verschiedene S.arten für Rechtsakte des

Rates sowie für Rechtsgeschäfte zw. Rat und Bürgern und der Bürger untereinander, einschließl. der freiwilligen Gerichtsbarkeit – bes. bei Liegenschaftsangelegenheiten in Konkurrenz zum Notariatsinstrument und mit verstärktem Buchungszwang im 15. Jh. (Schuldbuch v. Stralsund 1228, v. Hamburg 1228, Lübecker sog. Ober- und Nieders. 1227/1277/1325, Neubürgerlisten v. Kulmbach 1250, v. Nürnberg 1302, Revaler Kämmereibuch 1363, Rigaer Erbebuch 1384). Die S.-Überlieferung ist daher häufig sehr vielschichtig und zeugt von nahezu sämtl. Bereichen des städt. Lebens: Statuten, Stadtrecht und Verordnungen, Gerichtsprotokolle und -urteile, Ratsämter, Bestallungen und Diensteide der Stadtbediensteten, ein- und ausgehende Korrespondenz, Markt- und Handelsordnungen, regelmäßige Einnahmen und Ausgaben des Rates, Zollregister, Rechnungs- und Kämmereiverzeichnisse, Neubürgerverzeichnisse, Steuerregister, Verfestungen, Ausbürgerungen und Urfehden, schließlich Liegenschaftsgeschäfte, Renten- und Schuldregister der Bürger sowie ihre testamentar. Vergabungen.

Eine größere Zahl von S.n sind in Ed. zugängl. gemacht, neben solchen vermischten Inhalts und mit der Selbstbezeichnung als S. v. a. die verschiedenen S.arten (bes. Kämmerei-, Schöffen-, Bürger- und Stadtrechtsbücher), für den Hanseraum neuerdings auch durch die poln. Forsch. (Danzig, Thorn, Elbing). Noch immer ist aber ein erhebl. Anteil der in den Kommunalarchiven erhaltenen S.überlieferung nicht durch Textausgaben erschlossen.   M. Kintzinger

Q.: Q. zur Hanse-Gesch., hg. R. SPRANDEL, 1982 – W. MÜLLER, Das erste Bayreuther S., Archiv für Gesch. von Oberfranken 50, 1970, 183–282 – Das Elbinger S., 2 Bde, hg. W. HOPPE, 1976, 1986 – Das älteste Coburger S., bearb. K. v. ANDRIAN-WERBURG, 1977 – *Lit.:* HRG IV, 1849–1851 – E. PITZ, Schrift- und Aktenwesen der städt. Verwaltung im SpätMA, 1959, 17–22 – H.-D. SCHROEDER, S. der Hansestädte und der Stralsunder 'Liber memorialis' (Neue hans. Stud. 2, 1970), 1–13 – E. ISENMANN, Die dt. Stadt im SpätMA, 1988, 166–170 – A. GRASSMANN, Die städt. Verwaltung (Die Hanse., Bd. 1, 1989), 350–360 – J. HARTMANN, Arten und Formen der Amtsbücher in der städt. und staatl. Verwaltung (Die archival. Q., 1994), 86–98 – F.-W. HEMANN, Das Rietberger Stadtbuch. Ed., Einl., Typologie... (Beitr. und Q. zur Stadtgesch. Niederdtl.s 3, 1994).

Stadtburg. Während die ältere Forsch. unter dem Begriff S. auch Ministerialen- oder bürgerl. Eigenbefestigungen innerhalb der ma. →Stadt subsumierte, wird unter S. heute in der Regel nur noch die im Zuge eines planmäßigen Stadtgründungs- oder -ausbauvorganges gemeinsam mit der Stadt errichtete oder in diese einbezogene, in das städt. Befestigungssystem integrierte und mit der Stadt topograph. wie architekton. eine Einheit bildende stadtherrl. →Burg verstanden. Die S.en bleiben aufgrund der feinchronolog. meist schlechten Q.lage oft schwer von denjenigen Burgen zu unterscheiden, in deren Nachbarschaft sich anschließend eine städt. Siedlung entwickelte. In einem Zuge konzipiert, jedoch mit zeitl. geringfügigem Abstand voneinander aufgebaut wurden diejenigen Ensembles von S. und Stadt, in denen die städt. Siedlung das durch die Geländeformation am wenigsten geschützte Vorfeld der S. bedecken sollte (→Friedberg am Taunus; →Fellin in Livland). Die welf., später dän., ztw. holst. Burg in →Lübeck wurde dagegen erst um 1217 zunächst in die neue Ummauerung der sich ausdehnenden Stadt einbezogen, jedoch schon 1226 von den Bewohnern der Stadt zerstört. Diejenigen S.en, die innerhalb von rechteckigen oder polygonalen Stadtanlagen eine der Ecken ausfüllten (z. B. →Göttingen, Uerdingen, Lechenich, Marbach am Neckar), zeigen einheitl. Planung und zeitgleichen Aufbau von S. und Stadt, wenn auch ggf. unter Einbeziehung älterer Anlagen. Dieser Typ repräsentiert in vielen Territorien, insbes. am Niederrhein und in Westfalen, die Funktionalisierung der Stadtentwicklung im Sinne landesherrl. Politik v. a. im späteren 13. und im 14. Jh.

M. Hardt

Lit.: E. KITTEL, S.en und Burgstädte (Westfalen 51, 1973), 74ff. – W. JANSSEN, Burg und Territorium am Niederrhein im späten MA (Die Burgen im dt. Sprachraum, hg. H. PATZE [VuF 19/1], 1976), 283ff. – C. MECKSEPER, Städtebau (Die Zeit der Staufer, III, 1977), 83 – P. A. MIGLUS, Die S. Bolruz – Funde und Befunde (S. SCHÜTTE, 5 Jahre Stadtarchäologie in Göttingen..., 1984), 17ff. – H. SCHÄFER, Stadtgründung und S. im hohen MA. Archäolog. Unters. und Fragestellungen in Marbach am Neckar (Lübecker Schr. zur Archäologie und Kulturgesch. 14, 1988), 29ff. – M. GLÄSER, Die Lübecker Burg- und Stadtbefestigungen des 12. und 13. Jh. (Archäolog. Korrespondenzbl. 20, 1990), 227ff.

Stadtchronik
I. Norddeutschland – II. Süddeutscher Raum.

I. NORDDEUTSCHLAND: Historiograph. Aufzeichnungen, die sich auf bestimmte stadtgeschichtl. Geschehnisse, seltener auf eine Stadtgesch. als Ganzes bezogen oder in annalist. Form Zeitereignisse aus städt.-bürgerl. Perspektive festhielten, entstanden in Städten n. des Mains nur vereinzelt im späten 13., häufiger seit dem mittleren 14. Jh., überwiegend in mnd. Sprache und oft im Rahmen amtl. Tätigkeit oder in amtl. Auftrag. Amtl., von Stadträten veranlaßte, meist von →Stadtschreibern geschriebene Chronistik begann in mehreren Städten (z. B. →Braunschweig, →Lüneburg, →Wismar, →Stralsund, →Soest) mit Notizen und Berichten, die zw. Texten rechtl. und verwaltungsrelevanten Inhalts in →Stadtbücher eingetragen wurden und dem Gebrauch, der Erinnerung des Rates dienten. Zu gleichem Zweck – Verhaltensorientierung für Ratsherren – wurden manchenorts ausführl. Gedenkaufzeichnungen verfaßt, meist motiviert durch die Erfahrung stadtinterner Auseinandersetzungen, so in →Köln nach dem Sturz der Geschlechterherrschaft 1396 das »Neue Buch« des Stadtschreibers Gerlach vom Hauwe. In Braunschweig schrieb der Ratsherr Hermann v. Vechelde Anfang des 15. Jh. die »Hemelik rekenscop«, die sich auf innerstädt. Vorgänge und Veränderungen im späten 14. Jh. bezog und einem engeren Kreis von Ratsherren in regelmäßigen Abständen vorzulesen war. Auch in anderen Städten waren historiograph. Texte für den Ratsgebrauch zum Vorlesen bestimmt. Literar. Ambitionen lagen ihnen ebenso fern wie den Aufzeichnungen, mit denen gelegentl. im 15. Jh. führende Ratsmitglieder ihr Verhalten in innerstädt. Konflikten zu rechtfertigen suchten – so in →Lüneburg 1456 der Bürgermeister Hinrik Lange, in →Halle 1474–80 der Ratsmeister Marcus Spittendorf.

Chronistik, die einer Stadtgesch. seit ihren Anfängen galt, entstand im 14. und 15. Jh. nur in einigen größeren nd. Städten. Auch sie konnte offiziösen Charakter haben, wie die →»Magdeburger Schöppenchronik«, die der städt. Schöffenschreiber →Heinrich v. Lamme(s)springe (119. H.) um 1360 begann. Sie wurde von späteren Stadtschreibern fortgesetzt. In →Lübeck beauftragten Ratsherren 1385 den Lesemeister des dortigen Franziskanerkl. St. Katharinen, →Detmar, mit der Abfassung einer S., bezeichnend für die hier wie auch in anderen Städten engen Beziehungen zw. Stadt und Minoritenkl. Detmar verband die Tradition der Weltchronistik (»Speculum historiale« des →Vinzenz v. Beauvais) mit der Stadtchronistik; er schrieb auch, um seine Leser, »maan unde wiven«, zu unterhalten. Im 15. Jh. wurde seine Darstellung, anscheinend von Stadtschreibern, als offizielle Lübecker »Ratschronik« fortgesetzt: eines der bedeutendsten Werke spätma. nd. Stadtchronistik. Dagegen blieb der Lübecker Dominikaner →Hermann Korner (24. H.) mit seiner »Chronica novella« ganz in universalhist. Tradition. In →Dortmund bemühte sich der Dominikaner →Johann Nederhoff (48. J.) darum, Weltchronistik und Stadtgesch. zu verbinden. In →Bremen gewann eine im späteren 14. Jh. als Chronik der Bremer Bf.e begonnene und gegliederte, mnd. »Chronica Bremensis« der Kleriker Gert →Rinesberch und Herbort Schene im Gang der Darstellung zunehmend den Charakter einer S., vielleicht auch durch Mitwirkung des Patriziers Johann Hemeling d. J. († 1428).

Grundsätzl. sollte städt. Chronistik dem Ruhm und dem – meist nach den Maßstäben patriz. Ratsherrschaft bemessenen – Nutzen der jeweiligen Stadt dienen. Vergangene Gesch. lieferte Exempel des künftig zu vermeidenden Bösen und des vorbildl. Guten. Beispielhaft dafür ist u. a. auch das 1510 oder bald danach geschriebene »Schichtbuch« des städt. Zollschreibers Hermen →Bote in Braunschweig, eine Darstellung der Braunschweiger Bürgerkämpfe (»Schichten«) seit 1292. Soweit sie nicht von vornherein für den Ratsgebrauch, manchmal auch nur für einen familiären Leserkreis bestimmt war, fand die städt. Historiographie v. a. in der ratsnahen Oberschicht Interesse. Ein größeres Publikum suchte die 1499 gedruckte sog. »Koelhoffsche Chronik« in Köln (»Cronica van der hilliger stat van Coellen«; →Koelhoff d. Ä.). Ihr anonymer, humanist. gebildeter Verfasser rechtfertigte ihre »schlichte dt. Sprache« damit, daß man nur weniges m. Chroniken »bei dem gemeinen Mann« finde. Auch er verknüpfte weltgesch. Überlieferung und Stadtgesch., schrieb aber zum Lobe Kölns und um die Identifizierung der Bürger mit ihrer Stadt zu stärken. Wie hier, so liegt der – im Fakt. meist nur für die jeweilige lokale und regionale Zeitgeschichte hohe – Q.wert der städt. Chronistik nicht zuletzt in ihrer Aussagekraft für das bürgerl. Selbstverständnis im späten MA. →Chronik, C.   H. Schmidt

Q.: Chr. dt. Städte, Bd. 1–37, 1862–1968 – *Lit.*: J. B. MENKE, Geschichtsschreibung und Politik in dt. Städten des SpätMA, JbKGV 33, 1958, 1–84; 34/35, 1960, 85–194 – K. CZOK, Bürgerkämpfe und Chronistik im dt. SpätMA, ZfG 10, 1962, 637–645 – E. ENNEN, Geschichtsbewußtsein und Geschichtsschreibung des städt. Bürgertums, Soester Zs. 92/93, 1980/81, 9–34 – H. SCHMIDT, Über Geschichtsschreibung in nd. Städten des späten MA und der Reformationszeit (Stadt im Wandel, hg. C. MECKSEPER, III, 1985), 627–642 – K. WRIEDT, Geschichtsschreibung in den wend. Hansestädten (VuF 31, 1987), 401–426.

II. SÜDDEUTSCHER RAUM: Am Beginn städt. Chronistik, soweit sie nicht noch der Tradition der Universalgesch.sschreibung verhaftet ist oder als Zusatz oder Fortsetzung der →Flores temporum in Erscheinung tritt (→Ellenhard d. Gr.), stehen in der Ratskanzlei oder ihrem Umfeld verfaßte Protokoll- und Gedenkbücher offiziöser Art (→Bamberg, →Landshut, Mühldorf), daneben einige anlaßgebundene Aufzeichnungen ohne Rückblick auf Früheres (→München). Noch im 14. Jh. beginnt mit Ulman →Stromer in →Nürnberg, dann Hector Mülich in →Augsburg eine von familiengeschichtl. Sinn geleitete Chronistik, die durchaus mit allg. histor. und polit. Interessen verbunden ist. In der 2. Hälfte des 15. Jh. tritt die meist offiziöse, städt. Selbstbewußtsein und Selbstverständnis zum Ausdruck bringende, z. T. auch mit literar. Anspruch auftretende Chronistik in den Vordergrund, wie das Werk des Siegmund Meisterlin, der seine schon im Banne des Humanismus stehende, zunächst lat. geschriebene Nürnberger Chronik auch in dt. Sprache bearbeitete. Neben und zw. den einigermaßen abgrenzbaren Formen der S.en stehen unzusammenhängende annalist. und solche historiograph. Aufzeichnungen, die man, da ihre Individualität sich jeder Klassifizierung entzieht, mit dem Begriff Memoriale zusammenfassen kann.

Die vielfältigste und reichste Überlieferung an S.en haben die →Reichsstädte und →Freien Städte, deren Historiographie nicht durch den Horizont der Stadtmauern bestimmt war. Humanist. Interesse an der röm. Gesch. und Verbundenheit mit dem Reich führten auf die Spuren röm. Ursprünge und in die christl. Antike, etwa in →Konstanz, →Zürich, →Basel, Augsburg oder zur Fiktion röm. Anfänge wie in Nürnberg.

Ein großer Teil der S.en stammt von Bediensteten des Rates oder wurde in dessen Umfeld geschrieben, wie die Augsburger Chronik des Burkard →Zink, die Berner Chroniken des Conrad Justinger und des Diebold Schilling d. Ä. (→Bern), die Würzburger Ratschronik des Siegfried v. Bacharach (→Würzburg), die Bamberger Chronistik oder die Q. von Nikolaus Sprengers Annalen von →Schweinfurt. Doch sind außerdem Geistliche, wenn auch meist mit Auftragsarbeiten, noch auffallend stark an der Chronistik beteiligt, obwohl sie in erster Linie für eine nichtklerikale Leserschaft schrieben, so Fritsche →Closener und Jakob →Twinger von Königshofen in →Straßburg, der lat. schreibende Johann Knebel in →Basel, Konrad Herdegen und Sigmund Meisterlin in Nürnberg, Leonhard Widmann in →Regensburg. Im 15. Jh. greifen auch Handwerker zur Feder wie Gebhard Dacher in Konstanz und Heinrich Deichsler in Nürnberg. Die S.en der Residenzstädte der Dynastenfs.en sind kaum einmal über annalist. Ansätze hinausgekommen.

Der Q.wert der S.en, auch wenn sie nur stadtgeschichtl. Relevantes mitzuteilen haben, liegt bei zeitgleichen Aufzeichnungen nicht nur in den mitgeteilten Namen und Fakten, unter welchen Kriegs- und Naturereignisse samt ihren Folgen einen breiten Raum einnehmen, sie vermitteln auch Kenntnis von sozialem und kulturellem Wandel, von Lebensformen, Alltag und Brauchtum, oft auch von Preisen und Löhnen für Waren und Dienstleistungen und gewähren schließlich Einblicke in die Entwicklung der Dialekt- und Sprachgesch., weil die allermeisten von ihnen in mehr oder weniger lokal gefärbter Volkssprache verfaßt sind. →Chronik, C.   A. Wendehorst

Q.: Chr. dt. Städte, s. o. – *Lit.*: Verf.-Lex.² 1ff. – H. SCHMIDT, Die dt. S.en als Spiegel des bürgerl. Selbstverständnisses im SpätMA, 1958 – K. SCHNITH, Die Augsburger Chronik des Burkard Zink, 1958 – D. WEBER, Gesch.sschreibung in Augsburg. Hektor Mülich und die reichsstädt. Chronistik des SpätMA, 1984 – N. H. OTT, Zum Ausstattungsanspruch illustrierter S.en (Poesis et Pictura [Fschr. D. WUTTKE, 1989]), 77–106 – J. SCHNEIDER, Heinrich Deichsler und die Nürnberger Chronistik des 15. Jh., 1991 – E. SCHUBERT, Einf. in die Grundprobleme der dt. Gesch. im SpätMA, 1992 – R. SPRANDEL, Chronisten als Zeitzeugen, 1994.

Stadtdorf, moderner wiss. Begriff 1. *der Historiker* für a) *stadtverbundene Dörfer* (bes. W. KUHN und Schüler): aus mit der →Stadt gemeinsamem Lokationsakt entstanden, deshalb später demselben Schulzengericht unterstehend. Die Bürger der Stadt und die Bauern der oft direkt benachbarten (dann meist in die Stadt eingepfarrten) S.er haben die gleiche rechtl. Stellung (allg. ständ. Hebung der Bauern), gemeinsame Einrichtungen (Weide, Viehtrieb) und Pflichten (Instandhaltung von Stadtmauer, Brücken, Wegen), zahlen nach Ablauf der →Freijahre den gleichen Hufenzins an den Grundherrn. Der Erleichterung der städt. Lasten für die Bürger entsprach für die Bauern neben der Sicherung eines bequemen Absatzgebietes das Recht, zumindest teilweise städt. Gewerbe zu betreiben. Die Stellung als S. konnte bei Auskauf des Schulzen (→Schultheiß, →Vogt) durch den Stadtherrn verloren gehen (kein Unterschied mehr zu grundherrl. Dörfern). S.er sind allg. Bestandteil der Siedlungstechnik des →Dt. Ordens, kommen aber auch in anderen Bereichen der ma. →Ostsiedlung vor (W. KUHN vermutete parallele Erscheinungen im westdt. Altsiedelland). Neben der →Lokation in unbesiedeltem Gebiet kam es im Zuge der Ostsiedlung auch vor, daß die Stadt als moderner sozialer, wirtschaftl. und rechtl. Mittelpunkt zw. nun zu dt. Recht umgestaltete ältere Siedlungen gesetzt wurde (v. a. in Polen und Schlesien). b) *stadteigene Dörfer*: Dörfer, deren Grund- bzw. Gerichtsherr eine Stadt bzw. deren Rat ist (Geld- und Naturalzinse an die Stadt; vom Stadtgericht verschiedenes Dorfgericht); sie können durch Auskauf des Schulzen (Vogtes) aus stadtverbundenen Dörfern (s. o.) entstehen. – 2. *der Geographen für stadtähnl. Dörfer*: Dörfer mit städt. Zügen (große Bevölkerung, hohe Bebauungsdichte, in Schutzlage, oft befestigt) v. a. im Mittelmeergebiet, dort als Typ spätestens im HochMA entstanden. Meist vorhandene Handwerker und Händler arbeiten nicht für den überlokalen Markt (→Stadt-Umland-Beziehungen). Die Definition deckt u. a. mitteleurop. Winzerdörfer, nicht jedoch Zwergstädte (→Stadttypen) ab. →Dorf.

H.-K. Junk

Q. und Lit.: W. KUHN, Die S.er der ma. Ostsiedlung, ZOF 20, 1971, 1–69 – H. UHLIG–C. LIENAU, Die Siedlungen des ländl. Raumes (Materialien zur Terminologie der Agrarlandschaft, 2, 1972) – H. J. REIMERS, Die S.er der ma. Ostsiedlung in Polen (Wiss. Beitr. zur Gesch. und LK Ostmitteleuropas 104, 1976) – W. KRIMPENFORT, Der Grundbesitz der Landstädte des Hzm.s Preußen (Marburger Ostforsch.en 35, 1979) – G. SCHWARZ, Allg. Siedlungsgeographie, 1988⁴ – Urkk. zur Gesch. des Städtewesens in Mittel- und Niederdtl., 2: 1351–1475, bearb. F. B. FAHLBUSCH u. a. (Städteforsch. C 4, 1992).

Städtebund, vertragl., beschworene Abmachung zw. Städten, um den Organisationsrahmen zum Erreichen gemeinsamer, im Vertrag gen. Zwecke festzulegen. Im Regelfall auf Zeit geschlossen, wenn auch zumeist verlängerungsfähig, verfügen S.e häufig über ein gemeinsames Siegel, gemeinsame Exekutivorgane und →Schiedsgerichte. Formal und inhaltl. weisen S.e eine hohe Varianz auf.

Im allg. Sinn sind unter S.en auch Verträge zw. nur zwei Städten zu verstehen. S.e werden zumeist nur zw. Städten geschlossen, die über eine erhebl. Selbstgestaltungsfähigkeit in ihren Außenbeziehungen verfügen, mithin einen bestimmten Grad an Unabhängigkeit gegenüber dem Stadtherrn erlangt haben und polit.-wirtschaftl. in einem größeren Raum agieren. S.e sind als einständige Bünde abzusetzen von mehrständigen Bünden, wie v. a. den Landfriedensbündnissen (→Landfrieden). Der Rhein. Bund v. 1254 ist »das erste gemischte Städte- und Adelsbündnis« (A. BUSCHMANN) und somit nicht als S. im eigtl. Sinne aufzufassen. Inhaltl. kann unter einem S. im weiteren Sinn jegl. vertragl. Abmachung verstanden werden, im engeren Sinn findet der Begriff seine Anwendung auf solche Bünde, deren Ziel ein gemeinsames, verteidigendes Vorgehen gegen Rechts- und Friedensbruch, inbes. seitens der Landesherren, ist. Daneben steht zudem die aktive Sicherung des Handels und der Handelsstraßen im Vordergrund, v. a. aber auch das Bestreben, mit Hilfe interessengleicher Partnerstädte einen jeweilig erreichten Grad an Unabhängigkeit gegenüber dem →Stadtherrn zu erhalten bzw. auszubauen. S.e nehmen also z. T. Landfriedensaufgaben auf einständ. Basis wahr. Bes. häufig kommt es in Zeiten polit. Instabilität (Thron- oder Sedisvakanzen, Landesherrenwechsel, →Fehden) zum Abschluß von S.en.

S.e sind kennzeichnend für das 13.–15. Jh. Ihnen gingen anfangs zweiseitige Abkommen voraus; Nachläufer können noch im 16. Jh. beobachtet werden. Während S.e im 13./14. Jh. v. a. einen regionalen Wirkungskreis hatten – neben einigen sogar überregionalen Bünden –, schränkte sich der jeweilige Wirkungskreis im 15./16. Jh. vorwiegend auf den territorialen Rahmen ein. S.e überlagern sich zeitl. und fakt. oft mit Landfriedensbünden. In der Spätzeit ist häufig die territoriale Städtekurie auch städtebünd. organisiert.

Entgegen landläufiger Ansicht war die →Hanse kein S., hatte aber in ihrer Organisation durchaus städtebünd. Züge, zumal sich regionale Gruppen des hans. Verbandes oder auch Teile des Gesamtverbandes ztw. in den sog. Tohopesaten zusätzl. städtebünd. zusammenschlossen. S.e im eigtl. Sinn finden sich vornehml. im Gebiet der Lombardei, Burgunds und im Reichsgebiet n. der Alpen, zuerst, fußend auf älteren Bündnissen, in der →Lombard. Liga v. 1167, deren Auseinandersetzung mit Friedrich I. dazu führte, daß 1183 der Friede v. →Konstanz die kommunale Bündnisrecht legitimierte. Zur Zeit der 2. Lombard. Liga finden sich 1226 auch n. der Alpen die ersten S.e, die in der folgenden Zeit in vielen Landschaften zu einem strukturbildenden Element wurden (bes. in Westfalen [Ladbergen 1246, Werne 1253], am Oberrhein, im Elsaß, in Schwaben [ab 1331], in der Schweiz, in Niedersachsen, in der Wetterau und Thüringen sowie im Bund der wend. Hansestädte [→Dekapolis, →Rhein. Bund, →Schwäb. Städtebund, →Sechsstädte, Lausitzer]).

Der Tag v. Worms 1231 verbot ebenso wie die →Goldene Bulle und der Reichstag v. →Eger 1389 allg. die S.e. Andererseits versuchten immer wieder Kg.e, die S.e als Gegengewicht zu erstarkenden Landesherren in die Reichspolitik einzubeziehen und sie so für die kgl. Friedenswahrungspolitik zu instrumentalisieren, bes. deutl., wenn auch erfolglos, unter →Sigmund. Ein ab 1400 gefordeter übergreifender S. (z. B. 1416 RTA VII, Nr. 204) wurde ebensowenig realisiert wie die Versuche (v. a. des 16. Jh.), Hanse und obdt. Bünde zu vereinen.

In Ungarn fehlen S.e bis zum frühen 15. Jh. völlig; erst ab 1412 sind entsprechende, schwach bleibende Bestrebungen zw. Leutschau, Preschau, Bartfeld und Kleinszeben festzustellen, während die sieben niederung. Bergstädte schon Ende des 14. Jh. städtebundähnl. gemeinsame Beratungen pflegten; auch in weiteren dt. rechtl. geprägten Gebieten Mitteleuropas sind im SpätMA mit ständ. verbundene, städtebundähnl. Bestrebungen zu beobachten. Eine vergleichende monograph. Behandlung der S.e ist Desiderat.

F. B. Fahlbusch

Bibliogr.: Bibliogr. zur dt. Hist. Städteforsch., I, 1986, 100 f. – Lit.: HRG IV, 1851–1857 [H.-J. BECKER; Lit.] – W. MÄGDEFRAU, Der Thüringer S. im MA, 1977 – K. RUSER, Die Urkk. und Akten der obdt. S.e vom 13. Jh. bis 1549, Iff., 1979 ff. – W. EHBRECHT, Magdeburg im Sächs. S. (Fschr. B. SCHWINEKÖPER, 1982), 391–414 – K. WRIEDT, Die ältesten Vereinbarungen zw. Hamburg und Lübeck (Fschr. H. STOOB, 1984 [= Städteforsch. A 21]), 756–764 – M. PUHLE, Die Politik der Stadt Braunschweig innerhalb des obdt. S.es und der Hanse im späten MA, 1985 – Kommunale Bündnisse Oberitaliens und Oberdtl.s im Vergleich, hg. H. MAURER, 1987, bes. 231–248 [G. DILCHER] – H. J. BECKER, Kölns Städteverträge in vorhans. Zeit, HGBll 107, 1989, 1–13 [Lit.] – B. KIRCHGÄSSNER–H.-P. BRECHT, Vom S. zum Zweckverband, 1994 – H. STOOB, Die Hanse, 1995 – →Lombard. Liga, →Rhein. Bund, →Schwäb. Städtebund, →Sechsstädte, Lausitzer.

Städtekrieg, süddt. (»1. S.«). Seit der Vereinigung (1381) des kurz zuvor gegr. Rhein. Städtebundes mit dem seit 1376 erfolgreichen →Schwäb. Städtebund verfolgten die sich weiter verstärkenden Bünde der →Reichsstädte und →Freien Städte ihre ursprgl. defensiven Ziele zusehends offensiv. Im →Nürnberger Herrenbund (1383) traten ihnen etliche Territorialfs.en organisiert entgegen. Die →Heidelberger Stallung (1384) wirkte wie ein Waffenstillstand und bezeichnete den machtpolit. Höhepunkt der von den Fs.en implizit anerkannten Städtebünde. Daß der von Absetzung bedrohte Kg. Wenzel im März 1387 ein gegenseitiges Beistandsabkommen mit ihnen schloß, belastete die Verlängerung des Friedens durch die →Mergentheimer Stallung (1387). Wenig später wurde er dadurch gebrochen, daß Hzg. →Friedrich v. Bayern (10. F.) den mit dem Schwäb. Städtebund verbündeten Ebf. v. Salzburg gefangennahm und die Arretierung aller in seinem Herrschaftsgebiet befindl. Kaufleute und Güter verfügte. Gedeckt durch Exekutionsmandate des selbst in die Fehde eintretenden Kg.s eröffnete der Schwäb.-Rhein. Städtebund im Jan. 1388 den Kampf gegen die Wittelsbacher. Als kurpfälz. und städt. Vermittlungsbestrebungen im Mai 1388 an der geringen Kompromißbereitschaft einer von Ulm geführten Städtebundspartei scheiterten und die zur Kriegshilfe verpflichteten rhein. Städte im Sommer 1388 den Gegnern ihrer Verbündeten, einschließl. des Pfgf.en, Fehde ansagten, eskalierte der regionale Konflikt zu dem seit 1384 vertagten Krieg. In diesen waren fast alle s. des Mains gelegenen Reichsstädte, Freien Städte und Fs.en verwickelt. Nach der Niederlage der schwäb. Städte gegen den Gf.en v. Württemberg bei →Döffingen (23. Aug. 1388) traten Einzelkämpfe an die Stelle gesamtbünd. Aktionen. Noch ehe alle Möglichkeiten der Bündnisbereitschaft des Ebf.s v. Mainz ausgeschöpft waren, welcher sich dem Kg. aus reichspolit. und antipfälz. Gründen als Friedensvermittler angedient hatte, unterlag auch der Rhein. Städtebund am 6. Nov. 1388 bei Pfeddersheim nahe Worms gegen die Kurpfalz. Unter dem Druck dieser Niederlagen ließen sich die Interessenunterschiede zw. den Städten nicht mehr überbrücken. In Anbetracht der erlebten bünd. Ineffektivität schlossen zahlreiche Städte Separatabkommen mit ihren landesfsl. Gegnern. Wenngleich das strenge Verbot künftiger Städtebünde in Schwaben unwirksam blieb, fixierte der →Egerer Reichslandfrieden vom 5. Mai 1389 die erste Zäsur des Versuchs der Städte, sich neben Kg., Kfs.en und Fs.en als eigenständige verfassungsbildende Kraft zu etablieren. Im »2. S.« (1449/50) setzten die Landesfs.en ihren Primat endgültig durch. P.-J. Heinig

Lit.: P.-J. HEINIG, Reichsstädte, Freie Städte und Kgtm. 1389–1450, 1983 – E. HOLTZ, Reichsstädte und Zentralgewalt unter Kg. Wenzel 1376–1400, 1993.

Städtelandschaften, durch Städte mit dominierenden gemeinsamen Merkmalen geprägte Landschaften; sie erscheinen bes. deutl., wenn sich in der Frühzeit in einem vorher städtelosen Raum aufgrund der rechtl., wirtschaftl. und kulturellen Bedingungen Städte in nur einer wesentl. Merkmalskombination entwickelten. Liegt die Gemeinsamkeit z. B. v. a. auf der gewerbl. Ausrichtung, sind die S. gleichzeitig Wirtschaftsräume (→Deutschland, H. II). Der Begriff sollte für das Verbreitungsgebiet eines einzelnen Stadttyps nicht verwendet werden, solange dieser für den Raum nicht bestimmend wirkt. Demgegenüber ist die *Stadtlandschaft* (S. PASSARGE, 1921) die vom Baukörper einer konkreten Stadt in Grund- und Aufriß unter Prägung durch den jeweiligen Kulturraum hervorgebrachte Form (u. a. span., russ. Stadtlandschaften). H.-K. Junk

Lit.: S. PASSARGE, Die Landschaft, 1921 – Stadtlandschaften der Erde, hg. DERS., 1930 – W. SCHLESINGER, Über mitteleurop. S. der Frühzeit, BDLG 93, 1957, 15–42 [= Die Stadt des MA, I, hg. C. HAASE (WdF 243), 1978³, 246–280] – E. ENNEN, Die europ. Stadt des MA, 1979³.

Stadterweiterung, Vorgang und Ergebnis des Wachstums eines städt. Baukörpers, oft in Schalenform; die S. hat im Gegensatz zur →Neustadt im engeren Sinn regelmäßig keine eigene Rechtspersönlichkeit und ist für ihre polit. und sozialen Funktionen auf den Kern ausgerichtet. Sie kann jedoch, v. a. wenn sie sich um eine vor der →Altstadt liegende Kirche entwickelt, eine eigene Pfarrei bilden. H.-K. Junk

Lit.: →Altstadt, →Doppelstadt, →Neustadt.

Stadtflur, im engeren Sinn der landwirtschaftl. genutzte, parzellierte Teil der städt. Gemarkung (Gesamtwirtschaftsfläche der Stadtgemeinde, umschlossen von der administrativen Stadtgrenze) außerhalb der geschlossen überbauten bzw. umfestigten Bereiches und ohne die eng mit der Siedlung verbundenen Gärten, im weiteren Sinn die städt. Gesamtgemarkung (Feldmark), die außerdem u. a. noch →Allmende, Wald, Heide, Steinbrüche, Gewässer, Lehm-, Ton-, Sand- und Kiesgruben umfassen kann. Die S. ist n. der Alpen meist kleiner als die Flur gleich bevölkerter landwirtschaftl. Siedlungen, da die Existenz einer städt. Siedlung nicht ausschließl. in ihrer Nährfläche liegt. Schloß die Stadtgrenze den Stadtkörper sehr eng, etwa längs der Umfestigung, ein, übernahmen regelmäßig nahegelegene Teile angrenzender Gemarkungen die Funktion der S., da auch Stadtbewohner (»Ackerbürger«) zur Sicherung ihrer Grundversorgung neben gewerbl. Betätigung Landwirtschaft betreiben. Insbes. bei relativ großen S.en ist zu vermuten, daß sie die Fluren von wüstgefallenen Siedlungen in sich aufgenommen haben, deren Bewohner in die Stadt umsiedelten und ihre Agrarflächen von dort aus nutzten. Wurden weiterbestehende Dörfer mit ihrer Flur unter Verlust der Rechtspersönlichkeit in das Stadtgebiet eingegliedert, konnte bestimmt werden, daß ihre Bewohner das Bürgerrecht nur bei Verlegung des Wohnsitzes in die Stadt ausüben durften. Die S. als eigtl. Gemeindegebiet unterscheidet sich grundlegend vom städt. Territorium, in dem die Stadt bzw. ihr Rat grund- (→Stadtdorf) oder landesherrl. Funktionen hat, und die im wesentl. nur wirtschaftl. mit der Stadt verbundenen Um- bzw. Hinterland (→Stadt-Umland-Beziehungen). H.-K. Junk

Q. und Lit.: E. RAISER, Städt. Territorialpolitik im MA (Hist. Stud. 406, 1969) – G. SCHWARZ, Allg. Siedlungsgeographie, 1989⁴ – Urkk. zur Gesch. des Städtewesens in Mittel- und Niederdtl., Bd. 2: 1351–1475, bearb. F. B. FAHLBUSCH u. a. (Städteforsch. C 4, 1992).

Stadtfriede (*der stede friden, statvride, burcvride, wichvrede,* lat. *pax civitatis/urbis*), ein örtl. Sonderfriede, der einen Ersatz für einen allg. Strafrechtsschutz bietet. Seine Herkunft steht und fällt mit der These über die Entstehung der →Städte (A.) und des →Stadtrechts überhaupt (»Markt-, Hoftheorie«). Jedenfalls ist der stadtherrl. Beginn durch das vielfache Auftreten des Kg.sbanns als Reaktion auf S.nsbruch wichtig, dazu tritt alsbald der auf den Bürgereid gegr. Friede. Der S. steht im Zentrum fast einer jeden Stadtrechtsaufzeichnung. Im Gebiet des S.ns ist die →Fehde ausgeschlossen oder zumindest erschwert. Bei Bruch des S.ns ist teilweise eine höhere Strafe angedroht als bei der gleichen Straftat außerhalb der Stadt. Friedensbruch als Verschärfungstatbestand vorgegebener Straftatbestände erfährt daneben eine Erweiterung durch die im S.nsbruch gesehenen neuen Missetaten, die der Sache nach eine Vorverlegung des friedensschützenden Normbereichs gegenüber den volksrechtl. überlieferten Straftatbeständen darstellt. Nicht selten erscheint eine arbiträre Strafe durch die Stadtobrigkeit, bei der die allmähl. dominierende Rolle der eidl. Begründung des Stadtrechts und damit auch des S.ns deutl. wird. Vom örtl. kann der S.

damit auch zum persönl. Sonderfrieden der Bürger werden. Die Okkupation des gesamten Rechts durch die Stadt läßt den S.n zum allmähl. allein willkürveranlaßten Rechtsbereich werden. Neben dem Strafrecht zeigt sich die Entwicklung auch im Bereich der →Polizei. Seit dem 13. Jh. erscheinen parallel (damit auch genet. verwandt) zu den →Gottesfrieden städt. beschworene Friedenseinungen. Im SpätMA nehmen die S.n den Charakter städt. Strafgesetzbücher an, was mit der recht effektiven Durchsetzungsmöglichkeit des Rechts innerhalb der Stadt zusammenhängt. Mit der Angleichung der Rechtsdurchsetzungschancen auf dem Lande an diejenigen in der Stadt verliert der S.n seine spezif. Bedeutung. F. Ebel

Lit.: R. His, Das Strafrecht des dt. MA, 1920, § 3 – H. Angermeier, Kgtm. und Landfriede im Dt. SpätMA, 1966, 21ff. – W. Ebel, Lüb. Recht, I, 1971, 391ff. – G. Dilcher, Rechtshist. Aspekte des Stadtbegriffs (Vor- und Frühformen der europ. Stadt im MA, I, hg. H. Jankuhn u.a., 1973), 12ff. – Ders., »Hell, verständig, für die Gegenwart sorgend usw.«, ZRGGermAbt 106, 1989, 12ff., bes. 29ff.

Stadtgründung, Begriff, der im Unterschied zur oft aus mehreren Siedlungsansätzen in längerem Stadtwerdungsprozeß gewachsenen →Stadt nur bei denjenigen Fällen angewandt werden sollte, in denen die Stadtwerdung ein bewußter und gesteuerter Planungsprozeß, der wirtschaftl.-polit. Zwecke verfolgt, zugrunde liegt. Bei einer S. verlaufen topograph. und funktionale Ausformungen städt. Qualität zumeist recht schnell, steht die rechtl. Stadterhebung am Anfang. Im gegenteiligen Fall bildet die Rechtsverleihung zumeist nur noch den Abschluß einer funktional, v.a. wirtschaftl., topograph. und in bezug auf die Bevölkerungszahl bereits vollzogenen Stadtwerdungsphase. Der Begriff wird allerdings verfälschend auch undifferenziert auf den Vorgang einer (rechtl.) Stadterhebung angewandt. Gründungsstädte im engeren Sinne – hier ist auch die umstrittene Theorie der S. durch ein →Gründerkonsortium beizuziehen – finden sich zumeist in Phasen intensivierten →Landesausbaus und in siedlungs- bzw. stadtearmen Gebieten, wobei häufig zusätzl. an ältere Vorsiedlungen angeknüpft wird (z.B. →Oppeln). F. B. Fahlbusch

Lit.: →Stadt, →Gründerkonsortium, →Plananlage, städt.

Stadtherr. Für die →Stadt ist verfassungsrechtl. grundlegend das Verhältnis zum S.n, das durch die →Stadtrechte näher, aber immer unterschiedl. ausdifferenziert geregelt ist. Dem verfaßten, auf Selbständigkeit drängenden Verband der Bürger stehen die stadtherrl. Rechte entgegen, die vom S.n in unterschiedl. Maße und in verschiedenen Formen der Gemeinde ganz oder teilweise übertragen werden können. Allg. übt der S. die vom Kg. verliehene, obrigkeitl. Gewalt aus und privilegiert die Gemeinde. Stadtherrl. Rechte sind einmal aus den →Regalien abgeleitete Rechte (Kaufmannsrecht, Marktrecht, Münze, Bann, Zoll, Befestigungsrecht), weiter Rechte, die sich aus dem Erbe und Eigen des S.n ergeben (Grundbesitzrechte), und allg. landesherrl. Rechte (Gerichtsrechte, Steuerrechte, Willkürrechte, Nutzungsrechte, bes. auch das Recht der Verpfändung im Ganzen oder einzelner Rechte. Die Übertragung dieser Rechte an die vom →Rat vertretene Gemeinde erfolgt im Wege der Privilegierung, wodurch im Gegenzug die Stadt zu Huldigung, Heerfolge, Rat und Tat sowie Steuerzahlung verpflichtet ist. Seine Rechte nimmt der S. persönl. oder durch seinen Beauftragten (→Vogt, →Amtmann) wahr, der seinen Sitz in der Stadt oder außerhalb hat (→Topographie, städt.). Das Verhältnis zw. Stadt und S. ist gekennzeichnet durch das Bestreben der Kommune nach Autonomie, also durch Privileg, Kauf oder Anpfändung über möglichst viele stadtherrl. Rechte die direkte Verfügungsgewalt des Rates zu bekommen, was bes. im 13./14. Jh. oft zu gewaltsamen Auseinandersetzungen (→Köln) führt. Die ursprgl. Dominanz des S.n geht, bes. im 14./15. Jh., bei wirtschaftl. starken Städten zugunsten ratsherrl. Autonomie zurück (z.B. →Braunschweig, →Lüneburg, →Münster); auf eine Phase relativer Unabhängigkeit folgt im 16./17. Jh. (in Brandenburg z.B. schon ab Mitte des 15. Jh.) eine Revindikation der stadtherrl. Rechte. Kleinere Städte finden oft Rückhalt gegenüber dem S.n in der landständ. Städtekurie, größere versuchen, →Städtebünde gegen den S.n einzusetzen.

S.en sind (im Regelfall) die Landesherren, aber auch Adlige bis zum Niederadel können, v.a. wenn grundherrl. Rechte vorliegen, S.en sein. Im Ausnahmefall haben Kg. oder geistl. Herren (Bf.e, Äbte, Äbt.nen) die Stadtherrschaft inne. Einen Ausnahmefall stellt es auch dar, wenn eine Korporation (z.B. durch Kauf oder Anpfändung) stadtherrl. Rechte ausübt (z.B. die Räte v. Nürnberg und Lübeck). Unterschiedl. Rechtsvoraussetzungen können zu kondominaler Stadtherrschaft (Samtstedl, z.B. →Herford, Brakel), Verkauf oder Verpfändung, zum Wechsel des S.n führen, während ein S.wechsel infolge bürgerl. Initiative unmöglich war. Der Fall →Soest steht einmalig da.

Nach dem Stand des S.n wird häufig eine Typisierung versucht: kgl. (später →Reichs-)Städte, →Bischofsstädte (als Sonderfall →Freie Städte), →Abteistädte, Landstädte (auch Territorialstädte gen.), Mediatstädte (→Stadttypen, [3]), womit allerdings nur eine Aussage über die Qualität des S.n getroffen ist und im Fall von Reichs- und Freien Städten eine Andeutung über den Grad von Unabhängigkeit gegenüber dem S.n gemacht, wenig jedoch über die konkrete Ausformung des gegenseitigen Verhältnisses ausgesagt wird. Grundsätzl. ergeben sich aus unterschiedl. Standesqualität des S.n noch keine qualitativen Unterschiede zw. den Städten. F. B. Fahlbusch

Q.: Urkk. zur Gesch. des Städtewesens in Mittel- und Niederdtl., Bd. 1ff., 1985ff. – *Lit.*: J. Sydow, Zur verfassungsrechtl. Stellung von Reichsstadt, freier Stadt und Territorialstadt im 13. und 14. Jh. (Les Libertés Urbaines et Rurales du XIe et XIVe s., 1966), 281–309 – Stadt und S. im 14. Jh. (Entwicklungen und Funktionen, hg. W. Rausch, 1972) – B. Kirchgässner, Stadt und Bf. (Stadt in der Gesch. 14, 1988), bes. 29–42 [E. Ennen].

Stadtkämmerer (Lohnherren, Losunger, Rent- oder Säckelmeister) sind nach den →Bürgermeistern die ältesten und wichtigsten städt. Amtsträger, die innerhalb des →Rates mit dem →Finanzwesen und der -verwaltung betraut waren. In Anlehnung an das Hofamt des Kämmerers (→Kammer) gebildet, werden S. zuerst in Lübeck (1237) erwähnt. Häufig gehörten sie der Kaufmannschaft an, weil Erfahrung im Rechnungswesen notwendig war bzw. städt. Ausgaben z.T. zunächst vorgeschossen werden mußten, wozu ein ausreichendes Kapitalvermögen notwendig war. Eine zunehmende Verwaltungstätigkeit führte zur Anlage von turnusmäßig geführten →Kämmerei-/Rechnungsbüchern bzw. Stadtrechnungen sowie in Mittel- und Großstädten zu einer Differenzierung in verschiedene Ressorts, deren Verwaltung an weitere Ratmannen delegiert wurde. Gemeinsam mit den Bürgermeistern vertraten sie die Stadt nach außen und waren in Kleinstädten auch im Bereich der Rechtsprechung (Teilnahme an Verhören) tätig. F.-W. Hemann

Lit.: DtRechtswb VI, 847f. – E. Pitz, Schrift- und Aktenwesen der städt. Verwaltung im SpätMA (Mitt. aus dem Stadtarchiv v. Köln 54, 1959) – Städt. Haushalts- und Rechnungswesen, hg. E. Maschke–J. Sydow (Gesch. in der Stadt, 2, 1977).

Stadtkern → Topographie

Stadtluft macht frei, ein von der rechtsgeschichtl. Wiss. des 19. Jh. (J. GRIMM, GAUPP, 1851, GRAF/DIETHERR, 1864) zunächst in der einfacheren Form »Luft macht frei« geprägter allg. Grundsatz. Er beruht auf einzelnen hochma. Privilegien, in welchen →Stadtherren den Bewohnern ihrer Stadt und allen Zuzüglern zusichern, daß sie von aller Knechtschaft frei sein sollen. Verfahrensrechtl. wird dies etwa 1256 von Mgf. →Heinrich v. Meißen (60. H.) für die Stadt Altenburg im Reichsterritorium Pleißen in die Wendung gefaßt, daß jeder, der unfrei geboren ist und Jahr und Tag in der Stadt ohne Rückforderung lebt, nach dieser Frist nicht mehr zurückverlangt werden kann. Im Kern beruht dieser Satz darauf, daß sich gesellschaftl. Veränderungen auch rechtl. auswirken. Dies betrifft zum einen die Tatsache, daß das ältere Personalitätsprinzip, welches auf die Zugehörigkeit zu einer Personengruppe abstellt, am Übergang vom FrühMA zum HochMA vom jüngeren Territorialitätsprinzip, welches die räuml. Abgrenzung entscheidend sein läßt, abgelöst wird. Zum anderen tritt gerade bei dieser Entwicklung die Stadt als ein bes. freiheitl. ausgerichteter Raum hervor, dessen Freiheitlichkeit der Stadtherr bewußt zu wirtschaftl. Zwecken gestaltet. Dementsprechend kann auch Rodungssiedlung im ländl. Raum Freiheit verschaffen. Umgekehrt kann Niederlassung in einer Grundherrschaft eigen machen (EISENHART, 1759). Die Anerkennung der Frist von →Jahr und Tag berücksichtigt dabei verfahrensrechtl. Gesichtspunkte (Verschweigung). G. Köbler

Lit.: HRG III, 93ff. – J. EISENHART, Grundsätze der dt. Rechte in Sprichwörtern, 1759, 51, 73f. – E. GAUPP, Dt. Stadtrechte des MA, 1, 1851, XXXIX – E. GRAF-M. DIETHERR, Dt. Rechtssprichwörter, 1869, 59 – H. BRUNNER, Luft macht frei (Festg. der Berliner jur. Fak. O. GIERKE, 1910), 1ff. – H. MITTEIS, Über den Rechtsgrund des Satzes 'S. m. f.' (Fschr. E. STENGEL, 1952), 342ff. – K. KROESCHELL, Weichbild, 1960, 75ff.

Stadtmauer. Ausgehend von der Befestigung geistl. Sitze (seit dem 9. Jh.) sowie um Messeplätzen im fläm.-lothring. Raum entwickelte sich die städt. →Befestigung (Abschnitt A.V) aus der Nutzung von Mauern der castra und Städte der röm. Ks.zeit (z. B. →Trier, →Regensburg) bzw. aus dem seit dem 12. Jh. fortschreitenden Ersatz von Holz-Erde-Werken der →suburbien durch steinerne →Mauern (Köln ab 1180, 6,9 km lang), die eine längere Haltbarkeit aufwiesen und eine größere Bauhöhe durch harte Mörtelung erlaubten. Grundlegend für die bedeutendste Kollektivaufgabe der bürgerl. Gemeinde war deren Emanzipation vom →Stadtherrn, weshalb die S. ab dem 13. Jh. zunehmend zum Signum des eigenständigen städt. Rechtsbezirks wurde, wenngleich zahlreiche unbefestigte oppida und offene Märkte die Regel in sö. Mitteleuropa blieben. Entsprechend der Größe und der finanziellen Leistungsfähigkeit der Stadt oder der Förderung durch den Stadtherrn (→Freijahre, Mauerbaurecht, →Akzise) kam es zur Anlage von S.n und zu deren von fortifikator. Innovationen verursachten Verstärkungen zunächst durch Tor-, dann durch Mauertürme sowie Doppelmauer, Zwinger, vorgelagerte Wälle und Gräben. Das Aufkommen von Geschützen an der Wende zum 15. Jh., deren Einsatz die bis dahin von der Mauerkrone herabgeführte Verteidigung der uneinnehmbaren Städte (Erfurt 1375, Soest 1447) hinfällig machte, sorgte für eine Verlagerung der Verteidigungslinie in die Horizontale und damit für eine räuml. Ausdehnung der Befestigungsanlagen durch Zwinger und Bastionen in die Tiefe, die nur noch von wirtschaftsstarken Städten (bes. →Nürnberg) aufgebracht werden konnte bzw. durch landesherrl. →Festungsstädte gewährleistet wurde. F.-W. Hemann

Lit.: C. MECKSEPER, Kleine Kunstgesch. der dt. Stadt im MA, 1982, 90ff. – H. STOOB, Die Stadtbefestigung ... (Städteforsch. A 28, hg. K. KRÜGER, 1988), 25–54 [mit Karte] – H. KOLLER, Die ma. Stadt ... (Stadt in der Gesch. 15, hg. B. KIRCHGÄSSNER–G. SCHOLZ, 1989), 9–25.

Stadtrecht, -sfamilien

I. Allgemeines – II. Stadtrecht und Stadtverfassung – III. Strukturen und Inhalte.

I. ALLGEMEINES: [1] *Stadt und Stadtrecht:* Was die entwickelte ma. →Stadt v. a. von ihrem Umland unterschied, war ihr bes. S. Gewiß hob sich die Stadt schon äußerl. durch ihre Stadtmauern mit Türmen und Toren von ländl. →Siedlungen ab, ebenso ökonom. durch ihren tägl. Markthandel mit Kaufmannsgut und Handwerksprodukten. Gleichwohl kommt dem S. in dem »Kriterienbündel«, mit dem die moderne Forsch. das Phänomen der ma. Stadt zu erfassen sucht, wesentl. Bedeutung zu. Die Verleihung des S.s, bei der →Stadtgründung nicht wegzudenken, galt auch bei allmähl. Stadtwerdung als Gipfelpunkt und Abschluß.

Im Mittelpunkt des S.s stand die persönl. →Freiheit der Bürger und ihr freies Grundbesitz- und Erbrecht. Der Grundsatz →»Stadtluft macht frei« sorgte dafür, daß es auch bei Zuzug ländl. Höriger unter den Bürgern keine Unfreiheit gab. Unter einem bisweilen von ihnen selbst gewählten Richter bildeten die freien Bürger eine eigene Gerichtsgemeinde, die aus der allg. Gerichtsverfassung, insbes. dem Gericht des Gf.en, eximiert war. Mit ihrem Stadtbezirk, in dem ein erhöhter →Friede galt, lag sie wie eine Insel freieren Rechts im umgebenden Lande.

Dieses Modell der »Stadt im Rechtssinne« (H. PLANITZ) erscheint zuerst in den Gründungsstädten des 12. Jh., beginnend mit →Freiburg i. Br. 1120 (→Gründerkonsortium). Die alten →Bf.städte an Rhein und Donau hatten ein S. dieser Art noch nicht gekannt. Wie bes. die »Lex familiae« des Bf.s →Burchard v. Worms (13. B.) v. 1023/25 zeigt, waren sie noch ganz in die ländl. Ordnung von →Grundherrschaft und Vogtei (→Vogt) eingebunden. Der Kampf gegen die Hörigkeit und für die kommunale Autonomie (→Kommune) dauerte hier noch bis zum Ende des 12. Jh. fort, wobei sich die →coniuratio als wirksames Instrument erwies. Aber auch die anderswo neben Kg.spfalzen, Bf.skirchen oder Kl. erwachsenen kaufmänn. Marktsiedlungen können allenfalls als »Vorformen« (W. SCHLESINGER) der ma. Stadt angesprochen werden.

[2] *Stadtrechtsquellen:* Unter den schriftl. Aufzeichnungen des S.s reichen die Privilegien am weitesten zurück. Ihre Reihe beginnt mit der Freiburger Handfeste des Zähringers Konrad v. 1120. Einige der frühesten Privilegien, etwa die Heinrichs d. Löwen, sind nur durch spätere Aufzeichnungen überliefert und waren wohl zunächst nur mündl. erteilt worden. Zu den weltl. und geistl. Fs.en trat als Aussteller bald auch der Ks. hinzu (Augsburg 1156, Bremen 1186, Lübeck 1188). Erst seit der Wende zum 13. Jh. erscheinen zunehmend auch Gf.en und Edelherren als Aussteller. So wurde das S.sprivileg, das sich nun oft mit der pauschalen Verweisung auf das Recht einer anderen Stadt begnügte, zu einem alltägl. Instrument territorialer Städtepolitik.

Neben die Privilegien traten allmähl. eigene Rechtsaufzeichnungen der Bürger. Manche von ihnen waren zur Rechtsmitteilung an andere Städte bestimmt (dazu unten [3]), andere dienten dem eigenen Gebrauch. Neben →Rechtsbüchern, also privaten Werken (Mühlhäuser »Reichsrechtsbuch« um 1224, Hamburger »Ordeelbok« 1270), standen amtl. Aufzeichnungen (Bremen 1303/08,

Goslar um 1330), die kleinen Kodifikationen gleichkamen.

Inhaltl. bestanden solche S.e neben überkommenem Stammesrecht und privilegialen Freiheiten zunehmend aus eigenen städt. Satzungen oder →Willküren. Ihre ständig anschwellende Flut ließ sich schließlich in einer abschließenden S.saufzeichnung nicht mehr auffangen. Man legte eigene Statutenbücher an, in welche die Ratsbeschlüsse eingetragen wurden, während man aufgehobene Stücke strich und bei der jährl. Verlesung überging. Am Ende des MA unternahmen es einige bedeutende Städte (zuerst Nürnberg 1479), ihr S. im Sinne des rezipierten →Röm. Rechts zu überarbeiten (→Reformationen des Rechts).

[3] *Stadtrechtsfamilien*: Eine auffällige Erscheinung des ma. S.s sind die S.familien. Viele →Stadtherren verliehen ihren Neugründungen das Recht einer älteren, angeseheneren Stadt – meist nur durch pauschale Verweisung, bisweilen aber durch Gewährung eines ausführl., dem Recht der Mutterstadt nachgebildeten S.s. Eine Rechtsbeziehung zw. Städten konnte aber auch ohne ausdrückl. Verleihung zustandekommen, wenn sich eine jüngere Stadt an eine ältere wandte und sie um Mitteilung ihres Rechts oder um wiederholte Rechtsbelehrung in Einzelfällen bat. Oft hat erst eine solche Anfrage die befragte Stadt veranlaßt, die wichtigsten Sätze ihres Rechts zusammenzustellen (Münster für Bielefeld vor 1214). Bisweilen waren es umfangreiche Bücher, die auf diese Weise entstanden (Lübeck für Tondern 1243, Dortmund für Memel 1252).

Im Rheingebiet haben Aachen und bes. Frankfurt große S.familien begründet, während im S die S.e v. Freiburg, Nürnberg und Wien zu nennen sind. Im N verdienen Braunschweig und Lüneburg, Münster, Soest und Dortmund Erwähnung. Die größten dt. S.familien waren aber die von Magdeburg und Lübeck (→Magdeburger Recht, →Lübisches Recht). Viele Tochterstädte haben ihre Mutterstadt auch später immer wieder um Rat gefragt – so bei der Entscheidung einzelner Prozesse. Im letzteren Falle konnte sich ein regelmäßiger →Rechtszug an die Mutterstadt als →Oberhof entwickeln.

II. Stadtrecht und Stadtverfassung: [1] *Vor- und Minderformen*: In der Verfassung der ma. Stadt haben ältere Entwicklungsphasen nur geringe Spuren hinterlassen. In norddt. Städten erinnern Ämter wie das des →Bauermeisters an die ländl. Gemeinde, die →Burschaft oder die Bezeichnung →Weichbild deuten auf eine freie Siedlergemeinde hin, die der Stadt vielfach vorauf ging. Im SpätMA meint Weichbild freilich zumeist eine städt. →Minderform, vergleichbar dem →Markt im bayr.-österr. Raum.

[2] *Rats- und Gerichtsverfassung*: Grundlage der »Stadt im Rechtssinne« war ihre hervorgehobene Stellung als Gerichtsgemeinde freier Leute. Ihr bisweilen sogar gewählter Richter hieß →Schultheiß oder Vogt; dabei betont namentl. letztere Bezeichnung die Parallele zur Hochgerichtsbarkeit in den kirchl. →Immunitäten. Im frk. Raum von Aachen bis Nürnberg, aber auch in Westfalen und im Bereich des Magdeburger Rechts, stand dem Stadtrichter ein Kollegium von →Schöffen zur Seite, auch dies ein Merkmal der Hochgerichtsbarkeit. Anderswo wurde das Urteil von einzelnen Dingleuten aus der Bürgerschaft gefunden, deren Rolle später von den Vorsprechern der Parteien oder von den Ratsherren übernommen wurde. Oftmals kam die Gerichtsherrschaft pfandweise oder durch Kauf an die Stadt selbst; der Richter wurde nunmehr vom Rat eingesetzt. Dabei konnte das alte Stadtgericht zum Untergericht herabsinken, während der Rat zum Obergericht wurde. Ihre Vollendung erfuhr die Stadtverfassung erst mit dem Aufkommen des Rates als Exekutivorgan der Bürgergemeinde (→Rat, II). Seine umfassende Regierungs- und Satzungsgewalt gründete sich auf den alljährl. erneuerten →Bürgereid, der damit zum »Geltungsgrund und Gestaltungsprinzip« (W. Ebel) des ma. S.s wurde.

III. Strukturen und Inhalte: [1] *Willküren und Gewohnheiten*: Das in vieler Hinsicht so modern anmutende S. wies doch Strukturen auf, deren Fremdartigkeit erst die neuere Forsch. erkannt hat. Die vom Rat erlassenen Satzungen etwa erschienen zwar in der Rückschau als obrigkeitl. Gebote. Das MA selbst dachte sich ihre Geltung offenbar aber auf den →Bürgereid gegründet, also auf die Selbstunterwerfung der Bürger im Wege der Willkür. Andererseits waren die Gewohnheiten, die das bürgerl. Rechtsleben in Handel und Wirtschaft, im Güter- und Erbrecht prägten, kein »Gewohnheitsrecht« im Sinne von ungeschriebenen Rechtsnormen. Der feste Brauch rechtsgeschäftl. Regelung schuf dennoch Recht nur für den Einzelfall; man spricht hier heute von »Rechtsgewohnheiten« (→Recht, A. III).

[2] *Pragmatische Schriftlichkeit*: Das Rechtsleben der ma. Stadt ist durch ein Vordringen der Schriftlichkeit gekennzeichnet, wie v. a. die →Stadtbücher zeigen. Dies führt zu qualitativen Veränderungen, etwa wenn trotz Festhaltens an hergebrachten Förmlichkeiten bei Schuldversprechen oder →Auflassung von Grundstücken (Wortformalismus, →Gebärden, Zeugenaufruf der Ratspersonen) der Bucheintrag selbst zum entscheidenden Beweismittel wird. Allerdings bleibt das S. »aufgeschriebenes« Recht. Es wird nicht »geschriebenes Recht« wie das gelehrte röm. oder →kanon. Recht, wie denn auch das städt. Gerichtsverfahren trotz aller Gerichts- oder Schöffenbücher ein mündl. bleibt.

[3] *»Rechtsschöpferische Leistungen«*: Das ma. S. hat auf vielen Gebieten Neuerungen hervorgebracht. Zu nennen wäre etwa das Recht von Handel und Kredit (→Handelsgesellschaft, →Kommission, →Grundbuch, →Wechsel, →Konkurs) sowie das Arbeitsrecht (→Arbeit, A. IV), aber auch das Strafrecht (→Strafe) und das Prozeßrecht (Beseitigung von →Zweikampf und Vare). Als Grundtendenz hat man dabei neben der Mobilisierung der Rechtsbildung v. a. eine Rationalisierung des Rechtsdenkens (W. Ebel) ausgemacht.

K. Kroeschell

Q.: Urkk. zur städt. Verfassungsgesch., hg. F. Keutgen, 1901 – Elenchus fontium historiae urbanae, Vol. 1, bearb. B. Diestelkamp, 1967, 1–277 – Urkk. zur Gesch. des Städtewesens in Mittel- und Niederdtl., hg. H. Stoob–F. B. Fahlbusch, 1ff., 1985ff. – Lit.: HRG IV, 1863–1873 – H. Planitz, Die dt. Stadt im MA, 1954, 1975[4] – W. Ebel, Der Bürgereid als Geltungsgrund und Gestaltungsprinzip des dt. ma. S.s, 1958 – G. Köbler, Zur Entstehung des ma. S.s, ZRGGermAbt 86, 1969, 177ff. – H. Stoob, Forsch. zum Städtewesen in Europa, I, 1970 – K. Kroeschell, Dt. Rechtsgesch. I, 1972, 1989[9], 219ff.; II, 1973, 1989[7], 59–125 – H. Drüppel, Iudex Civitatis, 1981 – W. Ebel, Über die rechtsschöpfer. Leistung des ma. Bürgertums (Ders., Probleme der dt. Rechtsgesch., 1981), 145ff. – E. Isenmann, Die dt. Stadt im SpätMA, 1988, 74–106 [Lit.] – G. Dilcher, »Hell, verständig, für die Gegenwart sorgend, die Zukunft bedenkend«. Zur Stellung und Rolle des ma. dt. S.s in einer europ. Rechtsgesch., ZRGGermAbt 106, 1989, 12ff.

Stadtsanierung, moderner Begriff der Kommunalwiss., der zumeist als Unterbegriff von Stadterneuerung (neben z. B. Wohnungsmodernisierung, Wohnumfeldverbesserung, Unterhaltung, Hofentkernung usw.) verstanden wird, aber auch synonym mit Stadterneuerung benutzt wird (so auch in anderen Sprachen: z. B. dän. *Byfornyelse – Sanering*; engl. *urban renewal – urban regeneration*). S. im engeren Sinn bedeutet verbessernde Modernisierung der Wohnsubstanz bei gleichzeitiger Berücksichtigung denkmalschützend-konservierender Restaurationsmaßnahmen unter Einbezug und evtl. Neugestaltung des öffentl. Raumes. S. hat im Regelfall Auswirkungen auf die soziale Befindlichkeit des Sanierungsgebietes. S. setzt einen Planungsvorgang voraus, der dem Stadtbild in Grund- und Aufriß sowie der Aufrißgestaltung neben einem ästhet. auch einen hist. Wert beimißt. Insofern ist dieser Fachbegriff dem MA unangemessen und frühestens für Stadtplanungsprozesse der Renaissancezeit zu benutzen, eigtl. aber für »Die organische Erneuerung unserer Städte« (BERNOULLI) im 19./20. Jh. Auf den Wiederaufbau von Städten oder Stadtvierteln nach Schadensereignissen, wie z. B. →Brandkatastrophen, kann der Begriff eingeschränkt angewandt werden.   F. B. Fahlbusch

Stadtschreiber, -syndicus. Die notwendige schriftl. Geschäftsführung in städt. Verwaltung und Handel bedingte seit ca. 1300 eine wachsende Inanspruchnahme Schreibkundiger, zuerst Kleriker als fsl. und kirchl. Bedienstete oder Mitglieder der städt. Geistlichkeit. Obwohl der Rückgriff auf geistl. Kräfte (v. a. als Pfründenversorgung) nie völlig aufgegeben wurde, setzte sich allmähl. die fallweise, dann feste Anstellung auch von laikalen S.n seit dem späten 13., breiter während des 14. Jh. durch, zugleich mit der Ausformung eigenständiger städt. Kanzlei- und Beurkundungstätigkeit. Als vereidigte, dem Rat verantwortl. Stadtbedienstete (schul., z. T. universitär über →Ars dictandi und prakt. Lehre als S.schüler ausgebildet) hatten S. die →Stadtbücher, Protokolle von Rats- und Gerichtssitzungen und den Schriftverkehr des Rates zu führen (Lehrtätigkeiten in städt. Schulen zählten nicht zu ihren eigtl. Aufgaben, das Verfassen von Chroniken war nur offiziös), weshalb verschiedene, funktional und hierarch. abgestufte S.ämter entstanden: Rats-, Gerichts-, Zoll- und Schoßschreiber, reitende Schreiber (für auswärtige Botschaften) u. a. Auch um den Einfluß freier Kräfte zurückzudrängen, wurden im 14./15. Jh. S. mit Zulassung als Notarii publici angestellt, die im Ratsauftrag Notariatsinstrumente und Stadtbucheintragungen zur freiwilligen Gerichtsbarkeit ausfertigten. Sie konnten ebenso zu den S.n gezählt werden wie die im 15. Jh. in bedeutenderen Städten tätigen Syndici, denen als studierte, zumeist graduierte (daher oft als »Doktor« bezeichnete) Juristen Rechtsberatung und (auch prozessuale) -vertretung des Rates und der Stadt sowie auswärtige Gesandtschaften oblagen. Sie erhielten (neben wenigen graduierten Stadtärzten) die besten Anstellungsbedingungen des Fachpersonals in der ma. Stadt: langfristige Beschäftigung, hohes Gehalt, Sonderzuwendungen, z. T. Steuerbefreiung, Dienstwohnung, Altersversorgung. Ihr beachtl. Sozialprestige ermöglichte ihnen (als in der Regel Auswärtigen) vielfach das Connubium mit den führenden städt. Familien.   M. Kintzinger

Lit.: G. BURGER, Die südwestdt. S. im MA, 1960 – F. THIELE, Die Freiburger S. im MA, 1973 – K. WRIEDT, Das gelehrte Personal in der Verwaltung und Diplomatie der Hansestädte, HGBll 96, 1978, 15–37 – H. J. SCHMIED, Die Ratsschreiber der Reichsstadt Nürnberg, 1979 – M. KINTZINGER, Das Bildungswesen in der Stadt Braunschweig im hohen und späten MA, 1990, 468–515.

Stadtsiegel → Siegel

Stadtsteuer → Finanzwesen, B. II, 3; → Steuer

Stadtteile → Stadtviertel, → Topographie

Stadttor. Das S. ermöglichte und sicherte den Zugang zur umwehrten Stadt (→Stadtmauer). Als Bautypen sind v. a. zu unterscheiden: das einfache Durchlaßtor (Mauertor), das Durchlaßtor mit seitl. Torturm, der Torturm mit Durchlaß (Turmtor) und das Doppelturmtor mit beiderseits flankierenden Türmen. Zu den frühen Wall-Graben-Befestigungen gehörten hölzerne Durchlaßtore mit Sperrbalken; die »Versteinerung« konnte mit einem Steintor am Hauptzugang einsetzen (Pfalz →Tilleda, 12. Jh.). Schon um 1040 war über dem Haupttor der Steinmauer der Bremer Domburg ein sehr starker Turm in it. Technik errichtet worden. Seit der Stauferzeit wurden die S.e fast durchweg mit einem Turm überbaut (zunächst als reiner Zweckbau mit Obergeschoß und abschließender, zinnenbekränzter Plattform; »Turmhaus«) oder durch einen seitl. Turm geschützt. Am weitesten verbreitet war das Turmtor. In Gebieten mit röm. Tradition wie am Niederrhein, in der Schweiz und in Österreich, bes. aber in Frankreich, entstanden Doppelturmtore, deren Bautyp antike Ursprünge hat. In Deutschland gehen die starken Doppelturmtore (Torburgen) in der seit 1180 erbauten landseitigen Mauer von Köln voran. Religiöse Inhalte wurden durch Hl.nbilder (Verona, 1. Hälfte 13. Jh.), anfangs auch durch Torkapellen (11./12. Jh.), verkörpert. Auf den Stadtsiegeln bildete seit dem 12. Jh. die im wesentl. zum S. verkürzte Befestigung die Abbreviatur der »Stadt«. Zur ausgebildeten ma. Stadtbefestigung gehörten das Innentor mit Fallgatter im Zuge der Mauer (meist als Turmtor), das Vortor in Höhe des vorgelagerten Walles und die mit Zwingermauern geschützte Brücke über den Stadtgraben zw. beiden Toren. Aus fortifikator. (Verteidigung von der Höhe) und repräsentativen Gründen wurde der Turmtor seit dem 13. Jh. erhöht. Im 14./15. Jh. wurden die S.e zunehmend dekorativ gestaltet (abschließende Giebel zur Stadt- und Feldseite, krönendes Dach oder Aufsatz, Schauwände und Blendengliederungen, Eckerker und -türmchen). Das S. wurde zum städt. Repräsentativbau. Mit Einführung der Feuerwaffen und dem Übergang von der vertikalen zur horizontalen Verteidigung wurde im 15. Jh. die Tiefenstaffelung durch Verstärkung des Vortores und der Zwingermauern ausgebaut. So entstanden Doppeltoranlagen mit hohem, stärker dekoriertem Innentorturm und wuchtigem Außentor (Lübecker Holstentor 1466–78 als Repräsentativbau). Am Ende des 15. Jh. konnten sie durch Vorwerke (Barbakane) zusätzl. gesichert werden. Die Zahl der S.e war im allg. abhängig von der Zahl und Führung der Hauptdurchgangsstraßen. Bildung und Umwehrung von Vorstädten führten zum Hinausschieben der S.e an den Straßen. Ihre Namen erhielten die S.e nach Nachbarorten oder wichtigen Zielen, nach Stadtteilen, Gebäuden oder sonstigen Objekten im Stadtbereich (Mühlen-, Burgtor). Neben den S.en dienten Pforten (kleine Mauertore) dem lokalen Verkehr, v. a. zum Ufer (Hafenlände) und zu geistl. →Immunitäten in der Stadt. Die Verfügungsgewalt über die S.e mit den Torschlüsseln bildete seit Mitte des 15. Jh. einen zentralen Streitpunkt zw. Landesherrn und Stadt um die Wehrhoheit.   W. Schich

Lit.: H. PLANITZ, Die dt. Stadt im MA, 1954, 1975⁴, 242ff. – H. TROST, Norddt. S.e zw. Elbe und Oder, 1959 – U. MAINZER, S.e im Rheinland, 1976 – C. MECKSEPER, Kleine Kunstgesch. der dt. Stadt im MA, 1982, 90ff.

Stadtturm, Beobachtungsturm, der die Sturmglocke und auch die Stadtuhr trägt, er kann, muß aber nicht mit dem →Rathaus verbunden sein. Der S. ist in Deutschland selten im Gegensatz zu Flandern, wo der *beffroi* bzw. →Belfried in keiner Stadt fehlt; verwandte Beispiele lassen sich auch aus den umliegenden Gebieten beibringen. Auch an nord- und mittelit. Rathauskomplexen finden sich häufig S.e, z. T. integrierte ältere Türme (Florenz, Palazzo

Vecchio, errichtet 1299–1320/30), z. T. neuerrichtete (Siena, Palazzo Pubblico, Baubeginn 1297).

In Deutschland gibt es S.e im Westen in Köln, dann in den Ordensstädten Danzig und Thorn, wobei hier mit Einfluß aus Flandern zu rechnen ist. Auch einige schles. Städte haben S.e in Verbindung mit dem Rathaus, so Bunzlau, Breslau, Hirschberg und Görlitz. Eine weitere Gruppe von S.en findet sich in bayer. Städten, in Straubing, Deggendorf und Kelheim. Wohl zu Unrecht wurden diese S.e ebenfalls flandr. Einfluß zugeschrieben. Eher zu vermuten ist, daß der Regensburger Rathauskomplex mit zwei sehr hohen Türmen (Ungeldturm und Marktturm) vorbildhaft war. Auch das Rathaus von Burghausen hatte im MA wohl turmartigen Charakter. Ähnl. wie der Regensburger Ungeldturm war auch das Burghausener Rathaus ursprgl. ein Privathaus. Im Schwäb. besaßen schließlich Augsburg (Perlachturm) und Lauingen (Schimmelturm) unabhängig vom Rathaus stehende sehr stolze und sehr hohe S.e, wobei in Augsburg später ein eigener Rathausturm Funktionen des Perlachs als S. übernahm. H. Wanderwitz

Lit.: K. Gruber, Das dt. Rathaus, 1943, 23 – N. Pevsner, Europ. Architektur von den Anfängen bis zur Gegenwart, 1967², 166f. – W. Meyer, Die Kunstdenkmäler von Schwaben, 7: Landkrs. Dillingen an der Donau (Die Kunstdenkmäler von Bayern, Regierungsbezirk Schwaben, 1972), 594–598 – Augsburg – Gesch. in Bilddokumenten, hg. F. Blendinger–W. Zorn (unter Mitwirkung v. J. Bellot u. a.), 1976, Nr. 102, S. 53; Nr. 166, S. 71 – W. Swaan, Kunst und Kultur der Spätgotik, 1978, 121–128 – V. Liedke, Das Bürgerhaus in Altbaiern (Das dt. Bürgerhaus 33, 1984), 121–124 – W. Baer, Zur hist. Funktion des Augsburger Rathauses während der reichsstädt. Zeit (Kat. Elias Holl und das Augsburger Rathaus, hg. W. Baer, H.-W. Kruft, B. Roeck, 1985), 73–77 – →Belfried, →Rathaus.

Stadttypen. Städte können nach Funktion, Entstehungszusammenhang und weiteren Kriterien Typen zugeordnet werden, innerhalb derer sie Vor-, Voll-, Kümmer- und Übergangsformen bilden (→Vorsiedlung, städt.). Die in der Lit. verwendeten Begriffe sind nicht immer eindeutig und können verschiedenen Typisierungsansätzen entnommen sein; ein hist.-genet. S. läßt sich z. B. auch nach seiner Hauptfunktion zuordnen. Die auf statist. Analysen aufbauenden Klassifizierungen der modernen Geographie lassen sich mangels Q. nicht auf die ma. Stadt anwenden.

[1] Bei *Funktionstypen* ist nach mono- bzw. polyfunktionaler Ausrichtung zu unterscheiden: a) *Monofunktionale Städte* sind selten, da das Merkmal der →Stadt die Vielfalt ist; sie entstehen v. a. dann, wenn die conditio sine qua non für die Entstehung der Siedlung wie z. B. ein Bodenschatz nur an einer bestimmten Stelle vorhanden ist. Die →Bergstadt ist wirtschaftl. und sozial auf die Gewinnung eines Erzes bzw. Minerals konzentriert, besitzt ein →Stadtrecht oft in Form spezieller »Bergfreiheiten«, hat wenig Verbindung mit dem Umland und ist für ihre Versorgung auf anders strukturierte Städte angewiesen (→Freiberg); eine Sonderform bildet die Salinenstadt (→Lüneburg).
b) *Polyfunktionale Städte* weisen eine Folge von notwendigen allg. und zusätzl. bes. Funktionen auf. Bei ihren Bezeichnungen wird meistens nicht deutl., daß sie nicht nach der einzigen, sondern nach der dominierenden Funktion benannt sind. Diese muß in ihrer Wirkung nicht unbedingt auf das eigtl. Umland bzw. Einflußgebiet beschränkt sein, sondern kann weiter ausgreifen und die Lebensverhältnisse der Stadtbewohner spezif. prägen. Polyfunktionale Städte verbinden mit ihrem Markt (→Stadt-Umland-Beziehungen) eine besondere gewerbl. Ausrichtung mit von Stadt zu Stadt wechselndem Schwerpunkt. Die Hauptfunktion richtet nicht nur die städt. Ges. entsprechend aus, sondern beansprucht auch relativ viel Fläche und beeinflußt damit die Stadtlandschaft. Ein Wechsel schlägt sich im Umbau des Stadtkörpers nieder (z. B. der Umbau einer Burg- zur Residenzstadt). Je dominierender die Hauptfunktion ist, desto anfälliger ist die Stadt für wirtschaftl. Krisen (→Wüstung).

α) *Wirtschaft und Verkehr:* Handels-, Fernhandels-, Messe-, Etappen- (Rastorte des Fernverkehrs), →Hafenstädte. Vorläufer der Handelsstädte sind die frühma. →Wiken. Am unteren Rand der Stadtqualität sind Handelsstädte oft als Marktstädte (aufgestiegene Marktorte, v. a. Nahmärkte), d. h. zentrale Orte unteren Ranges (Landstädte), ausgebildet. Spezialisierungen auf bestimmte Gewerbe treten zwar regelmäßig auf, doch führen sie nicht zur Entstehung von »Gewerbestädten«, da der Handel gesellschaftl. vor der Produktion rangiert.

β) *Politik und Verwaltung:* Haupt-, Residenz-, Provinz-(haupt)-, Amtsstädte mit überwiegend ziviler, Burg- und →Festungsstädte mit überwiegend militär. Funktion erhalten ihre Aufgabe durch staatl. Entscheidungen und sind in hohem Maße abhängig von polit. Zuständen und strateg. Vorstellungen. Hauptstädte als polit. und administrative Zentren eines Staates tauchen als S.en v. a. n. der Alpen wie die von der Hofhaltung des Herrschers bestimmten →Residenzen erst im SpätMA auf und entwickeln ihre Vollform noch später. Geistl. Fs.en besitzen eher dauernde Residenzstädte als weltl. Herrscher; kleinere Einheiten haben früher ortsfeste Verwaltungssitze als große. Die technikgeschichtl. bedingt erst im 15. Jh. vorkommende Festungsstadt hat zwar eine vorwiegend militär. Aufgabe, aber nicht zwangsläufig eine überwiegend soldat. Bevölkerung. Sie ist funktioneller Nachfolger der Burgstadt, gewinnt aber durch den Flächenbedarf der Wälle und Gräben einen ganz anderen Charakter als diese.

γ) *Kultur:* Durch kulturelle/kult. bzw. Bildungseinrichtungen geprägte S.en sind Tempelstädte, die im chr. Abendland nur als geistl. Städte vorkommen, und Univ.sstädte. Sie erreichen zwar im Verhältnis zu den durch polit. Funktionen bestimmten Städten lediglich geringere Bedeutung, erfreuen sich ihrer aber mit größerer Beständigkeit. Zu den geistl. Städten (W. Ehbrecht, Westfäl. Städteatlas, IV) zählen →Bf.s-, Kathedral-, →Abtei-, →Stifts- und Kl.städte (→Klerus, [7]) sowie →Wallfahrtsorte. Die Bf.skirche besaß anders als die nichtexemten Abteien stets zentrale Bedeutung. Verließ – wie im Falle der meisten geistl. Reichsfs.en – der Bf. seine Stadt, wurde diese unter Erhalt des Großteils ihrer Bedeutung zur Kathedralstadt (mit residierendem →Domkapitel). Von den Abteien besaßen im allg. stadtbildende Kraft nur die der Benediktiner. Im dt. Reich gab oft die Reichsunmittelbarkeit der Abtei den Ausschlag (→Fulda). Kl.städte können Abteistädte sein oder aus einem Großkl. bestehen wie die ir. Protostädte →Armagh und →Kells; europ. Bettelorden bilden keine Städte, sondern siedelten sich in bereits bestehenden Städten an. Abtei- bzw. Kl.städte sind physiognom. und nach der Wirtschaftsstruktur oft eher Wallfahrtsorte.

[2] *Historisch-genetische Stadttypen* entwickeln sich in Zusammenhang mit Ges., Wirtschaft und polit. Organisationsformen. Die Entwicklung des Städtewesens in Europa fußt auf den griech. poleis und den röm. coloniae und castra. Die Hochform des europ. MA, die Bürgerstadt, kristallisiert sich unter den Bedingungen des Territorialstaates v. a. an Fernhandelssiedlungen. Ihre Existenzgrundlagen sind Handel und Gewerbe. Bürgerstädte kommen jedoch auch im Bereich der ma. dt. Ostsiedlung

vor, wo sie techn. Kolonialstädte sind. Hist.-genet. S.en sind komplexer als die funktionalen Typen, da sie eine polyfunktionale Ausrichtung wechselnder Hauptrichtung mit einem hist. Entwicklungstyp verbinden.

Burgstädte (z. T. gleichzeitig Burgmannsstädte) entwickelten sich v. a. unter den Bedingungen des europ. Feudalsystems. Sie sind durch die Niederlassung von Handwerkern und Kaufleuten zu Füßen der Burg charakterisiert (→suburbium). Während die antiken Hochkulturen und die Reiche von Reiternomaden (Mongolen, Bulgaren) die Zentrallage der Burg bevorzugten (→Kreml in russ. Städten), liegt die →Stadtburg in West- und Mitteleuropa sowie im Orient (Kasbah) am Rand und bildet einen Eckpfeiler der als Großburg fungierenden ummauerten Stadt. Neben diesen Grundformen gibt es landschaftl. Sonderformen wie die Zähringerstädte.

Da in Städten jeder Größenordnung und jeden Typs die meisten Familien zur Sicherung der Selbstversorgung auch Landwirtschaft betrieben, sollte der Begriff der →Ackerbürgerstadt den Städten vorbehalten bleiben, die überwiegend agrar. lebten. Fast alle so gefaßten Städte sind planmäßige Gründungen des SpätMA, meist zu Städten erhobene Dörfer, nicht durch bewußten Gründungsakt neuangelegte Kolonialstädte (→Bastide, →Ostsiedlung, →Plananlage, städt., →Stadtgründung, →Topographie).

Als besonderer Typ müssen die städt. →Minderformen (→Flecken, →Markt, →Tal u. ä.) gezählt werden (H. Stoob, C. Haase), die häufig wegen des Fehlens eines Teils der städt. Merkmale als Kümmerformen eingestuft werden. Die meisten haben sich wegen des zu geringen wirtschaftl. Potentials bzw. des zu kleinen Einzugsgebiets (Überbesatz mit Städten) nicht zur Vollform entwickelt, andere waren von vornherein mit minderen Rechten begabt. Diese sog. Minderstädte stellen jedoch oft landschaftl. typ. Formen der Kleinstadt dar, die sich deutl. aus den agrar. Siedlungen herausheben.

[3] Nach dem Verhältnis zum →Stadtherrn unterscheiden sich Reichs-, Freie-, Land-, Mediat- und Samtstädte. Als →Reichsstädte werden in Dtl. ausschließl. die reichs-, ursprgl. königsunmittelbaren Städte bezeichnet. Sie erreichten um 1500 eine Mitwirkung an den ständigen Reichsgremien (→Nürnberg, →Reichsstände, →Stände); ihre Mediatisierung erfolgte meist über Verpfändung. Landstädte (vgl. 1,b,α; 4,a) sind landesherrl., Mediatstädte von Lehen eines nicht reichsunmittelbaren Adligen gehörende Städte; eine Samtstadt steht unter geteilter Landesherrschaft (→Kondominat). Die Freistädte Ungarns sind, als unmittelbar dem Kg. unterstellt (→Tavernikalstadt), noch am ehesten mit den dt. Reichsstädten zu vergleichen. Sie haben sich jedoch ungleich diesen nicht zu Stadtstaaten entwickelt.

[4] *Sonstige Typisierungen:* a) Eine Gruppierung nach der Einwohnerzahl in Welt-, Groß-, Mittel-, Klein-, Land- und Zwergstädte impliziert Unterschiede v. a. in der zentralen Bedeutung, weist die Städte aber mindestens teilweise Funktionstypen (vgl. 1,b) zu; so ist eine Landstadt eine Kleinstadt mit ländl. Merkmalen, evtl. eine Ackerbürgerstadt. Eine Weltstadt ist nicht so sehr durch ihre absolute Einwohnerzahl, als durch ihre übernationale Wirkung bzw. Verflechtung gekennzeichnet.

b) Eine physiognom. Typisierung hebt auf den Stadtkörper und seine Gestaltung durch Landschaft und Gesellschaftsstruktur ab (→Städtelandschaften). H.-K. Junk

Lit.: Dt. Städteatlas, 1973ff. – Westfäl. Städteatlas, 1975ff. – R. Gradmann, Siedlungsgeographie des Kgr.es Württemberg, 1914 – G. Schwarz, Regionale S.en im niedersächs. Raum, 1952 – K.-A. Boesler, Die städt. Funktionen, 1960 – P. Schöller, Die dt. Städte, 1967 – H. Stoob, Forsch.en zum Städtewesen in Europa, I, 1970 – Bf.s- und Kathedralstädte des MA und der frühen NZ, hg. F. Petri, 1976 – C. Haase, Die Entstehung der westfäl. Städte, 1984[4] – Die Stadt. Gestalt und Wandel ..., hg. H. Stoob, 1985[2] – W. Bockholt, Ackerbürgerstädte in Westfalen, 1987 – G. Schwarz, Allg. Siedlungsgeographie, 2 Bde, 1989[4].

Stadt-Umland-Beziehungen, Gesamtheit der einander ergänzenden Angebote einer →Stadt und ihrer im wesentl. als ländl. angesehenen Umgebung in bezug auf Waren und Dienstleistungen; die Stadt wird dabei als funktioneller, nicht notwendig topograph. »Mittelpunkt eines unscharf begrenzten Gebietes« begriffen (G. Schwarz, R. Gradmann, H. Bobek, W. Christaller). Umfang, Differenzierung, Schwerpunkt und Reichweite der S.-U.-B. können sich mit der Zeit ändern.

Die Bezeichnung 'S.-U.-B.' nimmt aus dem umfassenderen Begriff »zentralörtl. Beziehungen« diejenigen heraus, an denen eine Stadt als (in der Regel) Zentralort beteiligt ist; die Stadtqualität eines Zentralortes ist jedoch keine Voraussetzung für das Funktionieren solcher Beziehungen, während umgekehrt ein Mindestmaß an →Zentralität als eines der Kriterien für die Bestimmung der Stadtqualität einer Siedlung anzusehen ist. Dabei ist »Zentralität« die Gesamtheit der Funktionen, die die Ausübung einer Mittelpunktswirkung erlauben.

Auch die als Zentralen fungierenden Städte sind in der Regel auf einen höherrangigen Zentralort ausgerichtet, d. h., es entwickeln sich mehrstufige S.-U.-B.; bereits auf mittlerer Stufe ist dann das Umland zwangsläufig nicht mehr rein ländlich. Dieses Phänomen bildet sich z. B. in den hans. Prinzipalstädten oder landschaftl. »Hauptstädten« ab, die ihre kleineren Nachbarn auf Tagfahrten bzw. Landtagen vertraten.

Die europ. Stadt des MA war ohne wirtschaftl. Zentralfunktionen auf Dauer nicht lebensfähig; das Fehlen eines überlokalen Herrschaftssitzes mußte sich dagegen nicht unbedingt auswirken. Eine eng gekammerte territoriale Gliederung war für die Stadtentwicklung jedoch zumindest dann hinderlich, wenn als wirtschaftl. Grundlage Markt und Amtssitz gedacht und notwendig waren. Zahlreiche im HochMA gegründete südwestdt. Zwergstädte (R. Gradmann) haben unter diesen polit. Bedingungen ausreichende S.-U.-B. nicht ausbilden können und fielen trotz →Stadtrechts auf die Funktion einer nicht zentralen agrar. Siedlung zurück. Die administrative Fläche der Stadt selbst ist ohne Bedeutung für die Ausübung von S.-U.-B., solange der Raum für die Ansiedlung der zentralen Einrichtungen ausreicht. Im Unterschied zum Mittelmeergebiet (→Contado) waren die Stadtgrenzen in Mitteleuropa meist eng gezogen und der bürgerl. Zugriff auf Agrarflächen deshalb geringer. Hier konnte es nur im Umland von prosperierenden und über polit. Handlungsspielraum verfügenden Städten in größerem Ausmaß zu einer Intensivierung der S.-U.-B. durch wechselnde Kapitalflüsse kommen. Beispiele dafür sind →Reichsstädte, die zu ihrem sich ausbildenden Territorium in der Regel sehr intensive Beziehungen hatten, während die Hauptorte von Flächenterritorien auf mittlerer und/oder oberer Ebene entfernungsmäßig weiter ausgriffen, ihre Beziehungsintensität jedoch durch die notwendige Einschaltung von Zwischenebenen geringer blieb.

Die Gründung von Städten im Rahmen des →Landesausbaus (→Bastide, städt. →Plananlage) geschah regelmäßig auch unter dem Gesichtspunkt fortschreitender wirtschaftl. Differenzierung, d. h. der Förderung von Austauschvorgängen über den Markt. Hiervon sind nur die monofunktionalen Städte ausgenommen, die ihre Entstehung einem wirtschaftl. nutzbaren Bodenschatz verdanken (→Bergstadt).

S.-U.-B. können sich auf wenige oder eine einzelne der möglichen Funktionen einengen; die häufigste einseitige Ausrichtung ist die auf kult., d. h. im europ. MA geistl. Funktionen (z. B. Wallfahrtsorte, Pfarrsitze). Dagegen nutzt die einseitige Ausrichtung einer Siedlung auf die Verteidigung ihren potentiellen zentralen Funktionen selten (mögliche Funktionsspaltung: Herrschaftssitz in Schutz-, Marktort in Verkehrslage). Die Bedeutung der polit.-herrschaftl. Funktion steigt mit der Ausbildung fester Amts- und Regierungssitze und dort installierter Verwaltungseinrichtungen an. Herrschaftssitze überwiegen zahlenmäßig in Gebieten dominierender Subsistenzwirtschaft, die demnach auf Warenaustausch nur sehr eingeschränkt angewiesen ist.

Ein funktionsfähiges Verkehrsnetz ist Voraussetzung für S.-U.-B.; die Qualität der Landverkehrswege ist jedoch wegen der geringen Ausbaumöglichkeiten in vortechn. Zeit nur selten Ausdruck der Beziehungsintensität. Standen der Bevölkerung nur Landwege zur Verfügung, nahm das Umland etwa kreisförmige Gestalt an, solange Untergrund (z. B. Sumpf) und Geländeformen (z. B. Höhenrücken, Steilstufen) nicht Hindernisse schufen. In einem Flußtal zw. nicht dauerbesiedelten Höhenzügen entstehen langgestreckte Umlandgebiete. Die Möglichkeit des Wassertransports dehnt das Umland aus, da er einen Warenaustausch über größere Entfernungen erleichtert (v. THÜNEN). Insbes. bei Umschlagplätzen vom Land- auf den Wassertransport bildeten sich fächerförmige Um- bzw. Hinterländer aus.

Die von der Geographie für zentralörtl. Beziehungen entwickelten Untersuchungsmethoden eignen sich nur sehr eingeschränkt zur Erfassung hist. S.-U.-B. (s. jedoch ansatzweise R. KLÖPPER, M. MITTERAUER, K. GREVE), da die wirkl. Inanspruchnahme der zentralen Stadt aus dem Umland meist nur schwer, häufig lediglich auf dem Umweg über die allg. Prosperität der städt. Wirtschaft nachvollzogen werden kann.   H.-K. Junk

Lit.: J. H. v. THÜNEN, Der isolierte Staat in Beziehung auf Landwirtschaft und Nationalökonomie, 1842, 1910² – R. GRADMANN, Siedlungsgeographie des Kgr.es Württemberg, 1914 [insbes. T. 2] – DERS., Schwäb. Städte, Zs. der Ges. für Erdkunde, 1916 – H. BOBEK, Grundfragen der Stadtgeographie, Geogr. Anzeiger 28, 1927 – DERS., Innsbruck, 1928 – W. CHRISTALLER, Die zentralen Orte in Süddtl., 1933, 1968² – R. KLÖPPER, Entstehung, Lage und Verteilung der zentralen Siedlungen in Niedersachsen, 1952 – P. SCHÖLLER, Der Markt als Zentralitätsphänomen, WF 15, 1962 – Zentralitätsforsch., hg. DERS., 1972 – M. MITTERAUER, Markt und Stadt im MA, 1980 – Städt. Um- und Hinterland in vorindustrieller Zeit, hg. H. K. SCHULZE, 1985 – K. GREVE, Zentrale Orte im Hzm. Schleswig 1860, 1987 – G. SCHWARZ, Allg. Siedlungsgeographie, 1989⁴ – R. KIESSLING, Die Stadt und ihr Land (Städteforsch. A 29, 1989).

Stadtviertel, zur leichteren Organisation von Gemeinschaftsaufgaben (Steuererhebung, soziale Versorgung, Verteidigung, Brandbekämpfung) eingerichtete, der städt. Gesamtgemeinde nachgeordnete und von dieser mit Aufgaben und Rechten begabte, linear abgegrenzte Lokalverbände (auch Quartiere, »Gassen«, Hofen, Kluchten, Gemeinheiten sowie s. u.). S. besitzen Organe (Viertelsmeister), teilweise auch eigene Einkünfte, stellen Wahlmänner für städt. Gremien (Kurgenossen) und führen Register (→Schreinswesen). Sie kommen in zwei, sich im konkreten Stadtorganismus nicht ausschließenden Ausprägungen vor: »Primäre« S. (R. KÜNZLER-BEHNCKE) sind der Gesamtgemeinde bereits als verfaßte Gemeinschaft beigetreten, die sehr viel häufigeren sekundären S. erst von der Gesamtgemeinde eingerichtet worden.

Primäre S. bewahren in der Regel mindestens Teile ihrer rechtl. Sonderstellung (bes. deutl. im Falle der Domimmunitäten); sie können positiv (Handelsviertel it. Stadtstaaten im ö. Mittelmeerraum) oder negativ (Gettos) privilegiert sein. Ihre Position drückt sich oft in eigener Ummauerung aus, die bei sekundären S.n nur sehr genet. vorkommt (ehem. Neustädte o. ä.). Im Mittelmeerraum ergab sich oft eine Viertelsbildung nach ethn. und/oder religiösen Gruppen, deren ansatzweise Selbstverwaltung auch bei fehlender Autonomie gegenüber dem Stadtherrn toleriert wurde.

Klass. ist für die sekundären S. ihre in den Begriff eingehende Vierzahl (Einteilung durch ein Straßenkreuz), selbst in so großen Städten wie Breslau und Lübeck, doch kommen auch höhere Zahlen vor (Paderborn: 5 Bauerschaften, Münster: 7 Leischaften, Aachen: 9 Gft.en, Schwerte: 10 Schichte, Köln: 19 Kirchspiele, unterteilt in 52 Tirmten, und weitere →Sondergemeinden). Eine Teilung in nur drei S. weist auf sehr kleine Städte. Sekundäre S. haben regelmäßig kein eigenes Bürgerrecht; das Recht der Stadtgemeinde bestimmt Rechte und Pflichten gegenüber dem S., das mit der Zeit jedoch den Status einer Sondergemeinde erwerben kann. S. können deutl. unterschiedl. Prestigewert haben, doch ist von sozialer Durchmischung auszugehen.

Die Grenzen insbes. der sekundären S. sind oft unter Verwendung älterer Grenzen (z. B. Pfarreien, Immunitäten, sonstige Rechtsbezirke) gezogen; sie können aber abhängig vom unmittelbaren Anlaß ihrer Errichtung auch nach streng rationalen Prinzipien über eine (bestehen bleibende) ältere Einteilung gestülpt werden. Sie folgen oft Straßen bzw. Gassen, doch können sie auch etwa parallel zu diesen die Baublöcke teilen (→Topographie, städt.).

In den Kontaktbereichen zw. Germanen und Slaven, insbes. im unmittelbaren, slav. bewohnten Umland dt. dominierter Stadtsiedlungen, entwickelten sich Wohnviertel von Slaven, die nicht notwendig ein rechtl. Teil des Stadtorganismus waren, jedoch funktionell so einzuordnen sind, z. B. eine Reihe der stadtverbundenen Dörfer (W. KUHN, →Stadtdorf), kenntl. an ihren aus der Sicht der Stadtbewohner geprägten Namen, wie »Polnisch-«, »Böhmisch-« oder »Winschendorf«. Von meist geringerer Bedeutung, aber in der Regel Teil der Gesamtgemeinde ist im Bereich der ma. →Ostsiedlung die »Wend. Gasse«, die auf der Iber. Halbinsel ihre Entsprechung in der »Maur. Gasse« hat.

Im übertragenen Sinne werden als S. auch Teile des städt. Baukörpers bezeichnet, die sich funktional und/oder physiognom. als Einheiten herausheben, ohne rechtl. verfaßt zu sein, z. B. Markt-, Scheunenviertel. Der moderne sozialgeogr. Ansatz der Viertelsbildung ist für das MA unergiebig.   H.-K. Junk

Lit.: H. KEUSSEN, Topographie der Stadt Köln im MA, 2 Bde, 1910, 1986² – J. SCHULTZE, Die S., BDLG 92, 1956 – R. KÜNZLER-BEHNCKE, Entstehung und Entwicklung fremdvölk. Eigenviertel im Stadtorganismus, 1960 – W. KUHN, Die Stadtdörfer der ma. Ostsiedlung, ZOF 20, 1971 – Dt. Städteatlas, hg. H. STOOB, 1973ff. – Westfäl. Städteatlas, hg. H. STOOB-W. EHBRECHT, 1975ff. – B. HOFMEISTER, Die Stadtstruktur, 1980 – Hist. stedenatlas van Nederland, 1982ff.

Stadtwaage → Waage

Stadtwald → Wald

Stadtwurt → Wurt

Staffarda, Abtei OCist bei →Saluzzo (Piemont), in einem Waldgebiet vermutl. von den Söhnen des Mgf.en Bonifacio del →Vasto gegründet, die das Kl. mit zahlreichen, zw. Saluzzo und Revello liegenden Besitzungen ausstatteten (die Schenkungsurk. ist zw. 1127 und 1138 zu datieren). Im gleichen Gebiet wuchs in den folgenden Jahren das Patrimonium der Abtei durch weitere Schenkungen an. Das Kl. erhielt rasch die päpstl. Privilegien, 1159 stellte es Ks. Friedrich I. Barbarossa unter seinen Schutz. Ende des 12. Jh. verschlechterten sich die Beziehungen zu den Mgf.en (nun als Mgf.en von →Saluzzo bezeichnet), nach 1216 stellte sich jedoch das frühere gute Verhältnis wieder her: das ganze 13. Jh. hindurch fungierte die Abtei als symbol. Mittelpunkt der Mgft. (Grablege und Unterzeichnungsort polit. bedeutsamer Urkunden).

Dank der Förderung durch die Mgf.en v. Saluzzo und die Mgf.en v. Busca bildete S. sehr früh eine Kl. organisation und gliederte seinen ausgedehnten Grundbesitz, der durch weitere Schenkungen des lokalen Niederadels fast bis an die Tore v. Turin reichte, in Grangien. Obwohl die Abtei keine Herrschaftsrechte ausübte, ermöglichten ihr die Immunität und ihr konsolidiertes Patrimonium, sich in einigen Gebieten völlig jeder polit. Kontrolle von außen zu entziehen. R. Bordone

Q.: Cartario dell'abbazia di S. fino all'anno 1313, hg. F. GABOTTO, G. ROBERTI, D. CHIATTONE, BSSS XI-XII, 1901-02 – *Lit.*: L. PROVERO, Monasteri, chiese e poteri nel Saluzzese (secoli XI-XIII), Boll. stor. bibliogr. subalpino XCII, 1994, 430-446.

Staffelsee, Inventar v., überliefert im Kontext einer nur fragmentar. erhaltenen Besitz- und Leistungsaufnahme des Bm.s Augsburg zusammen mit dem →»Capitulare de villis und anderen sog. →»Brevium exempla« im Cod. Guelf. 254 Helmst. fol. 9-12, aufgezeichnet anläßl. der Vereinigung des Bm.s Neuburg/S. mit Augsburg um 810. Es enthält Einzelinventare des Kirchenschatzes der Michaelskirche, der Bibliothek und der Schreibstube sowie des Herrenhofes auf der Insel Wörth mit Erntevorräten, Viehbesatz, Genetium und Mühle, während die Angaben über das Salland zum eigtl. Urbar gehören, das die auf dem Festland in Seehausen grundherrschaftl. organisierten 23 mansi ingenuiles bzw. 19 serviles mit ihren Diensten und Abgaben beschreibt. D. Hägermann

Ed. und Lit.: MGH Cap. I, 250f. Nr. 128 – K. ELMSHÄUSER, Unters. zum S.r Urbar (Strukturen der Grundherrschaft im frühen MA, hg. W. RÖSENER, 1989), 335-369 [Bibliogr.].

Stafford, Familie, Earls of. Das Haus S. gehörte zu den größten engl. Hochadelsfamilien im SpätMA und erreichte seinen Höhepunkt 1351-1521. Eduard III. schuf oder erneuerte 14 engl. earldoms, doch nur die S.-Familie konnte als einziges dieser neuen Gf.enhäuser bis in die Tudorzeit bestehen. Hinsichtl. der überlebenden männl. Erben stand das Haus S. im Vergleich zu anderen baronialen Familien von der Regierung Richards I. (1189-99) bis zur Regierung Karls I. (1625-49) einzigartig dar. Der Begründer der S.-Familie war *Robert* († um 1088), der jüngere Sohn von Roger de Tony (vorher de Conches, um 990-1038/39). Er gehörte 1086 zu den größeren Kronvasallen. Sein Urenkel *Robert S. III.* starb 1193/94 kinderlos, und dessen Erbin war seine Schwester *Millicent*, die Gemahlin von Harvey Bagot († 1214), deren Sohn den Namen 'S.' als Familiennamen annahm. Vier Generationen der S.s, die die Ländereien der Familie im 13. Jh. besaßen, treten in den Q. nicht hervor. *Edmund* (1273-1308), der als Minderjähriger 1287 sein Erbe antrat, wurde 1299 als Baron ins Parlament berufen. Sein Sohn und Erbe *Ralph* (1301-72) begründete den Aufstieg des Hauses S.

Während seine Vorfahren noch unbedeutende Barone in Mittelengland gewesen waren, machte sich Ralph selbst zu einem der reichsten und mächtigsten Mitglieder des engl. Hochadels. Er erbte wie sein Vater seine Ländereien als Minderjähriger, und die Übergabe des Besitzes erfolgte am 6. Dez. 1323. Ralph gehörte zu der Gruppe von jungen Adligen, deren Unterstützung Eduard III. half, die Herrschaft von Roger →Mortimer zu beenden. Nachdem er an den Feldzügen des Kg.s in Schottland teilgenommen hatte, wurde er 1336 ins Parlament berufen. Seine Karriere im kgl. Dienst dauerte über 40 Jahre. Es gelang ihm, während der Kriege Eduards III. in Frankreich, die 1337 begannen, ein Vermögen anzuhäufen. Er nahm an den Seeschlachten bei →Sluis (1340) und Winchelsea (1350) teil. 1342 kämpfte er in der Bretagne, wo er bei der Belagerung v. Vannes in Gefangenschaft geriet. Ralph wurde am 19. Jan. 1343 gegen Olivier de →Clisson ausgetauscht und konnte so einer hohen Lösegeldzahlung entgehen. Am 26. Aug. 1346 hatte er am Sieg des Kg.s in →Crécy Anteil und 1347 beteiligte er sich an der Belagerung v. →Calais. 1348 wurde er zu einem der Gründungsmitglieder des →Hosenbandordens gewählt. Als militär. und Flottenbefehlshaber, Politiker, Diplomat, Höfling und Verwaltungsbeamter diente Ralph Eduard III. bei vielen Gelegenheiten. Er war Steward des kgl. Hofhalts 1341-45, Seneschall v. Aquitanien 1345-46 und an den Verhandlungen für den Vertrag v. →Brétigny beteiligt. Am 5. März 1351 wurde er zum Earl of S. ernannt. Bald nach dem Tod seiner ersten Gemahlin, Katherine Hastang, heiratete er 1336 Margaret († ca. 1348), Tochter und Erbin von Hugh Audley († 1347), Earl of Gloucester. Von ihr hatte er zwei Söhne und vier Töchter. Sie hatte als Urenkelin Eduards I. kgl. Vorfahren, und ihre Erbschaft umfaßte Ländereien in England, Wales und Irland, die vorwiegend im Besitz der →Clare-Familie (Earls of Gloucester und Hertford) waren. Ralph starb am 31. Aug. 1372. Sein Vermögen zeigte sich in der großen Mitgift, die er drei seiner Töchter aus seiner zweiten Ehe übertragen konnte, ebenso in der aufwendigen Hochzeit, die er 1344 für seinen älteren Sohn *Ralph* ausgerichtet hatte. Ralphs Braut war Maud († 1362), ältere Tochter und spätere Miterbin von Henry (→Heinrich [55.H.]) of Grosmont († 1361), dem 1. Duke of Lancaster. Doch beendete Ralphs früher Tod (1347) die Hoffnung auf die Erbschaft des halben Hzm. v. Lancaster.

Der Nachfolger von Earl Ralph war sein jüngerer Sohn *Hugh* (ca. 1342-86), der bereits 1371 als Baron ins Parliament berufen worden war. Seine militär. und polit. Laufbahn war nicht so einträgl. wie die seines Vaters. Er versah seinen militär. Dienst unter →Eduard d. »Schwarzen Prinzen« in Aquitanien und 1367 in Spanien, 1375 nahm er an dem Feldzug in der Bretagne teil. 1376 zum Ritter des Hosenbandordens ernannt, wurde Hugh Mitglied des kgl. Rates während der Minderjährigkeit Richards II. Earl Hugh heiratete 1353 Philippa, Tochter von Thomas →Beauchamp († 1369), Earl of Warwick. Aus dieser Ehe stammten fünf Söhne, von denen nur einer, *Edmund*, Nachkommen hinterließ, und drei Töchter, Margaret, Katherine und Joan, deren Ehemänner engl. Earls wurden. Der älteste Sohn von Earl Hugh, Sir *Ralph*, war im Gefolge des Kg.s, als er in der Nähe von York im Mai 1385 von dem brutalen Halbbruder Richards II., Sir John →Holland, ermordet wurde. Hughs Testament wurde am 15. April 1386 in Yarmouth (Co. Norfolk) ausgestellt, am 16. Okt. 1386 starb er auf Rhodos während der Rückreise von einer Pilgerfahrt nach Jerusalem. Seine vier überlebenden Söhne waren bei seinem Tod minderjährig, drei folgten nacheinander im Earldom. Da Earl Hugh seine Besitzungen vorsichtshalber Lehnsmännern übertragen hatte, konnte die Krone während der Minderjährigkeit der drei S.-Erben zw. 1386 und 1399 nur geringe Einnahmen beanspruchen.

Earl *Thomas* (ca. 1368–92) heiratete Anne, die älteste Tochter seines Vormunds, →Thomas of Woodstock (1357–97), Duke of Gloucester. Als er kinderlos am 4. Juli 1392 starb, folgte sein Bruder *William* (1375–95), der jedoch niemals seine Erbschaft antreten konnte. Er starb noch minderjährig und unverheiratet am 6. April 1395. Sein Nachfolger war *Edmund* (1378–1403), der 5. Earl, der die Familienbesitzungen wiedervereinigen konnte durch seine Heirat mit seiner verwitweten Schwägerin Anne, die einen Teil der Ländereien als Wittum erhalten hatte. Als sie 1400 unerwartet die einzige Erbin ihrer Eltern, dem Duke of Gloucester und dessen Gemahlin Eleonore →Bohun († 1399), wurde, erhielt das Haus S. den umfangreichsten Besitzzuwachs. Annes große Erbschaft umfaßte die Hälfte der Ländereien der Bohun-Earldoms v. Essex, Hereford und Northampton; später konnte sie den Besitz wertvoller Ländereien erlangen, die ihr Vater vorher besessen hatte, bes. die reiche Herrschaft (Lordship of) →Holderness. Earl Edmund erfreute sich nur kurz seines Besitzes. Er wurde in der Schlacht v. →Shrewsbury am 21. Juli 1403 getötet, als er auf der Seite Heinrichs IV. kämpfte. – Da zw. 1386 und 1485 jeder Erbe des S.-Besitzes bei dem Antritt seiner Erbschaft minderjährig war und unter kgl. Vormundschaft stand, verminderten sich Einfluß und Vermögen der Familie.

Obwohl er nur über mittelmäßige Fähigkeiten verfügte, gelang *Humphrey* (1402–60), dem 6. Earl, der Aufstieg zum erfolgreichsten Mitglied der S.-Familie im SpätMA. Am 15. Aug. 1402 geboren, war er noch nicht ein Jahr alt, als er seinem Vater nachfolgte. Seine große Erbschaft erhielt er im Dez. 1421, nachdem er bereits am 22. April zum Ritter geschlagen worden war. Vor dem 18. Okt. 1424 heiratete er Anne († 1480), eine der vier Töchter von Ralph →Neville († 1425), dem 1. Earl of Westmorland, und dessen zweiter Gemahlin Joan Beaufort († 1440), der jüngsten Tochter von →John of Gaunt. Er wurde 1424 Mitglied des kgl. Rates und 1429 Ritter des Hosenbandordens. 1430–32 diente er in Frankreich, wo er zum →Constable von Heinrich VI. und 1431 zum Gf.en v. →Perche ernannt wurde. 1438 vergrößerte sich seine Macht, als er die großen Besitzungen seiner Mutter, der dreimal verwitweten Anne, erbte. 1442–51 hatte er das Amt des Capitaine de Calais inne. Am 14. Sept. 1444 wurde S. zum Duke of →Buckingham ernannt. Er war der einzige engl. Adlige, der so mächtig war wie →Richard Plantagenêt (10. R.), Duke of York. Doch versäumte er es, eine polit. Führungsrolle zu beanspruchen, so daß Richard die Kontrolle über die engl. Regierung gewinnen konnte.

T. B. Pugh

Lit.: Peerage XII, 1, 1953 – T. B. PUGH, The Marcher Lordships of South Wales, 1415–1536, 1963 – K. B. MCFARLANE, The Nobility of Later Medieval England, 1973 – C. RAWCLIFFE, The S.s, Earls of S. and Dukes of Buckingham, 1394–1521, 1978.

S., John, Ebf. v. →Canterbury seit 13. Mai 1443, * ca. 1385, † 25. Mai 1452; illegitimer Sohn von Sir Humphrey Stafford († 1413) of Hooke (Co. Dorset), einem Verwandten von Humphrey →Stafford (1402–60) und einem der reichsten Ritter Englands. In Oxford ausgebildet, empfing S. im Mai 1414 die Priesterweihe. Ebf. Henry →Chichele wurde sein Förderer. S. gehörte zur Gruppe der kirchl. Rechtsgelehrten, die von Heinrich V. berufen wurden. Er bekleidete die Ämter des →*Keeper of the Privy Seal* (Mai 1421–Dez. 1422) und des →*Treasurer of England* (1422–März 1426), am 27. Mai 1425 wurde er zum Bf. v. →Bath und Wells geweiht. Im April 1430 begleitete er Heinrich VI. nach Frankreich, und bald nach der Rückkehr des Kg.s nach England wurde er am 4. März 1432 Lord Chancellor. Am 13. Mai 1443 folgte er Chichele im Ebf.samt nach, doch führten polit. Umwälzungen zu seiner Resignation am 31. Jan. 1450 als Lord Chancellor. Seine öffentl. Aufgaben ließen ihm wenig Zeit für seine Diöz. Bath und Wells, aber sein Bf.register zeigt, daß er versuchte, die Häresie zu unterdrücken, die religiöse Erziehung zu fördern und den abwesenden Klerus zu disziplinieren. Von Thomas →Gascoigne verleumdet, wird S. heute als Kirchenpolitiker und Verwalter gewürdigt.

T. B. Pugh

Lit.: E. F. JACOB, Archbishop J. S., TRHS, 5th Ser., XII, 1962, 1–23 [Repr.: DERS., Essays in Medieval Hist., 1968].

Stafford, -shire, Stadt und Gft. in England. Die Gft. wird im N von Cheshire und Derbyshire, im O von Leicestershire und Warwickshire, im S von Hereford und Worcestershire und im W von Salop begrenzt und bildete vom 7. bis 9. Jh. das Zentrum des Kgr.es →Mercien. Das am Sow gelegene S. wurde 913 von →Æthelflæd v. Mercia, der Tochter Kg. Alfreds, gegründet und befestigt. Von 925 bis 1189 war S. kgl. Münzstätte. 1016 bezeichnet es die Ags. →Chronik als *shire town*. Das →Domesday Book listet für 1086 128 bewohnte Hausstätten auf, verzeichnet jedoch auch 51 wüst liegende Häuser, vermutl. eine Folge des dort 1069 von Wilhelm d. Eroberer blutig niedergeworfenen Aufstands von Truppen aus S.shire und Cheshire. S. war der einzige →*borough* Englands, der nach der Eroberung einen geringeren Steuerwert hatte. Wilhelm ordnete 1070 den Bau einer kgl. Burg im NW S.s an. Der Ort war zu diesem Zeitpunkt bereits ummauert; die vier Tore lagen an den Ausfallstraßen. Die Hauptachse der Siedlung war die von N nach S verlaufende spätere High Street mit einer Marktplatzerweiterung und den im O und W gelegenen Pfarrkirchen St. Mary und St. Chad. Im N (Foregate) und im S (Forebridge) hatten sich zu Ende des 11. Jh. Vorstädte gebildet. Die Ausfallstraße zum East Gate entwickelte sich seit dem 12. Jh. zu einem Gewerbezentrum. 1199 war S. erstmals als borough durch eine eigene Jury vor dem →*eyre* repräsentiert; 1206 erhielt es einen kgl. Freibrief (Bestätigungen: 1228, 1262, 1314). 1164 ist das Amt des *praepositus* erwähnt; in der Folgezeit unterstand S. zwei jährl. durch den Rat zu wählenden →*bailiffs*. 1261 erhielt S. erstmals Messerecht, bis 1412 hatten sich drei Jahrmärkte etabliert.

B. Brodt

Q. und Lit.: VCH S.shire, VI, 1979.

Stagel(in), Elsbeth, Dominikanerin und Mystikerin, * um 1300, aus angesehener Zürcher Ratsfamilie, † um 1360 im Kl. →Töss (bei Winterthur), dem sie seit frühester Jugend angehörte. In ihrem sechsunddreißigsten Lebensjahr wählt sie den ca. sechs Jahre älteren Heinrich →Seuse 'für immer' zu ihrem geistl. Führer ('mein Verlangen steht nicht nach klugen Worten, sondern nach heiligem Leben'). In dem ihr zugeschriebenen Tösser Schwesternbuch (von Seuse lobend hervorgehoben, 96, 11–15) führt sie sich nur in den letzten zwei Viten persönl. ein, ledigl. in der letzten findet sich ihr Name genannt. Im Grundentwurf und zu großen Teilen geht auch Seuses Lebensbeschreibung (Vita) als eines anfangenden und fortgeschrittenen Menschen auf sie zurück, die sie ihm im Verlauf vieler Gespräche insgeheim entlockt hatte (97, 6–9). In der Schlußredaktion seiner Vita (im sog. 'Exemplar') setzt Seuse E. S. als Impulsgeberin an den Anfang, als selig und vorbildhaft Verstorbene, die ihm in einer Vision erscheint, an das Ende des Ganzen. In ihrer Person gibt er selber »ein Beispiel der Befolgung und einen Schlüssel zum Verständnis der Vita« (PLEUSER). Nach Seuses Worten (4, 18–22) lag auch die Redaktion seines 'großen Briefbuchs' ganz in ihrer Hand. Ihre Sprache (namentl. die im 2. Teil der Vita eingestreuten Briefe S.s und ihre dichter. Übersetzung der ihr von Seuse übersandten lat. Sprüche) erweist ihre hohe lit. Bildung in der Beherrschung der Stilmittel der zeitgenöss. Lit. Seltene myst. Begnadung und asket. Selbstkontrolle zeichnen sie als Person aus. Einordnen läßt sie sich in das für die Frömmigkeit des späten MA typ. Schema des Verhältnisses von Seelenführer/Beichtvater und geistl. Tochter. Sie in ausschließl. Abhängigkeit von Seuse zu sehen, wird ihrer kongenialen schriftsteller. Fähigkeit nicht ganz gerecht. →Mystik, A. I. H. Backes

Q.: F. VETTER, Das Leben der Schwestern zu Töss, 1906 – H. BIHLMEYER, Heinrich Seuse, Dt. Schrr., 1907 – *Bibliogr.:* G. J. LEWIS, Bibliogr. zur dt. Frauenmystik des MA, 1989, 304–310 – *Lit.:* F. VETTER, Ein Mystikerpaar des vierzehnten Jh., Schwester E. S. in Töss und Vater Amandus (Suso) in Konstanz, 1882 – W. MUSCHG, Die Mystik in der Schweiz, 1935, bes. 252–270 – J. SCHWIETERING, Zur Autorschaft von Seuses Vita (DERS., Mystik und höf. Dichtung im MA, 1960), 107–122 – C. PLEUSER, Tradition und Ursprünglichkeit in der Vita Seuses (Heinrich Seuse, hg. E. M. FILTHAUT, 1966), 135–160 – U. PETERS, Religiöse Erfahrung und lit. Faktum, 1988 – A. CLASSEN, From Nonnenbuch to Epistolarity: E. S.s as a Late Medieval Woman Writer (Medieval German Lit., hg. DERS., 1989), 147–170 (GAG 507).

Stahl (ahd. *stahel*, an. *stal*, engl. *steel*), schmiedbares, geschmiedetes und gehärtetes →Eisen, bedingt durch bestimmten Kohlenstoffgehalt, der auch beim Schmieden im Kohlenfeuer vermehrt wird. Der schon seit ca. 1300 v. Chr. (u. a. Hethiter) hergestellte S. wird bei Homer gen. und von Plinius als männl. Eisen von dem weibl. (weichen: ferrum molle) Eisen unterschieden. Mit stark ansteigender Eisenverhüttung seit dem 12. Jh. wird im MA auch die S. ein häufiges und begehrtes Handelsprodukt, wobei die skand. Ware sich auszeichnete. Die Härtung wird durch Abschrecken in Wasser (auch Blut und Urin werden gen.) vorgenommen. →Theophilus Presbyter berichtet um 1120 in der 'Schedula diversarum artium' (B. III) eingehend über S. (chalybs); ebenfalls →Konrad v. Megenberg um 1350. Die seit dem späten MA gebräuchl. S.herstellung faßt G. →Agricola in 'De re metallica' (B. IX) 1556 nochmals zusammen. G. Jüttner

Lit.: W. THEOBALD, Technik des Kunsthandwerks im 12. Jh. Des Theophilus Presbyter 'Diversarum artium schedula', 1933 [Neudr. 1953] – R. SPRANDEL, Das Eisengewerbe des MA, 1968.

Stainreuter, Leopold. Der in seiner Hzg. →Albrecht III. v. Österreich gewidmeten Übersetzung von Cassiodors »Hist. tripartita« sich als Verf. nennende 'Leupoldus de Wienna', von dem auch die dt. Versionen dreier lat. Pilgerschriften (über Rom, Jerusalem und den Berg Sinai) stammen, ist nicht, wie K. J. HEILIG postulierte, mit dem 1378/79 bezeugten hzgl. Hofkaplan Lŭtoldus Stainreuter identisch. Als Mitglied des Wiener Konvents der Augustinereremiten (Studium in Paris, 1377/78 Prior, Lehramt an der theol. Fakultät der Wiener Univ.; seit 1385 Hofkaplan, 'lector secundarius primo loco' am augustin. Generalstudium und päpstl. Ehrenkaplan) gehörte der Autor dem geistl.-akadem. Kreis um den Hof Albrechts an. Obgleich keine der über 50 Hss. eine Verf.nennung enthält, wird ihm auch die »Österr. Chronik von den 95 Herrschaften« (ca. 1388–98) zugeschrieben, die, formal den franziskan. →»Flores temporum« folgend, Ks.- und Papstgesch. mit einer in 95 'Herrschaften' gegliederten Gesch. Österreichs verschränkt. Die Chronik, die noch in der österr. und bayer. Historiographie des 15. Jh. nachwirkt (u. a. Thomas →Ebendorfer, Hans →Ebran v. Wildenberg, Veit →Arnpeck), stellt in den ersten 81 Herrschaften eine fiktive Fabelfürstenreihe vor, während die folgenden Abschnitte aus dt. Chroniken (Jans →Enikels »Fürstenbuch«, →Ottokars »Reimchronik«, »Königsfeldener Chronik«) schöpfen. N. H. Ott

Ed.: Philippi Liber de terra sancta in der dt. Übers. des Augustiner Lesemeisters Leupold vom Jahre 1377, ed. J. HAUPT, Österr. Vjs. für kath. Theol. 10, 1871, 517–540 – Cassidorus' Hist. ecclesiastica tripartita in L. Stainreuter's German Translation, ed. C. BOOR, 2 Bde, 1977 – Österr. Chronik von den 95 Herrschaften, ed. J. SEEMÜLLER (MGH Dt. Chron. 6), 1909 [Neudr. 1980] – *Lit.:* Verf.-Lex.² V, 716–723 [P. UIBLEIN] – K. J. HEILIG, L. S. v. Wien, der Verf. der sog. Chronik von den 95 Herrschaften, MIÖG 47, 1933, 225–289 – P. UIBLEIN, Die Q. des SpätMA (Die Q. der Gesch. Österreichs, hg. E. ZÖLLNER, 1982), 100–103.

Stal (von frz. *étalon*), auch Satin, Richtstück, in Süddtld. *Korn*, frz. auch *piedfort*; Normalgewichtsstück ma. Münzen seit dem 13. Jh., häufig in höherem Gewicht als Dickabschlag, aber auch als Bezeichnung mehrerer Münzen als Normalgewicht. Der S. konnte als Probemünze für den Münzherrn dienen, dann auch als Strichnadel für die Probe des →Feingehalts. S.e sind bekannt u. a. aus Bremen, Münster, Kleve, Trier, Böhmen und Frankreich. In Köln wurde 1252 festgelegt, daß in der Sakristei des Doms eine Probe, »quod stail vulgariter appellatur«, im Wert von 13 →Schillingen und 4 →Pfennigen zu hinterlegen sei, so auch im Bopparder Münzvertrag 1282. S.e sind ebenfalls von →Gulden und →Groschen des 14./15. Jh. bekannt. P. Berghaus

Lit.: F. v. SCHROETTER, Wb. der Münzkunde, 1930, 567 – W. HÄVERNICK, Die Münzen von Köln, I, 1935, 11 – K. KENNEPOHL, Ein Klever S., Bll. für Münzfreunde 78, 1954, 41f. – P. BERGHAUS, S.e des Bm.s Münster, HBNum 14, 1960, 486f. – G. ALBRECHT, Kölner Münzproben des 13. Jh., ebd. 21, 1967, 215–218.

Stalaktitengewölbe, im islam. Gewölbebau bes. am Übergang von den Wänden zur Trompenkuppel als Dekorationsform, die einem hängenden Stalaktiten (Muquarnas) ähnelt; diese Art Wabendekor besteht aus in Reihen einander überkragenden einzelnen Klötzchen aus bemaltem und vergoldetem Holz und Stuck, seltener aus Stein oder glasierter Keramik. Auch ganze Kuppeln, Nischen und Portale können mit S. überdeckt sein. Seit dem 11./12. Jh. verbreitet in der Türkei, Zentralasien, Iran und Indien, aber auch in Sizilien und Spanien, z. B. Cappella Palatina im Palast Rogers II. in Palermo um 1140, »Saal der zwei Schwestern« in der Alhambra in Granada 14. Jh.
G. Binding

Lit.: Lex. d. Kunst V, 44; VII, 8 – D. HILL–O. GRABAR, Islamic Architecture and its Decoration 800–1500, 1964.

Stalhof. Ansatzpunkt für die Entstehung des späteren Londoner Hansekontors ist die im Stadtbezirk Dowgate nahe der Themse gelegene *gildhalla* der Kölner Kaufleute. Das Gebäude, im späten 12. Jh. erworben, diente als Lagerraum und Versammlungsort. Im 14. Jh. wurde der Bezirk zunehmend vom Tuchhandel und vom tuchverarbeitenden Gewerbe geprägt, und hier waren dt. Kaufleute und Handwerker ansässig. Die Bezeichnung *Steelyard* ('S.'), zunächst für ein Gebäude bezeugt, leitet sich vom nd. Verbum 'stalen' ab, welches das Kennzeichnen der Tuche mit einer Plombe meint. Nachdem die Deutschen im späten 15. Jh. weitere Gebäude in ihre Nutzung genommen und einige der Grundstücke erworben hatten, wurde S. als Bezeichnung für den Bezirk der dt. Niederlassung üblich. Die Hansekaufleute, die am privilegierten

Handel in England teilnahmen, bildeten eine Rechtsgemeinschaft, als deren Zentrum das Londoner Kontor galt. Die übrigen Niederlassungen im Land waren ihm untergeordnet. An der Spitze der Genossenschaft stand zunächst ein gewählter Ältermann, seit Ende des 14. Jh. amtierten zwei nebeneinander, ein dt. und ein engl., der die Vertretung gegenüber der Stadt London wahrnahm. →Hanse, →Kontor, →Quartier, 2.   K. Wriedt

Q.: J. M. LAPPENBERG, Urkundl. Gesch. des hans. S. es zu London, 1851 [mit einem fehlerhaften Abdruck der Statuten 1388–1460; vgl. die Korrekturen bei J. GOETZE (Q. zur Hanse-Gesch. Frh. v. Stein-Gedächtnisausg. 36, 1982), 350–382] – *Lit.*: K. ENGEL, Die Organisation der dt.-hans. Kaufleute in England im 14. und 15. Jh. bis zum Utrechter Frieden von 1474, HGBll 39, 1913, 445–517; 40, 1914, 173–225 – TH. G. WERNER, Der S. der dt. Hanse in London in wirtschafts- und kunsthist. Bildwerken (Scripta Mercaturae, 1973) – D. KEENE, Die dt. Guildhall und ihre Umgebung (Die Hanse, hg. J. BRACKER, I, 1989), 149–156 – ST. JENKS, Leben im S. (ebd.), 157–159.

Staller, ein aus →Dänemark stammender Begriff, der unter →Knut d. Gr. in England eingeführt wurde. Der unterschiedslose Gebrauch des Begriffs in den Jahren vor der norm. Eroberung verunklarte die genauen Pflichten dieses hohen kgl. Amtsträgers. Osgod the S. wurde 1047 geächtet und suchte die engl. Küste von Flandern aus mit 29 Schiffen heim. Æsgar the S. nahm Land von der Abtei →Ely zu Lehen und war nach dem →Domesday Book einer der größten Grundbesitzer in England während der Regierung Eduards d. Bekenners. Die in der Regel an Earl, Bf. und S. gerichteten →*writs* weisen auf die Bedeutung des S. in den →*shires* hin. Eadnoth the S. starb, als er für Wilhelm d. Eroberer 1068 in Somerset kämpfte. Robert fitz Wimarc, ein Bretone, war ein anderer S., der sowohl Kg. Eduard als auch Kg. Wilhelm I. diente. Doch kam in der Folgezeit im norm. England der Begriff bald außer Gebrauch.   A. Harding

Lit.: L. M. LARSON, The King's Household in England before the Norman Conquest, 1904.

Stamford, Stadt im SW der engl. Gft. Lincolnshire auf der Nordseite des Welland. Archäol. Zeugnisse (u. a. OSB Priorat St. Leonard) deuten auf eine sächs. Vorsiedlung s. des Flusses. Die einfallenden Dänen überbrückten den Welland und errichteten an dessen Nordseite im 9. Jh. eine befestigte Siedlung mit Burganlage. S. wurde einer der fünf →*boroughs* in diesem Teil des →Danelaw. Die Ags. →Chronik verzeichnet, daß S. 918 von Eduard d. Ä. erobert wurde; von 979 bis zum beginnenden 12. Jh. war S. kgl. Münze. Das →Domesday Book bezeichnet S. als borough und verzeichnet 412 Häuser in den fünf *wards*. Dabei blieb der n. der Kernsiedlung gelegene ward St. Martin unberücksichtigt, da dieser der Abtei v. →Peterborough unterstand. Unmittelbar nach der norm. Eroberung wurde n. des Flusses, wohl anstelle der dän. Anlage, eine neue Burg errichtet. Die Stadt wurde gleichzeitig ummauert. 1202 war S. als borough mit einer eigenen Jury vor dem →*eyre* vertreten und erhielt 1256 einen kgl. Freibrief. 1313 bekamen die Bürger das Recht, einen *alderman* zu wählen, der das Stadtregiment führte. 1462 wurde S. inkorporiert; neben den alderman trat ein auf Lebenszeit gewählter Rat. Die Gilda Mercatoria war von entscheidender Bedeutung für die innerstädt. Administration. In S., dessen wirtschaftl. Bedeutung bes. auf dem Woll- und Tuchhandel beruhte, waren seit 1230 Franziskaner nachweisbar, denen 1241 Benediktiner und 1341 Augustiner folgten.   B. Brodt

Q. *und Lit.*: The Making of S., hg. A. ROGERS, 1965 – DERS.–J. HARTLEY, The Religious Foundations of Medieval S., 1974 – Royal Commission on Historical Mss., The Town of S., 1977.

Stamford Bridge, Schlacht v. (25. Sept. 1066). Im Sept. 1066 landete der norw. Kg. →Harald Sigurdsson (Hardrada) mit nicht weniger als 300 Schiffen bei Riccall an der Yorkshire Ouse. →Tostig, der gestürzte Gf. v. Northumbrien, hatte sich ihm angeschlossen. Die Wikinger besiegten am 20. Sept. ein engl. Heer bei Fulford und nahmen sodann die Stadt York ein, bevor sie sich nach Riccall zurückzogen. Der engl. Kg. →Harald II. Godwinson eilte mit einem aus Fußsoldaten und Bogenschützen bestehenden Heer nach N und stieß am 25. Sept. bei S. B. am Derwent auf die Gegner, die sich zerstreut hatten und von dem Angriff überrascht wurden. Das engl. Aufgebot errang einen vollständigen Sieg. Harald Sigurdsson und Tostig fanden den Tod. Nur wenige Wikinger konnten sich auf die Schiffe retten. Sie mußten geloben, niemals mehr einen Überfall auf England zu unternehmen. Harald II. hatte die Kontrolle über Nordengland zurückgewonnen.   K. Schnith

Q.: →Chronik, Ags. – *Lit.*: F. W. BROOKE, The Battle of S. B., 1956 – J. BRØNDSTED, Die große Zeit der Wikinger [dt. 1960] – J. BEELER, Warfare in England 1066–1189, 1966.

Stamm. [1] *Allgemein:* Unter 'S.' (zu lat. gens, natio usw.) wird in der Ethnologie und Ethnogenetik eine durch gemeinsame Sprache, Überlieferungen und Siedlungsbereiche verbundene gentile Gemeinschaft verstanden; diese spezif. Anwendung des vielschichtigen Begriffs 'S.', der zunächst vorrangig den (agnat.) Geschlechtsverband (→Familie, →Genealogie) bezeichnet hatte, auf ethn. Gruppen verbreitete sich erst im 19. Jh., bevorzugt in Hinblick auf 'Naturvölker' bzw. frühgesch. Völker.

[2] *Spätantike:* In der althist. Forschung wird als S. eine Einheit bezeichnet, die mit bestehenden polit., ethn. oder sozialen Kriterien in das griech.-röm. Blickfeld tritt, z. T. als ethn. Gemeinschaft oder polit. Institution (z. B. Ioner, Aioler, Aitoler, Achaier, Makedonen) erhalten bleibt bzw. diese Kriterien bewahrt. Die antike Terminologie gibt kein klares Bild, auch fehlen festumrissene, verbindl. Begriffe: Die Gliederung DAHNS (I 5) nach Gau (pagus), Völkerschaft (civitas, natio, vgl. WENSKUS, 5), Volksgruppe (gens, natio, vgl. WENSKUS, 82) kann trotz Tacitus Germ. 2, 3 nur Hilfskonstruktion sein, im Griech. ist die Abgrenzung noch schwieriger (vgl. Tac. Germ. 39). Spuren von S.esbildung lassen sich für das Neolithikum nachweisen, für die hist. Zeit geht einer S.esbildung allgemein ein Zerfall bestehender Gruppen und Neubildung voraus (Kelten, arab. S.e). Der Begriff des Volkes als zusammenfassende, größere Einheit ist in der Spätantike noch kaum erkennbar. Selbstdeutung wie Darstellung barbar. Völker in der westl., östl. wie arab. Welt zeigen nur z. T. die ethnosoziale Wirklichkeit, gleiches gilt für mytholog. Ansätze (vgl. Tac. Germ. 2) oder sakrale Gemeinsamkeiten. Sie sind allg. Wiedergabe oder Übertragung späterer Zustände (Jordanes). S.esgenese, -bewußtsein, gemeinsame Sprache, Kult- wie Rechtsgemeinschaft, polit. Struktur, ggf. soziale Schichtung und Namenbildung entwickeln sich von Fall zu Fall gemäß spezif. exo- oder endogener Bedingungen, wofür archäol. oder sprachl. Zeugnisse allein niemals ein bindendes Indiz geben. Bes. bei nomad., halbnomad. Lebensform und in Wanderzeiten kommt es dabei in Zu- und Abstrom zu Akzeleration oder Retardation, wobei Filiation, Akkumulation oder Überschichtung eine Rolle spielen können. Die Groß.e am Ende der →Völkerwanderung (→Goten, →Franken, →Alamannen, →Burgunder, →Langobarden, →Heruler, →Vandalen, →Gepiden ähnl. wie →Hunnen, →Avaren u. a.) sind Ergebnisse längerer Prozesse, auch der Angleichung ihrer Bestandteile aneinander und z. T. der Veränderung der

Lebensform. Das Imperium hat, soweit möglich, die Herausbildung stabilisierender Faktoren stets unterstützt. Sie ist andererseits durch Ansiedlung auf röm. Territorium und den polit. Zerfall Roms gefördert worden. →Volks- und Stammesgeschichte.

Das vornehmlich seit dem 19. Jh. tradierte Bild einer vermeintlich unter maßgebl. Beteiligung der 'dt. Stämme' zustandegekommenen dt. Nations-und Reichsbildung mußte angesichts der Ergebnisse neuerer Forschung aufgegeben werden; s. im einzelnen →Deutschland, A; →Frankenreich; →Ostfrk. Reich; →Regnum; →Natio sowie die bibliograph. Angaben zu diesen Beiträgen.

G. Wirth

Lit.: F. Dahn, Die Kg.e der Germanen, I, 1910², 3ff. – A. Dove, Stud. zur Vorgesch. des dt. Volksnamens, 1916 – E. Norden, Die germ. Urgesch. bei Tacitus, 1923³ – Ders., Alt-Germanien, 1934 – Schmidt, I–III – E. Schwarz, Germ. S.eskunde, 1955 – O. Maenchen Helfen, The World of the Huns, 1973 – R. Wenskus, S.esbildung und Verfassung, 1977² – J. Shahid, Rome and the Arabs, 1984 – W. Pohl, Die Avaren, 1988 – H. Wolfram, Die Goten, 1990³ – Gesch. Grundbegriffe, VII, 1992, s.v. Volk/Nation, Abschn. III–V, 171– 281 [K. F. Werner].

Stammbaum (Ikonographie). Der hohe numinose Wert des Baumes als Symbol des Lebens und die bibl. Geschlechtsregister wirkten im MA vielfach bildschöpfer. zusammen. Seit dem frühen MA sind Verwandtschaftstafeln wie Sippschafts- und S.e als Gerüste der Geschichtsdarstellung überliefert (→Genealogien). Den höchsten Rang hatte der *S. Christi und Mariens* nach Mt 1, 1–17 und Lk 3, 23–38, z. B. im Evangeliar →Heinrichs des Löwen, Helmarshausen, kurz vor 1188, Wolfenbüttel, Hzg. August Bibl., Cod. Guelf. 105 Noviss. 2°, fol. 19v: Die Vorfahren Christi sind in der Art einer →Wurzel Jesse in die Medaillons eines Baumschemas eingeschlossen, der Stamm geht jedoch nicht von Jesse aus (n. Is 11, 1), sondern stellt die 14 Hauptrepräsentanten der →Genealogie Christi nach Mt dar. – Die altchr. Lebensordnung spiegelt sich im *S. der drei Stände*, z. B. Federzeichnung eines Jungfrauenspiegels, um 1180/90 aus der Augustinerchorherrenabtei St. Maria Magdalena zu Frankenthal/Pfalz, Rom, Vat. Pal. Lat. 565, fol. 71r: Dieser S. wächst aus Adam und Eva empor und steigt über die Eheleute und Witwen hoch zu den Hl.n, die durch Christus an der Baumspitze überragt sind. – In den Baumdiagrammen des →Joachim v. Fiore verbinden sich Genealogien mit den Zeitaltern von Synagoge und Kirche, z. B. Liber figurarum, 13./14. Jh., Reggio Emilia, Seminario Vescovile. – Symbol.-theol. Bildvorstellungen, die in Analogie zu →Wurzel Jesse den *S. Mariens* zeigen, beginnen mit den Eltern Mariens, Joachim und Anna, z. B. Raysser-Altar, dat. 1387, Ulm, Münster. Ähnlich gestaltet ist der *S. der hl. Anna*, der mehr die Rolle Annas als Stamm-Mutter eines großen und hl. Geschlechtes sowie die Herkunft Annas und ihres Geschlechtes aus atl. Wurzeln betont, z.B. »Meister mit dem Dächlein«, S. der hl. Anna, Kupferstich, 1460/70, Berlin, Staatl. Museen PKB, Kupferstichkabinett; »Meister W mit dem Schlüssel«, Kupferstich »Arbor Annae«, Brügge, um 1470/80. – Im SpätMA wurde in den südl. Niederlanden auch der *S. des hl. Servatius* als *Arbor Esmeriae* ausgebildet, z. B. ehem. Annen-Altar der Frankfurter Karmeliterkirche, 1479/81, Frankfurt/M., Hist. Museum. Auch der *S. großer Hl.r und Ordensstifter* war in der ma. Kunst ein beliebtes genealog. Darstellungsschema: S. des hl. Benedikt, Jean de Stavelot, Vita beati Benedicti, Chantilly, Mus. Condé, Ms. 1401, fol. 126r; S. des hl. Fourcy, La Généalogie, la vie ... de Saint Fourcy, Lille, 1468/69, Wien ÖNB, Cod. Ser. n. 2731, fol. 14v; S. der Hl.n v. Brabant: Johannes Gielemans, Hagiologium Brabantinorum, Brüssel, 1476/84, Wien, ÖNB, Cod. Ser. n. 12707, Bl. IVv. – Das Baumschema wurde auch dazu benutzt, die Gemeinschaft der Blutsverwandtschaften und der Verschwägerten darzustellen. Die verschiedenen Typen von »Arbor consanguinitatis« und »Arbor affinitatis« sind in zahlreichen jurist. Hss. überliefert (→Genealogien). – Bisweilen wurden auch kgl. Dynastien als S. vergegenwärtigt, z. B. S. der Kg.e v. Jerusalem bei Dreux Jehan (?), Les chroniques de Jérusalem, um 1455, Wien, ÖNB, Cod. 2533, fol. 2r. – Eine bes. Gruppe der S.-Darstellungen bilden die *S.e der Laster und Tugenden*: Die ältesten Hss. des →Speculum virginum, 12. Jh., bieten die frühesten Beispiele der Laster- und Tugend-Bäume. Weitere anschauliche Beispiele: der als Weinstock charakterisierte, aus der Humilitas (Demut) emporwachsende S. der Tugenden, Min. eines Psalters, um 1200, London, Brit. Libr., Ms. Arundel 83, fol. 129r. Häufig sind die Gegenüberstellungen der S.e von Lastern und Tugenden, z.B. Speculum humanae salvationis, Straßburg, 1325/30, Kremsmünster, Stiftsbibl., Cod. 243, Bl. 3r und 4r; ähnlich Chantilly, Mus. Condé, Ms. lat. et it. n. 1426, fol. 7r (»La canzone delle virtù e delle scienze« des Bartolomeo di Bartoli da Bologna, 14. Jh.).

G. Jászai

Lit.: LCI IV, 163–168 – LThK² IV, 660–662 – M. Lindgren-Fridell, Der S. Mariä aus Anna und Joachim, Marburger Jb. f. Kunstwiss. 11/12, 1938, 289–308 – M. Bernards, Speculum Virginum, 1955 – E. S. Greenhill, Die geistigen Voraussetzungen der Bilderreihe des Speculum Virginum, 1962 – W. Esser, Die hl. Sippe, 1986, 111–114.

Stammesgeschichte → Volks- und Stammesgeschichte

Stammesherzogtum → Herzog

Stammgut, im allg. Sinn jedes ererbte, nicht selber erworbene Gut, im engeren Sinn ein Komplex familiengebundener Güter eines hochadligen Hauses, für den sich, nach der weitgehenden Abschwächung der früheren allg. Gebundenheit des Grundvermögens, seit dem 14. Jh. ein Sonderrecht herausbildet, mit dem Zweck, die Vermögenszersplitterung zu verhindern und die polit. und soziale Macht der entsprechenden Familien zu erhalten. Dieses Sonderrecht beruhte, anders als bei den →Fideikommissen des niederen Adels, nicht auf Rechtsgeschäft (Stiftung), auch nicht auf partikularer Gesetzgebung (wie bei Teilen der Ritterschaft), sondern auf dem Hochadel erhalten gebliebenen Autonomie, in deren Rahmen durch Satzung (Hausgesetz) oder Familiengewohnheit (Observanz) vom allg. Recht abweichende Regelungen getroffen werden konnten. Das S. war unveräußerl., vererbte sich in der Regel nur im Mannesstamm und nur an einen einzigen (meist Primogenitur-)Erben; weichende Kinder erhielten Apanage oder Aussteuer (unter Pflichtteilshöhe). Nur mit Zustimmung sämtl. lebender Agnaten konnten Verfügungen über die Substanz und Änderungen der Folgeordnung vorgenommen werden. Verbotswidrige Verfügungen eröffneten den Anwartschaftsberechtigten die Revokationsklage.

K. Muscheler

Lit.: HRG I, 1073 [Lit.] – O. Stobbe, Hb. des Dt. Privatrechts, V, 1885, §320, §314 II – R. Hübner, Grundzüge des dt. Privatrechts, 1930⁵, 335ff., 803.

Stanak → Parlament, VIII

Stand, Stände, -lehre

I. Definition; Mittel- und Westeuropa – II. Niederlande – III. Skandinavien – IV. Altlivland – V. Ostmitteleuropa – VI. Rus' und Südosteuropa.

I. Definition; Mittel- und Westeuropa: [1] *Definition:* Der Begriff S. bezeichnet gesellschaftl. Verbände, die sich innerhalb eines hierarch. gegliederten sozialen Gefüges aufgrund rechtl.-sozialer und/oder verfassungsrechtl.-polit. Merkmale voneinander abgrenzen. In den ma. Q. findet sich eine Vielzahl miteinander verwandter, semant. nicht völlig deckungsgleicher Begriffe, mit deren Hilfe eine Differenzierung zw. den einzelnen S.en vorgenommen und die bestehende Rangordnung zum Ausdruck gebracht werden konnten. Zu diesem Bedeutungsfeld zählen u. a. conditio, dignitas, genus, gradus, honor, officium, status und v. a. →ordo sowie ihre jeweiligen volkssprachl. Entsprechungen (im Mhd. *ambet, art, êre, orden, ordenunge, wesen* und seit dem 14. Jh. im Sinne von S. und Rang belegt *stant*). Der Zahl der Begriffe entspricht die Vielfalt der Kriterien, mit deren Hilfe sich die ma. Gesellschaft in S.e unterteilen ließ. So sind S.e z. B. unter Berücksichtigung der Abstammung (Geburtss.), der – teilweise sehr differenziert erfaßten – berufl. Tätigkeit und Qualifikation (Berufss.), des abgestuften Anteils an polit. Herrschaft oder der Stellung im Lehnsverband (z. B. →Heerschildordnung des →Sachsenspiegels) etc. zu definieren. In den S.elehren finden sich darüber hinaus Differenzierungen, die die persönl. Lebenssituation (z. B. Verheiratete, Unverheiratete, Verwitwete im Sinne von Familiens.), die Lebensverhältnisse und -bedingungen (z. B. Reiche und Arme), die Lebensformen oder auch das Lebensalter in den Vordergrund rücken. Gemeinsam ist all diesen S.ebildungen, daß sie soziale Wirklichkeit nicht detailgetreu wiedergeben. Es handelt sich vielmehr um divergierende, teilweise miteinander konkurrierende, sich zum Teil überschneidende, insgesamt vereinfachende, die Realität interpretierende Deutungsschemata und Ordnungsmodelle. Zu unterscheiden ist zw. einer weiteren und einer engeren Bedeutung des S.es-Begriffes: 1. S. in seiner Verwendung als soziale und rechtl. Kategorie bezeichnet den sozialen Ort, den ein einzelner gemeinsam mit anderen aufgrund bestimmter rechtl. und/oder sozialer Merkmale innerhalb einer Gesellschaft einnimmt. 2. S. als Bezeichnung für gesellschaftl.-polit. Großgruppen, die als →Reichs- oder Lands.e, →États généraux, →États provinciaux innerhalb eines polit. Systems ein im einzelnen abgestuftes Recht auf Teilhabe an Herrschaft beanspruchen. Terminolog. trägt die Forsch. dieser Unterscheidung insofern Rechnung, als sie zw. dem sozialen Ordnungsmodell, das als »ständ. Gesellschaft« bezeichnet wird, und dem Verfassungsmodell, auf das der Begriff »S.estaat« abhebt, differenziert.

[2] *Stand als Kategorie sozialer Ordnung:* Im MA, wie in der Antike, verweist die Reflexion über gesellschaftl. Differenzierungen und Hierarchien als Teil des Diskurses über die Ursachen der zw. den Menschen bestehenden Ungleichheit immer auch auf metaphys. Zusammenhänge. Gemäß dem augustin. Diktum »ordo est parium dispariumque rerum sua cuique loca distribuens dispositio« basiert das Bestreben, ein soziales Ganzes in kleinere Einheiten zu gliedern, auf der Hoffnung, die Gesetzmäßigkeiten, die das harmon. Zusammenwirken der einzelnen Teile regeln, zu erkennen, um so die der Schöpfung zugrundeliegende Ordnung zu erfassen. Die Suche nach der von Gott gegebenen Ordnung, verbunden mit dem Bestreben, die vorgegebenen gesellschaftl. Strukturen als Ausdruck göttl. Willens zu bewahren, dokumentieren zahlreiche lat. und volkssprachl. Werke, die sich ausführl. mit den sozialen und rechtl. Ordnungen der Gesellschaft auseinandersetzen. Kennzeichen dieser S.elehren, -predigten, -spiegel ist es, daß sie sich dabei nicht auf eine, im Einzelfall von den Intentionen des jeweiligen Verfassers beeinflußte, z. T. sehr differenzierte deskriptive Schilderung des Gesellschaftsaufbaus beschränken, sondern darüber hinaus mit normativem Anspruch Regeln für standesgemäßes Verhalten (S.eethos) formulieren oder in Form der S.ekritik und -satire Fehlverhalten – insbes. die Nichteinhaltung der im ordo vorgegebenen S.esgrenzen – anprangern. Zur Veranschaulichung ihrer Gesellschaftsvorstellungen und Ordnungsmodelle bedienen sich die Autoren häufig unterschiedl. Metaphern (z. B. Körpermetapher) oder Allegorien (z. B. Schachallegorie seit dem 13. Jh.). Aus der Vielzahl ma. Werke, die ständ. Gliederungen der Gesellschaft beschreiben, seien hier nur die »Praeloquia« →Rathers v. Verona, der »Liber de vita christiana« →Bonizos v. Sutri, die S.epredigten →Bertholds v. Regensburg, die von →Jacobus de Cessolis im »Libellus de moribus hominum et de officiis nobilium super ludo scaccorum« ausführl. dargelegte Schachallegorese, einschließl. ihrer volkssprachl. Bearbeitungen – in Deutschland u. a. durch →Konrad v. Ammenhausen – genannt. Richtungsweisend für die Gesch. des S.ewesens war zunächst die Differenzierung zw. →Klerus und Laien. Die seit der Karolingerzeit stattfindende Annäherung des Mönchtums an den Klerikers. – nachzuvollziehen an der wachsenden Zahl ordinierter Mönche, die sich verstärkt auch pastoralen Aufgaben widmeten – gestattete es den frühen Protagonisten des triarch. Deutungsschemas (»tria genera hominum«, →Augustinus), Kleriker und Mönche zu einem S. der oratores zusammenzufassen. In diesem Sinne urteilte im 12. Jh. auch →Gratian, der die »clerici et Deo devoti, vel conversi«, die sich dem Kampf versagen und denen die sakralen Handlungen und das Gebet oblagen, als einen S. den Laien gegenüberstellte. Die weltl. S.e der frühma. Gesellschaft konstituierten sich als soziale Einheiten im wesentl. innerhalb der geburtsständ. Grenzen zw. liber und servus, zw. →Adel, Freien und Unfreien, zw. potens und pauper. Das seit dem ausgehenden 10. und frühen 11. Jh. zunehmend die Wahrnehmung sozialer Gliederungen prägende Modell der funktionalen Dreiteilung der Gesellschaft orientierte sich bei der Definition der S.e hingegen konsequent an berufsständ. Kriterien. Erste Ansätze dazu lassen sich bereits während der Karolingerzeit erkennen. Explizit ausformuliert findet sich das Schema erstmals im 9. Jh. Während des 10. Jh. fand das Modell der funktionalen Dreiteilung jedoch keine weitere Verbreitung. Erst im ausgehenden 10. und frühen 11. Jh. äußerte sich der ags. Abt →Ælfric über die Gliederung der Gesellschaft in oratores, bellatores und laboratores, deren Funktionen er in einem für Ebf. →Wulfstan II. v. York verfaßten Gutachten ausführlicher beschrieb. Auf dem Kontinent war es zuerst Bf. →Adalbero v. Laon, der in seinem um die Mitte der 1020er Jahre verfaßten Gedicht »Carmen ad Rotbertum regem« den Gedanken der funktionalen Dreiteilung zur Grundlage seines Modells einer ideal geordneten Gesellschaft machte. Ungeklärt sind bislang die Wurzeln des funktionalen Drei-S.e-Schemas, das in seiner berufsständ. Ausrichtung auf den bereits bei →Platon beschriebenen Gesellschaftsaufbau verweist. Eine direkte Rezeption der platon. Schriften konnte bisher allerdings noch nicht nachgewiesen werden. Kontrovers wird in der Forsch. die Frage des Wirklichkeitsbezugs diskutiert. Wurden die S.e in dem Modell der funktionalen Dreiteilung zunächst auf der Grundlage berufsständ. Kriterien definiert, so begann sich der Ritters. allmähl. geburtsständ. nach unten abzuschließen (→Ahnenprobe). Aus der sich verfestigenden Abgrenzung zw. Rittern und Bauern und der Annäherung der Ritter an den Adel erwuchs die klass., weit über das MA hinaus bedeutsame Vorstellung der gesellschaftl. Triarchie von Klerus, Adel

und Bauern. Durch die Einbeziehung der in den Städten lebenden Handwerker und Kaufleute sowie der Gelehrten versuchten jüngere Deutungsschemata, die klass. S.etrias zu modifizieren und der Bedeutung der sich neu herausbildenden sozialen Gruppen Rechnung zu tragen. Jedoch führten diese Bestrebungen nicht zu einer wirkl. Revision der Vorstellung von einer dreigeteilten Gesellschaft, die v. a. in der spätma. und frühnz. Lit. und Kunst die Wahrnehmung sozialer Wirklichkeit prägte. Schwierigkeiten bereitet die Einschätzung der Realitätsnähe dieser sozialen Ordnungsmodelle, die entgegen der sozialen Wirklichkeit der ma. Gesellschaft, in der vertikale Mobilität trotz der Verdikte der S.edidaktiker vielfach belegt ist, einer stat. Gesellschaftsvorstellung verpflichtet sind. Die ständ. Rangordnungen geben lediglich. einen allg. Rahmen vor, der im Einzelfall der Präzisierung bedarf, wie das vielzitierte Beispiel aus den »Gesta Friderici« Bf. Ottos v. Freising zeigt: »Gallus ego natione sum (...) ordine quamvis pauper eques, conditione liber«. In den auf diese Weise nur grob erfaßten S.en lassen sich soziale Gefälle und Rangordnungen erkennen, die von der vornehmen Abstammung, der Kg.snähe, der Wahrnehmung eines Amtes oder dem Besitz hergeleitet wurden. Gleichermaßen wies auch der nichtfsl. Adel des späten MA eine Binnengliederung auf, die die Grenzen zw. den alten edelfreien und den aus den →Ministerialen hervorgegangenen Geschlechtern sichtbar werden läßt, wobei das Verhältnis zw. Hoch- und Niederadel sich regional unterschiedl. gestaltet. Bei der Zweistufigkeit des Adels handelt es sich um ein gesamteurop. Phänomen (England: *nobility/gentry*; Frankreich: *noblesse/chevalerie*; Spanien: *nobleza vija/caballeros*). Auch die Stadtbevölkerung erweist sich keineswegs als einheitl. soziales Gebilde; es sei hier nur auf das Gefälle zw. Patriziern und Handwerkern verwiesen. In der Alltagswirklichkeit zeigen sich die S.esgrenzen nicht zuletzt in dem beanspruchten und zuerkannten Ehrenvorrang (S.esehre), den Heiratsverbindungen, dem Besitz und der Fähigkeit zu standesgemäßer Lebensführung, den Turnierordnungen, der Aufnahme von Familienmitgliedern in bestimmte, dem Hochadel vorbehaltene Stifte etc.; in den Städten dokumentiert sich die Zugehörigkeit zu den Oberschichten in der Bekleidung angesehener Ämter oder der Zulassung zu exklusiven Trinkstuben und Festveranstaltungen, teilweise minutiös geregelte →Kleiderordnungen und →Luxusordnungen lassen S.esgrenzen visuell erfahrbar werden. Trotz aller Unschärfen, die den ständ. Deutungsschemata eigen sind, läßt sich das Verhältnis zw. sozialer Realität und ihrer Erfassung in den S.eordnungen nicht ausreichend mit der Formel »Ideal und Wirklichkeit« beschreiben. So ist nicht zu verkennen, daß mit dem Modell der funktionalen Dreiteilung sozialgeschichtl. relevante Prozesse erfaßt wurden. Dazu zählt die sich bereits unter Karl d. Gr. anbahnende Differenzierung zw. denjenigen, deren materielle Grundlagen es gestatteten, für die kostspielige militär. Ausstattung aufzukommen, und all denen, die nicht mehr imstande waren, sich mit der erforderl. Ausrüstung zu versehen. Es wurde hier zu Recht von der ständebildenden Funktion des Waffentragens gesprochen (K. Leyser). Darüber hinaus darf auch der Einfluß, den die in zunächst theoret. Konzepten entwickelten Deutungsschemata auf das Selbstverständnis der Betroffenen und die Wahrnehmung sozialer Schichtungen ausübten, nicht unterschätzt werden.

[3] *Politische Stände:* Im Zeitraum zw. dem 13. und dem ausgehenden 15. Jh. bildeten sich in den europ. Kgr.en drei polit. S.e, in denen Klerus, Adel und »gemeiner Mann« (*commons, tiers état*) ihren Anspruch auf Teilhabe an polit. Herrschaft in dem sich entwickelnden S.estaat in Form korporativer Repräsentationsorgane zur Geltung brachten. Als entscheidende Bedingungen für die Formierung der polit. S.e, die nicht deckungsgleich mit den sozialen S.en waren, sind das unmittelbare Verhältnis zum Kg. bzw. Landesherrn und eigene Herrschaftsrechte anzusehen. Die ständ. Verfassung entwickelte sich auf der Grundlage der Verpflichtung der Vasallen zu Rat und Hilfe und dem in bestimmten Fällen legitimen Widerstandsrecht der Lehnsleute gegen den Lehnsherrn. Im frühen MA erscheint der Adel als polit. einflußreiche Großgruppe, deren Mitglieder aufgrund ihrer durch die Abstammung vermittelten Vorrechte Herrschaft ausübten und in Reich und Kirche die polit. entscheidenden Ämter besetzten. Eine ständ. Homogenität war innerhalb dieser sozialen Schicht jedoch nicht gegeben. Im Reich setzte sich mit der Entstehung des geistl. und weltl. Reichsfürstens.es im 12./13. Jh. die Heerschildordnung als ein Schichtungsmodell des Adels durch, das die Rangordnung der adligen Vasallen aufgrund der im Reichslehnsverband eingenommenen Position definierte und die Reichslehnmannen aufgrund der lehnsrechtl. Kategorie ihrer aktiven und passiven Lehnsfähigkeit in ein Über- und Unterordnungsverhältnis stellte. In der Heerschildordnung werden jedoch keine polit. S.e im engeren Sinne faßbar. Als deutl. herausgehobener polit. S. sonderte sich aus der Gruppe der geistl. und weltl. Reichsfs.en seit der Doppelwahl v. 1257 das aus drei geistl. und vier weltl. Fs.en gebildete Kg.swahlgremium der →Kurfürsten ab, dessen bes. Vorrechte in der →Goldenen Bulle v. 1356 fixiert wurden. Artikulierte sich ein kfsl. Anspruch auf Mitregierung bereits im Kfs.enweistum v. →Rhense (1338) sowie in der Goldenen Bulle v. 1356, in der – zunächst allerdings ohne konkrete polit. Folgen – jährl. Zusammenkünfte des Kg.s mit den Kfs.en vorgesehen sind, so bildeten sie im 15. Jh. ein polit. aktiv handelndes Gremium, das nicht allein ein Recht auf Mitregierung beanspruchte, sondern auch ohne Beteiligung des Kg.s selbstverantwortl. Reichspolitik gestalten konnte. Im Zuge des sich bis zum Ende des 15. Jh. vollziehenden Übergangs vom kgl. Hoftag zum Reichstag formierten sich dann die Reichss.e in drei Kollegien, die – zu privilegierten Korporationen zusammengeschlossen – ein Mitspracherecht im dualist. S.estaat ausübten. Auch in den Territorien bildeten sich im späten MA privilegierte ständ. Repräsentativorgane der Prälaten (alle geistl. Würdenträger, die unter der Schirmvogtei des Landesherrn standen), der Herren (mediatisierter Hoch- und Niederadel) und der Landesstädte. In den einzelnen Territorien des Reiches verlief diese Entwicklung asynchron und inhaltl. unterschiedl. Faßbar wird die ständ. Mitregierung in den Fsm.ern erstmals im 13. Jh., als das Recht der Landesfs.en, »constitutiones vel nova iura« zu erlassen, an die Zustimmung der »meliores et maiores terrae« geknüpft wurde. Während des 14. Jh. prägten sich in vielen Territorien die ständ. Strukturen deutlicher aus; doch fand der Prozeß frühestens im 15. Jh. seinen Abschluß, nachdem aus der Pflicht, die landesfsl. Hoftage zu besuchen, das Recht, auf den Landtagen polit. Einfluß auszuüben, erwachsen war. Von entscheidender Bedeutung für die Bildung der Lands.e waren die finanziellen Forderungen der Landesherren, die bei der Einführung neuer →Steuern der Zustimmung der Landschaften bedurften. Der in der Bezeichnung »dualist. S.estaat« implizierte Antagonismus zw. den Landesherren und den S.en ist in bezug auf das ausgehende MA zu relativieren, da sich das Verhältnis

zw. den Fs.en und den S.en vielfach eher durch Kooperation als durch ein dualist. Gegeneinander auszeichnete. Auch ist nicht zu übersehen, daß die Einberufung der Landtage und die Übernahme der damit verbundenen Kosten zunächst durch die Landesfs.en erfolgten. Landesherr und Lands.e gemeinsam repräsentierten das Land. Vgl. a. →Ständeliteratur.   R. Mitsch

Lit.: HRG III, 1291–1296; IV, 760–773, 1901–1916 – O. Hintze, Typologie der ständ. Verfassungen des Abendlandes, HZ 141, 1939, 229–248 – O. Brunner, Land und Herrschaft, 1965⁵ [Nachdr. 1973] – K. Schmid, Über das Verhältnis von Person und Gemeinschaft im früheren MA, FMASt 1, 1967, 225–249 – K. Bosl, Kasten, S.e, Klassen im ma. Dtl., ZBLG 32, 1969, 477–494 – G. Köbler, Zur Lehre von den S.en in frk. Zeit, ZRGGermAbt 89, 1972, 161–174 – G. Tellenbach, Ird. S. und Heilserwartung im Denken des MA (Fschr. H. Heimpel zum 70. Geb., Bd. 2, 1972), 1–17 – J. Fleckenstein, Zum Problem der Abschließung des Ritter.es (Hist. Forsch. für W. Schlesinger, hg. H. Beumann, 1974), 252–271 – G. Duby, Les trois ordres ou l'imaginaire du féodalisme, 1978 [dt.: Die drei Ordnungen. Das Weltbild des Feudalismus, 1981] – T. Struve, Die Entwicklung der organolog. Staatsauffassung im MA, 1978 [= Monogr. zur Gesch. des MA 16] – J. Le Goff, Les trois fonctions indoeuropéennes, l'historien et l'Europe féodale, Annales 34, 1979, 1187–1215 – R. H. Lutz, Wer war der gemeine Mann? Der dritte S. in der Krise des SpätMA, 1979 – E. Schubert, Kg. und Reich. Stud. zur spätma. dt. Verfassungsgesch. (Veröff. en des Max-Planck-Inst. für Gesch. 63, 1979) – O. G. Oexle, Adalbero v. Laon und sein »Carmen ad Rotbertum regem«, Francia 8, 1980, 629–638 – Städte und S.estaat, hg. B. Töpfer, 1980 – U. Lange, Der ständestaatl. Dualismus – Bemerkungen zu einem Problem der dt. Verfassungsgesch., BDLG 117, 1981, 311–334 – K. Schreiner, Adel oder Oberschicht? Bemerkungen zur sozialen Schichtung der frk. Ges. im 6. Jh., VSWG 68, 1981, 225–231 – T. Struve, Pedes rei publicae. Die dienenden S.e im Verständnis des MA, HZ 236, 1983, 1–48 – O. G. Oexle, Tria genera hominum (Institutionen, Kultur und Ges. im MA [Fschr. J. Fleckenstein zu seinem 65. Geb., hg. L. Fenske, W. Rösener, Th. Zotz, 1984]), 483–500 – K.-F. Krieger, Fsl. S.esvorrechte im SpätMA, BDLG 122, 1986, 91–116 – P. Moraw, Pers., Kgtm. und »Reichsreform« in der dt. SpätMA, ebd., 117–136 – P. Blickle, Unruhen in der ständ. Ges. 1300–1800, 1988 – E. Isenmann, Die dt. Stadt im SpätMA 1250–1500, 1988 – Geschichtl. Grundbegriffe, 6, 1990, 155–200 [O. G. Oexle] – G. v. Olberg, Die Bezeichnungen für soziale S.e, Schichten und Gruppen in den Leges barbarorum (FrühMA-Forsch. 11, 1991) – K.-H. Spiess, Ständ. Abgrenzung und soziale Differenzierung zw. Hochadel und Ritteradel im SpätMA, RhVjbll 56, 1992, 181–205 – O. G. Oexle, »Die Statik ist ein Grundzug des ma. Bewußtseins« (Sozialer Wandel im MA..., hg. J. Miethke – K. Schreiner, 1994), 45–70.

II. Niederlande: Der erste bekannte Quellenbeleg für eine Versammlung der Drei S.e, bestehend aus 'pares' (*pairs*) und 'meliores' des Klerus und der Laien, gemeinsam mit der 'curia' des Gf.en, findet sich für die Gft. →Flandern bereits zu 1127 im zeitgenöss. Bericht →Galberts v. Brügge über den Mord am Gf.en →Karl dem Guten; diese in ganz Europa älteste Erwähnung einer (allerdings nur geplanten, nicht wirklich durchgeführten) S.eversammlung bezeugt in bemerkenswerter Weise das Fortleben der Idee der Volkssouveränität, zumal die geplante Versammlung den Anspruch hatte, über die Legitimität der polit. Handlungen des Gf.en zu richten und ggf. seine Absetzung auszusprechen. Es ist auffällig, daß sich in späterer Zeit die Bewegung zur Schaffung von ständ. Organen an einem abweichenden Modell orientierte, nämlich demjenigen von häufigen und spontanen Zusammenkünften der Delegierten der großen →Städte; diese Gremien wurden seit dem 14. Jh. als →Leden ('Glieder') bezeichnet. Erst die Hzg.e v. →Burgund führten 1400 in Flandern Dreiständeversammlungen nach frz. Vorbild (*États*) ein. In der Periode von 1400 bis 1506 wurden 155 Tagungen der *États* (*Staten*) v. Flandern abgehalten, 95 unter Teilnahme der untergeordneten Städte und der Kastellaneien. In den letzten Jahrzehnten des 15. Jh. nahmen die ständ. Aktivitäten geregelterer Charakter an. Es waren aber faktisch immer die im Gremium der *Leden* zusammengeschlossenen großen Städte, deren Delegierte häufig zusammentraten und die letztlich die außerordentl. →Steuern (*aides*, *beden*) festsetzten bzw. mit den fsl. Gewalten aushandelten, üblicherweise aber, nachdem sie sich zuvor mit den untergeordneten Städten und den Kastellaneien beraten hatten. Eine Liste von 1464 nennt für Flandern 19 Abteien, 13 Kapitel (Stifte) und 41 Städte, die zu den États geladen wurden. Die Teilnahme der (ländl.) Kastellaneien (eine Besonderheit im ndl. Bereich) häufte sich in der 2. Hälfte des 15. Jh. sowie auf den *Generalständen* (*États généraux*). Die genannte Liste von 1464 führt für die États v. →Artois 3 Bf.e, 7 Äbte, 6 Kapitel, 23 Ritter (*chevaliers*), 6 Knappen (*écuyers*) und 13 Städte an, für die Gft. →Hennegau 16 Äbte, 10 Kapitel, 4 Prioren, 68 Adlige und 20 Städte. Die Zusammensetzung der S.eversammlungen variierte somit entsprechend der kirchl. und sozialen Struktur des jeweiligen Fsm.s. Durch die Frequenz der Tagungen, den Umfang der Kompetenzen und u. U. die Tätigkeit paralleler Gremien auf rein städt. Grundlage zeichnen sich die stark urbanisierten Territorien (Flandern, →Brabant, →Holland und →Seeland) vor den übrigen Fsm.ern aus. Hinsichtl. der ständ. Repräsentation nahmen hier die großen Städte, v.a. →Gent, eine Führungsrolle ein. In Brabant dominierten vier (oft auch nur drei) Städte, in Holland vier bis sechs. In dieser Gft. bestanden nur zwei Kurien: Ritterschaft und Städte, wohingegen der Klerus nie über eine eigene Vertretung verfügte. Im Fürstbm. →Utrecht dagegen sahen sich die drei Städte und der Adel mit den Repräsentanten der mächtigen Kapitel und Stifte der Bf.sstadt konfrontiert. Das theoret. Modell der Drei S.e fand somit in der polit. Praxis eine große Variationsbreite. Im Hzm. Brabant bestand ein Corpus von schriftl. Verfassungsurkk., beginnend mit den Testamenten und Freiheitsprivilegien der Hzg.e →Heinrich II. (1248) und →Heinrich III. (1261), der Landcharta v. Kortenberg (→Johann II., 1312) und der Serie der 'Joyeuses Entrées (Blijde Inkomsten)', der von 1356 bis 1754 jeweils beim feierl. Einzug des neuen Hzg.s gemeinsam mit den S.en beschlossenen Landesprivilegien. Diskontinuitäten bei der Machtausübung begünstigten stets den Erlaß von ständ. Verfassungsurkk.; dies gilt auch für die Fürstbm.er →Lüttich (1316) und Utrecht (1375). In Flandern führte die Krise nach dem Tode →Karls des Kühnen (1477) zu heftigen Auseinandersetzungen zw. zentralstaatl. (burg.-habsburg.) und ständ. Gewalten; diese setzten 1477 den Erlaß des 'Großen Privilegs' durch.   W. P. Blockmans

Lit.: W. Prevenier, De Leden en de Staten van Vlaanderen, 1961 – Ders., Les États de Flandre depuis les origines jusqu'en 1790, Standen en Landen 33, 1965, 15–59 – R. Van Uytven–W. Blockmans, Constitutions and their Application in the Netherlands during the MA, RBPH 47, 1968, 399–424 – A. Uyttebrouck, Le gouvernement du duché de Brabant (1355–1430), 1975 – J. Dhondt, Estates or Powers, 1977 (Standen en Landen 69) – W. P. Blockmans, De volksvertegenwoordiging in Vlaanderen (1384–1506), 1978 – B. van den Hoven van Genderen, Het kapittel-generaal en de Staten van het Nederstift in de 15ᵉ eeuw, 1987 – P. Avonds, Brabant tijdens de regering van Hertog Jan III (1312–56), 2 Tl.e, 1984, 1991 – H. Kokken, Steden en Staten. Dagvaarten van steden en Staten van Holland (1477–1494), 1991.

III. Skandinavien: In →*Norwegen* enthält die →*Rígsþula*, ein mytholog.-ständedidakt. Gedicht, eine Beschreibung der verschiedenen Gesellschaftsschichten, Sklaven, Bauern und Fs.en, doch handelt es sich hier eher um Abstufungen innerhalb einer Agrargesellschaft, ohne Erwähnung der Bürger oder des Klerus; auch das Hirdgesetz (→Hirðskrá) bezieht sich ausschließl. auf die weltl. Aristokratie (→Hird). Die norw. Gesellschaft kannte in der

1. Hälfte des 14. Jh. Ansätze zu einer Sozialstruktur, in der neben dem Adel und der Geistlichkeit Bürger und Bauern eine polit. Rolle spielten. Diese Entwicklung wurde durch die wirtschaftl. und demograph. Krise um 1350 unterbrochen, nur bei den Königswahlen seit 1442 erscheinen S.esvertreter als Wähler.

Wegen der fehlenden Städte kannte *Island* nur drei S.e: Klerus, Adel und Bauern; 1281 verhandelten sie getrennt auf dem →Allthing über die Annahme des →Jónsbóks. Wie in Norwegen führten diese Ansätze nicht zur Ausbildung einer S.everfassung.

In *Dänemark* werden um 1177 (Einrichtung der Kanutigilden [→Knud Laward] als Kaufmannsgilden) die Bauern, Kaufleute und Krieger als die wichtigsten Gesellschaftsschichten erwähnt, was dem Umstand entspricht, daß die Geistlichkeit als ebenbürtige Schicht nur um die Mitte des 13. Jh. voll anerkannt war.

Die vier S.e werden als solche in den dän. →Wahlkapitulationen von 1320 und 1326 mit eigenen Privilegien erwähnt, aber ein eigtl. S.ereichstag wurde nur 1468 als Gegengewicht gegen den →Reichsrat einberufen. Vor 1536 sind sieben solcher S.ereichstage, an denen Vertreter der Bürger und Bauern teilnahmen, belegt. Tagungen der Vertreter oder Mitglieder eines bes. S.es auf der Ebene einer Landschaft wurden von Bürgern und Adligen seit dem 15. Jh. abgehalten, während die Diözesansynoden entsprechende Funktion für den Klerus hatten. Die Wahlversammlung, die 1460 Kg. →Christian I. zum Hzg. v. →Schleswig und Gf.en v. →Holstein wählte (→Ripen, Vertrag v.), bestand aus Vertretern des Adels beider Länder, der sich als Ritterschaft konstituiert hatte.

In →*Schweden* erscheinen Mitglieder der S.e als Teilnehmer an der Kg.swahl schon 1319 (jedoch ohne Bürger), seit 1362 war dieselbe Wahlversammlung sowohl für Schweden als auch für →Finnland zuständig. Die vier S.e (Klerus, Bürger und Bauern durch Vertreter) wurden 1359 nach Kalmar einberufen, ohne daß wir wissen, ob diese Versammlung stattfand; die nationale Bewegung seit den 1430er Jahren beschleunigte die Entwicklung des S.ereichstages als Gegengewicht zum Reichsrat. T. Riis

Lit.: KL XIV, 234–243; XVII, 388–398 – T. Riis, Les institutions politiques centrales du Danemark 1100–1332, 1977 – J. E. Olesen, Unionskrige og stændersamfund: Bidr. til Nordens hist. i Kristian I's regeringstid 1450–81, 1983.

IV. Altlivland: Ähnlich wie in benachbarten Territorien des Ostseeraumes (→Preußen, →Pommern, →Mecklenburg, →Holstein v. →Schleswig) bildeten in Altlivland die S.e, namentl. der einflußreiche landsässige Adel (Ritterschaften, →Harrien-Wierland) und die →Städte seit dem späten 13. Jh. einen gewichtigen polit. und sozialen Faktor, der wesentlich zu einem engeren Zusammenschluß der Einzelterritorien beitrug und dessen Bedeutung seit den Auseinandersetzungen des 14. und 15. Jh. zunahm. Vgl. im einzelnen die Ausführungen unter →Livland, C.

V. Ostmitteleuropa: [1] *Böhmen und Polen:* Die tschech. Gesch.sschreibung versteht als S. nur die aktiven Elemente der polit. Nation, von der die literar. Zeugnisse des 15. Jh. ein dreiteiliges Gesellschaftsbild erkennen lassen; in Polen wird der Begriff S. vielschichtiger gebraucht. Ungeklärt ist für beide Länder der Prozeß der Umgestaltung der im Dienst patrimonialer Herren stehenden Ministerialen zum S. (die Rolle des »Ur«-Adels dabei, die Genese der Ritterschaft aus gewöhnl. Freien und Dienstleuten). Die böhm. Landeskirche und danach die Hussitenkriege (→Hussiten) standen (anders in Mähren) der Entstehung eines Prälatens.es entgegen; der Herrens. begegnet im 12./13. Jh., am Ende des 14. Jh. der Adelss. (*šlechta*). In Polen traten seit dem 13. Jh. »praelati« neben »barones« auf; die poln. »nobiles« und »barones« verschmolzen dank der allg. Landesprivilegien der Anjou und Jagiellonen mit der Ritterschaft, die sich als »nobilitas« bezeichnete. Zwar waren die durch Geburt aufgenommenen Mitglieder dieser Gruppe formal gleich, doch de facto unterschieden sie sich deutl. voneinander: in die Mächtigen, in den mittleren Adel (→*szlachta*) und in jene Kleinadligen, die ihr Land häufig selbst bestellten oder gar keinen Boden besaßen. Die poln. Stadtbürger, weniger vermögend als die böhm., aber ethn. ebenso differenziert, organisierten sich nicht als S. oder in Ligen; eine Ausnahme waren die Städte des kgl. Preußen. Seit dem 16. Jh. gliederte sich die polit. Nation Böhmens in drei S.e (Herren, Ritter und Städte), während sie in Polen nur aus einem S. bestand, dem Adel. Seit Mitte des 16. Jh. wurden die drei Elemente des →Sejm (Kg., Senat, Landbotenstube) als S. bezeichnet. St. Russocki

Lit. [allg.]: St. Russocki, Ma. Polit. Nationen in Mitteleuropa, Jb. für Gesch. des Feudalismus 14, 1990, 81ff. – Ders., Figuré ou réel. Le »féodalisme centralisé« dans le Centre-est de l'Europe, ActaPolHist LXVI, 1992, 31ff. – [Böhmen]: Ders., Maiestas et communitas. Notes sur le rôle de la Monarchie et des nobles en Bohême du XIIe–XIIIe ss., MBohem 3/70, 1971, 27ff. – J. Kejř, Anfänge der ständ. Verfassung in Böhmen (Die Anfänge der ständ. Vertretungen in Preußen und seinen Nachbarländern, hg. H. Boockmann, 1992), 177ff. – F. Šmahel, Das böhm. S.ewesen im hussit. Zeitalter (ebd.), 219ff. – W. Iwańczak, Unity in Multiplicity – the Medieval Czech Classification of Societies Christiana, ActaPolHist LXVI, 1992, 5ff. – Ders., The Burghers as the Creation of the Devil?, ebd. LXVII, 1993, 16ff. – [*Polen*]: H. Samsonowicz, S.e und zwischenständ. Beziehungen in Polen im 15. Jh., Jb. für Gesch. 23, 1981, 103ff. – The Polish Nobility in the MA (Polish Historical Library 5, Anthologies, ed. A. Gąsiorowski, 1984) – H. Samsonowicz, Die S.e in Polen (Die Anfänge der ständ. Vertretungen …, 1992), 159ff. – St. Russocki, Ges. und S.estaat im Polen des ausgehenden MA. Einige strittige Probleme (ebd.), 169ff.

[2] *Ungarn:* Die ständ. Entwicklung begann mit dem Privileg für den Klerus v. 1223, dem die allmähl. Ausprägung des Adels aus dem ehemaligen Geburtsadel, den kgl. Dienstleuten (servientes regis) und anderen krieger. Schichten zu einem S. folgte. Während 1222 (→Goldene Bulle Kg. Andreas' II.) nur die höchsten Würdenträger als nobiles galten, dehnte sich der Begriff 1267 auf weitere freie Landbesitzer aus, so daß um 1290 in den ersten parlamenta, die als »verfrühtes S.etum« angesehen werden können, Geistlichkeit und Adel (gleichsam als Gegengewicht zu Magnaten oder Baronen) als S.e erschienen. Die Gleichstellung aller »echten Adligen« des Landes im Gesetz v. 1351 schaffte die jurist. Grundlage für den theoret. einheitl. Adelss. Obwohl bis ins 15. Jh. prelati, barones, proceres (Herren?) et nobiles als Bestandteile des »Landes« (regnicolae, regnum) genannt wurden, und in den Thronwirren um 1440 gelegentl. auch städt. Vertreter hinzukamen, d.h. eine Art dritter S. ersichtl. wurde, bestand der ung. S.estaat des späten 15.–frühen 16. Jh. de facto aus einer Aristokratie (prelati et barones) und der breiten Schicht des Gemeinadels (d.h. de jure aus einem S.!). Die Geistlichkeit spielte nur durch die zur Aristokratie gezählten Prälaten eine recht bescheidene Rolle, während die Städte schließlich keinen S. bildeten. Um 1437 konnten noch freie Bauern zu den regnicolae gezählt werden, doch ein Bauerns. bildete sich nicht aus, obwohl Erbuntertänigkeit erst im 16.–17. Jh. allg. wurde. In den 1520er Jahren war Ungarn auf dem Weg zur S.e-Republik (wie in Polen), doch bereitete der Zerfall des Kgr.es 1526/41 dieser Entwicklung ein jähes Ende. J. M. Bak

Lit.: J. M. Bak, Kgtm. und S.e in Ungarn im 14.–16. Jh., 1973 – A. Kubinyi, A magyarországi városok országrendiségének kérdése (Tanulmányok Budapest Múltjából 21, 1979), 7–48 – E. Fügedi, Aristocracy in Medieval Hungary (Ders., Kings, Bishops, Nobles and Burghers, 1986), Kap. IV, 1–14.

VI. Rus' und Südosteuropa: [1] *Rus'*: Der Begriff 'S.' im weiteren Sinne als Kategorie sozialer Ordnungen ist auch auf die Kiever und Moskauer →Rus' anwendbar (s. a. →*čin*); zentrales Mittel der Schaffung ständ. Identität war die Wahrung von *čest'* 'Ehre', seit dem 15. Jh. reguliert durch das →*mestničestvo*, die 'Rangplatzordnung'. Wenn auch nicht programmatisch ausgearbeitet, ist doch die Vorstellung einer »funktionalen Dreiteilung« präsent: Vladimir d. Hl. stellte Tische auf: »den ersten für den Metropoliten mit den Bf.en, Mönchen und Popen, den zweiten für die Armen und Elenden, den dritten für sich und seine Bojaren und alle seine Männer« (Iakov mnich, zit. Golubinskij, Ist. russk. cerkvi I, 1, 243). – Bezogen auf die Definition im engeren Sinne von S. als rechtl.-polit. Kategorie fehlen hingegen in Rußland Abgrenzung der Prärogativen von Herrscher und Adel und ständ. Selbstdefinition des Adels. Eine Verrechtlichung horizontaler gesellschaftl. Beziehungen wie im westl. Europa ist in Altrußland nicht erfolgt. Erst seit Peter d. Gr. wurde ein S.ewesen nach westl. Vorbild implantiert; es diente primär der Stärkung staatl. Effizienz. →Adel, →Feudalismus. L. Steindorff

Lit.: H.-J. Torke, Die staatsbedingte Gesellschaft im Moskauer Reich, 1974 – Ju. M. Ėskin, Mestničestvo v social'noj strukture feodal'nogo obščestva, Otečestvennaja istorija, 1993, 5, 39–53 – H. Rüß, Herren und Diener. Die soziale und polit. Mentalität des russ. Adels, 1994.

[2] *Südosteuropa*: Die Strukturmerkmale eines rechtlich geordneten S.ewesens in →Kroatien und →Slavonien entsprechen weitgehend denen in →Ungarn; 1273 tagte erstmals ein Landtag in →Zagreb. In den Stadtkommunen →Dalmatiens entwickelte sich eine ständ. Gliederung durch die formelle Abgrenzung von 'nobiles' und 'populares'; meistens deckte sich der Kreis der nobiles mit dem geschlossenen Rat. – In →Bosnien, →Serbien und →Bulgarien erkennen wir adliges Eigenbewußtsein und Teilhabe am polit. Entscheidungsprozeß (→Parlament); doch ein rechtl. definiertes S.ewesen hat sich nicht ausgebildet. L. Steindorff

Standarmbrust zählt zu den ma. Belagerungsmaschinen (→Antwerk), wurde aber auch gegen angreifende Fußtruppen und Reiterei wirkungsvoll eingesetzt. Das Verlangen nach immer größerer Schußweite und Durchschlagskraft der Fernwaffen führte zur Konstruktion immer größerer →Armbrüste, die schließlich auf massiven Holzgestellen (Bankarmbrust) oder einer zwei- oder mehrrädrigen Lafette (Wagenarmbrust) gelagert und von mehreren Männern bedient werden mußten. Als Geschosse wurden je nach Konstruktion bis zu 3,5 m lange →Brandpfeile, bis zu 5 m lange Spieße oder Steinkugeln mit großer Durchschlagskraft verwendet. E. Gabriel

Lit.: B. Rathgen, Das Geschütz im MA, 1928.

Standarte, eigtl. ein Feldzeichen, vermutl. byz. Ursprungs, das in der Schlacht einer bestimmten militär. Einheit vorangetragen wurde; anfangs nur einfarbiges quadrat. Stück Stoff, im Laufe des MA farbig sehr phantasievoll gestaltet. Die Farben wurden meist aus dem →Wappen des adligen Anführers übernommen. Nicht selten beinhalteten diese auf solche Weise entstandenen Farbfelder Bilddevisen, sog. →Badges oder Buchstaben (→Devise). In seltenen Fällen sieht man auch komplette Wappendarstellungen. (Im Gegensatz zum →Banner, dessen Fläche die des Schildes ersetzt und nur die Figur beinhaltet.) Die S. wurde entweder direkt an einer Stange oder an einem zur Stange vertikal angebrachten Stab befestigt. In der Heraldik werden die S. wie auch die →Fahne oder das Banner zu den herald. Prachtstücken gerechnet, wenn sie nicht auf dem Schild oder als Helmzier, sondern als Dekoration des Wappens z. B. seitl. des Wappenzeltes oder in der Hand des Schildhalters erscheinen. Heute wird der Begriff S. fälschlicherweise für kleine Repräsentationsfähnlein der Staatsoberhäupter gebraucht, die das Staatswappen wiederholen. Diese aber haben ihren Ursprung im ma. Banner. V. Filip

Lit.: O. Neubecker, Fahnen und Flaggen, 1939 – D. L. Galbreath-Léon Jéquier, Lehrbuch der Heraldik, 1978 – W. Leonhard, Das große Buch der Wappenkunst, 1984³.

Standarte, Schlacht von der (22. Aug. 1138). 1138 fiel Kg. →David I. v. Schottland mit einem Heer in Northumbrien ein. V. a. die Pikten von Galloway begingen dabei zahllose Grausamkeiten. Ebf. Thurstan v. York rief die Barone zur Abwehr auf. Ein hl. Krieg sollte geführt werden. Das Heer sammelte sich um eine Standarte mit den Bannern St. Peters v. York, St. Johanns v. Beverley und St. Wilfrids v. Ripon, die das Emblem des Widerstandes bildete. Am 22. Aug. 1138 wurden die – teilweise nur leicht bewaffneten – Schotten bei Northallerton von den engl. Rittern und Bogenschützen vollständig besiegt und in die Flucht geschlagen. K. Schnith

Lit.: D. Nicholl, Thurstan Archbishop of York, 1964 – G. W. S. Barrow, The Scots and the North of England (The Anarchy of King Stephen's Reign, ed. E. King, 1994), 231–253.

Ständeliteratur. In ihrem Selbstverständnis und ihrem zeitgenöss. Gebrauch ist ma. Lit., v. a. die der adligen Laien, stets ständ. geprägt; in nahezu allen lit. Gattungen, vorwiegend jedoch im höf. →Roman, im →Minnesang und v. a. in der →Spruchdichtung, werden Fragen der ständ., insbes. adligen Identität diskutiert. Sind ihre Ständediskussion und -kritik jedoch eingebettet in übergeordnete Handlungsabläufe oder minnekasuist. Überlegungen, so findet die eigentl. lit. Reflexion über die Stände (→Ordo, →Stand) als Kategorie sozialer Ordnung vorwiegend in der didakt. und nichtfiktionalen Lit. statt.

Schon die frühmhd. Lit. spielt vielfach auf die ma. Ständeordnung an, so etwa die →»Kaiserchronik« mit ihrer Forderung nach strenger Einhaltung der Kleiderordnung durch die Bauern (V. 14809ff.). Die für die Folgezeit verbindl. Gliederung in die drei Stände der »gebûre, ritter und phaffen« (V. 27, 1) wird erstmals zu Beginn des 13. Jh. in →Freidanks »Bescheidenheit« formuliert, während die frühmhd. Lit. noch sehr unscharf zw. »uri unde edele« (»Wiener Genesis«, ca. 1060–80; →Genesisdichtung, dt.), »herre unde chnecht« (»Vom Rechte«, um 1150; »Die Hochzeit«, um 1160; Armer Hartmann, 1140–60) oder »edele, frige luote, dienstman« (→»Vorauer Bücher Mosis«, um 1130–40) unterscheidet. Erste Ansätze zu einer Ständekritik zeichnen sich seit der Mitte des 12. Jh. in der geistl. Lit. ab: Der Arme Hartmann verdammt im V. 2304ff. seiner »Rede vom Glauben« den Ritterstand, im Gedicht »Von der girheit« des Wilden Mannes (um 1170) ist der Klerus Zielscheibe der Kritik. Schärfste asket. Zeitkritik an allen drei Ständen formuliert in der 2. Hälfte des 12. Jh. →Heinrich v. Melk in zwei moral. Bußgedichten (»Von des todes hugede«, »Vom Priesterleben«).

Zum Thema didakt. Großformen enzyklopäd. Anspruchs wird die Ständelehre und -kritik, integriert in umfassende Moral- und Lebenslehren, im 13. Jh.: →Thomasin v. Zerclaere propagiert im »Welschen Gast« (1215/16) unter dem Stichwort »staete« die Besinnung auf die göttl. ordo gegen die sich abzeichnende Umschichtung der Feudalgesellschaft (»Ein ieglich dinc sîn orden hât, daz ist von der natûre rât«, V. 2611f.); in →Hugos v. Trimberg nach dem Schema der sieben Laster geordneten, von Exempeln und Anekdoten durchsetzten »Renner« (abgeschlossen um 1313) wird die Kritik an den Lastern der drei Stände – Geistliche, Adlige, Bauern – auf die Habgier als spezif. »bürgerl.« Laster ausgeweitet. Während in den 15 unter dem Namen →Seifried Helbling überlieferten Lehrgesprächen zw. dem Dichter und seinem Knappen (1283–1299) der Verfall ritterl. Ideologie beklagt wird, kommt dem Ritterstand in →Freidanks »Bescheidenheit«, einer vor 1230 zusammengestellten, aus vielerlei Quellen schöpfenden, nüchterne Lebensweisheit verkündenden Sprüchesig., keine Sonderstellung mehr zu. Scharfe Kritik an den Lastern von insgesamt 28 geistl. und weltl. Ständen übt das →»Buch der Rügen« (um 1276–77), eine freie Übertragung der in dominikan. Umkreis entstandenen, gereimten Predigtanweisung »Sermones nulli parcentes« (um 1230).

Die Differenzierung der Gesellschaft im SpätMA hat eine v. a. in lit. Kleinformen realisierte Fülle von Texten zur Folge, in denen Modelle des sozialen Gefüges, verbunden mit Ständereflexion und -kritik, diskutiert werden. Durch den ursprgl. als Predigtserie geplanten Prosatext »De moribus et de officiis nobilium super ludus scaccorum« des oberit. Dominikaners →Jacobus de Cessolis, der in viele Volkssprachen übersetzt wurde und in zahlreichen Versbearbeitungen Verbreitung fand ('Schachzabelbücher'), wurde die Schachallegorie (→Schachspiel, II) bis weit ins SpätMA zum beliebten Modell der gesellschaftl. Ordnung. In die allegor. Rahmenvorstellung des Seelenfangs strukturiert ist die um 1420 im Bodenseegebiet anonym entstandene Ständerevue »Des →Teufels Netz«: angelegt als Sündenkatalog nach Art der Beichtspiegel, trägt das Werk radikale Kritik an den Lastern der Stände, v. a. des Klerus und des städt. Bürgertums, vor.

Reflexion über den ständ. ordo und Ständekritik, häufig satir. gebrochen, wird im SpätMA in zahlreichen lit. Gattungen praktiziert, neben den tradierten Typen der eigtl. Standesdidaxe – Klerikerlehren, Fürsten- und Ritterspiegel (z.B. Johannes →Rothe, um 1415; →Johannes v. Indersdorf für Hzg. Albrecht III. v. Bayern 1437) – v.a. in Predigten (z.B. →Berthold v. Regensburg), Reimreden (z.B. →Heinrich der Teichner, Peter →Suchenwirt, 2. Hälfte 14. Jh.) und epischen Kleinformen (→Bîspel, →Märe, z.B. des →Strickers »Klage«). In eine mit Tiergleichnissen illustrierte Tugend- und Lasterlehre integriert ist die Ständekritik in den beiden dt. Versionen des Ende des 13. Jh. entstandenen »Fiore di virtù« des it. Benediktiners Tommaso Gozzadini, den »Blumen der Tugend« Hans Vintlers (1411) und Heinrich →Schlüsselfelders (1468). Die Tradition der ma. Ständekritik und -satire integrierenden Moraldidaxe mündet in der Frühen NZ in Sebastian →Brants »Narrenschiff«, in dem mehrere Kapitel ausschließl. den spezif. Narrheiten bestimmter Stände gewidmet sind. Vgl. a. →Lehrhafte Lit., →Polit. Dichtung, →Fürstenspiegel, →Spiegelliteratur, →Satire, →Narrenliteratur.
N. H. Ott

Ed.: s. unter den einzelnen Autoren und Werken – *Lit.*: H. ROSENFELD, Die Entwicklung der Ständesatire im MA, ZDPh 71, 1951/52, 196–207 – W. HEINEMANN, Zur Ständedidaxe in der dt. Lit. des 13.–15. Jh., PBB (Halle) 88, 1966, 1–90; 89, 1967, 290–403; 92, 1970, 388–437 – I. GLIER, Stände- und Tugend-Lasterreden (DE BOOR-NEWALD 3/2, 1987), 85–97 – weitere Lit. unter den einzelnen Autoren und Werken.

Standesethik, ärztl. → Deontologie, ärztl.

Stangenwaffe, Waffe mit Klinge an langem Schaft. Dazu gehören der →Spieß mit einfacher, meist blattförmiger Klinge und dessen Varianten mit Nebenspitzen (Korseke, Partisane, Spetum), ferner S.n mit Messerklinge (Glefe, Couse), Axtklinge und Stoßspitze (Mordaxt), Beilklinge mit Stoßspitze (Helmbarte), langer Vierkantklinge mit Stichblatt (Ahlspieß), schließlich Behelfswaffen mit Stachelkugel (Morgenstern), Dreschflegel (Drischel), Sensenklinge (Sturmsense) und Gabelzinken (Sturmgabel).
O. Gamber

Lit.: W. BOEHEIM, Hb. der Waffenkunde, 1890 – H. SEITZ, Blankwaffen, I, II, 1965, 1968.

Stanimaka (gr. Stenimachos; heute Asenovgrad, Bulgarien), Festung und Stadt sö. von →Philippopel, nördl. des Kl. →Bačkovo, kontrollierte eine Route durch die im Süden anschließenden →Rhodopen zur Ägäis; bereits in der Antike besiedelt. 1083 schenkte Gregorios Pakurianos dem Kl. Bačkovo Stenimachos mit den zwei dort von ihm errichteten Festungen. 1189 wurde *Scribentium* (= S.) von den Kreuzrittern Ks. Friedrichs I. unterworfen, 1200 von Ks. Alexios III. erobert. Im Juni 1205 fand Renier de Trit im 'castel de Stanemac' vor dem Bulgaren →Kalojan Zuflucht und wurde 13 Monate später von Kreuzrittern befreit. 1231 erneuerte Ivan Asen II. die Festung, die in der Folge bald unter byz., bald unter bulg. Herrschaft war. Im 14. Jh. war S. Zentrum einer gleichnamigen Eparchie, deren Kommando zumeist mit dem über Tzepaina (Čepino) vereinigt war. S. fiel wohl 1363–71 an die Türken.
P. Soustal

Lit.: Oxford Dict. of Byzantium, 1991, 1952f. – C. ASDRACHA, La région des Rhodopes aux XIIIe et XIVe s., 1976, 37–39, 162–166, 241–245 – R. MOREWA, Stenimachos, Balcanica Posnaniensia 2, 1985, 167–180 – P. SOUSTAL, Thrakien (Tabula Imperii Byzantini 6, 1991), 460f.

Stanisław, hl., Bf. v. →Krakau 1071(?)–79, † 11. April 1079, erlangte das Bm. nach dem Tod Bf. Lamberts Suła von →Bolesław II. Śmiały, der 1076 zum Kg. gekrönt wurde. Bolesławs Bestreben, die Stellung →Gnesens zu stärken und die poln. Kirche zu reorganisieren, bedrohten Besitz und Einfluß der Krakauer Kirche, so daß sich S. an der Opposition gegen den Kg. beteiligte. S. wurde schließlich, wohl mit Billigung des Gnesener Ebf.s, verurteilt und durch »truncatio membrorum« hingerichtet. Der S.-Kult entwickelte sich seit Mitte des 12. Jh. von Krakau aus (Heiligsprechung 1254; zwei Viten von Vincentius v. Kielce [Kielcza], Miracula; BHL 7832–7843) und spielte im 13. und 14. Jh. für die Propagierung der Einheit Polens eine wichtige Rolle.
J. Strzelczyk

Lit.: Hagiografia polska, II, 1972, 419–455 [Lit.] – SłowStarSłow V, 378f. [Lit.] – AnalCracoviensia 11, 1979 [bes. M. PLEZIA, Dookoła sprawy św. Stanisława, 251–413] – T. GRUDZIŃSKI, Bolesław Śmiały-Szczodry i biskup S. Dzieje konfliktu, 1982 – Z. JAKUBOWSKI, Polityczne i kulturowe aspekty kultu biskupa krakowskiego S.a w Polsce i Czechach w średniowieczu, 1988 – J. POWIERSKI, Kryzys rządów Bolesława Śmiałego, 1992.

Stanley, engl. Adelsfamilie, benannt nach dem Pfarrbezirk S. (Staffordshire), sie kann bis auf *Adam de S.* (* um 1125) zurückverfolgt werden. *William S.* (1337–98), der Nachkomme eines jüngeren Familienzweiges, erbte das Amt des Master Forester of Wirral in Cheshire, als →Eduard d. Schwarze Prinz Earl of Chester war. Die Krone ließ das Gebiet von Wirral 1376 roden, und von der Entschädigung, die William bei der Aufgabe seines Amtes erhielt, baute er ein neues Haus in Storeton Hall (Cheshire), von dem die S.s v. Storeton und Hooton abstammten. Williams jüngerer Bruder *John* (* um 1340, † 28. Jan. 1413/14) ist in direkter Linie der Ahne des S.-Familienzweiges der Earls of →Derby und der Begründer des Wohlstands der Familie. John war ein guter Soldat und Verwalter, der in den 70er und 80er Jahren des 14. Jh. unter Sir Thomas Trivet in Aquitanien und unter Thomas →Holland, Earl of Kent, in der Normandie diente. 1386 ernannte Richard II. ihn zum Stellvertreter von Robert de →Vere, Lord Lieutenant in Irland. Von seinen Einnahmen kaufte er in Cheshire die manors v. Moreton, Saughall, Massie und Bidston. 1385 heiratete er Isabel Lathom, die Erbin des manor v. Lathom und anderer Besitzungen in der w. Derby-Hundertschaft v. Lancashire. 1389 wurde John mit einem jährl. Sold von 100 Mark Gefolgsmann Richards II. und zum Ritter geschlagen, am 4. März 1398/99 zum Controller des kgl. Hofhalts ernannt. Zum Lord Lieutenant v. Irland erhoben, versuchte er, die McMurrough zu unterdrücken, die eine Machtstellung erlangten, als Heinrich Lancaster Richard II. absetzte. Sir John unterstütze Heinrich IV. und bekam dafür weitere Ländereien im Gebiet von Wirral, die sein Neffe während der →Percy-Rebellion wieder verlor. 1405 erhielt er die Herrschaft über die Isle of →Man, die Vogtei über das Bm. v. Sodor und Man und wurde zum Ritter des →Hosenbandordens ernannt. Andere Schenkungen, Ämter und Erwerbungen festigten seine Stellung in Lancashire und Cheshire, er blieb in der Gunst des Kg.s und wurde am 3. Juli 1409 zum Constable of Windsor Castle auf Lebenszeit ernannt. Sir Johns gleichnamiger Sohn und Erbe *John* (* um 1387, † 1437) konzentrierte sich auf seine Aufgaben als lokaler Magnat. Er diente im Heer Heinrichs V., als dieser 1418 Rouen einnahm, aber sein Hauptinteresse galt dem Neuerwerb von Landbesitz, die bestehenden Besitzungen in Lancashire und Cheshire zu vervollständigen. Sein Sohn, Sir *Thomas* S., Lord S. (* um 1406, † 11. Febr. 1459), verteidigte 1424 den S. Tower in Liverpool gegen den Angriff von Sir Richard Molyneux und Retinue; nach seinem militär. Dienst in Frankreich in den 20er Jahren des 15. Jh. wurde er am 29. Jan. 1431 für sechs Jahre zum Lord Lieutenant in Irland ernannt, mit der Erlaubnis, 525 Männer in seine Dienste zu nehmen. Auch wurde er zum Ritter geschlagen. Sein Hauptproblem war jedoch die Sicherung der Besoldung, und seine Amtszeit in Irland blieb erfolglos. Am 6. Dez. 1437 wurde er zum Constable of Chester Castle ernannt. Während der nächsten zehn Jahre erhielt er die Ämter des Controller des Hofhalts (1442), des Chamberlain für N-Wales und des Forester of Macclesfield. In den 40er Jahren des 15. Jh. war er Mitglied des Parliament für Lancashire im House of Commons, 1448 Mitglied des King's Council. Thomas S. war im s. England wegen seiner Beteiligung an der Unterdrückung der Rebellion des John →Cade in Kent 1450 verhaßt. Während der unruhigen 50er Jahre des 15. Jh. gelang es S., den NW für die Lancastrians zu sichern. Die →Peers-Würde konnte 1455 erlangt werden, als Thomas S., der kgl. Chamberlain, als Lord S. ins Parliament einzog. Seit 14. Mai 1457 war er Ritter des Hosenbandordens. Ihm folgte sein gleichnamiger Sohn *Thomas*.

S., Thomas, Lord S., 1. Earl of →Derby seit 27. Okt. 1485, * um 1435, † Juli 1504, ⌑ Burscough Priory, Stanley Chapel; ⚭ 1. Eleanor →Neville, Tochter von Richard, Earl of Salisbury; 2. Margarete →Beaufort. T. S., der in herausragender Weise an den polit. Ereignissen zur Zeit der →Rosenkriege beteiligt war, konnte jeden Regierungswechsel überdauern. Er nahm nicht an der Schlacht v. Blore Heath teil, bei der die Yorkists die Lancastrians besiegten. Als einen Monat später Heinrich VI. die Yorkists bei Ludlow in die Flucht schlug, wurde S. des Ungehorsams gegenüber den Befehlen des Kg.s beschuldigt. Er konnte sich 1460–61 den Folgen der Hilfeleistung für eine verlierende Partei entziehen und trat als Unterstützer Eduards IV. hervor. Obwohl er und seine Familie sich während der Ereignisse von 1469–71 für keine der beiden Parteien erklärten, behielt er die kgl. Gunst. Er wurde Mitglied des King's Council und 1472 Lord Steward des Hofhalts. 1475 nahm er mit seinen Gefolgsleuten an der Invasion in Frankreich teil, die zum Frieden v. →Picquigny führte. 1482 befehligte er unter Richard, Duke of Gloucester, das Heer, das Berwick-on-Tweed einnahm. 1483 unterstützte er Richards »Staatsstreich«. Doch heiratete er in zweiter Ehe Margarete Beaufort, die ihren Sohn Heinrich Tudor zur Ablehnung Richards III. ermutigte. Nach der fehlgeschlagenen Rebellion von Henry →Stafford, Duke of Buckingham, 1484 war sie kgl. Gefangene. T. S. geleitete seine Gefolgsleute nach →Bosworth, wie es Richard III. befohlen hatte, doch hielt er sich abseits, bis der Ausgang der Schlacht entschieden war, dann schloß er sich Heinrich (VII.) Tudor an. →England, E. A. Cameron

Lit.: Peerage, s.v. S. – P. DRAPER, The House of S., 1864 – L. G. PINE, Burke's Peerage, Baronetage und Knightage, 1957 – J. J. BAGLEY, The Earls of Derby 1485–1985, 1985.

Stanser Verkommnis (22. Dez. 1481), Vertrag der 8 Alten Orte der →Eidgenossenschaft, beendete, zusammen mit dem ergänzenden Bündnisvertrag mit Freiburg und Solothurn vom gleichen Tag, die Krise d. J. 1477–81. Es handelte sich bei dieser im wesentl. um eine Krise im Prozeß der Staatsbildung auf eidgenöss. Gebiet. Nach dem Kriegszug von gegen 2000 Freischärlern aus den Innern Orten in die Westschweiz (Febr. 1477; sog. »Saubannerzug«) schlossen sich →Zürich, →Bern und →Luzern durch ewige Burgrechte gegenseitig und zugleich mit den Städten →Freiburg und →Solothurn enger zusammen. Von den Ländern, v. a. den drei Urkantonen, wurde der städt. Sonderbund bekämpft, da er die polit. Gewichte im eidgenöss. Bündnissystem zu ihren Ungunsten entscheidend verschob. In langwierigen Verhandlungen wurde der Ausweg gefunden: Das Sonderbündnis der Städte wurde durch zwei Verträge ersetzt (eidgenöss. Verkommnis unter den 8 Orten [u. a. Bestimmungen gegen verschiedene Formen angemaßter Eigengewalt] und Vertrag der 8 Orte mit Freiburg und Solothurn [Aufnahme in den eidgenöss. Bund]). Der entscheidende Durchbruch erfolgte 1481 auf der Novembertagsatzung in Stans, vermutl. bereits unter dem Einfluß des →Nikolaus v. Flüe. Während in allen 10 Orten der unterbreitete Verkommnistext Zustimmung fand, stieß der Bundesvertrag in den Innern Orten auf Ablehnung. Auf der S. Tagsatzung (18.–22. Dez.) gelangte man, nach erneuter Vermittlung des Nikolaus v. Flüe, ans Ziel: Durch einen Zusatz im Bündnisvertrag wurde die Stellung von Solothurn und Freiburg gemäß dem Wunsch der drei Länder noch deutlicher derjenigen eines zugewandten, nicht gleichberechtigten Orts angeglichen. Daß durch die Intervention des Bruder Klaus im Dez. 1481 der Ausbruch eines Bürgerkrieges in der Schweiz verhindert worden sei, gehört ins Gebiet der hist. Legenden. E. Walder

Lit.: E. WALDER, Das S. V., 1994.

Stanze. Der Begriff »Stanza« (lat. stantia, prov. →cobla) bezeichnet in der it. Lit. in erster Linie die Canzonenstrophe. Die →Canzone hat im allg. fünf, häufig jedoch bis sieben oder zehn, maximal 21 S.n (Francesco →Vannozzo). Sie zerfallen in zwei ungleiche Teile, genannt »Fronte« und »Sirima« und bestehen zumeist aus 15 bis höchstens 21 Versen. In der it. Lit. (prov. Vorgänger *coblas esparsas*) finden sich auch Texte, die nur aus einer einzigen S. bestehen, die sog. »stanze isolate« (z. B. »Se m'ha del tutto obliato Merzede« von Guido →Cavalcanti).

Die Bezeichnung S. tragen auch die siz. »ottave rime« (→ottava rima) mit dem Schema ABABABAB, die toskan. »ottave rime« (Schema ABABAB+CC) und die klass. »ottave rime« (ABABABCC), das Metrum verschiedener Genera der it. narrativen Literatur (religiöse Thematik, Epen, Ritterromane u. a.), die insgesamt auf die →»Cantari« zurückgeführt werden können, die, wie ihr Name sagt, für den öffentlichen Vortrag oder auch für die private Lektüre bestimmt waren. Der erste sicher datierbare Text dieser Art ist Giovanni →Boccaccios »Filostrato«. Die gleiche metr. Form wurde auch von zahlreichen →Sacre rappresentazioni (als einziges oder als Hauptmetrum) übernommen. A. Vitale Brovarone

Lit.: R. Spongano, Nozioni e esempi di metrica it., 1974 – S. Orlando, Manuale di metrica it., 1993.

Stapel, aus mnd. *stapel*, entspricht etymolog. mhd. *stapfel, staffel* mit breitem Bedeutungsspektrum, aus dem aber wohl nicht Pfosten wichtig wurde (so Henning im HRG), sondern 'Stufe, Schritt', entsprechend dem gleichbedeutenden *Gret* von gradus und dem frz. *étape*, das aus S. entstanden ist, lebt auch in dem Namen des Ortes Étaples (an der frz. Kanalküste, im MA Stapulas) nach, der sich aus dem frühhist. Handelsplatz →Quentowic entwickelt hat. V. a. in Süddtl., Österreich und der Schweiz entspricht der Begriff 'Niederlagsrecht' dem S. Man nimmt wohl zu Recht an, daß mit S. ein quasi natürl. Rast- und Handelsplatz des Fernhandels (mhd. auch *niederlage*) gemeint ist. Aber schon früh wurden für solche Plätze gerichtete Handelsgewohnheiten für herrscherl. Zwangsmaßnahmen ausgenutzt, am frühesten bezeugt wohl im →Diedenhofener Kapitular 805, in dem Karl d. Gr. die Orte bestimmt, in denen Handel mit den Slaven stattfinden darf. Auch wird man bei den frühen Handelsplätzen nicht etwa an freie Jahrmärkte denken dürfen, die sicherl. erst eine Erscheinung der NZ sind. Wenigstens korporative Zwänge dürften den Handel frühzeitig in enge Rahmen gedrängt haben.

Vom HochMA an wurden wohl die Ausdrücke S. und S. recht für S. mit Zwangscharakter reserviert. Die Bestimmungen variierten von Fall zu Fall. Häufig läßt sich beobachten, daß eine regionale Herrschaft, die das Umland eines Ortes kontrollierte, das S. recht erließ. Kaufleute, die eine bestimmte Region besuchten, hatten die Pflicht, ihre Waren an den S. ort zu bringen und dort zum Verkauf anzubieten. Die Bewohner des Ortes konnten dabei initiativ geworden sein, aber ihre alleinige S. verkündung dürfte nur in Ausnahmefällen, etwa bei Flußhandelswegen, die von der Natur zwingend geboten waren, effektiv gewesen sein. Daneben gibt es gewissermaßen einen zweiten Typ von S., der uns bes. in dem hans. S. von →Brügge begegnet. Die →Hanse hat schon 1309 und später immer wieder der Stadt Brügge versprochen als Gegenleistung für Konzessionen der Stadt, in ihr keinen hans. S. einzurichten, d. h. bestimmte Waren an keinem anderen Ort der Niederlande zu kaufen und zu verkaufen. Die Hanse selbst setzte unter ihren Mitgliedern diesen S. durch, der auf die andere Wurzel der S. gesch. hinweist, auf die korporativen Zwänge des vormodernen Handels. Brügge besaß daneben ein gfl. S. privileg, das zu Unrecht meist mit dem hans. S. vermischt wird. Mit letzterem vergleichbar ist der S. der engl. Wollexporteure, der an der frz.-ndl. Küste gewissermaßen von Ort zu Ort verlegt wurde. In diesem Fall wurden entsprechend der staatl. Situation in England die korporativen Entscheidungen durch die Anordnungen des engl. Kg.s überlagert.

Es gibt eine Verbindung zw. dem S. recht und dem Gästerecht (→Gast). Zu den ältesten Rechtsvorstellungen gehört es, daß in einer fremden Stadt der Gast nicht mit dem Gast direkt handeln darf, sondern nur unter Einschaltung eines einheim. Bürgers. Es war die Politik z. B. der Hanse, sich durch Privilegien von dieser Einschränkung freizumachen. Das ist aber nur teilweise gelungen. In Brügge z. B. mußten wenigstens Makler und Wirte am Gästehandel – auch mit Provisionen – beteiligt werden. Das so oder so gestaltete Gästerecht hat ähnl. wie das S. recht in der betreffenden Stadt soziale Einflüsse ausgeübt und eigene Berufsstände hervorgebracht. Neben den eben genannten Maklern und Wirten ist auf jene Hamburger Kaufleute hinzuweisen, die nach der Art von Kommissionären Lübecker Fracht in ihrem eigenen Namen durch den Hamburger S. führten, wovon uns das Hamburger Pfundzollbuch v. 1418 Auskunft gibt.

Unter den binnenländ. dt. S. orten hatten →Köln und →Wien wohl die größte Bedeutung. Die Kölner dürften zunächst selbst die Rheindurchfahrt gesperrt haben, erhielten aber noch 1169 eine abschirmende Urk. ihres Ebf.s. Als sich Köln vom Ebf. emanzipierte und dessen regionale Macht immer mehr eingeschränkt wurde, setzte Köln seinen S. durch Vertragsabschlüsse mit den Nachbarterritorien durch. Für Wien war die Lage einfacher. Sein Donaus. geht auf das Stadtrecht v. 1221 zurück, das der österr. Hzg. gewährte. Durchgesetzte S. rechte bedeuteten eine Entwicklungsbremse für benachbarte Städte. So litten Neuß, Düsseldorf und Duisburg unter dem Kölner S. S. urkk. und S. kämpfe unterrichten uns über Haupthandelsströme, über den Salzhandel in Bayern verschiedene S., ebenso entsprechend über den Eisenhandel in Inner- und Niederösterreich. Als außerdt. Beispiel sei der →Fondaco dei Tedeschi in Venedig genannt, ein Zwangswarenhaus der dt. Kaufleute, denen der Handel über Venedig hinaus untersagt war.

R. Sprandel

Lit.: HRG III, 987–991 – L. Gönnenwein, Das S.- und Niederlagsrecht, 1939 – U. Dirlmeier, Ma. Hoheitsträger im wirtschaftl. Wettbewerb, 1966 – R. Sprandel, Das Hamburger Pfundzollbuch v. 1418, 1972, 49–52, 65–68 – K. E. Lupprian, Il fondaco dei Tedeschi e la sua funzione di controllo del commercio tedesco a Venezia (Centro Tedesco di Studi Veneziani, Quaderni 6, 1978) – F. Irsigler, Die wirtschaftl. Stellung der Stadt Köln im 14. und 15. Jh., 1979 – Unters. zu Handel und Verkehr der vor- und frühgesch. Zeit in Mittel- und Nordeuropa, 3 Bde, hg. K. Düwel u. a., 1985 – Gilden und Zünfte. Kaufmänn. und gewerbl. Genossenschaften im frühen und hohen MA, hg. B. Schwineköper, 1985 – R. Sprandel, Die strukturellen Merkmale der hans. Handelsstellung in Brügge (Brügge-Colloquium, hg. K. Friedland, 1990), 69–81.

Stapeldon, Walter of, Bf. v. →Exeter seit 13. Nov. 1307, * 1. Febr. zw. ca. 1260–65 vielleicht in S. (Devonshire), † 15. Okt. 1326, □ Exeter, Kathedrale, n. des Hochaltars; Sohn des Grundbesitzers William S. und dessen Frau Mabel. Sein Bruder Richard erwarb bedeutenden Besitz in Cornwall und Devon. W. v. S. studierte in Oxford, seit 1286 Magister, seit 1306 Doktor für Zivilrecht und Kanon. Recht, Kanoniker und Kantor in Exeter, seit 1306 Offizial in dieser Diöz., seit 1307 Bf.; 1306–19 an Gesandtschaften beteiligt. Am 18. Febr. 1320 zum Schatzmeister v. England ernannt, trat er im folgenden Jahr zurück, erhielt dieses Amt aber erneut und hatte es bis 1325 inne. Gemeinsam mit anderen Bf.en versuchte er, zw. Eduard II. und →Thomas, Earl of Lancaster, zu vermitteln; bes. bemerkenswert waren seine Reformen des →Exchequer. Als er 1325 zu Kgn. →Isabella nach Frankreich gesandt wurde, floh er aus Furcht um sein Leben. Er folgte 1326 der Invasion der Kgn. in England und blieb in London, wo er als Opfer einer aufgebrachten Volksmenge in Cheapside

geköpft wurde. Zusammen mit seinem Bruder Richard gründete er S. Hall in Oxford (später Exeter College).
R. M. Haines

Lit.: BRUO III, 1764f. – Register of W. de S., ed. F. C. HINGESTON-RANDOLPH, 1892 – M. BUCK, Politics, Finance and the Church... W. S., 1983.

Star Chamber ('Sternkammer'), ein engl. Kriminalgerichtshof mit außerordentl. Jurisdiktionsgewalt, der sich aus dem kgl. Rat (King's →Council) im 15. Jh. entwickelte und für das bestehende Recht außerhalb der Common Law-Gerichtshöfe (→Engl. Recht, II. 2) zuständig war; benannt nach der mit Sternen bemalten Decke des Tagungsraumes im Westminster Palace. Seine seit dem frühen 16. Jh. festgelegte Zusammensetzung umfaßte die hohen Beamten des Kgr.es, den Lord Chancellor, der den Vorsitz hatte, den Lord Treasurer etc. sowie andere Ratsmitglieder, einen Bf. und die Oberrichter des →King's Bench und des Court of →Common Pleas. Das Gerichtsverfahren war dem des Kanzleigerichts (→Chancery, Court of) sehr ähnlich. Klage konnte entweder vom Kronanwalt (King's Attorney-General) oder von privaten Klageparteien erhoben werden. Bis in die 60er Jahre des 16. Jh. waren die Gerichtsprozesse ihrer Rechtsnatur nach wohl Zivilprozesse, später waren nur noch Kriminalprozesse zugelassen. Die Bestrafung war hart: hohe Geldstrafen und Haft bis zur Bezahlung, strenge körperl. (aber keine Todes-)Strafen und öffentl. Demütigung. Während Aufruhr ein Hauptgegenstand der Prozesse war, schuf oder gestaltete vielmehr die Sternkammer Vergehen, die eher der NZ angehören: Mißbrauch von Rechtsverfahren, Anfangsverbrechen, Betrug, Verleumdung, Fälschung und polit. Verbrechen. 1641 wurde die Sternkammer aufgelöst und das von ihr geschaffene Recht seitdem fakt. von den Common Law-Gerichtshöfen angewandt.
Th. G. Barnes

Lit.: TH. G. BARNES, S. Ch. and the Sophistication of the Criminal Law, The Criminal Law Review, 1977 – J. A. GUY, The Cardinal's Court, 1977.

Stará Boleslav (dt. Altbunzlau), Stadt im ö. Mittelböhmen, etwa 20 km nö. von Prag, am rechten Ufer der Elbe. Die Anfänge der auf dem Weg von Prag in die Lausitz gelegenen Burg brachte →Cosmas v. Prag mit dem jungen →Boleslav I., dem Bruder Fs. →Wenzels, in Verbindung. Doch gibt es Anzeichen dafür, daß die Burg Boleslav (später Altbunzlau, um den Ort von Jungbunzlau zu unterscheiden) schon zuvor unter einem anderen Namen entstanden war. Reste der Steinmauer, die um 930 auf Boleslavs Initiative »spisso et alto muro opere Romano« (Cosmas I, 19) erbaut worden sein soll, wurden wahrscheinl. jetzt n. der St. Wenzelskirche entdeckt. An der Tür der innerhalb des Burgareals liegenden Cosmas- und Damian-Kirche wurde 935 Fs. Wenzel durch Boleslav ermordet. Die Burg der Přemyslidenzeit erstreckte sich etwa über das Areal der heutigen Stadt. Fs. →Břetislav I. gründete auf der Burgfläche ein mit reichen Besitzgütern ausgestattetes Kollegiatstift. 1046 weihte Bf. →Severus die Wenzelsbasilika, die im 12. Jh. stark umgebaut wurde. Bis heute sind ihre roman. Teile (bes. die Krypta) erhalten. In ihrer Nähe befindet sich die roman. Clemenskapelle. Mit der Gründung des Kollegiatstifts verlor die Burg ihre administrative Bedeutung. In der Vorburg (mit Marienkirche) entstanden eine Marktsiedlung und später eine kleine Agrarstadt.
J. Žemlička

Lit.: K. GUTH, Praha, Budeč a Boleslav (Svatováclavský sborník I, 1934), 686–818 – K. VOGT, Die Burg in Böhmen bis zum Ende des 12. Jh., 1938, 70f. – A. MERHAUTOVÁ, Raně středověká architektura v Čechách, 1971, 316–321 – E. POCHE u. a., Umělecké památky Čech 3, 1980, 398–406 – J. SLÁMA, Střední Čechy v raném středověku III, 1988, 50–55 – I. BOHÁČOVÁ, J. FROLÍK, J. ŠPAČEK, Výzkum opevnění hradiště ve Staré Boleslavi – předběžné sdělení, Archaeologia hist. 19, 1994, 27–37 – J. ŽEMLIČKA, K dotváření hradské sítě za Břetislava I, Historická geografie 28, 1995, 27–47.

Stara Zagora (Beroe, Augusta Trajana, Boruj, Eski Zagra), Stadt im Süden →Bulgariens. Die ursprgl. altthrak. Siedlung Beroe wurde im 2. Jh. vom Ks. Trajan umgestaltet und Augusta Trajana gen. Sie war in frühchr. Zeit ein wichtiges Bm., später autokephales Erzbm. (458) und Metropolie (536). Im 5. Jh. von den →Hunnen zerstört, wurde die Festung v. S. Anfang des 6. Jh. von Ks. →Justinian I. wiederaufgebaut, 812 vom bulg. Chān →Krum erobert und in das bulg. Territorium aufgenommen. 971–1190 gehörte die Stadt zum Byz. Reich. Nach der Wiederherstellung des Bulg. Zarenreiches spielte sie als Grenzstadt eine wichtige Rolle in den bulg. Beziehungen zu Byzanz und dem →Lat. Ks.reich. Anfang des 13. Jh. Zentrum des Gebietes →Zagora, wurde S. 1365 vom türk. Feldherrn Lala Şahin erobert. Zu dieser Zeit wurde die Stadt türk. 'Eski Zagra' (= bulg. 'Stara [Alt-] Zagora') gen.
V. Gjuzelev

Lit.: G. N. NIKOLOV, Voenno-političeska istorija na srednovekovnija grad Boruj, Voennoistoričeski sbornik, 50/3, 1981, 34–44 – P. SOUSTAL, Thrakien, 1991, 203–205.

Staré letopisy české (die 'ältesten tschech. Annalen'), Komplex von bisher 33 bekannten, zw. 1432 und 1620 von vorwiegend anonymen Autoren in tschech. Sprache verfaßten Texten und Hss., die an die lat. »Chronica Bohemorum« (geführt bis 1395 bzw. 1416 und 1432) anknüpfen. In annalist., seit der Mitte des 15. Jh. eher chronikal., faktenreicher Form geschrieben, sind die S. eine der wichtigsten schriftl. Q. für die böhm. Gesch. des 15. und 16. Jh. Die einzelnen Texte wurden meist von Autoren aus dem bürgerl. Milieu (daneben von einigen Angehörigen des niederen Adels und der Geistlichkeit) verfaßt, wobei die Prager und Königsgrätzer Autorenlinien maßgebend sind. Die Schilderung der hist. Ereignisse in den S. weist eine prohussit. (utraquist.) Tendenz auf, die gegen die kath. Kirche, in der Jagiellonenzeit im Sinne eines böhm. ma. Nationalbewußtseins auch gegen die dt. Nation gerichtet ist. Die meisten Texte sind zw. 1481 und 1540 entstanden (bisher keine vollständige Ed.).
M. Polívka

Ed. und Lit.: Scriptores rerum Bohemicarum, ed. J. DOBROVSKÝ–F. M. PELCL, II, 1784, 448–487 – Staří letopisové čeští od r. 1378 do 1527 (Dílo F. Palackého, hg. J. CHARVÁT, 1941) – Ze Starých letopisů českých, hg. J. PORÁK–J. KAŠPAR, 1980 [Auswahl in neutschech. Übers.; Forsch.übersicht; Hss.- und Textverz.] – P. ČORNEJ, S. ve vývoji české pozdně středověké historiografie, Acta Univ. Carolinae Pragensis, phil.-hist. 1, 1988, 33–56.

Staré Město, →Burg (C. VI) und frühstädt. Siedlungsagglomeration auf einer Fläche von ca. 300 ha in →Mähren (1131: Weligrad [= »Große Burg«], 1228: civitas primo modo burgus, 1321: Antiqua civitas), z. T. auf dem Gebiet von Uherské Hradiště (1257–58: Nova Welehrad), im 9. Jh. eines der Zentren des Großmähr. Reiches. Mehr als 2000 Gräber, davon fünf Fs.engräber mit Schwertern, des Gräberfeldes von S. M. erlauben Rückschlüsse auf die Siedlungsintensität – 2,7% bzw. 7,3% der Gräber stammen aus dem 1. und 2. Drittel des 9. Jh., 35,6% aus dem letzten Drittel des 9. Jh. und 54,4% aus der 1. Hälfte des 10. Jh. Die Burg an der Stelle des ma. Uherské Hradiště war im 8. Jh. entstanden. Die sieben Siedlungen auf dem Gebiet von S. M. bildeten ein durch ein langes Außenwerk befestigtes Suburbium. Die Verteilung der landwirtschaftl. Siedlungen und Handwerkerviertel (Schmiede, Töpfer, Weber, Gerber, Steinmetze, Goldschmiede u. a.)

läßt eine planmäßige Anlage vermuten, die wohl mit Fs. →Svatopluk I. in Zusammenhang gebracht wird; die bei arab. Geographen überlieferte Nachricht von der Existenz eines allmonatl. dreitägigen Marktes könnte sich auf S. M. beziehen. Vier Kirchenfundamente sind in S. M. entdeckt worden (Kirche auf dem Gräberfeld, Kirche in der Ried Špitálky, deren Gründung der byz. Mission zugeschrieben wird, Rundkirche unter der St. Michael-Kirche, Kirche in der St. Veitgasse). Die St. Klement-Kirche stand einst in der n. Vorburg, die St. Georg-Kirche in der Burg. Eine andere Kirche stand auf der Anhöhe bei Sady, vielleicht der ursprgl. Bestattungsort des mähr. Ebf.s Method (→Konstantin und Method). Die Überlieferung betrachtet »Weligrad« als Sitz Svatopluks und Ebf. Methods; mit der Existenz eines Kapitels könnten die Grundrisse von zwölf Häusern in Zusammenhang stehen. Um die Mitte des 10. Jh. verlor Weligrad seine Bedeutung, und der teils fortbestehende, teils neu entstandene kleinere Marktort auf dem Gebiet von S. M. wurde mit einer neuen Schanze befestigt. Den Namen Welehrad übernahm ein 1202 gegr. Zisterzienserkl.
L. E. Havlík

Lit.: V. Hrubý, S. M., Velkomoravské pohřebiště Na Valách, 1955 – Ders., S. M., velkomoravský Velehrad, 1965 – Č. Staňa, Mähr. Burgwälle im 9. Jh. (Die Bayern und ihre Nachbarn, II, hg. H. Friesinger–F. Daim, 1985), 157–203 – L. E. Havlík, Velegrad (Staroměstská výročí, 1990), 81–98 – Ders., Ibn Rusta o králi Svatoplukovi a jeho sídelním městě, Jižní Morava, 1990, 9–17.

Stargard, Stadt in →Pommern, an der Ihna, am Rande des Pyritzer Weizackers. Die slav. Burg, 1140 urkundl. im Papstprivileg für das neugegründete pommersche Bm. genannt, war Mittelpunkt der gleichnamigen Landschaft. 1240 überließ der Pommernhzg. →Barnim I. diese dem Bf. v. →Kammin, erhielt sie aber 1248 im Tausch gegen das Land Kolberg als Lehen zurück. Um 1186/87 wird bereits eine Pfarrkirche in S. angenommen. Seit dieser Zeit hatten auch die Johanniter in S. ein Haus. Um 1270 errichteten die Augustinereremiten ein Kl. 1278 ist eine Schule bezeugt, 1342 eine Kalandbruderschaft, 1384 ein Heiliggeisthospital. Bei Einrichtung der Archidiakonate im Bm. Kammin 1303 wurde S. Sitz eines solchen. 1347 verfaßte der S.er Augustinereremit Augustinus eine Denkschrift für Hzg. →Barnim III. zur Vorlage beim päpstl. Hof in Avignon, um die Unabhängigkeit des Bm.s Kammin vom Ebm. →Gnesen und zugleich die Reichsunmittelbarkeit Pommerns und seines Hzg.shauses hist. nachzuweisen. Dieses »Protocollum« ist ein frühes Zeugnis pommerschen Selbstverständnisses. – 1253 hatte Barnim I. S. mit dem →Magdeburger Recht ausgestattet, 1292 erhielt es →Lübisches Recht. Seit 1363 nahm die Stadt an den Hansetagen teil, 1370 war sie am →Stralsunder Frieden mit Dänemark beteiligt. 1374 erhielt sie das Recht der freien Schiffahrt auf der Ihna bis zum Stettiner Haff. 1436 errichtete sie eine Vitte für den Heringshandel im dän. Dragör. 1454–60 kam es wegen des Getreidehandels und der freien Schiffahrt auf der Ihna zu Auseinandersetzungen mit →Stettin. Im 15. Jh. war S. an mehreren Landfriedensbündnissen beteiligt. Im Stettiner Erbfolgekrieg mit Brandenburg 1464–72 hielt es zu Pommern.
R. Schmidt

Lit.: F. Boehmer, Gesch. der Stadt S., 1, 1903 – Unser Pommerland, H. 11/12, 1927 – Der Krs. Saatzig und die kreisfreie Stadt S., hg. P. Schulz, 1984.

Starosta (*stary, starszy* 'alt', 'älter'; Elbinger Rechtsbuch, §4/13: »ein staroste, daz ist der edilste in dem dorffe«), im poln. öffentl. Recht Bezeichnung für Amtsträger als Vertreter des Kg.s. Ihre Ämter entstanden Ende des 13. Jh. im Zusammenhang mit der Vereinigung →Polens. Den Generalstarosten, die in den Hauptprov.en (Klein- und Großpolen, Ruthenien) »brachium regale« waren, fehlte nur die Vollmacht, →Privilegien zu erteilen. Funktionen in Verwaltung und Gerichtswesen (Verfolgung und gerichtl. Untersuchung ohne ständ. Grenzen, Urteilsvollstreckung) erfüllten die S. im 14. und 15. Jh. in bestimmten Ländern und Burgen Polens. Als dem Kg. unterstellte, von ihm ausgestattete und jederzeit abrufbare Beamte mußten sie nicht, wie alle anderen Amtsträger, aus ihrem Amtsgebiet stammen.
S. Russocki

Q.: Najstarszy zwód prawa polskiego, ed. J. Matuszewski, 1959, 159f. – Lit.: J. Bardach, B. Leśnodorski, M. Pietrzak, Hist. ustroju i prawa polskiego, 1993, 110.

Statik, moderne Bezeichnung für dasjenige Teilgebiet der →Mechanik, das sich mit den Verhältnissen der Gewichte im stat. Gleichgewicht befaßt, wurde in der Antike als 'baryzentr. Theorie' bezeichnet, gemäß dem fundamentalen Konzept des 'Schwerpunkts' ($\kappa\acute{\epsilon}\nu\tau\rho\text{ov }\beta\acute{\alpha}\rho\epsilon\text{os}$).

[1] *Antike Grundlagen:* Die klass. Formulierung der Prinzipien stammt von →Archimedes (3. Jh. v. Chr.), v. a. aus seinem Werk »Über das Gleichgewicht ebener Flächen« (»De planorum aequilibriis«, B. 1), in dem er beweist, daß der gemeinsame Schwerpunkt zweier Körper derjenige Punkt ist, der die Linie zw. ihren beiden einzelnen Schwerpunkten dergestalt in Segmente teilt, daß ihre Gewichte den beiden Segmenten umgekehrt proportional sind (ebd., Prop. 6–7). Dies ist offensichtl. eine in stat. Begriffen gefaßte Reformulierung des analogen Hebelgesetzes, das einige Jahrzehnte vor Archimedes in der peripatet. »Mechanica« in dynam. Begriffen vorkommt; nach diesem Grundprinzip werden Gewichte leichter bewegt in dem Ausmaß, wie die Entfernung der bewegenden Kraft vom Stützpunkt zunimmt (Krafft). Archimedes selbst hat in einem nicht erhaltenen Werk »Über Waagen« ($\pi\epsilon\rho\grave{\imath}\ \zeta\nu\gamma\tilde{\omega}\nu$) anscheinend dynam. und stat. Konzeptionen des Gleichgewichtsprinzips kombiniert (doch ohne Bezug auf den Schwerpunkt zu nehmen) zur Analyse der ungleicharmigen Waagen des bismar. Typs (d. h. Schnellwaagen mit verschiebbarem Aufhängungspunkt). Außerhalb von »De planorum aequilibriis« befaßte sich Archimedes auch in weiteren Werken (»De quadratura parabolae«, »Equilibria« [verloren], »Ad Eratosthenem methodus«) mit der Bestimmung des Schwerpunkts.

Zur S. gehört auch das Spezialgebiet der *Hydrostatik*, das sich mit den Eigenschaften der Gewichte in Flüssigkeiten, im bes. aber mit den Bedingungen der Stabilität schwimmender Körper, befaßt. Archimedes weist in »De fluitantibus corporibus« nach, daß ein schwimmender Körper ein seinem Eigengewicht gleiches Flüssigkeitsvolumen verdrängt (B. 1, Prop. 5) und beweist zugleich die Stabilität von schwimmenden sphär. Segmenten (Prop. 8–9) und die Bedingungen für die Stabilität von schwimmenden paraboloidischen Segmenten (B. 2). Die Entsprechung für Körper, die dichter sind als die sie umgebende Flüssigkeit, d. h. daß sich ihr Gewicht, wenn sie in der Flüssigkeit eingetaucht sind, um einen Betrag, der dem Gewicht der verdrängten Flüssigkeit entspricht, verringert (B. 1, Prop. 7), kann zu einem Verfahren zur Bestimmung spezifischer Gewichte erweitert werden; vgl. im→»Carmen de ponderibus et mensuris«, einem lat. Lehrgedicht (wohl um 400 n. Chr.), die Beschreibung des dem Archimedes zugeschriebenen legendär. Experiments zur Bestimmung des Goldgehalts der sog. 'Archimedischen Krone', wobei das Problem, ob die Krone aus purem Gold oder nur einer Gold-Silber-Legierung bestehe, mittels der Bestimmung ihres spezif. Gewichts gelöst wurde.

[2] *Arabische Wissenschaftstradition:* Arab. Autoren über-

mitteln keine der in griech. Sprache erhaltenen mechan. Werke des Archimedes, hatten aber offensichtlich Zugang zu einer alternativen Tradition, die teils auf heute verlorenen archimed. Werken, teils auf hellenist. Autoren wie →Hero v. Alexandria beruhte. So hat →Ṯābit b. Qurra (9. Jh.) in seinem Traktat über die ungleicharmige Waage (»Kitāb fi'l qarasṭūn«) anscheinend einen archimed. Text über Waagen übersetzt und revidiert und dabei Eigenschaften des stat. Gleichgewichts angewendet, nicht aber das Konzept des Schwerpunkts. Durch die Übersetzung der »Mechanica« des Hero v. Alexandria durch →Qusṭā ibn Lūqā (9. Jh.) gelangte auch eine Version der archimed. Resultate über Gleichgewicht und Schwerpunkt in die arab. Wissenschaftstradition. Das umfangreiche Buch über die »Waage der Weisheit« des →al-Ḫāzinī (12. Jh.) bietet nicht nur eine Zusammenfassung derartiger Traktate über das Gleichgewicht und die Beschreibung verschiedener Arten von Waagen, sondern auch Darlegungen zum Schwerpunkt, einschließl. der →al-Kūhī (10. Jh.) zugeschriebenen Einsichten. Zwar handelt es sich hier vielfach um genuin arab. Entdeckungen; doch beruhen auch diese auf den archimed. Quellen.

[3] *Abendländische Wissenschaftstradition:* Im lat. Kulturbereich waren für die mechan. Theorie ('scientia de ponderibus') zwei im 12. Jh. übersetzte Werke maßgebend: zum einen »De canonio«, ein anonym aus dem Griech. übersetzter Traktat; zum anderen »Liber karastonis«, eine Version des qarasṭūn-Traktates des Ṯābit b. Qurra, übersetzt von →Gerhard v. Cremona. In vier Propositionen legt »De canonio« die Theorie der ungleicharmigen Waage des bismar. Typs dar (d.h. einer Schnellwaage mit bewegl. Aufhängungspunkt). Dabei machte der Traktat bestimmte krit. techn. Annahmen, einschließl. der Bedingung für das Gleichgewicht, die hier »Euklid, Archimedes und anderen« zugeschrieben, im »Liber karastonis« aber durch Beweise erhärtet werden. Die (trotz unterschiedl. Provenienz) weitgehende inhaltl. Übereinstimmung beider Traktate und ihre Anwendung charakterist. archimed. Methoden (doch ohne Einbeziehung des Konzepts des Schwerpunkts), durch welche dieselben (oder doch weitgehend ident.) Propositionen über dieselbe Form von Waagen bewiesen werden, legt eine Abhängigkeit von einer gemeinsamen hellenist. Tradition nahe, die wohl auf das verlorene Werk des Archimedes »Über Waagen« zurückgeht.

Eine alternative Behandlung der in »De canonio« dargelegten Lehre bieten die in neun Propositionen gegliederten »Elementa super demonstrationes ponderum«, verfaßt im frühen 13. Jh. von →Jordanus Nemorarius. In diesem eigenständigen, doch nicht fehlerfreien Werk führt Jordanus das neue Konzept des 'positionalen Gewichts' (gravitas secundum situm) ein (wobei er aber mehrfach zu irrigen Schlußfolgerungen gelangt) und wendet eine Technik von hypothet. Verschiebungen an, bereits in etwa vergleichbar dem von Galileo Galilei benutzten Prinzip der 'virtuellen Geschwindigkeiten'. Die »Elementa«, die nachfolgend korrigiert wurden (vielleicht von Jordanus selbst), sind gemeinsam mit einer Version von »De canonio«, ergänzenden Darlegungen über Waagen und einem substantiellen Kapitel über in Flüssigkeit eingetauchte Körper zum vierbändigen Traktat »De ratione ponderis« zusammengefügt worden. Die bedeutenden Erkenntnisse des Jordanus bilden trotz mancher Irrtümer den Höhepunkt der mechan. Theorie vor Galilei.

Das archimed. Corpus wurde 1269 nahezu vollständig von →Wilhelm v. Moerbeke aus dem Griech. ins Lat. übersetzt. Den geometr. Schriften wurden in den folgenden Jahrhunderten Paraphrasen und Komm. angefügt, doch blieb die Nachwirkung der mechan. Schriften gering. CLAGETT nennt für das 14. Jh. nur wenige Werke, etwa einen anonym überlieferten Beweis des Gleichgewichtsprinzips und Zitate aus dem archimed. Werk »De fluitantibus corporibus« in »Du ciel et du monde« des Nikolaus →Oresme. Die lat. Tradition der Hydrostatik beruht andererseits auf einem einzigen Werk, überliefert als »De ponderibus Archimenidis« (mit variierendem Untertitel, z.B. »De incidentibus in humidum«); es umfaßt (in seiner erhaltenen Gestalt) acht Propositionen, in denen die Prinzipien für eine formale Lösung des Problems der Unterscheidung von reinen Metallen und Legierungen im Sinne der 'Archimed. Krone' dargelegt werden. Der Ursprung dieses Traktats, der sich als Übersetzung eines archimed. Traktates gibt (aber nur lockere Bezüge zum ersten Buch von »De fluitantibus corporibus« aufweist), ist dunkel, dessenungeachtet war »De incidentibus« eine wichtige Quelle für das (insgesamt bescheidene) Schrifttum des 14. Jh. zur Hydrostatik, wie z.B. für die von →Johannes de Muris gebotene Version der Lösung des 'Kronen'-Problems.

Im 16. Jh. bildete die Übers. des Traktates »De fluitantibus corporibus« von Wilhelm v. Moerbeke die textl. Grundlage der lat. und it. Editionen von Tartaglia und die lat. Ausgabe von Commandino. Diese Werke gehören – wie auch die Arbeiten von Maurolico u.a. – jedoch bereits der Renaissance an.   W. Knorr

Lit.: DSB VII, 335–351, s.v. al-Kāzinī [R. HALL] – E. WIEDEMANN, Aufs. zur arab. Wissenschaftsgesch., 1902–28 [Neudr. 1970] – P. DUHEM, Origines de la statique, 2 Bde, 1905–06 – E. J. DIJKSTERHUIS, Archimedes, 1956 [verbesserte Ausg. 1987; bes. Kap. 14] – M. CLAGETT, The Science of Mechanics in the MA, 1959 – E. MOODY–M. CLAGETT, Medieval Science of Weights, 1960 – F. KRAFFT, Dynam. und stat. Betrachtungsweise in der antiken Mechanik, 1970 – K. JAOUICHE, Le livre du qarasṭūn de Ṯâbit ibn Qurra, 1976 – J. BROWN, Science of Weights (D. LINDBERG, Science in the MA, 1978, Kap. 6) – M. CLAGETT, Archimedes in the MA, III, 1978 – I. SCHNEIDER, Archimedes, 1979 – W. R. KNORR, Ancient Sources of the Medieval Tradition of Mechanics, 1982 – D. K. RAIOS, Archimède, Ménélaos d'Alexandrie et le 'Carmen de Ponderibus et Mensuris', 1989.

Stationarius, bestallter und vereidigter Univ.sangehöriger, dessen Aufgabe es war, die ma. →Universität mit den für den Lehrbetrieb erforderl. Texten zu versorgen. Erstmals gen. in den Satzungen der Univ. Bologna (1259, 1289, 1334), ist sein erstmaliges Auftreten wohl um 1200 anzusetzen. Die Univ. Paris nennt in ihren Satzungen (1275, 1316) neben dem S. noch den 'Librarius', letzterer wurde von den unter Pariser Einfluß stehenden dt. Universitäten übernommen, während sich der S. auch in England und Spanien findet. In London existierte 1403 die →Gilde der *stationers* als ein Zusammenschluß der *textwriters*. Der S. hatte die Texte der Autoritäten (Bologna: 117 Titel) in von der Univ. approbierten Fassungen vorrätig zu halten. Gegen eine festgelegte Gebühr lieh er diese lagenweise (→Pecia) an die Studierenden zur Abschrift von eigener Hand oder durch gewerbl. →Schreiber aus. Die Zuverlässigkeit der 'exemplaria' wurde in Bologna von 'Peciarii' überwacht. Aus dieser Hauptaufgabe des S. ergibt sich folgerichtig eine weitere: er übernahm die Hss. abgehender oder verstorbener Studierender und verkaufte sie gegen eine vorgeschriebene Provision innerhalb der eigenen Univ. Die Pariser Satzung v. 1316 überträgt diese Aufgabe dem 'Librarius'.

In dt. Univ.en, die von Paris beeinflußt waren (z.B. Köln), gab es ebenfalls den Librarius. Dagegen scheint sich hier der S. mit seiner bes. Aufgabe (Verleih von Hss.) nicht durchgesetzt zu haben. Statt dessen diktierten die Univ.slehrer häufig die maßgebl. Texte ihren Hörern ('Pronunziationen'). Die Erfindung des →Buchdrucks machte das S.-Wesen überflüssig. Allerdings haben die Univ.en mit deutl. Zurückhaltung von den durch die Schwarze Kunst gegebenen neuen Möglichkeiten Gebrauch gemacht.

S. Corsten

Lit.: HBW I, 867–870 – K. W. HUMPHREYS, The Provision of Students' Text-books in the later MA (Erlesenes aus der Welt des Buches, 1979), 61–76 – S. CORSTEN, Unters.en zum Buch- und Bibl.swesen, 1988, 163–182.

Stationsgottesdienst, Liturgiefeier der Stadtkirche in ihren Kirchen reihum meist nach fester Ordnung. Die volkreichen Städte, noch nicht in Pfarreien heutiger Art unterteilt, verstanden sich trotz ihrer vielen Kirchbauten (seelsorgl. bestimmte tituli und Märtyrern zugeordnete memoriae: »Kirchenfamilie«) als die eine Stadtkirche, die sich an Sonn- und Festtagen in jeweils einer Kirche zum Gottesdienst um den Bf. versammelte, in gleicher Weise die Feste der Märtyrerkirchen beging. Solche S.e (statio = Versammlungsort [um den Bf.]) sind seit dem Ende des 4. Jh. in Ost und West bezeugt. In Rom bildete sich seit dem 5. Jh. eine feste, noch im Missale von 1570 überlieferte S.ordnung aus. Darüber hinaus zog die röm. Gemeinde an Bußtagen (Quatember, Fastenzeit, Bittage) von einer Sammelkirche (collecta) gemeinsam zur S.kirche. Im 14. Jh. (Päpste in Avignon) verfiel der Brauch des S.es; nur die Bußprozession hat sich als Zug um die traditionelle S.kirche erhalten. Der Norden übernahm mit der röm. Liturgie den eindrucksvollen Brauch des S.es für die Bf.sstädte, mehrte v. a. die Zahl der collectae, übertrug ihn auch auf die (oft mehrkirchigen) Kl. und Stifte.

R. Berger

Lit.: LThK² IX, 1021f. – J. DORN, S.e in frühma Bf.sstädten (Festg. A. KNÖPFLER, 1917), 43–55 – J. KIRSCH, Die Stationskirchen des Missale Romanum, 1926 – R. HIERZEGGER, Collecta und Statio, ZKTh 60, 1936, 511–554 – A. HÄUSSLING, Mönchskonvent und Eucharistiefeier, LQF 58, 1973, v. a. 181–201 – A. WOLFF, Kirchenfamilie Köln, Colonia Romanica, I, 1986, 33–44 – J. BALDOVIN, The Urban Character of Christian Worship, OrChrA 228, 1987 – H. BRAKMANN, Synaxis katholike in Alexandreia, JbAC 30, 1987, 74–89.

Statius im MA. Der Dichter Publius Papinius S. (2. Hälfte des 1. Jh. n. Chr.) hatte in seinem Hauptwerk, dem Epos 'Thebais' in 12 Büchern, schon zu Lebzeiten großen Erfolg, fand weiterhin in der Spätantike hohe Anerkennung und scheint bald auch Schulautor geworden zu sein. Zur Erklärung dienten Scholien, die nicht vor dem 4. Jh. entstanden sind und zumeist unter dem Namen eines Lactantius Placidus gehen (der im MA zuweilen mit dem Kirchenvater Lactantius verwechselt wurde). Auch das zweite Epos des S., die 'Achilleis' (2 Bücher, unvollendet) wurde hochgeschätzt. Trotz vielfacher Zitate und Nennungen in der späten Ks.zeit hat sich aus dem Altertum unmittelbar nichts von den Werken erhalten. Doch haben vermutl. zwei Exemplare die gefährl. Schwelle des Übergangs der Lit. von der Papyrusrolle in den Pergamentcodex überdauert und Anlaß gegeben, daß die für uns sichtbare Überlieferung von Anfang an in zwei Zweige gespalten erscheint. Einer der frühesten Hinweise für das Vorhandensein eines S. im MA ist seine Erwähnung unter den Autoren, die in York um die Mitte des 8. Jh. gelesen wurden (Alkuin, De sanctis Euboricensis ecclesiae 1553). Eine ältere Vorstellung, daß von einem Yorker Exemplar ein Teil der festländ. Überlieferung ausgegangen sei, war niemals ausreichend begründet und ist heute wohl allg. aufgegeben. Die Erwähnung in einer Bücherliste des ausgehenden 8. Jh. (Berlin, Diez. B. 66), die als Teil eines Kat. einer vermuteten Hofbibliothek Karls d. Gr. gedeutet wird (B. BISCHOFF, Ma. Studien III, 165ff.), aber nicht als solcher bewiesen worden ist, erlaubt keine sichere Lokalisierung. Ältester Textzeuge ist der Codex Puteaneus (Paris. lat. 8051, saec. IX²) aus Corbie, der beide Epen, Thebais und Achilleis, enthält und allein einen selbständigen Zweig der Überlieferung repräsentiert. Über einen in der Hs. genannten Julianus (einen Grammatiker oder Vorbesitzer?) ist nichts hinlängl. Sicheres bekannt. Gewisse Merkmale, die darauf hindeuten, daß an einem der Vorläufer des Codex Puteaneus eine ags. Hand beteiligt war, erlauben keinen Schluß auf die Herkunft des Textes. Einem anderen Überlieferungszweig gehören alle übrigen Textzeugen an, d.h. sie gehen auf ein anderes, wohl auch schon spätantikes Exemplar zurück; doch setzen die Vertreter dieses Zweiges erst mit dem 10. und stärker dann im 11. Jh. ein. Seit dieser Zeit erscheint S. infolge einer Verwechslung (mit dem bei Hieronymus, chron. a. Abraham 2073: p. 182, 10 sqq. Helm genannten Rhetor Statius Ursulus) vielfach mit dem Beinamen Sursulus. Daß die Epen, v. a. die 'Thebais', seit dem 10. Jh. Schullektüre wurden, bezeugen Walther v. Speyer (Vita s. Christophori I, 100: MGH PP V 19) und Richer v. Reims für Gerbert v. Aurillac (III 47). Seit der Jahrtausendwende werden die in karol. Zeit noch relativ seltenen Werke vielfach abgeschrieben und insgesamt so häufig, daß S. als einer der meistbekannten und meistzitierten Autoren der Antike nach Vergil und Ovid zu bezeichnen ist. Aus der für das MA selbstverständl. hohen Einordnung des S., der eine Verbreitung der Epen, zumal der 'Thebais', in allen Teilen der lat. Welt entspricht, erklärt sich als ganz natürl. die Beurteilung des Dichters bei Dante, der ihn beinahe zu einem Christen macht (Purg. XXI, XXII). Auch von der insgesamt die Bedeutung der 'Thebais' nicht erreichenden 'Achilleis' ist immerhin Benutzung in der Schule und wenigstens an manchen Orten ein Bemühen um eine eigene Erklärung bekannt.

Ganz anders verlief das Schicksal der Gelegenheitsgedichte des S., der 'Silvae'. Sie sind wahrscheinl. für andere antike Gelegenheitsdichtung (Ausonius, Claudianus, Sidonius) als Anregung und Vorbilder wichtig gewesen, waren als Werk jedoch, wie es scheint, nicht annähernd so stark verbreitet wie bes. die Thebais. Im MA sind die 'Silvae' zwar erhalten worden, waren aber so gut wie unbekannt. Ein einziger Vers (silv. 4, 4, 1) taucht in einem Briefgedicht auf, das im Namen Karls d. Gr. an Petrus von Pisa und Paulus Diaconus gerichtet wurde (Pauli carm. 34, 10 bei NEFF); daraus auf das Vorhandensein eines Exemplars der 'Silvae' am Hofe Karls d. Gr. zu schließen (wie üblich), ist vielleicht schon zu kühn. Von da an herrscht über die 'Silvae' völliges Schweigen, bis zur Zeit des Konstanzer Konzils →Poggio Bracciolini 1416/17 in einem nahegelegenen Kl. (Reichenau?) ein Exemplar der 'Silvae' entdeckte, das auch den Manilius enthielt, und abschreiben ließ. Man glaubt diese Kopie in einer Madrider Hs. (Bibl. Nac. M 31) zu besitzen. Trifft dies zu, so war dieses Exemplar die Vorlage aller humanist. Kopien. In humanist. Zeit haben seit Petrarca sowohl die Epen als auch (nach ihrer Wiederauffindung) die 'Silvae' hohe Wertschätzung genossen und vielfach anregend gewirkt.

F. Brunhölzl

Lit.: P. M. CLOGAN, The Mediaeval Achilleid of S., 1968 – Praefationes der krit. Edd. – G. GLAUCHE, Schullektüre im MA, 1970 – M. D. REEVE (L. REYNOLDS, Texts and Transmission, 1983), 394ff. – M. v. ALBRECHT, Gesch. der röm. Lit., II, 1992, 756f.

Status, mlat. Begriff (dt. seit 14. Jh.: →Stand), bezeichnet innerhalb des ma. →Ordo eine rechtl. und sozial definierte Schicht sowie innerhalb der ma. Lebenslehren die innere Seinsverfassung aller Kreatur, v. a. des Menschen. Die

Zugehörigkeit zum jeweiligen s. hängt im ersten Fall ab von äußerlichen und u. U. kenntl. zu machenden (etwa durch Kleidung oder bes. Zeichen) Gegebenheiten und Funktionen innerhalb des gesellschaftl. Systems (Geburtsstand, Berufsstand, Bildungsstand), im zweiten Fall von deutl. innerl. begriffenen Seinsweisen des Menschen, von seinem s. originalis (der Mensch im Urstand), s. viatoris (der geschichtl. Mensch; der Mensch im Zustand des Auf-dem-Wege-Seins) oder s. comprehensoris (der jenseitige Mensch; der Mensch im Zustand des umfangenden Besitzes der Glückseligkeit). In der Theorie der Früh-MA wurde nicht nur zw. dem s. der Mächtigen (potentes) und der Machtlosen (pauperes), sondern auch zw. den Ständen des Ordo rein intelligibler Wesen und denen der sichtbaren Welt unterschieden (lat. Übers. des Corpus Dionysiacum durch →Hilduin und →Eriugena). Im Zuge fortschreitender Einordnung des einzelnen in ein hierarch. strukturiertes Ordnungsgefüge kam der Unterschied zw. dem s. des Klerus (oratores, Lehrstand) und dem des Laien als Wehrstand (bellatores, Adel, Ritter) und als Nährstand (laboratores, Bauern), aber auch die Hinordnung aller und jedes einzelnen auf das Heil in Gott (ordo salutis) zur Geltung (→Heilsplan). Differenziert wurde zw. dem s. culpae, dem s. gratiae und dem s. gloriae (dem Stehen in der Sünde, in der Gnade und der himml. Herrlichkeit). Für →Joachim v. Fiore vollendet sich die Heilsgeschichte in drei s., die im zeitl. Nacheinander das weltimmanente trinitar. Analogon zur göttl. Trinität bilden und sich mit innerer Logik im geschichtl. Nacheinander vollziehen. Während sich im HochMA der neue Stand des Bürgertums bildete, sich der Gesellschaftskörper immer weiter aufgliederte (→Ständeliteratur, Ständelehren) und die gesellschaftl. Differenzen teilweise bibl. gerechtfertigt wurden (→Freie als Nachfahren Sems, Unfreie Nachfahren Kains, Ismaels, Isaus), wurde der Begriff s. in der Scholastik dynamisiert, das äußere hierarch. System von innen her kritisiert und fakt. relativiert. Mit den →Spiritualen glaubte →Petrus Johannis Olivi im s. der Armen den s. der Vollkommenen und Vollendeten zu erkennen, während →Heinrich v. Gent, →Gottfried v. Fontaines und →Johannes v. Polliaco gegen dieses s.-Verständnis protestierten. Papst →Benedikt XII. forderte dazu auf, zu jener s.-Lehre zurückzukehren, die seit langem in ihrer ps.-dionys. Variante (purgare-illuminare-unire) die hohe intellektuale Spiritualität begründete und in ihrer benediktin.-zisterziens. Tradition gelebt wurde. In der böhm. Reformbewegung (→Malogranatum) wie auch in der →Devotio moderna werden die drei s. (der Anfangenden, der Fortschreitenden und Vollendenden) in neuer Weise zur Geltung gebracht. M. Gerwing

Lit.: W. Schwer, Stand und Ständeordnung im Weltbild des MA, 1970 – B. Töpfer, Städte und Standesstaat, 1980 – G. Duby, Die drei Ordnungen, 1981 – M. Gerwing, Malogranatum, 1986 – M. L. Arduini, Rupert v. Deutz und der status christianitatis in seiner Zeit, 1987 – E. H. Kantorowicz, Die zwei Körper des Kg.s, 1990 – M. Diers, Bernhard v. Clairvaux. Elitäre Frömmigkeit und begnadetes Wirken, 1991 – U. Horst, Evangel. Armut und Kirche, 1992.

Statute of Labourers (1351), im Parlament von den engl. Grundherren durchgesetzt, die nach dem »Schwarzen Tod« (1348–49), der sich unmittelbar auf den Arbeitsmarkt in England auswirkte, in ihren Dörfern mit vakanten Besitzungen und mit der Forderung nach höheren Löhnen bei einer sehr verminderten Arbeitskraft konfrontiert wurden. Nach der Verordnung für Arbeiter und Gesinde v. 1349 wurde 1351 das S. of L. erlassen, das ein Angebot von billigen Arbeitskräften durch die Festsetzung der Löhne auf das Niveau vor der Pestzeit sichern sollte. Alle taugl. Männer unter 60 Jahren mit keinem sichtbaren Vermögen für den Unterhalt konnten zur Arbeit herangezogen werden. Jährl. Lohnsätze wurden für jeden Typ der Landarbeiter und tägl. Lohnsätze für die verschiedenen Arbeiten des Baugewerbes festgelegt. Arbeiter, die den Winter in einem bestimmten Dorf verbrachten, sollten im Sommer nicht in ein anderes Dorf ziehen. Die Preise der erzeugten Waren wurden auf ihre Höhe vor der Pestzeit festgesetzt, diejenigen von Lebensmitteln sollten angemessen sein. Es galt als Verstoß, wenn Arbeiter Verträge brachen und Arbeitgeber Löhne über dem festgesetzten Niveau zahlten. 1352–59 sorgten besondere Rechtsbevollmächtigte in jeder Gft. und später →Justices of the Peace für die Durchführung des Statuts. Der Unmut gegen das S. of L. war ein wesentl. Faktor bei der →Peasants' Revolt v. 1381, und einige Richter, die man bes. mit der Durchführung des Statuts in Verbindung brachte, wurden getötet. E. King

Lit.: B. H. Putnam, The Enforcement of the S. of L., 1908 – R. C. Palmer, English Law in the Age of the Black Death, 1994.

Statute of Merchants, eigtl. zwei in Zusammenhang stehende Statuten, die unter Kg. Eduard I. vom Parliament erlassen wurden: das Statute of Acton Burnell (1283) und das S. of M. (1285). Die Präambel zu dem Statut begründet die strengen, auf engl. Boden geltenden Bestimmungen damit, daß fremde Kaufleute nicht nach England einreisen sollten, um dort Handelsgeschäfte abzuschließen, wenn sie nicht über ein Vermögen verfügten, das sie zu Schuldzahlungen befähigte. Dieses wurde durch die Einrichtung von Verfahren zur Schuldregistrierung in den größeren Städten und durch die Anheftung eines kgl. Siegels an den Schuldschein gewährleistet. Nach den noch härteren Verordnungen von 1285 wurde der Schuldner, wenn der Schuldschein nicht eingelöst worden war, sofort inhaftiert und erst nach der Zahlung der Schuld wieder freigelassen. Wenn die Bezahlung nicht innerhalb von drei Monaten erfolgte, wurde der Schuldner seiner bewegl. Habe und auch der Verfügung über seine Ländereien für verlustig erklärt. Der Wert dieses Besitzes wurde geschätzt, und der Gläubiger erhielt für die Teile des Jahres, die zur Tilgung der Schuld erforderl. waren, gemäß der im S. of M. gewährten Besitzform ein Eigentumsrecht an dem Besitz. Das Statut konnte sowohl von Laien als auch von Klerikern in Anspruch genommen werden – außer von Juden, für die andere Vorschriften galten. Auch in Irland fand es Anwendung. Es war Ausdruck einer Reformperiode in der engl. Gesetzgebung. Vergleiche können zur Gerichtsbarkeit der →Champagnemessen gezogen werden. E. King

Lit.: T. F. T. Plucknett, Legislation of Edward I, 1949 – M. Prestwich, Edward I, 1988.

Statuten
A. Allgemein; Mittel- und Westeuropa – B. Italien; Istrien und Dalmatien.

A. Allgemein; Mittel- und Westeuropa
'Statut' ist eine im Spätmhd. wohl in der Mitte des 14. Jh. (Kundschaft über das Bf.sgericht zu Speyer 1340–47) zuerst nachweisbare Entlehnung aus lat. statutum, dem substantivierten Neutrum des Part. Perf. von lat. statuere 'hinstellen, aufstellen, errichten, festsetzen, bestimmen'. Im klass. Lat. erscheint statutum als statutum Parcarum oder statutum dei bei Laktanz neben lex und placitum mit der Bedeutung 'Bestimmung'. In Rechtstexten meint es 'gesetzl. Bestimmung, Vorschrift, Verordnung' und steht damit lat. constitutio sehr nahe. In der lat. Bibel begegnet statutum nicht, weshalb es nicht überrascht, daß es auch

als Lemma lat.-ahd. Übersetzungsgleichungen kaum auftritt. Lediglich. im Abroganglossar (Bayern um 765), das die drei Glieder der lat. Synonymenkette decretum, definitum, statutum als Substantive auffaßt, wird statutum in zwei Hss. als ahd. *gisezzida* wiedergegeben, dessen insgesamt 47 Belege ziemlich gleichmäßig verteilt sonst für lat. compositio, conditio, constitutio, decretum, dispositio, expositio, institutio, institutum, ordinatio, lex, legalis, ordinatio, ordo, positio, praepositura, scitum, secta, situs, statura oder status stehen. Immerhin erscheinen aber in den frühma. Kapitularien verschiedentl. statuta sancti Benedicti, statuta canonica, statuta canonum, statuta capitularium, statuta concilii, statuta decretalia, statuta ecclesiastica, statuta legis Romanae, statuta legum, statuta imperatoris, statuta regis, statuta papae, statuta patrum, statuta priorum, statuta regularum oder auch ein statutum synodale, wobei man schon nach dem »Pactum Guntchramni et Childeberti II.« vom Jahre 587 die statuta servare (wahren) oder transcendere (übertreten) kann.

Zu Beginn des 13. Jh. wird die Beschränkung der Herkunft der statuta von Kg. und Kirche gelockert, und es erscheinen auch statuta civitatis. Dabei gebietet schon Friedrich II. den Lombarden, deren Städte im Gefolge der Kreuzzüge und des mit ihnen eröffneten Orienthandels zu Blüte und Reichtum gelangt waren, quod statuta non fatiant. Bereits erlassene statuta hebt er auf, und in der Zukunft zu erwartende erklärt er im vorhinein für ungültig. Dementsprechend sind statuta jetzt die örtl. Rechtssatzungen, welche mit dem einheitl. allg. Recht in Wettbewerb zu treten versuchen und deshalb von der Zentralgewalt bekämpft werden. Deren Abwehr erweist sich allerdings schon rasch als von nur verhältnismäßigem Erfolg.

Deshalb stellt sich für die in Oberitalien entstehende Rechtswissenschaft bald die Frage nach dem Verhältnis zw. dem wiederbelebten röm. Recht justinian. Überlieferung und den allerorten auch gegen den stauf. Widerstand sprießenden statuta, welche für die Konsiliatoren durchaus prakt. Relevanz haben. Die Lösung besteht dabei grundsätzl. im Vorrang des bes. Rechtes vor dem allg. Recht, so daß das röm. Recht im Verhältnis zu den örtl. statuta zurücktreten muß. Allerdings gewinnt dabei die Einschränkung schnell an Boden, daß die statuta nicht weit ausgelegt werden dürfen, sondern strikt zu interpretieren sind, so daß dem subsidiären allg. Recht weiterhin Raum bleibt. Außerdem wird als Folge der weitreichenden Mobilität der rechtsgelehrten Richter von ihnen zwar selbstverständl. Kenntnis des allg. Rechtes, nicht aber Wissen von den örtl. statuta verlangt, so daß derjenige, welcher sich auf statuta beruft, diese dem zuständigen Richter immer beweisen muß, falls sie nicht ausnahmsweise gerichtsnotor. sind. In dieser Hinsicht werden die örtl. gesetzten Bestimmungen der ungesetzten Gewohnheit gleich geachtet und in Gegensatz zu den an den Univ.en gelehrten allg. Rechten gestellt. In der Folge erhält das gemeine Recht sogar eine Vermutung der Geltung (lat. fundata intentio).

Abgesehen von dieser wiss. Kategorienbildung erlangt der Begriff der S. in der dt. Sprache keine größere Bedeutung. Eine Bezeichnung wie »Nüwe Stattrechten und Statuten«, wie sie 1520 für Freiburg im Breisgau für das Stadtrecht Verwendung findet, bleibt eine eher seltene Ausnahme. Auch als solche beruht sie lediglich auf der Wissenschaftssprache des Redaktors.

Selbst in der Wissenschaftssprache wird der Begriff der S. später von der allg. Vorstellung des dem gemeinen Recht oder auch dem gemeinen dt. Recht gegenüberstehenden partikularen Rechtes zurückgedrängt, wie überhaupt schließlich die Stadt fast gänzl. im Land aufgeht. Statut ist dementsprechend nicht mehr das vorrangige Recht einer örtl. Gemeinschaft kraft eigener Gesetzgebungsgewalt. Vielmehr ist unter Statut bald nur noch das kraft verliehener Autonomie durch Setzung entstandene Recht einer engeren, im Grunde dem Staat untergeordneten Gemeinschaft (z. B. Verein, Innung, Univ., Genossenschaft, Gesellschaft) zu verstehen. G. Köbler

Lit.: H. Schulz-O. Basler, Dt. Fremdwb., 1913ff., Bd. 3, 440 – Grimm, DWB XVII, 1919, 1060 – G. Heumann-E. Seckel, Handlex. zu den Q. des röm. Rechts, 1958¹⁰ [Neudr.], 553 – G. Herrmann, Johann Nikolaus Hert und die dt. S.lehre, 1963 – E. Lorenz, Das Dotalstatut in der it. Zivilrechtslehre des 13. bis 16. Jh., 1965 – K. Luig, Die Anfänge der Wiss. vom dt. Privatrecht, Ius commune I, 1967, 195 – K. Nörr, Zur Stellung des Richters im gelehrten Prozeß der Frühzeit, 1967 – Coing, Hdb. I, 129ff., 517ff. – J. Niermeyer, Mediae latinitatis Lex. minus, 1976 [s.v. statutum] – W. Wiegand, Studien zur Rechtsanwendungslehre der Rezeptionszeit, 1977 – G. Wesenberg-G. Wesener, Neuere dt. Privatrechtsgesch., 1985⁴, 30, 120 – G. Köbler, Wb. des ahd. Sprachschatzes, 1993 [s.v. gisezzida] – H. Schlosser, Grundzüge der neueren Privatrechtsgesch., 1993⁷ – G. Köbler, Etymolog. Rechtswb., 1995, s.v. Statut.

B. Italien; Istrien und Dalmatien

I. Italien – II. Istrien und Dalmatien.

I. Italien: Mit dem Begriff Statutum wurde eine Rechtsnorm bezeichnet, die von partikulären polit. Organismen, die einer höheren Autorität unterstanden, beschlossen wurde (städt. Gemeinden, Landgemeinden, Handwerkerkorporationen etc.). Das Statutum unterschied sich daher von der Lex, die von der primären Ordnungsmacht, d. h. dem Kaiser, erlassen wurde. Der Terminus Statutum wurde anfangs für den einzelnen Beschluß mit legislativem Charakter verwendet (der zumeist allgemeine und dauernde Gültigkeit hatte, zum Unterschied zu den weniger gewichtigen Provisiones und Reformationes); später bezeichnete er im Singular oder im Plural (Statuta) die Gesamtheit jener Beschlüsse als organ. Corpus.

Städtische Statuten: Als Gesamtkomplex der städt. Rechtsgebung umfaßte das Statutum sowohl die Beschlüsse der Organe des Stadtregiments (Arengo und in weiterer Folge Großer und Kleiner Rat [Consiglio maggiore, Consiglio minore]) als auch die Eidesformeln, auf die die Magistrate verpflichtet wurden (Brevia der Konsuln, des Podestà usw.) und die lokalen Gewohnheitsrechte (consuetudines), die sich in den früheren Jahrhunderten langsam herausgebildet hatten. Bisweilen waren die Gewohnheitsrechte bereits in früheren Slg. en zusammengefaßt worden und bildeten in einigen Städten auch in der Folge ein eigenes Corpus (wie in →Pisa, wo neben den S. das 'Constitutum usus' mit zugeordnetem Gerichtshof bestand). Im Lauf des 13. Jh. kam es zu einer Verschmelzung dieser verschiedenen Elemente, als fast alle großen Stadtkommunen in Mittel- und Norditalien, gestützt auf ihre substantielle polit. Selbständigkeit, eigene Statutencorpora anlegten. (Stärker eingeschränkt waren die Möglichkeiten der im Regnum Siciliae zusammengefaßten, der Kg.sgewalt unterstehenden südit. Städte, autonome Gesetzgebung zu entfalten: auch sie konnten, mit der Billigung des Herrschers, ihre Consuetudines verfassen, die aber fast nur privatrechtl. Belange betrafen.) Im kommunalen Italien kam es im 13./14. Jh. zu einer wahren Flut von Slg.en von Rechtsnormen, so daß man von der goldenen Epoche der städt. Gesetzgebung sprechen kann. Waren die Rechtsnormen anfangs bruchstückhaft und ungeordnet gesammelt worden, vielleicht noch in chronolog. Reihung entsprechend dem Datum, an dem sie erlassen wurden, so wandte man in der Folge ein besseres Ordnungsprinzip und eine Gliederung nach verschiedenen

Teilen oder Sektionen ('libri') an, die nach sachl. Kriterien durchgeführt wurde: Verfassung und Verwaltung der Kommune, Zivil- und Strafrecht, Prozeßwesen, Überwachung der öffentl. Sicherheit in Stadt und Land). All dies lief jetzt in den verschiedensten Formen und Entwicklungen ab, die nur schwer klassifizierbar sind. Nicht selten waren in derselben Stadt verschiedene S. in Geltung, die jeweils den Geschäftsgang verschiedener Magistraturen regelten oder verschiedene Bereiche betrafen. In den Seestädten (z. B. in →Amalfi, →Venedig, →Cagliari) entstanden Slg.en von Gewohnheitsrechten und Verfügungen, die Seefahrt, Schiffsverkehr und Seehandel betrafen (»Statuti marittimi«).

Die S. wurden in period. Abständen von eigens dafür eingesetzten Kommissionen von Stadtbürgern (»Statutari«) revidiert und reformiert. In vielen Kommunen wurden sogar ständige Magistraturen (»Reformatores«) geschaffen, deren Aufgabe darin bestand, neue Rechtsnormen einzuführen und veraltete oder widersprüchliche aufzuheben. Der so entstehende Komplex von Rechtsnormen (alte Fassungen, Modifizierungen, Zusätze) konnte in period. Abständen zu einer neuen S.sammlung verschmelzen, v. a. im Zusammenhang mit polit. Veränderungen und Wechseln im Stadtregiment. Aus einigen städt. Zentren sind für die Zeit vom 13. bis 15. Jh. zahlreiche unterschiedl. Fassungen von S. erhalten.

Die 'doctores' nahmen lange Zeit eine feindselige und sogar verachtende Haltung gegenüber dem Statutarrecht ein. Sie betrachteten es als ungeschliffen und nichtgebildet (ius asinium, wie →Odofredus sagt) und von Parteiinteressen beeinflußt. Wurden sie als Rechtskonsulenten herangezogen, vermieden es die Rechtsgelehrten, sich auf die lokalen Rechtsnormen zu berufen, und griffen lieber weiterhin auf das röm. Recht (das als Ausdruck einer verfeinerten, geordneteren und universaleren Rechtskultur verstanden wurde) oder auf das Kirchenrecht zurück. Die Haltung vieler Rechtsgelehrter änderte sich jedoch v. a. seit dem 14. Jh., nachdem die Rechtslehre (v. a. dank →Bartolus, →Baldus und →Albericus v. Rosciate) das legitime Fundament der S. und ihre Wirksamkeit besser erkannt und anerkannt hatte. Viele Rechtsgelehrte nahmen dann aktiven Anteil an der Ausarbeitung von S. und prägten ihnen dadurch den Stempel ihrer am röm. Recht geschulten Rechtskultur auf.

Die S., als Ausdruck der iura propria der verschiedenen Städte, bildeten so die primäre Rechtsquelle für das öffentl. und private Leben der kommunalen Gesellschaft. Nachdem die freien Kommunen ihre Autonomie verloren hatten und als unterworfene und abhängige Städte in größere Territorialstaaten eingegliedert worden waren, wurde auch die statutar. Gesetzgebung der Kontrolle und Approbation der Fs.en oder der dominierenden Städte unterworfen, deren Dekrete und Edikte schließlich prinzipiell höhere Geltung hatten als die S. Letztere behielten aber in vielen Bereichen, v. a. in privatrechtl. Fragen, bis zum Ende des 18. Jh. lokale Gültigkeit. Die S. der wichtigsten Kommunen waren, wie man gezeigt hat, die Basis, auf der sich von 1200 bis 1700 der Großteil des neuen it. Rechts entwickelt hat (P. S. Leicht), obgleich die doctores für die Interpretation des Statuts und die Regelung seiner Anwendungsmodalitäten im Gesamtbild der Rechtsquellen eine grundlegende Funktion hatten.

Andere S.: Analog den Stadtkommunen gaben sich auch andere Sonderorganismen im fruchtbaren Klima der Expansion der städt. Gesellschaft im 13. Jh. und in der Folgezeit eigene S.: polit. Organismen wie die Società di popolo, Assoziationen wie die Korporationen der Artes, der Kaufleute, der Juristen und Ärzte; Familienverbände (→Consorterie), kirchl. Institutionen, Bruderschaften, Verbände von Studenten und Professoren. Auch kleinere Gemeinden (Dörfer, Kastelle, Burgussiedlungen) gaben sich S., die man als »*statuti rurali*« oder »*castrensi*« bezeichnet, die die lokalen Erfordernisse, v. a. was die Landwirtschaft betraf, regeln sollten. Als »*statuti signorili*« werden S. bezeichnet, die durch Intervention oder zumindest Bestätigung des Grundherren für die Landgemeinden ausgearbeitet wurden, der auch die Magistraturen der Gemeinden seiner Kontrolle unterwarf. G. Chittolini

Bibliogr., Q. und Lit.: L. Manzoni, Bibliogr. statutaria e storica it., 2 Bde, 1876–79 – L. Fontana, Bibliogr. degli Statuti dei comuni dell'Italia superiore, 3 Bde, 1907 – A. Pertile, Storia del diritto it., II/2, 1898[2], 118ff. – E. Besta, Fonti, I/2, 1925, 455ff. – Biblioteca del Senato. Catalogo della Raccolta di Statuti, consuetudini, leggi, decreti, ordini e privilegi dei comuni, delle associazioni e degli enti locali it., dal Medioevo alla fine del secolo XVIII, [bis jetzt 7 Bde (alphabet. nach den Ortsnamen geordnet, A–S)], 1943–92 – F. Calasso, Medioevo del diritto, I: Le fonti, 1954, 409ff. – U. Nicolini, Il principio di legalità nelle democrazie it., 1955 – P. S. Leicht, Storia del diritto it., Le fonti, 1956[2], 170ff. – U. Gualazzini, Considerazioni in tema di legislazione statutaria medievale, 1958[2] – M. Sbriccoli, L'interpretazione dello statuto, 1968 – M. A. Benedetto, Statuti. Diritto intermedio, NDI XVIII, 1971, 385ff. – F. Calasso, La legislazione statutaria dell'Italia meridionale, 1971[2] – J. Fried, Die Entstehung des Juristenstandes im 12. Jh., 1974 – Legislazione e società nell'Italia medievale. Per il VII centenario degli statuti di Albenga (1288), Atti, 1990 – M. Bellomo, Società e istituzioni in Italia ..., 1991[5], 363ff. – S., Städte und Territorien zw. MA und NZ in Italien und Dtl., hg. G. Chittolini – D. Willoweit, 1992 – La libertà di decidere, hg. R. Dondarini, 1995.

II. Istrien und Dalmatien: [1] *Statuten in lateinischer Sprache:* Die Erstellung von S. steht auch in den Städten →Dalmatiens und →Istriens in engem Zusammenhang mit Ausbau von Kommune und Ratsverfassung und mit der Entfaltung pragmat. Schriftlichkeit. Laut →Toma v. Split ließ da für die erste Podestà 1240 für die Stadt ein 'capitularium' mit den »guten Gewohnheiten« und »vielen anderen Rechten, die notwendig erschienen«, erstellen. Aus dem 13. Jh. erhalten sind die S. v. Dubrovnik (1272), Korčula (1265) und Piran (1273, Fragment; weitere Redaktionen 1307, 1332, 1358, 1384). Der Höhepunkt statutar. Rechtssetzung liegt am Anfang des 14. Jh.; hiervon zeugen die S. v. Split (1312) und Brač (1305), an letzteres angelehnt das Statut v. Hvar (1333), die S. v. Zadar (1305), Trogir (1322) und Poreč (1363 anstelle eines verbrannten Buches). Im Anlageteil systematisch gegliedert, wurden viele S. durch chronologisch angefügte 'reformationes' erweitert. In jüngeren Büchern (Lastovo; Budva; Cres und Osor) tritt an die Stelle des Lat. das Italienische. L. Steindorff

[2] *Statuten in kroatischer Sprache:* In der Bf.sstadt Senj und einer Reihe von Burgstadt-Kommunen im Kvarner und in Oststrien, die auf Reichsgebiet entstanden, ist in kroat. Sprache, zumeist in glagolitischer Schrift. Die Kodifizierung des Gewohnheitsrechts begann 1288 mit dem Gesetz v. →Vinodol; 1388 entstanden die S. von Senj, Vrbnik und der ganzen Insel Krk (letzteres mit kleineren Teilschichten auf Lat. und It.), 1400 das Statut v. Kastav, 1507 das Statut v. Veprinac, schließlich 1637 und 1640 die S. v. Mošćenice und Trsat. Alle S. außer dem Statut v. Kastav enthalten eine Präambel, die als Zweck des Statutes das Festhalten der alten und erprobten Gesetze oder die Neuredaktion des Statutes nennen, es gilt, »ein besseres und friedlicheres Leben zwischen dem Herren und seinen Untertanen« zu ermöglichen. So regeln die S. neben dem Leben innerhalb der Kommune auch Rechte und Pflichten der herrschaftl. Beamten, Geldabgaben an den Herren,

Fron- und Wachdienste, Zehntzahlungen. – Das 1440 entstandene Statut der Landgemeinde der →Poljica bei Split ist in kyrill. Schrift geschrieben.　　　D. Munić

Ed. und Lit.: Mon. historico-iuridica Slavorum meridionalium, 1878ff. [teils Nachdr. mit kroat. Übers. bei: Splitski knjižvni krug, 1987ff.] – I. Strohal, S.i primorskih gradova i općina, 1911 – S.i, urbari, notari Istre, Rijeke, Hrv. primorja, otoka, 1968 – N. Klaić, Povijest Hrvata II, 1976 – L. Margetić, Srednjovjekovno hrvatsko pravo, 1983 – S. Piranskega komuna, I–II, 1987 – Stari s.i Kopra, Izole in Pirana, 1988 – S. grada i otoka Korčule. Zbornik, 1989 – L. Margetić–M. Moguš, Zakon trsatski, 1991.

Statuten v. Lorris (Coutumes de L.), in Nordfrankreich verbreitetes ländl. Gewohnheitsrecht, wurde von Kg. Ludwig VI. (1108–37) dem damals zur →Krondomäne gehörenden Dorf *Lorris-en-Gâtinais* (dép. Loiret) verliehen und ist durch Bestätigungen (Ludwig VII., 1155; Philipp II. Augustus, 1187) bekannt. Es kann nicht als Freiheitsprivileg (→Chartes de franchises) gelten; eigene kommunale Institutionen wurden nicht geschaffen, sondern die Leute v. L. verblieben unter der Jurisdiktion des kgl. →Prévôt. Die in L. seit →Jahr und Tag ansässigen Bewohner waren aber von bestimmten →Frondiensten und dem Wachdienst befreit (Bemessung von Spanndiensten auf einen Tag). Nur die Weinfuhre von der kgl. Domäne zu L. nach Orléans und die Holzlieferung an den Kg.shof zu L. wurden aufrechterhalten. Die direkten Steuern (→*taille, tolte*) waren aufgehoben zugunsten eines Grundzinses von sechs Denier pro Haus und Morgen. Der Weinbann (*banvin*) galt nur noch für die kgl. Weinberge. Verschiedene Abgaben (*minage, forage*) wurden aufgehoben. Die Leute v. L. genossen Zollfreiheit (Befreiung von →*péage* und *tonlieu*), ihr Markt stand unter Kg.sschutz (*sauvegarde*), sie durften nur vom kgl. Prévôt v. L. gerichtet werden (starke Reduzierung der →Bußen). Das S. v. L. wurde im 12. Jh. (ganz oder teilweise) von etwa 50 Dörfern in der Krondomäne, Burgund, Champagne und Berry übernommen. Diese Bewegung schwächte sich im 13. Jh. ab.　　　G. Devailly

Ed. und Lit.: M. Prou, Les coutumes de L. et leur propagation aux XIIe et XIIIe s., RHDFE, 1884 – M. Pacaut, Louis VII et son royaume, 1964 – G. Thaumas de la Thaumassière, Les anciennes et nouvelles coutumes locales de Berry et celles de L., 1992.

Statutum in favorem principum (Worms, 1. Mai 1231; Bezeichnung aus dem 19. Jh.), Privileg Kg. Heinrichs (VII.), auf Drängen der Reichsfs.en ausgestellt, mit denen der Kg. insbes. durch seine städtefreundl. Politik in Konflikt geraten war. Ks. Friedrich II., dessen imperiale Politik gerade damals Rücksichtnahme auf die Fs.en erforderte, mußte das Privileg bestätigen (Cividale, Mai 1232; Umstilisierung von vier Bestimmungen zugunsten des Kgtm.s). Zusammen mit der →Confoederatio cum principibus ecclesiasticis (1220) spielt das S. eine zentrale Rolle in der Diskussion um die Politik Friedrichs II. gegenüber Dtl. und die Entwicklung der fsl. Territorialhoheit. Sollte die Confoederatio die Beziehungen zu den geistl. Fs.en regeln, so war im S. der Fs.enstand insgesamt Nutznießer und zwar vornehml. auf Kosten der Krone und der – v. a. kgl. – Städte. Art. 1–5 der Bestätigung durch Friedrich II. verbieten generell die Anlage von Burgen und Städten auf kirchl. Grund, die Schädigung alter Märkte durch neue, den Zwang zum Besuch bestimmter Märkte und die Ablenkung alter Straßen; sie beseitigen die Bannmeile neugegr. kgl. Städte. Art. 6–9 enthalten Bestimmungen zugunsten der Gerichtsbarkeit der Fs.en. Art. 10–23 wenden sich gegen die v. a. kgl. Städte (u. a. Verbot der Pfahlbürger, des Bauernzinses und der Aufnahme fsl. und kirchl. Eigenleute sowie Geächteter, der Ausweitung der städt. Gerichtsbarkeit auf Kosten der fsl.; Rückgabe von Eigengütern und Lehen, die die Städte in Besitz genommen haben; Garantie des fsl. Geleit- und Münzrechtes).

»Mit diesem Privileg wurde sanktioniert, was die Fs.en inzwischen im staatl. Ausbau ihrer Territorien erreicht hatten, und zugleich wurde einer offensiven kgl. Städtepolitik ein Riegel vorgeschoben« (E. Boshof). Es »war der Wunsch der Fs.en ... zu verhindern, daß der Ks. als territorialpolit. Rivale unter Ausschöpfung seiner kgl. Prärogative die bestehende Ordnung zu seinen Gunsten untergrub« (O. Engels). Aus der Sicht Friedrichs sollten die Begünstigten wieder stärker in die Pflicht zur Mitverantwortung am Reichsganzen genommen werden (E. Boshof). Erst der Zusammenbruch der stauf. Position untergrub jede Möglichkeit zu einer Erneuerung des Reiches.　　　W. Koch

Ed.: MGH Const. II, 211–213 – Ausg Q XXXII, 434–439 – Lit.: HRG I, 1358–1361; IV, 1926–1931 – P. Zinsmaier, Zur Diplomatik der Reichsgesetze Friedrichs II. (1216, 1220, 1231/32, 1235), ZRGGermAbt 80, 1963, 82–117 – E. Schrader, Zur Deutung der Fs.enprivilegien von 1220 und 1231/32 (Stupor mundi, hg. G. Wolf, WdF 101, 1966), 420–454 – E. Klingelhöfer, Die Reichsgesetze von 1220, 1231/32 und 1235 (ebd., 1982²), 161–202 – E. Boshof, Reichsfs.enstand und Reichsreform in der Politik Friedrichs II., BDLG 122, 1986, 41–66 – O. Engels, Die Staufer, 1989⁴, 135f.

Stauche, aufgebogene Verstärkungsplatte zum Schutze ungedeckter Stellen des →Plattenharnisches, bes. bei den Armzeugen des →Stechzeugs verwendet, wo sie die Armbeugen deckten.　　　O. Gamber

Staufenberg, Ritter v. (S., Peter v.), um 1310 entstandenes →Märe (1200 V.). Als Autor dieses stilistisch an →Konrad v. Würzburg orientierten Textes wird der seit 1268 urkdl. bezeugte, zw. 1320 und 1324 verstorbene Ritter →Egenolf v. S. aus ortenauisch-elsäss. Geschlecht vermutet, der einen sagenhaften Vorfahren zum Protagonisten einer Erzählung gemacht hat, die, wie die schmale, auf Straßburg beschränkte Überlieferung nahelegt, als »lit. Familiendenkmal« ihr Publikum zunächst wohl unter den Staufenbergern selbst suchte.　　　N. H. Ott

Ed.: Der R. v. S., ed. E. Grunewald, 1979 – Peter v. S., Abb. zur Text- und Illustrationsgesch., ed. Ders., 1978 [Faks. des ältesten Drucks] – Lit.: H. Fischer, Stud. zur dt. Märendichtung, 1968 [1983²], 184f., 322–325 u. ö. – E. R. Walker, Peter v. S., Its Origin, Development, and Later Adaption, 1980 – s. a. →Egenolf v. S.

Staufer (nicht Hohenstaufen, da Bezeichnung von der Burg Stauf auf dem Hohenstaufen abgeleitet), bekanntes Kg.sgeschlecht im HochMA. [1] *Herkunft und Name:* Wenig Konkretes ist vom Geschlecht bekannt, bevor Heinrich IV. 1079 dem S. →Friedrich (36. F.) anstelle des formal abgesetzten →Rudolf v. Rheinfelden das Schwabenhzm. auftrug. Dieser gründete auch die Stammburg, indem er das castrum →Lorch (Remstal) mit einer Stiftskirche besiedelte, die als Grablege der Familie diente, und die Burg Stoph auf der Kuppe des Hohenstaufen errichtete; der möglicherweise ältere Herrensitz am Rande des Ortes Lorch wurde ca. 1102 in ein Mönchskl. hirsauischer Prägung umgewandelt. Obwohl künftig der stauf. Hzg. v. →Schwaben auch Herr der Burg Stauf und Vogt des Kl. Lorch war, wohin Konrad III. die Gebeine seines Vaters 1140 von der Lorcher Stiftskirche überführen ließ, entwickelten sich beide nicht recht zum Zentrum des Geschlechts, auch Lorch nicht als Grablege. Dennoch gibt es die Bezeichnung Hzg. Friedrichs II. als »dux Suevie de Sthouf« und das Bekenntnis Ks. Friedrichs II., der »domus Stoffensis« anzugehören.

[2] *Erwerb der königlichen Würde:* Folgenreich war die von Ks. Heinrich IV. 1079 gewünschte Eheabrede seiner

einzigen Tochter Agnes mit Hzg. Friedrich I. Weil Heinrich V. 1125 ohne Erben starb und Agnes in 2. Ehe 1106 in das Babenberger Geschlecht (Mgf. →Leopold III. v. Österreich) heiratete, ging das Erbe der →Salier auf die S. über. Als Konrad III. 1138 das Kg.samt übernahm, konnte er sich in mehrfacher Hinsicht als Erbe seiner mütterl. Vorfahren betrachten. →Otto v. Freising, Sohn von Agnes aus ihrer 2. Ehe, bezeichnet in seiner »Gesta Friderici I. imp.« II, 2 durch Vergleich mit den →Welfen die S. als der 'Heinriche' v. Waiblingen; indem er den Leitnamen der Salier und ihren myth. Ursprungsort für die S. in Anspruch nahm, charakterisierte er sie als Fortsetzung des sal. Geschlechts. Durch die Anlage seines Werkes erscheint dies verwoben mit einer heilsgeschichtl. Interpretation. Infolge des zw. Papst Gregor VII. und Ks. Heinrich IV. ausgebrochenen →Investiturstreites sei die Weltordnung so sehr in Unordnung geraten, daß der Untergang der Welt bevorzustehen schien. Die S. jedoch hätten um 1079 mit wachsender Intensität des Reiches angenommen und schließlich die für den Fortbestand dieser Welt notwendige Zusammenarbeit von Kaiser- und Papsttum (→Imperium und →Sacerdotium) wiederhergestellt. Ihnen sei es zu verdanken, wenn nun das bedrohl. nahe Ende der Welt aufgehalten werde.

[3] *Staufische Hausmacht:* Ursprgl. im dt. SW massiert, spaltete sie sich kurz nach der Mitte des 12. Jh. in mehrere Zweige auf. Friedrich Barbarossas Halbbruder →Konrad (16. K.) übernahm 1156 die rhein. Pfgft., die 1193 durch Heirat seiner Erbtochter Agnes mit →Heinrich (V.) v. Braunschweig (67. H.) an die Welfen überging. Barbarossas Sohn →Otto (16. O.) erbte 1190 von seiner Mutter →Beatrix die Pfgft. Burgund, die 1208 über dessen Tochter Beatrix an das Haus →Andechs-Meranien übergehen sollte. Konrads III. jüngster Sohn →Friedrich (38. F.) wurde 1152 und nach ihm Söhne Barbarossas Hzg. e v. Schwaben, wozu vorübergehend auch von Konrad III. stammende Anteile Frankens kamen. Weil sie alle keine Erben hatten und dann z. T. unter der Vormundschaft Barbarossas standen, entwickelte sich das Hzm. Schwaben endgültig unter Kg. Philipp zum Kg.sland, zumal nach dessen Tod 1208 Heinrichs VI. Sohn Friedrich II. der einzige männl. Erbe der S. war. Die Zuständigkeiten zw. dem, was Barbarossa als Herrscher und was er unter anderem Titel in Anspruch nehmen konnte, blieben offiziell nach wie vor getrennt, aber seine ksl. Dominanz war so stark, daß selbst Reichsitalien im weiteren Sinne zur stauf. Hausmacht gezählt werden muß, erst recht, nachdem →Welf VI. die ausgedehnten Rechte in Italien entzogen und Eigenrechte in Oberschwaben abgekauft worden waren. Andererseits bildeten die stauf. Zweige zusammen nicht immer einen polit. geschlossenen Block, wie am rhein. Pfgf.en Konrad deutl. zu sehen ist.

[4] *Staufisches Kaisertum:* Die Anerkennung Papst Alexanders III. durch Barbarossa (1177) erforderte auch eine Besinnung auf die Grundlagen des Ksm.s, was Folgen für das Selbstverständnis der S. haben mußte. →Gottfried v. Viterbo (27. G.) knüpfte nach 1180 in mehreren Schriften ähnl. Inhalts, die der Kurie und dem Ks.hof zugeschickt wurden, an die von Otto v. Freising entwickelte heilsgesch. Perspektive an, trennte sie aber vom Bezug zum Imperium. Statt dessen griff er die Nennung der antiken Ks. als »parentes nostri« (MGH DK. III. 69) und der »domus imperialis« mit Bezug auf Ludwig d. Frommen (MGH DF. I. 155) auf, um eine »imperialis prosapia« (MGH SS 22, 21) auf der Grundlage der gemeinsamen Würde zu konstruieren: Seit den Tagen Trojas bildeten die vielen Familien oder Einzelpersonen, welche die Ks.würde innegehabt hätten, die Glieder einer einzigen Kette, ja sogar eine geheimnisvolle Blutsverwandtschaft. Zumal die Angliederung Süditaliens an das Imperium auf friedl. Wege realisierbar schien, kam es nunmehr nicht mehr darauf an, wo die Ks.herrschaft ihren Schwerpunkt hatte, sondern daß die Ks.würde die Mitte der ird. Ordnung ausmachte. In diesem Sinne verlagerte sich seit Heinrich VI. der Schwerpunkt der Ks.herrschaft nach Süden. Und dennoch verzichtete auch Friedrich II. nicht gänzl. auf Rom als Q. des Ksm.s, wenn auch nicht mehr mit dem Nachdruck wie Friedrich Barbarossa.

Gottfried hatte die S. als das letzte Glied der »Kaiserkette« vor dem Weltende bezeichnet. Dieses eschatolog. Moment (→Eschatologie, A. II) spielte auch anläßl. der Geburt Friedrichs II. (1194) eine Rolle, erst recht nach seiner Ks.krönung (1220). Die gesteigerten Erwartungen einer Erfüllung der spätantiken Ks.prophetie in Verbindung mit dem in der Apokalypse des Johannes (20, 1–7) verheißenen Friedenszeitalter der 1000 Jahre, dessen Beginn von mehreren Seiten für 1260 erwartet wurde, favorisierten eine Konzentration des S.bildes auf die Person Friedrichs II. (→Chiliasmus, →Friedenskaiser). Daß er sich gleichermaßen in die Reihe der S. und kraft mütterl. Erbes auch in die der norm. →Hauteville einordnete und entsprechend die Grablege im Speyerer Dom sowie die der Kathedrale v. Palermo als Symbole des Imperiums bzw. des Regnum kennzeichnete, obwohl er im übrigen deren vom Papsttum gewünschte Trennung voneinander zielbewußt zu unterlaufen suchte, zählte gegenüber der Aussicht, im zweitgeborenen Sohn Konrad (IV.) den künftigen Friedensks. zu besitzen, wenig. Konrad sollte es zum Schaden Heinrichs (VII.) sein, der als dt. Kg. an sich zum Ksm. prädestiniert war, aber kein Anrecht auf die Krone v. →Jerusalem besaß und in Ungnade starb. Fast alle weiteren Kinder Friedrichs II. wurden nachträgl. legitimiert; ihr Augenmerk beschränkte sich auf Italien. →Enzio ernannte Friedrich zum Kg. v. Sardinien, andere wurden Generalvikare der Toscana, Romagna, Mark Ancona und Spoletos. Der Älteste von ihnen, Manfred, übernahm 1258 in Konkurrenz zu Alfons X. v. Kastilien, der als Enkel (mütterlicherseits) Philipps v. Schwaben 1256 die Ks.würde angenommen hatte und bes. das S.erbe in Italien beanspruchte, das Kgr. v. Sizilien. →Konradin, Sohn Konrads IV. und letzter S. in direkter männl. Linie, scheiterte 1168 während der Eroberung des siz. Reiches am Widerstand der Anjou.

Manfreds Tochter Konstanze heiratete 1262 Kg. Peter III. v. Aragón; das war die Basis, um 1282 anläßl. der →Siz. Vesper die Insel Sizilien der stauf. Nachkommenschaft zu erhalten. Innozenz IV. und Alexander IV. hatten verboten, ein Mitglied der S. zum dt. Kg. zu wählen; Urban IV. kritisierte die Heirat mit dem Haus Barcelona, mit der die »Vipernbrut« am Leben erhalten werde. Es war eine Art negative Geblütsheiligkeit (»das Geschlecht der Verfolger«), die die S. königsunfähig machen sollte. Andererseits hat kaum ein Geschlecht einen solchen Nachruhm erlebt wie die S., verkörpert hauptsächl. in Friedrich II. während des SpätMA, von dem man eine radikale Kirchenreform erwartete, und in Friedrich I. während des 19. Jh. als dem Vorbild des neuen Ksm.s in Dtl. (→Deutschland, D).

O. Engels

Lit.: K. HAMPE, Ks. Friedrich II. in der Auffassung der Nachwelt, 1925 – G. BAAKEN, Die Altersfolge der Söhne Friedrich Barbarossas und die Kg.serhebung Heinrichs VI., DA 24, 1968, 46–78 [dazu: E. ASSMANN, DA 33, 1977, 435–472] – O. ENGELS, Beitr. zur Gesch. der S. im 12. Jh., DA 27, 1971, 432–456 [dazu: K. SCHMID, De regia stirpe Waiblingensium, ZGO 124, 1976, 63–73] – H. M. SCHALLER, Die Ks.idee Friedrichs II. (Probleme um Friedrich II., hg. J. FLECKENSTEIN [VuF 16], 1974), 109-134, bes. 117-120 [Lit.] – H.-M. MAURER, Der Hohenstaufen. Gesch. der Stammburg eines Ks.hauses, 1977 – Die Zeit der S. (Ausst.kat., Stuttgart), 5 Bde, 1977-79 – O. ENGELS-J. FLECKENSTEIN, Das Bild der S. in der Gesch. (Möglichkeiten und Grenzen einer nat. Gesch.sschreibung, hg. Dt.-span. Forschungsinst. Madrid, 1983), 7-27 – Das MA im 19. Jh. in Italien und Dtl. (Annali del Istituto storico italo-germanico in Trento, hg. R. ELZE–P. SCHIERA, 1988) – O. ENGELS, Gottfried v. Viterbo und seine Sicht des stauf. Ks.hauses (Fschr. R. KOTTJE, hg. H. MORDEK, 1992), 327-345 – DERS., Die S., 1994⁶ [Lit.] – DERS., Die ksl. Grablege im Speyerer Dom und die S. (Fschr. H. JAKOBS, hg. J. DAHLHAUS u.a., 1995), 227-254 – K. GRAF, S.-Überlieferungen aus dem Kl. Lorch (Fschr. G. BAAKEN, hg. S. LORENZ – U. SCHMIDT, 1995), 209-240 – A. WOLF, Stauf.-siz. Tochterstämme in Europa und die Herrschaft über Italien (ebd.), 117-149.

Staupitz, Johannes v., OESA, angesehener Prediger und geistl. Schriftsteller, * um 1468 Motterwitz/Sachsen (aus meißn. Adel), † 28. Dez. 1524 Salzburg. 1489 Kölner mag. artium. Bald darauf Eintritt in die dt. Reformkongregation der Augustiner. 1500 dr. theol. in Tübingen. 1500-03 Prior des Münchener Kl. 1503-20 Generalvikar der observanten Augustiner. Als solcher Vorgesetzter und zeitlebens väterl. Freund Martin Luthers, dem er 1512 seinen Univ.slehrstuhl in Wittenberg übertrug. 1520 Stiftsprediger in Salzburg, 1522 Übertritt in das Stift St. Peter OSB und Wahl zum Abt. – St. war ein gläubiger, frommer Priester und kluger, gütiger Seelenführer. Seine zahlreichen spirituellen Schriften, die großenteils auf Predigtzyklen zurückgehen, sind stark von der ma. Mystik beeinflußt. In seinen theol. Anschauungen stand er auf dem Boden der traditionellen Lehre, auch wenn er gelegentl. gewisse Lehrpunkte stärker akzentuiert hat. Luthers neue Theologie hat er in entscheidenden Punkten offensichtl. nicht verstanden und deshalb in seinem letzten Brief an Luther (1. April 1524) gegen dessen Vorgehen ernste Bedenken erhoben. A. Zumkeller

Ed.: Ges.ausg. der dt. Werke, ed. J. K. F. KNAAKE, 1867 – Sämtl. Schriften, Abhandlungen, Predigten, Zeugnisse; bis jetzt ersch.: (lat.) Tübinger Predigten, ed. R. WETZEL, 1987 – Libellus de executione aeternae praedestinationis, ed. L. GRAF ZU DOHNA–R. WETZEL (mit mhd. Übers. des Christoph Scheurl), 1979 – *Lit.:* GINDELE, 243-257 – TEEUWEN, passim – DSAM XIV, 1184-96 [mit älterer Lit.] – D. C. STEINMETZ, Miscricordia Dei. The Theology of J. v. St., 1968 – A. KUNZELMANN, Gesch. der dt. Augustiner-Eremiten, IV, 1974, 434-507 – D. C. STEINMETZ, Luther und St., 1980 – L. GRAF ZU DOHNA–R. WETZEL, Die Reue Christi. Zum theol. Ort der Buße bei J. v. St., SMGB 94, 1983, 457-482 – W. GÜNTER, J. v. St., Kath. Theologen der Reformationszeit, V, 1988, 11-31 – A. ZUMKELLER, J. v. St. und die kl. Reformbewegung, AnalAug 52, 1989, 29-49 – R. K. MARKWALD, A Mystic's Passion. The Spirituality of J. v. St. in his 1520 Lenten Sermons, 1990 – M. WRIEDT, Gnade und Erwählung. Eine Unters. zu J. v. St. und M. Luther, 1991 – A. ZUMKELLER, J. v. St. und seine christl. Heilslehre, 1994 [m. ält. Lit.].

Staurakios, byz. Ks. 28. Juli-2. Okt. 811; * 790, † 11. Jan. 812, Sohn des Ks.s →Nikephoros I. († 26. Juli 811) und Prokopia (?; † vor 802), im Dez. (wahrscheinl. Weihnachten) 803 zum Mitks. gekrönt. Nach einer Brautschau (vgl. TREADGOLD, Byzantion 49, 1979, 401f., RYDÉN, Eranos 83, 1985, 179f.: Märchenmotiv, deren Historizität jedoch sehr zweifelhaft ist, wurde S. am 20. (oder 25.?) Dez. 807 mit Theophano, einer Verwandten der Ksn. →Irene, verheiratet (Anknüpfen an die isaur. Dynastie). Die Ehe blieb kinderlos. 808 nahm S. an einem Zug ins Gebiet der Slaven (Bulgaren?) und 811 an dem in einer Katastrophe endenden Feldzug des Vaters gegen die →Bulgaren teil. Obwohl bei der Schlacht am 26. Juli 811 auf der Flucht schwer verwundet, wurde S. am 28. Juli in Adrianopel zum Ks. ausgerufen. In Konstantinopel bestimmte S. angesichts seines nahen Endes seine Gattin Theophano zur Regentin. Ein Staatsstreich unter Beteiligung des Patriarchen →Ni-kephoros (7. N.) führte am 2. Okt. 811 zur Erhebung des →Michael I. Rangabe (∞ S.' Schwester Prokopia) zum Ks. S. ließ sich zum Mönch weihen, starb jedoch bald an seinen schweren Verletzungen. W. Brandes

Lit.: Oxford Dict. of Byzantium, 1991, 1945f. – I. DUJČEV, La chronique byz. de l'an 811, TM 1, 1965, 205-254 – P. E. NIAVIS, The Reign of the Emperor Nicephorus I, 1987 [Ind.] – F. WINKELMANN, Q.stud. zur herrschenden Klasse von Byzanz im 8. und 9. Jh., 1987 – W. T. TREADGOLD, The Byz. Revival 780-842, 1988 – I. ROCHOW, Byzanz im 8. Jh. in der Sicht des Theophanes, 1991 [Q. und Lit.].

Staurakios, Johannes, byz. Kleriker, geistl. Schriftsteller, lebte in der 2. Hälfte des 13. Jh. in Thessalonike. In den Jahren vor 1280 bis ca. 1283 korrespondierte er mit Georgios v. Zypern, dem späteren Patriarchen →Gregorios II. (1283-89). Georgios hatte ihm eine von anderen entliehene Platon-Hs. übersandt mit der Bitte um Anfertigung einer Kopie. Als er diese samt dem Original erhielt, unterzog er die nicht von S. selbst angefertigte Kopie einer strengen Kritik. Ihr Verhältnis verschlechterte sich, weil S. einen von Georgios bei ihm bestellten Hut nicht fertigstellte und ihm überdies noch Eitelkeit vorwarf. S. verfaßte ausschließl. hagio- und hymnograph. Werke auf den hl. →Demetrios (ein von Demetrios Beaskos vertontes Sticheron, eine Akoluthie und eine Rede auf die Wunder des Hl.), auf die hl. Theodora v. Thessalonike und die Märtyrerin Theodosia (jeweils ein Enkomion). Im April 1284 ist S. als Chartophylax und Tabullarios der Metropolie v. →Thessalonike im Testament des ehemaligen Ohrider Ebf.s Theodoros Kerameas belegt, das er als Zeuge unterschrieb. K.-P. Todt

Lit.: BECK, Kirche, 689, 703 – Actes de Lavra, II, ed. P. LEMERLE u.a., 1977, 30, 32-33 – PLP, Nr. 26708 – I. DUJČEV, A quelle époque vécut l'hagiographe Jean S.?, AnalBoll 100, 1982, 677-681 – G. PRINZING, Fontes Minores 7, 1986, 39f.

Stauropegialklöster (Patriarchalkl.). Vom formalen Akt zur Gründung eines Kl., nämlich der Aufstellung eines Kreuzes (gr. σταυρὸν πηγνύναι; vgl. C. J. 1. 3. 26 vom J. 459, Nov. Just. 5. 1, 67. 1 und 131. 7 von den J. 535-545) abgeleitet, kommt der Begriff 'Stauropegion' erstmals in der vom Patriarchen →Photios initiierten Eisagoge vor (885/886; →Epanagoge [SCHMINCK]). Kap. 3. 10 erkannte dem Patriarchen v. →Konstantinopel das Recht zu, in sämtl. Provinzen des →Patriarchats Klostergründungen vorzunehmen, in denen er anstelle des Ortsbf.s die Bf.srechte ausüben sollte (durch einen →Exarchen gemäß der späteren Entwicklung). Trotz der heftigen Reaktion aller betroffenen Bf.e, die diese Institution für unkanon. (c. 10 v. Karthago, c. 6 v. Gangra) hielten, setzte sich diese Kl.form nach dem 9. Jh. durch. Sp. Troianos

Lit.: BECK, Kirche, 129f. – S. DESLANDES, De quelle autorité relèvent les monastères stauropégiques?, EO 21, 1922, 308-323 – G. ÖSTERLE, De monasterio stauropegiaco, Il diritto Eccles. 64, 1953, 450-460 – Χριστιανικὴ Θεσσαλονίκη, 1995, 41-52 [Bl. PHEIDAS], 113-124 [Sp. TROIANOS], 139-150 [A. SCHMINCK].

Staurothek, characterist. Typus des Reliquienkastens im byz. Bereich, diente zur Aufbewahrung von Kreuzreliquien; s. im einzelnen →Reliquiar, III.

Stavanger (anord. Stafangr), Stadt und Bm. im sw. →Norwegen. S. liegt in geschützter Lage an einer südl. Ausbuchtung des zur Nordsee weit geöffneten Boknfjords. Ausgehend von einem regionalen wikingerzeitl. Handelsplatz, erlangte S. seit dem 1. Viertel des 12. Jh. langsam kgl.-administrative, v.a. aber kirchl. Zentralfunktion, stand aber immer im Schatten von →Bergen. Ob die nahegelegenen Kg.shöfe Utstein und Hundvåg sowie die Dingstätte Avaldsnes zur zentralörtl. Bedeutung von S. beigetragen haben, ist ungewiß. In einer Aufzählung norw. Städte bei →Ordericus Vitalis um 1130 ist S. nicht genannt, wird aber bereits in einem Skaldengedicht um 1040 erwähnt.

Unter →Sigurd Jórsalafari (1103–30) wurde S. um 1120 als viertes norw. Bm. eingerichtet (→Norwegen, B. I). Erster Bf. war der Engländer Reinald (1128–35), der auch den Kult des engl. Hl. →Swithun nach S. brachte. Das Bm. umfaßte die Landschaften Rogaland und Agder (in Südnorwegen) sowie Hallingdal und Valdres (in Mittelnorwegen). Wegen seiner Parteinahme für Kg. →Magnús Erlingsson (1162–84) im Kampf gegen Kg. →Sverrir Sigurdarson (→Norwegen, A) erhielt Bf. Eirik Ivarsson (Nachfolger Ebf. →Eysteinn Erlendssons) im »S.-Privileg« (bestätigt von Kg. →Hákon Hákonarson, 1217–63) durch Kg. Magnús die Einkünfte der Stadt sowie das Stadtregiment (1160/70 oder 1180) übertragen.

Die (erhaltene) roman. Domkirche (Mitte 12. Jh., St. Swithun) lag wohl außerhalb der Kernbebauung der Stadt, über deren frühe Topographie kaum Nachrichten vorliegen. Das vermutl. auf paeise benediktin. Gründung (ca. 1150) zurückgehende Augustinerkl. (Olavskl. mit Schule) wurde auf die nördl. von S. gelegene Insel Utstein verlegt. Um 1300 sind weiterhin zwei Pfarrkirchen (St. Maria, St. Martin) und eine Hospitalkirche belegt, doch bestanden wohl keine Niederlassungen von Bettelorden.

Schon vor der Stadtrechtsreform Kg. →Magnús Lagabøtirs (1263–80) verfügte S. über ein eigenes stadtrechtl. Territorium (*takmark*). Als Stadtamtmann (ab 1437 Stadtvogt/*byfogd*) fungierte ein bfl. Amtsträger, nicht der sonst übliche kgl. *gjaldkeri* (→Stadt, H. III). S. war Sitz eines kgl. Richters (*lagmann*), Ratsherren sind ab 1425, Bürgermeister erst seit der Reformationszeit erwähnt. Kaufmannschaft und Handwerkerschaft der bescheidenen Stadt (im MA nur ca. 200–800 Einw.) sind quellenmäßig nur schwer faßbar. H. Ehrhardt

Lit.: K. Helle, S. fra vg til by, 1975 – Urbaniseringsprosessen i Norden, I: Middelaldersteder, hg. G. A. Blom, 1977, 189ff.

Stavelot → Stablo

Staveren (Stavoren, Stavora), Stadt in den Niederlanden (Prov. Friesland), an der Zuiderzee (heut. IJsselmeer), älteste Stadt in →Friesland, städt. Rechte schon um die Mitte des 11. Jh. faßbar, 1106 und 1123 durch ksl. Privilegien bestätigt. Im 10.–12. Jh. wichtiges Handelszentrum, nach Zerstörung durch →Wikinger (991) neuer Aufstieg; Münzstätte im 11. Jh. Die Kirche des hl. Odulfus, belegt seit Mitte des 9. Jh., hatte ein Kapitel, das 1382 in eine Benediktinerabtei umgewandelt wurde. S., das im 14. Jh. lebhaften Handel mit den Ostseeländern und England trieb, war Mitglied der →Hanse. Seit Ende des 13. Jh. unter Oberhoheit der Gf. en v. →Holland, erlitt S. seit dem frühen 15. Jh. (fries. Kriege des Wittelsbachers →Albrecht) wirtschaftl. Niedergang (Mitte des 16. Jh.: nur noch ca. 1200 Einwohner). Das ma. S., einige hundert Meter von der heut. Ansiedlung entfernt, wurde großenteils überflutet. Die heut. Hauptgracht der vornehmlich dem 19. Jh. entstammenden Kleinstadt hatte im MA die östl. Begrenzung der Stadt gebildet. J.-C. Visser

Lit.: S. J. van der Molen, Profiel van een waterland, 1974 – M. Schroor, S./Stavoren (De stadsplattegronden van Jacob van Deventer, map 4: Friesland), 1992, Nr. 44.

Steatit → Specksteinschnitzerei

Stećci (Singular: *stećak*), massive monolith. Grabmäler in Form einer stark erhöhten Platte oder eines Sarges (Pseudo-Sarkophag), mit flacher oder giebeldachförmiger Oberfläche. Auf den Nekropolen in der Herzegowina, in Bosnien, Montenegro, in Süddalmatien und Westserbien stehen ca. 7000 S. Die Aufstellung der S. begann Ende des 12. Jh.; die Blütezeit liegt in der 2. Hälfte des 14. und in der 1. Hälfte des 15. Jh. S. zeigen meist eine reiche gemeißelte Dekoration, deren Repertoire menschl. Figuren, Tanz-, Jagd- und Kampfszenen, astrale, pflanzl. und tier. Motive, Kreuze, Waffen, Berufssymbole wie auch architekton. und ornamentale Elemente umfaßt. Der Sinn der Dekoration entstammt dem chr. Auferstehungsglaube mit starken vorchr. Einflüssen. Auf vielen S. finden sich Inschriften in der westl. Variante der kyrill. Schrift (*bosančica*), die neben formelhaften →Epitaphien häufig auch Angaben über Steinmetz und Schreiber, manchmal auch hist. relevante Informationen bieten. Entgegen der älteren Auffassung, daß S. ausschließl. auf Anhänger der →Bogomilen und der bosn. Kirche verweisen, zeigte die neuere Forsch., daß S. auch auf orth. und kath. Nekropolen vertreten sind. D. Popović

Lit.: Š. Bešlagić, S. – kultura, umjetnost, 1982.

Stecharm, Stechbrust → Stechzeug

Stechhandschuh, verstärkter linker Fausthandschuh für das Gestech. Er blieb nur beim it. →Stechzeug erhalten, beim dt. Stechzeug vereinigte man ihn im 15. Jh. mit dem Armzeug zum steifen linken Stecharm. O. Gamber

Stechhelm, aus dem →Topfhelm zu Ende des 14. Jh. entstandener Helm für das Gestech in charakterist. »froschmäuliger« Form, →Stechzeug. – In der Heraldik seit dem 15. Jh. Helm zum Wappen patriz. oder bürgerl. Familien. O. Gamber

Stechtartsche → Stechzeug

Stechzeug, Ausrüstung für das »Gestech«, einen sportl. Reiterzweikampf mit stumpfen Spießen. Schon im 14. Jh. wurden für das Gestech Verstärkungen an Helm und linkem Arm verwendet. Gegen Ende des Jahrhunderts erschien anstelle des →Topfhelms der weit vorspringende »Stechhelm«. Zu einer überschweren Spezialrüstung entwickelte sich das dt. S. erst in der 2. Hälfte des 15. Jh., bestehend aus angeschraubtem →Stechhelm, Stechbrust mit angeschraubtem →Rüsthaken und →Rasthaken, Magenblech mit →Beintaschen oder →Schößen, Rücken mit trapezförmigem Stützblech (Schwänzel), Achseln mit →Schwebescheiben, rechtem Armzeug ohne Handschuh und zu einem Stück vereinigtem linken Armzeug samt Handschuh (Stecharm). Dazu gehörte noch eine aufgebundene »Stechtartsche« aus Holz mit Hornbelag und Lederüberzug und ein dicker Spieß mit runder →Brechscheibe als Handschutz und mehrzackigem stumpfem Eisen, dem »Krönig«. Der »Stechsattel« hatte einen Vordersteg, aber keinen Hintersteg. O. Gamber

Lit.: Qu. v. Leitner, Freydal des Ks.s Maximilian I., 1880–82 – O. Gamber, Der Turnierharnisch zur Zeit Kg. Maximilians I., JKS, 1957.

Stecknitzkanal, erste künstl. Wasserstraße des n. Europa (15 Schleusen), verband seit 1398 →Lübeck über Trave, Stecknitz, Möllner See, *de nyge graven* und Delvenau mit Lauenburg an der Elbe (Wasserweg: 97 km, Luftlinie: 55 km; 2–4 Wochen Fahrzeit). Die Stecknitz wurde wohl bereits in slav. Zeit als Wasserstraße genutzt; urkundl. belegt 1237, seit 1390 Durchstich zur und Ausbau der Delvenau hauptsächl. durch Lübeck (zahlte 3000 Mark lüb. an Hzg. Erich IV. v. Sachsen-Lauenburg), das dafür für 17 Jahre alle Zolleinnahmen aus dem Kanal erhielt (danach je zur Hälfte an Lübeck und an den Hzg.); fakt. Transportmonopol der lüb. Stecknitzschiffer, die jedoch von den lüb. »Salzherren« abhängig wurden. Wirtschaftl. Bedeutung: auf dem S. wurden a) Lüneburger Salz (das über die Ilmenau nach Lauenburg kam) nach Lübeck (im 15. Jh. in guten Jahren bis zu 1500 S.schiffe) und b) von Lübeck Ost- und Nordwaren als Rückfracht nach Lauenburg transportiert, die Lauenburger Schiffer auf der Elbe nach Hamburg weiterführten; diese Transit-Verbindung wurde wirtschaftsgeschichtl. bislang stark unterschätzt.

R. Hammel-Kiesow

Lit.: N. R. Nissen, Neue Forschungsergebnisse zur Gesch. der Schiffahrt auf der Elbe und dem S., Zs. des Ver. für Lüb. Gesch. und Altertumskunde 46, 1966, 5–14 – W. Müller, Die Stecknitzfahrt, Förderkreis Kulturdenkmal Stecknitzfahrt (Ratzeburg, Bäk), 1990².

Stedingen, Stedinger. Als *Stedingi* u. ä. (wohl: Leute am Gestade) galten – bezeugt seit dem 13. Jh. – die Bewohner der z. T. schon im frühen MA sächs. besiedelten w. Uferzone der Weser unterhalb Bremens und des im 12./13. Jh. kolonisierten Bruchlandes n. und s. der unteren Hunte. Initiatoren der Rodung waren v. a. die Ebf.e v. Bremen (→Hamburg–Bremen). Die mit günstigen Besitzrechten ausgestatteten Siedler, z. T. Holländer, bildeten lokale Gemeindeverbände, die Anfang des 13. Jh. Träger einer Aufstandsbewegung wurden. Ihre Motive sind undeutlich. Der Aufstand begann (1204?) n. der unteren Hunte mit Zerstörung zweier Burgen der Gf.en v. →Oldenburg und griff auf S. s. der Hunte über, wo brem. Ministerialen vertrieben wurden. Der steding. Eigenständigkeit kam das Schisma in der Bremer Kirche 1208–17 zugute; die S.er nutzten es in wechselnder Parteinahme. Spätestens 1212 schloß sich ihnen die Marschenregion Osterstade ö. der Weser an. Erst Ebf. Gerhard II. konnte sich, wohl seit 1227, auf die Bekämpfung der S.er konzentrieren. Ein Angriff auf ihr durch Sümpfe und Flußläufe geschütztes Siedlungsgebiet w. der Weser 1220 scheiterte; Hermann zur Lippe, Bruder des Ebf.s, fiel dabei. 1227 oder 1229 exkommuniziert, wurden die weiter Gehorsam und Abgaben verweigernden S.er von der Bremer Fastensynode 1230 oder 1231 zu Ketzern erklärt. Ein erster Kreuzzug gegen sie 1233 war nur in Osterstade erfolgreich. Nachdem Papst Gregor IX. den Kreuzzugsteilnehmern vollen Sündennachlaß zugesagt hatte, kam 1234 ein großes Ritterheer zusammen, das die S.er bei Altenesch (27. Mai 1234) entscheidend besiegte. Die Überlebenden wichen z. T. in das n. angrenzende fries. Gebiet, das spätere »Stadland«, aus. In S. n. der Hunte etablierten sich die Gf.en v. Oldenburg als Landesherren; in S. s. der Hunte behaupteten sich im späten MA die Ebf.e v. Bremen. Erst 1547 fiel dieses Gebiet an die Gft. Oldenburg.

H. Schmidt

Lit.: R. Köhn, Die Verketzerung der S.er, Brem. Jb. 57, 1979, 15–85 – Ders., Die Teilnehmer an den Kreuzzügen gegen die S.er, NdsJb 53, 1981, 139–206 – H. Schmidt, Zur Gesch. der S.er, Brem. Jb. 60/61, 1982/83, 27–94 – R. Köhn, Die S.er in der ma. Gesch.sschreibung, NdsJb 63, 1991, 139–202.

Stef →Refrain, V

Stefan (s. a. Stephan, Stephanos, Stephanus, Stephen)

1. S. (Ștefan) **I.**, *Fs. der* →*Moldau* ca. 1394–1399, ✕ (?) 12. Aug. 1399, ⌑ Rădăuți, aus dem Geschlecht der Mușatin, ältester Sohn Fs. Romans I. und Halbbruder (?) Fs. →Alexanders d. Guten; ⚭ nahe Verwandte Kg. →Władysławs II. Jagiełło v. Polen, der ihm zum Thron verhalf und dem er polit. eng verbunden blieb (Erneuerung des Lehnsvertrags am 6. Jan. 1395: Verzicht auf die Festung Kolomea und die Gebiete Snjatin und →Pokutien, Verpflichtung zur militär. Unterstützung). Kg. Siegmund v. Ungarn, ebenfalls Lehnsherr S.s, belagerte daraufhin die ostkarpat. Festung Cetatea Neamțului, wurde jedoch von S. besiegt; es kam zu einem Ausgleich mit Ungarn. Mit Fs. →Witowt v. Litauen, poln. Adligen und Rittern des Dt. Ordens zog S. 1398 und 1399 gegen die Krimtataren und fiel vermutl. in der Schlacht bei Worskla.

Im Streit mit dem ökumen. Patriarchen Antonios versuchte S. 1395 und 1397 zunächst vergebl., die Anerkennung für den in Halič geweihten Moldaubf. Iosif der (seit 1386 bestehenden) ostkirchl. Prov. 'Russovlahia' und die Aufhebung des Kirchenbanns für die ganze Moldau (1395) zu erreichen. 1399 wurde der Bann gelöst, 1401 erlangte Iosif, wahrscheinl. auf Intervention des Metropoliten v. Kiev, die Anerkennung.

K. Zach

Lit.: C. C. Giurescu, Istoria românilor, II, 1976, 45–48 – St. S. Gorovei, Aux débuts des relations moldavo-byz., Rev. Roumaine d'Hist. 24, 1985, 3, 183–207 – S. Papacostea, Geneza statului in evul mediu românesc, 1988 – St. S. Gorovei, Genealogia domnilor Moldovei din veacul XIV, Anuarul Instit. de istorie »A. D. Xenopol« 30, 1993, 623–651.

2. S. III. d. Gr. (Ștefan cel Mare), *Fs. der* →*Moldau* 1457–1504, * ca. 1430/35, † 2. Juli 1504, ⌑ Putna, aus dem Geschlecht der Mușatin, Sohn Fs. →Bogdans II.; ⚭ 1. Evdokija v. Kiev († 1467; Schwester v. Knjaz Simion Olekovič); 2. byz. Prinzessin Maria v. Mangup († 1477); 3. Maria († 1511; Tochter →Radus III., Fs. der Valachei); Söhne: Bogdan III., Vlad d. Blinde, Petru Rareș, Ștefan Lăcustă. S. gewann mit Hilfe des Fs.en der Valachei, →Vlad III. Țepeș, den väterl. Thron gegen →Peter III. Aron, der in Polen, Siebenbürgen und zuletzt am Hof Kg. Matthias' Corvinus Rückhalt suchte. Bis zu Peters Tod (1470) mußte S. daher gegenüber Polen und Ungarn, den beiden nominellen Lehnsmächten des Fsm.s Moldau, vorsichtig taktieren. 1467 führte S.s Eroberung des Donauhafens →Kilia zu Konflikten mit Ungarn und der Valachei. Die Aussöhnung mit Ungarn erfolgte 1469 nach einer Niederlage Kg. Matthias' bei Baia. Die Einmischung S.s in die valach. Thronfolge (1473/74 Laiotă Basarab, 1474 Țepeluș) blieb erfolglos, führte aber 1474 zu einem osman. Angriff, den S. bei Vaslui erfolgreich abwehrte. Als 1475 die Osmanen u. a. den genues. Stützpunkt →Caffa am Schwarzen Meer einnahmen, erkannte der tatar. Krimchān die osman. Oberhoheit an. Nach S.s Weigerung, seinerseits Tribut zu zahlen, besiegte Mehmed II. ihn bei Războieni. 1484 eroberten die Osmanen die moldauischen Häfen Kilia und →Aqkerman. Polen, seit 1486 im Besitz einer Kreuzzugsbulle gegen Türken und Tataren, schloß 1489 einen Waffenstillstand mit der Hohen Pforte. 1492 erklärte sich S. zu einer jährl. Tributzahlung von 5000 Dukaten an das Osman. Reich bereit.

1497 belagerte Kg. →Johann Albrecht v. Polen (11. J.), der möglicherweise die Eroberung der unbotmäßigen Moldau plante, erfolglos die Hauptstadt →Suceava. Eine Niederlage des poln. Heeres bei Codrii Cosminului beendete die Lehnsuntertänigkeit der Moldau gegenüber Polen. Am 12. Juli 1499 schlossen S. und Johann Albrecht v. Polen einen Bündnisvertrag.

Die traditionellen Handelsbeziehungen zu →Lemberg, →Kronstadt (Erneuerung des Privilegs freien Handels in der Moldau 1458 und 1472) und Bistritz blieben in S.s Regierungszeit bestehen, am Schwarzmeerhandel war die Moldau nur in geringem Maße beteiligt. S. baute Festungen aus (Aqkerman, Chilia Nouă, Cetatea Neamțului) und befestigte die moldauischen Zentren (u. a. Suceava, Roman). Er gründete zahlreiche Kirchen und Kl. (u. a. Putna [fsl. Grablege], Voroneț) und förderte schon bestehende Stiftungen seiner Vorgänger. →Moldauklöster.

K. Zach

Lit.: Repertoriul monumentelor și obiectelor de artă din timpul lui Ș. cel Mare, 1958 – G. Rhode, Gesch. Polens, 1966, 164–184 – C. Giurescu, Istoria românilor, II, 1976, 154–194 – →Stefan I.

3. S. Vojislav, *serb. Fs.,* * Anfang des 11. Jh., † um 1055. S., der aus →Terbunien oder Dioklitien stammte, führte 1035/36 einen Aufstand gegen die byz. Herrschaft an, wurde geschlagen und gefangengenommen. Nach der Flucht aus Konstantinopel gelang es ihm 1037/38, im Hinterland von →Dyrr(h)achion und →Ragusa eine Herrschaft zu errichten. Er griff die dem byz. Ks. treuen Nachbarstämme an und besiegte den Strategos v. Dyrr(h)achion, Theophilos Erotikos. Als S. sich weigerte, die 10 Kentenarien Gold, die ihm bei einem Schiffbruch in die Hände gefallen waren, zurückzugeben, schickte Ks. →Michael IV. ein Heer ins Landesinnere, das aus dem Hinterhalt angegriffen und besiegt wurde. Bei einem Treffen mit Katakalon, dem Strategen v. Ragusa, gelang es S., diesen gefangen zu nehmen und führte in seine Stadt Stagno (Ston, nördl. von Ragusa); daraus wird ersichtl., daß er auch Herr v. →Hum war. Um 1055 folgte S. sein Sohn →Michael (15. M.). Die Nachkommen blieben bis Mitte des 12. Jh. beschränkt auf die südl. Teile von S.s Herrschaftsgebiet. S. Ćirković

Lit.: VizIzv III, 1966 – Jireček I, 210–214 – T. Wasilewski, S. V. de Zahumlje et Byzance au milieu du XIe s., ZRVI 13, 1971, 109–126 – Istorija srpskog naroda I, 1981, 182–187 [S. Ćirković].

4. S. Nemanja, *Großžupan* 1116–96, hl. (Fest: 13. Febr.), Patron des ma. serb. Staates, Begründer der Dynastie der Nemanjiden (→Nemanja), * 1113 in Ribnica (heute Podgorica) in der Zeta, † 1199 im Kl. Hilandar. Seine Vorfahren gehörten zu den Familien der Kg.e v. Duklja (→Zeta) und der Großžupane v. →Raška. Nach Übersiedlung der Eltern nach Raška erhielt S. 1158–59 die östl. Landesteile Toplica, Ibar, Rasina und Reke zur Verwaltung; der byz. Ks. Manuel Komnenos verlieh ihm das Gebiet Duboćica (beim heutigen Leskovac, Südserbien) und einen hohen Hoftitel. 1166 übernahm S. die Herrschaft in Raška. Byzanz anerkannte den Herrschaftswechsel nicht, doch besiegte S. in der Entscheidungsschlacht bei Pantin im Kosovo 1168 seine Gegner. Zum Dank errichtete er das Georgskl. in →Ras, das während der byz. Herrschaft auf dem Balkan, dem Ebf. v. Ohrid 1018 untergeordnete kirchl. Zentrum der serb. Länder war. S. kämpfte für die Selbständigkeit Serbiens und suchte dafür Bündnisse mit Ungarn, Venedig und Ks. Friedrich I. Barbarossa. Während des byz.-ven. Konfliktes 1171–72 auf ven. Seite, wurde S. besiegt und gefangen gesetzt. Nach der Erneuerung der Vasallität kehrte er nach Serbien zurück und hielt bis zum Tod Manuels seinen Verpflichtungen (u. a. Truppenhilfe) nach. Während der Kämpfe innerhalb des Byz. Reiches nach 1180 erzielte S. erhebl. Territorialgewinne. 1182 im Bündnis mit dem ung. Kg. Béla III., dann selbständig, nahm er Byzanz das Morava-Gebiet, →Niš und das Gebiet bis →Sofia ab, dazu das Kosovo und die Metohija, Zeta und eine Reihe von Küstenstädten (u. a. Kotor, Bar, Ulcinj). Nach dem Versuch, →Ragusa zu unterwerfen, schloß S. 1186 Frieden: Die Ragusaner erhielten das Recht auf freien Handel in Serbien, desgleichen die Serben in Ragusa und die Schiedsgerichtsbarkeit wurde geregelt. Ebenso gewährte er den Bürgern v. →Split 1190 das Recht auf freien Handel. Zur Vorbereitung des III. →Kreuzzugs verhandelten Friedrich Barbarossa und S. (serb. Gesandte im Dez. 1188 in Nürnberg). Am 27. Juli 1189 trafen sich die Herrscher in Niš. Die serb. Seite sicherte den Kreuzfahrern vertragsgemäß den freien Durchmarsch zu, und S. bot Friedrich den Vasalleneid an. Man verabredete die Heirat von Nemanjas Neffe Toljen mit der Tochter des Gf.en Berthold V. v. →Andechs. Byzanz reagierte scharf auf diese Vereinbarungen. Nach dem Tod Friedrichs führte Ks. Isaak I. Angelos persönl. die Offensive gegen Serbien. S. erlitt 1190 eine Niederlage an der →Morava. Sein auch für seine Nachfolger maßgebl. Herrscherverständnis definierte S. in der →Arenga der Urk. für das Athos-Kl. Hilandar 1198: Der serb. Herrscher anerkannte den Primat v. Byzanz in der Staatenhierarchie, verlangte aber ansonsten eine gleichberechtigte Stellung Serbiens innerhalb der chr. Ökumene.

S. erneuerte und errichtete zahlreiche Kirchen, erstmals schon als Gebietsverwalter v. Toplica. 1186–96 errichtete er das Gottesmutter-Kl. in →Studenica als Grablege der Dynastie. Hierhin zog sich S. (Mönchsname Simeon) 1196 nach der Abdankung zugunsten seines Sohnes →Stefans d. Erstgekrönten zurück. Gemeinsam mit seinem Sohn →Sava erneuerte er das Athos-Kl. →Hilandar, wo er starb (Gebeine 1207 nach Studenica überführt). Der Kult des hl. Simeon wurde zusammen mit dem des hl. Sava zu einem zentralen Träger serb. Identität. J. Kalić

Lit.: Jireček I, 255–279 – S. Hafner, Serb. MA, Altserb. Herrscherbiographien, I, 1962 – Ders., Stud. zur altserb. dynast. Historiographie 1964 – Istorija srpskog naroda, I, 1981, 208–211, 251–262 – J. Leśny, Studia nad początkami serbskiej monarchii Nemaniczów, 1989, – J. Kalić, Die dt.-serb. Beziehungen im 12. Jh., MIÖG 99, 1991, 513–526 – F. Kämpfer, Herrscher, Stifter, Hl. (VuF 42, 1994), 423–445.

5. S. der Erstgekrönte, *serb. Herrscher*, * um 1160, † 24. Sept. 1227, zweiter Sohn →Stefan Nemanjas, ⚭ 1190 →Eudokia, jüngste Tochter →Alexios' III.; Kinder: →Stefan Radoslav, →Stefan Vladislav, Predislav (Mönch, Bf., Ebf. [Sava II.]), mindestens eine Tochter (Komnina). Als Alexios 1195 Ks. wurde, erhielt S. den Titel eines →Sebastokrators und zugleich den Vorrang als Erbe des väterl. Thrones. Als Nemanja 1196 abdankte, setzte er S. zu seinem Nachfolger als Großžupan ein und verpflichtete den älteren Sohn Vukan zum Gehorsam. S. unterstützte den Vater und seinen Bruder →Sava beim Wiederaufbau des Kl. →Hilandar auf dem Athos (1198). 1199, nach dem Tod Nemanjas, brachen zw. S. und Vukan Feindseligkeiten aus. S. wurde 1202 vertrieben, vermochte sich aber schon 1203 mit bulg. Hilfe wieder zu behaupten. Der Konflikt der Brüder endete 1204 (spätestens 1205) mit der Wiederherstellung des früheren Zustandes: S. war als Großžupan Herrscher des ganzen Reiches, Vukan Teilfs., beschränkt auf Duklja (→Zeta), wo er den seit früher üblichen Kg.stitel führte. Die feierl. Überführung der Gebeine Nemanjas nach →Studenica (1207) sollte zur Festigung des Friedens dienen. Für die Verehrung Nemanjas verfaßte zunächst Sava, später auch S. eine Vita (*žitije*).

S. war von unbeständigen und unzuverlässigen Nachbarn umgeben: Der bulg. Territorialherr Strez (in Prosek am mittleren Vardar) griff ihn an (1208–12), 1214 eroberte →Michael I. Dukas (12. M.) →Skutari. Bedroht von einer Koalition zw. Kg. →Andreas II. v. Ungarn und dem lat. Ks. →Heinrich (26. H.), anerkannte er bei einem Treffen in Ravno (heute Ćuprija) Andreas als Oberherrn, dem Ks. gegenüber blieb er unnachgiebig und erlaubte den Rückzug seines Heeres aus Serbien erst auf Intervention des ung. Kg.s (Frühling 1215).

Polit. Überlegungen führten 1201 zur Verstoßung Eudokias, nach einer zweiten Ehe mit einer Unbekannten wollte S. um 1215 eine Verwandte der Angeloi ehelichen, der Plan scheiterte aber wegen des Verwandschaftsgrads. 1216 oder Anfang 1217 heiratete S. Anna Dandolo, eine Enkelin des ven. Dogen Enrico →Dandolo (Sohn aus dieser Ehe: →Stefan Uroš I.). Dank der verstärkten Verbindung zum Westen erhielt S. von Papst Honorius III. die Kg.skrone und wurde 1217 vom päpstl. Legaten gekrönt.

1219 erwirkte Sava im Auftrag S.s in →Nikaia die Errichtung eines autokephalen Ebm.s (→Autokephalie) für das neue serb. Kgr. Um diese Zeit vermählte S., bereits schwer erkrankt, seinen ältesten Sohn Radoslav mit Anna, Tochter des →Theodor Angelos Dukas Komnenos, und ernannte ihn zum Mitregenten. Nachrichten über S.s letzte Jahre fehlen, vor seinem Tode wurde er Mönch (Mönchsname: Simon). S. Ćirković

Lit.: Jireček I, 283–303 – M. Laskaris, Vizantiske princeze u srednjevekovnoj Srbiji, 1926, 7–37 – S. Stanojević, Stevan Prvovenčani, Godišnjica Nikole Čupića 18, 1934, 1–56 – Ders., O napadu ugarskog kralja Andrije II na Srbiju zbog proglasa kraljevstva, Glas 161, 1934, 109–130 – S. Hafner, Serb. MA, Altserb. Herrscherbiographien, I, 1962 – B. Ferjančić, Kada se Evdokija udala za Stefana Provovenčanog?, Zbornik Filozofskog fakulteta u Beogradu 8/1, 1964, 217–224.

6. S. Radoslav, *Kg. v.* →*Serbien,* * Ende des 12. Jh., ☐ Kl. →Studenica, ältester Sohn →Stefans d. Erstgekrönten aus dessen erster Ehe mit →Eudokia, Tochter Ks. →Alexios' III. Ein um 1215 entworfener Plan einer Ehe S.s mit Maria, Tochter Michaels I. Angelos v. Ep(e)iros, scheiterte wegen zu naher Blutsverwandtschaft, doch Ende 1219/20 gelang es Stefan d. Erstgekrönten, für S. eine Ehe mit Anna, Tochter des →Theodor Angelos Dukas Komnenos, zu arrangieren. Aus Urkk. ist ersichtl., daß S. nach der Heirat als Mitherrscher wahrscheinl. in Duklja (→Zeta) regierte. Über S.s kurze eigenständige Herrschaftszeit nach dem Tod des Vaters 1228 geben die Q. nur wenig Auskunft. In der älteren Lit. dominierte die Ansicht, daß S. vollkommen von seinem Schwiegervater (seit 1224 Ks. in Thessalonike) abhängig gewesen sei und die serb. Kirche →Ohrid unterstellen wollte, doch nach neueren Erkenntnissen kann S.s Beiname Dukas in manchen gr. Urkk. auch auf seine Mutter zurückgeführt werden. Die Schutzmacht Theodors fand spätestens 1230 ihr Ende, als der bulg. Zar →Ivan II. Asen in der Schlacht v. →Klokotnica Theodor besiegte und gefangen nahm. Ende 1233 wurde S. von seinem jüngeren Bruder →Stefan Vladislav gestürzt und fand zunächst mit seiner Frau Anna Schutz in →Ragusa (Febr. 1234 Ausstellung eines Privilegs). Nach einem Aufenthalt in Dyrr(h)achion kehrte er nach Serbien zurück und wurde Mönch unter dem Namen Ivan. B. Ferjančić

Lit.: Jireček I, 298–305 – Istorija srpskog naroda, I, 1981, 297–310.

7. S. Vladislav, *Kg. v.* →*Serbien,* * um 1195, † nach 1264, zweiter Sohn →Stefans d. Erstgekrönten ∞ Bjeloslava († nach 1285), Tochter des bulg. Zaren →Ivan Asen II., Kinder: Sohn Desa, eine Tochter (∞ Georg Kačić, Herr v. Omiš). Während der Regierung des Vaters und des älteren Bruders →Stefan Radoslav verfügte er über ein Gebiet am Fluß Lim, wo er das Kl. →Mileševa errichten ließ (1222–27). 1233 erlangte er nach dem Sturz Radoslavs den Thron. Umstände und Motive des gewaltsamen Thronwechsels sind unbekannt: In einer im Febr. 1234 in Ragusa erlassenen Urk. beklagte sich Radoslav, der bereits nach 1230 den Schutz seines mächtigen Schwiegervaters →Theodor Angelos Dukas Komnenos verloren hatte, über die Treulosigkeit S.s. Zu Beginn der Regierungszeit war S. →Ragusa feindl. gesinnt, später hat er der Stadt einen Teil des jährl. Tributs (*mogoriš*) erlassen. Unklar bleiben seine Interventionen in →Hum (1237) und seine Haltung gegenüber den Ereignissen in →Bosnien. 1237 überführte S. die Gebeine seines Onkels →Sava I. von Tŭrnovoin das Kl. Mileševa. Nach dem Tode Ivan II. Asens (1240) und dem Mongoleneinfall (Ende 1241) verlor S. seinen Rückhalt und wurde von seinem jüngeren Bruder →Stefan Uroš I. gestürzt; er blieb im Land und wurde Helfer des neuen Herrschers. S. Ćirković

Lit.: Jireček, 303–309 – Istorija srpskog naroda, I, 1981, 310–314 [B. Ferjančić].

8. S. Uroš I., *Kg. v.* →*Serbien,* * um 1220, † 1. Mai 1277, jüngster Sohn →Stefans d. Erstgekrönten und der Anna Dandolo, ∞ um 1250 →Jelena, Verwandte der frz. →Anjou, Söhne: →Stefan Dragutin und →Stefan Milutin; Tochter: Berenice (Brnča). S. stürzte 1243 seinen Bruder →Stefan Vladislav. In der Zeit von S.s Herrschaft kamen die 'Sachsen' (→Sasi) nach Serbien und betrieben die Bergwerke v. Brskovo (vor 1254). Die Förderung von Silber verstärkte den Handel mit den Küstenstädten und ermöglichte es S., in letzten Jahren seiner Herrschaft Silbermünzen nach ven. Muster zu prägen. In den kirchl. Auseinandersetzungen zw. →Ragusa und →Bar (1247–55) setzte sich S. energ. für Bar ein. Ragusa bildete gegen S. eine Koalition, an der sich der bulg. Zar →Michael II. Asen, Župan Radoslav v. →Hum und Fs. Đorđe in Ulcinj, ein Nachkomme von Vukan Nemanjić, beteiligten. Das bulg. Heer fiel 1253 in Serbien ein, verwüstete das Land bis zum Fluß Lim, konnte aber S. nicht stürzen. 1254 schloß S. Friede mit Ragusa, der Sitz des Ebf.s blieb weiterhin in Bar.

Während der Kämpfe zw. →Nikaia und →Ep(e)iros bemächtigte sich S. 1257 →Skop(l)jes. Seine Rolle bei der Schlacht v. →Pelagonia (1259) ist nicht klar. Als Verbündeter→Michaels II. (13. M.) soll er gegen Nikaia gekämpft haben, die Chronik v. Morea berichtet jedoch von ung. und serb. Truppen im Lager →Michaels Palaiologos (10. M.). Nach der Wiedereroberung Konstantinopels (1261) befand sich Serbien erneut zw. den Mächten Ungarn und Byzanz, bewahrte sich jedoch eine gewisse Bewegungsfreiheit. 1268 versuchte S., das Gebiet von →Mačva (NW-Serbien) zu erobern, wurde aber geschlagen und gefangengesetzt. Der Friede mit Ungarn wurde durch die Ehe von S.s. Sohn Dragutin und Katalin, Tochter Kg. →Stefans V. bekräftigt; die Verhandlungen über eine Ehe des jüngeren Sohns Milutin mit Anna, Tochter Michaels VIII., scheiterten. S. war bemüht, die Seitenlinien der Nemanjići (→Nemanja) in →Hum und →Zeta zu beseitigen. Da S. Dragutin versprochene Gebiete nicht abtreten wollte, besiegte dieser 1276 bei Gacko mit ung. Unterstützung den Vater und übernahm die Herrschaft. S. verlebte die letzten Monate seines Lebens in Hum, ließ sich zum Mönch scheren und wurde im von ihm errichteten Kl. →Sopoćani bestattet. S. Ćirković

Lit.: Jireček I, 309–326 – S. Stanojević, Kralj Uroš, Godišnjica Nikole Čupića 44, 1935, 106–167 – M. Dinić, O ugarskom ropstvu kralja Uroša, Istroriski časopis, 1, 1948, 30–36 – Istorija srpskog naroda, I, 1981, 341–356 [S. Ćirković].

9. S. Dragutin, *Kg. v.* →*Serbien,* Territorialherr des Kgr.es Ungarn, * um 1252, † 12. März 1316, ältester Sohn von →Stefan Uroš I., ∞ bald nach 1268 Katalin, Tochter Kg. →Stephans V. v. Ungarn, wurde als erster der Nemanjiden (→Nemanja) nach ung. Vorbild als rex junior zum Thronfolger designiert. Da ihm der Vater den bei der Heirat versprochenen Anteil des Kgr.s verweigerte, empörte sich S., besiegte mit ung. Hilfstruppen den Vater bei Gacko (heutige Herzegowina) und bemächtigte sich im Herbst 1276 des Throns. Er überließ seiner Mutter →Jelena ein Gebiet mit den Küstenstädten von →Kotor bis →Skutari. Außenpolit. schloß sich S. den Feinden von Byzanz an, die sich um die südit. →Anjou gruppierten. 1281 brach sich S. ein Bein; den Unfall betrachtete er als eine Strafe Gottes und überließ 1282 die Herrschaft seinem Bruder Milutin (→Stefan Uroš II.), behauptete aber später, dem Bruder den Thron nur zur Bewahrung für einen seiner beiden Söhne Urošic und Vladislav überlassen zu haben.

Vom eigtl. Kgr. behielt S. ein Teilgebiet um Rudnik und →Arilje (Gründung einer Stiftung) für sich; dazu kam als Erbschaft nach 1284 das ung. dynast. Territorium im N Serbiens und Bosniens (Usora und So). Seine Residenz errichtete er an der Save im Schloß →Debrc. Gemeinsam mit Stefan Uroš II. vertrieb er um 1290 die bulg. Magnaten Drman und Kudelin aus dem Banat v. Kučevo und →Braničevo (NO-Serbien) und eignete sich das seit Anfang des Jh. zw. Ungarn und Bulgarien umstrittene Territorium an. Während der Wirren in Ungarn Ende des 13. Jh. machten sich einige Territorialherren selbständig, unter ihnen auch S., der einerseits 1301–10 wegen der Thronfolge in Serbien mit Stefan Uroš II. im Krieg lag, andererseits die Kandidatur seines jüngeren Sohn Vladislav für den ung. Thron gegen den von der Kirche und Mehrheit der Magnaten unterstützten →Karl Robert v. Anjou (23. K.) betrieb. In beiden Fällen erreichte S. sein Ziel nicht: Vladislavs Kandidatur scheiterte, und die Frage der Nachfolge im Kgr. Serbien blieb offen. Nach 1312 versöhnte S. sich mit Kg. Karl Robert und sicherte seinem Sohn Vladislav, da Urošic inzwischen gestorben war, die Erbschaft seines Territoriums. Vor seinem Tod wurde S. Mönch (Mönchsname Teoktist); er soll den Wunsch geäußert haben, keine Verehrung an seinem Grab entstehen zu lassen. S. Ćirković

Lit.: JIREČEK I, 327-349 – →Stefan Uroš II. Milutin.

10. S. Uroš II. Milutin, *Kg. v.* →*Serbien*, * um 1254, † 29. Okt. 1321, jüngerer Sohn Kg. →Stefans Uroš I., 1268/69 mit Anna, Tochter Ks.s →Michaels VIII. verlobt, ∞ 1. Adlige (Sohn: →Stefan Uroš Dečanski), 2. Tochter →Johannes' I. Angelos v. Thessalien, 3. ung. Prinzessin Elisabeth, 4. 1284 Anna, Tochter des bulg. Zaren →Georg I. Terter, 5. 1299 →Simonida, Tochter →Andronikos' II. Palaiologos.

Die Herrschaftsübergabe i. J. 1282 durch den Bruder →Stefan Dragutin hat S. als vollständige Machtabtretung und Änderung der Erbfolge gedeutet, während Dragutin ihm nur die Rolle des Regenten für seine eigenen Söhne zuerkannte. Die anfängl. Zusammenarbeit der Brüder (Feldzüge in das byz. Makedonien, 1282–84; Vertreibung der bulg. Magnaten Drman und Kudelin, um 1290) führten zu einem bulg.-tatar. Zug bis Hvosno (Gegend v. Peć). Ein Gegenangriff führte S. bis →Vidin, wo der lokale Herrscher Šišman zum Frieden gezwungen wurde. Die Versöhnung wurde durch die Ehe der Tochter S.s, Anna, mit dem späteren bulg. Zaren →Michael Šišman gefestigt. Einen Angriff der Tataren verhinderte S. durch eine Gesandschaft und die Stellung von Geiseln (unter ihnen sein Sohn Stefan Dečanski). Die Kämpfe entlang der byz. Grenze dauerten an, 1296–99 war S. Herr der Stadt →Dyrr(h)achion. Die 1297 aufgenommenen byz.-serb. Verhandlungen führte Theodoros →Metochites, der über seine Mission einen Bericht verfaßte. Der Friede wurde durch die Ehe S. mit der knapp sechsjährigen byz. Prinzessin Simonida besiegelt. S.s Eroberungen in Makedonien wurden als Mitgift anerkannt. Die Verwandschaft mit dem byz. Ks.haus stellte neue Probleme für die Übereinkunft zw. den Brüdern S. und Stefan Dragutin, da die Nachkommen einer purpurgeborenen Prinzessin immer den Vorrang bei der Thronfolge hatten. Während des Bruderkriegs (1301–10; beendigt durch byz. Vermittlung) suchte S. seinen Sohn Stefan Dečanski, dem er das Gebiet der Kg.smutter →Jelena überlassen hatte, zum Nachfolger zu designieren. Bald war jedoch dessen Stellung durch Pläne, Simonidas Bruder als Thronfolger einzusetzen, bedroht, so daß er sich gegen den Vater empörte (1313). Er wurde gefangengenommen, geblendet und nach Konstantinopel ins Exil geschickt. Nach dem Tod Stefan Dragutins 1316 nahm S. seinen Neffen Vladislav (II.) gefangen, besetzte sein Territorium und verursachte so krieger. Auseinandersetzungen mit dem ung. Kg. (1318–20).

Während seiner langen Regierung erwies sich S. als Wohltäter der Kirche; in den Q. wird ihm die Stiftung von 40 Kirchen zugeschrieben. Er förderte insbes. die Bf.ssitze (Prizren, Skopje, Gračanica) und die serb. Stiftungen im Ausland (Athos, Thessalonike, Jerusalem). Zur Rechtfertigung seiner Herrschaft und der Änderung der Erbfolge ließ er eine Genealogie der Nemanjiden (→Nemanja) erstellen; dem gleichen Zweck dienten die von seinem Berater →Danilo II. verfaßten, parallelen Viten (*žitija*) der Kg.e und Ebf.e. In den letzten Monaten seines Lebens schwer krank, konnte S. den Ausbruch von Unruhen und Thronwirren nicht verhindern. Obwohl nie zum Mönch geweiht, wurde er bald nach seinem Tod als 'hl. Kg.' verehrt. S. Ćirković

Lit.: JIREČEK I, 330-354 – S. STANOJEVIĆ, Kralj Milutin, Godišnjica Nikole Čupića 46, 1937, 1–43 – M. LASKARIS, Vizantiske princeze u srednjeve kovnoj Srbiji, 1926, 53–82 – M. DINIĆ, Odnos između kralja Milutina i Dragutina, ZRVI 3, 1955, 49–82 – DERS., Comes Constantinus, ebd. 7, 1961, 1–11 – S. HAFNER, Serb. MA. Altserb. Herrscherbiographien, II, 1976 – L. MAVROMATIS, La fondation de l'empire serbe. Le kralj Milutin, 1978 – Istorija srpskog naroda I, 1981, 437–475 [LJ. MAKSIMOVIĆ, S. ĆIRKOVIĆ] – VizIzv VI, 1986.

11. S. Uroš III. Dečanski (Beiname nach seiner Stiftung →Dečani), *Kg. v.* →*Serbien*, * um 1275, † 11. Nov. 1321, Sohn →Stefans Uroš II. aus dessen erster Ehe. 1294–95 Geisel bei →Nogaj, Emir der →Goldenen Horde, ∞ 1. 1303 Theodora († 1323), Tochter des bulg. Zaren →Smilec, 2. 1324 Maria Palaiologina, eine Verwandte der byz. Ks.familie. 1309 übernahm er die Herrschaftsgebiete seiner Großmutter →Jelena (u. a. →Zeta). Vermutl. wegen des Plans, einen Bruder →Simonidas (5. Gattin Stefans Uroš II.) als Thronfolger einzusetzen, empörte er sich gegen den Vater, wurde gefangengesetzt und (teilweise) geblendet. 1314–20 lebte er unter der Obhut des →Andronikos II. im Pantokratorkl. in Konstantinopel. Die Vermittlung der kirchl. Würdenträger ermöglichte ihm die Rückkehr nach Serbien, wo er Burg und Herrschaft Budimlja (am Fluß Lim) erhielt. Nach dem Tod Stefans Uroš II. (29. Okt. 1321) erlangte er sein Augenlicht vollständig wieder; unterstützt von Adligen konnte er den Halbbruder Konstantin besiegen, doch gelang es Vladislav, Sohn →Stefan Dragutins, das Territorium seines Vaters zu restaurieren. S. mußte Verluste im Westen (Tal der Neretva) hinnehmen, eroberte aber die Halbinsel v. Ston zurück (1327–28). Die Eroberung von Rudnik und →Mačva führte 1329 zu Angriffen des ung. Kg.s und des Bans v. Bosnien. Im byz. Bürgerkrieg 1327–28 unterstützte S. Andronikos II., während →Andronikos III. sich mit →Michael Šišman gegen ihn verbündete. Wenig später brach zw. S. und seinem Sohn →Stefan Dušan ein Konflikt aus: Die Kinder aus der zweiten Ehe des Vaters bedrohten Dušans Stellung. Einer Versöhnung im April 1331 folgte bald eine neue Empörung. S. wurde von seinem Sohn gefangengesetzt (21. Aug. 1331) und kam im Gefängnis in der Burg Zvečan ums Leben. Stefan Dušan setzte den Bau der Stiftung Dečani fort und förderte Verehrung des Vaters. S. Ćirković

Lit.: JIREČEK I, 354-366 – M. MALOVIĆ, S. D. i Zeta, Istorijski zapisi 41, 1979, 5–69 – →Stefan Uroš II. Milutin.

12. S. Dušan, *Kg. v.* →*Serbien*, 'Zar v. Griechen und Serben', * um 1308, † 20. Dez. 1355, Sohn →Stefans Uroš

III. Dečanski aus dessen erster Ehe mit Theodora, Tochter des bulg. Zaren →Smilec, lebte 1314–21 mit dem Vater im Exil in Konstantinopel. Anläßl. der Krönung des Vaters am 6. Jan. 1322 wurde S. Mitherrscher mit dem Titel *mladi kralj* (rex iunior). 1330 besiegte er den bulg. Zaren →Michael III. Šišman bei Kjustendil. Bald darauf erhoben sich in Duklja mit der passiven Politik des Vaters unzufriedene Magnaten und riefen S. zum Kg. aus; er wurde am 8. Sept. 1331 in Svrčin gekrönt. Um für die in der Politik der Nemanjiden (→Nemanja) lang vorgezeichnete Südexpansion freie Hand zu erhalten, schuf er 1332 durch seine Heirat mit Jelena, der Schwester des bulg. Zaren →Ivan Alexander, freundschaftl. Beziehungen mit Bulgarien. Die Eroberungen begannen 1332 mit der Einnahme von →Strumica. Der Gewinn von →Ohrid und →Prilep 1334 wurde von Ks. →Andronikos III. vertragl. anerkannt. S. nutzte die polit. Instabilität nach dem Tode Andronikos' 1341, als 1342 der Prätendent →Johannes Kantakuzenos (7. J.) am serb. Hof erschien und S. für ein Bündnis zum Kampf gegen die Regentschaft →Annas v. Savoyen in Konstantinopel gewann. Die Belagerung von Serrhes durch Truppen der Verbündeten im Herbst 1342 blieb erfolglos; in selbständigen Feldzügen unterwarf S. weite Gebiete in Albanien und Makedonien mit den Städten →Kanina, →Berat und Kostur. Nach dem Bruch des Bündnisses mit Johannes Kantakuzenos 1343 trat S. auf die Seite Annas v. Savoyen über, während Johannes Hilfe bei den Türken suchte. In den folgenden Jahren eroberte S. weitere byz. Gebiete einschließl. →Serrhes (24. Sept. 1345) und das südöstl. Makedonien. Ebenso gelangte die Chalkidike mit dem →Athos unter serb. Herrschaft; die Kl. anerkannten S.s Herrschaft und erhielten von ihm Privilegien und Schenkungen. Ende 1345 rief sich S. zum Zaren aus. Bei der feierl. Krönung an Ostern 1346 in →Skop(l)je erhielt S.s Sohn →Stefan Uroš den Titel *kralj* (Kg.) und die Stellung eines Mitherrschers. Nach dem siegreichen Einzug von Johannes Kantakuzenos in Konstantinopel im Febr. 1347 setzte S. die Eroberungspolitik fort und gewann in der zweiten Jahreshälfte →Ep(e)iros und Akarnanien; 1348 besetzte er Thessalien. Pläne wie die Einnahme von Saloniki und ein Angriff auf Konstantinopel mit Hilfe der ven. Flotte blieben unverwirklicht. Im Norden wehrte S. Angriffe der ung. Kg.e, →Karl I. (1335) und →Ludwig I. (1342), ab; mit dem bosn. Ban Stjepan II. Kotromanović (→Kotromanići) kämpfte er um →Hum. In den eroberten Gebieten nutzte er die bestehende Verwaltungsordnung; er stützte sich auf Magnaten, die in seinen Dienst traten, und verlieh ihnen byz. Titel. Die Herrschaft S.s intensivierte den byz. Einfluß im ganzen serb. Reich. Innenpolit. bedeutsam war die Verkündung der zwei Teile des *Dušanov zakonik* (Gesetzbuch von Dušan) 1349 und 1353 (→Recht, B. II). In seinen letzten Lebensjahren verhandelte S. mit Innozenz IV. über die Organisation eines gemeinsamen Kampfes gegen die Türken. B. Ferjančić

Lit.: JIREČEK I, 367–412 – Istorija srpskog naroda, I, 1981, 511–556 – G. SOULIS, The Serbs and Byzantium during the Reign of Tsar S. D. (1331–55) and his Successors, 1984, 1–160.

13. S. Uroš, *serb. Zar* 1355–71 (→Serbien), * 1336, Sohn von →Stefan Dušan und der Jelena (Tochter des bulg. Zaren →Ivan Alexander), trug als Thronfolger den Titel *mladi kralj* ('junger Kg.'). Als der Vater 1346 den Zarentitel annahm, wurde S. zum Kg. und Mitherrscher gekrönt. Entsprechend seinen erweiterten Rechten unterzeichnete er als *kralj svih Srba* ('Kg. aller Serben'), prägte Münzen und bestätigte Urkk. Nach Nikephoros →Gregoras regierte er in den älteren Territorien Serbiens zw. Donau, Skopje und Adriat. Meer, während der Zar über die neueroberten Gebiete, die Romanija, herrschte; Urkk. bestätigen diese formale Aufteilung.

Von seinem Vater erbte S. ein territorial zwar verdoppeltes, aber wirtschaftl., administrativ, ethn. und religiös uneinheitl. Reich. Bald schon setzte die Desintegration ein: Despot →Nikephoros II. Dukas nutzte den Tod Preljubs, Dušans Statthalter in Thessalien, zur Eroberung →Thessaliens und dem südl. →Epiros. Dušans Halbbruder, Despot Simeon, mußte sich aus Epiros nach Kostur zurückziehen, wo er sich zum Zaren ausrief. Demgegenüber unterstützten die Magnaten auf dem Reichstag in Skop(l)je im April 1357 S. Simeon wurde bei Skodra zurückgeschlagen, bemächtigte sich jedoch Mitte 1359 nach der Niederlage Nikephoros' II. gegen die Albaner Epiros' und Thessaliens. S. verlor Kučevo und Braničevo, dessen Herren den ung. Kg. Ludwig I. v. Anjou anerkannten. Joannis Komnin Asen, sein Onkel mütterlicherseits, verselbständigte sich im Gebiet von →Kanina und →Avlona, während über das Gebiet von →Serrhes die Zarin Jelena herrschte. Christopolis (Kavala) eroberten die Palaiologen-Brüder Alexios und Johannes. Allein die Angriffe von →Matthaios Kantakuzenos im Osten und von ung. Truppen im Norden wurden abgewehrt.

Die geschwächte Zentralgewalt führte zur Desintegration weiterer serb. Gebiete. Fs. Vojislav Vojinović v. →Hum bildete ein Territorium von Rudnik bis an die Adria und versuchte, die Halbinsel Pelješac mit Ston zurückzuerlangen, die Stefan Dušan gegen einen jährl. Tribut 1333 an →Ragusa abgetreten hatte. Der Krieg mit Ragusa (1359–62), in den Vojislav auch S. hineinzog, führte zu neuen Gebietsteilungen. Nach dem Tod von Vojislav (1363) traten →Vukašin und sein Bruder →Jovan Uglješa, Herren in Makedonien, in den Vordergrund. Uglješa erhielt 1365 von S. den →Despotentitel und erlangte Serrhes, Vukašin wurde mit S.s Zustimmung zum Kg. und Mitherrscher gekrönt. Die Ernennung eines Mitherrschers diente nun nicht mehr der Nachfolgeregelung, sondern der mächtigste, regionale Herrschaftsträger wurde Mitherrscher; zugleich glichen sich dessen Rechte denen des Zaren an. Vukašin ernannte seinen ältesten Sohn Marko zum 'jungen Kg.' und suchte so seiner Familie den Aufstieg als neuer serb. Herrscherdynastie zu ebnen. Doch in der Schlacht an der →Marica (26. Sept. 1371) fielen Vukašin und Uglješa gegen die Osmanen. S., in seinen letzten Lebensjahren aus dem polit. Leben verdrängt, starb Anfang Dez. 1371. R. Mihaljčić

Lit.: K. JIREČEK, Srbský cár Uroš, král Vlkašin a Dubrovčané, Časopis Musea království českého 60, 1886, 3–26, 241–276 – M. DINIĆ, Rastislalići. Prilog istoriji raspadanja Srpskog Carstva, ZRVI 2, 1953, 139–144 – R. MIHALJČIĆ, Kraj Srpskog Carstva, 1975 [1989] – LJ. MAKSIMOVIĆ, Poreski sistem u grčkim oblastima Srpskog carstva, ZRVI 17, 1976, 101–125 – S. ĆIRKOVIĆ, Kralj u Dušanovom zakoniku, ebd. 33, 1994, 159–164.

14. S. Lazarević, *serb. Fs. und Despot* ca. 1377–1427, Sohn von →Lazar Hrebeljanović. Nach dem Tod des Vaters bei →Kosovo polje (1389) führte die Fsn. Milica die Regierungsgeschäfte für den minderjährigen S. Als Kg. Siegmund v. Ungarn einige Monate nach der Schlacht v. Kosovo polje die Festungen Čestin und Borač eroberte, begab sich S. nach Kleinasien zu Sultan →Bāyezīd I. und anerkannte diesen als Oberherrn. Die Aussöhnung mit den Osmanen bannte die Gefahr vom Osten, doch mußte S. Hilfstruppen für die osman. Feldzüge stellen (Rovine 1395; Nikopolis 1396; Bosnien 1398; Ankara 1402). Nach der Schlacht bei Ankara verlieh der byz. Ks. →Johannes VII. Palaiologos S. in Konstantinopel den →Despotentel. Durch die Heirat mit Helena, der Tochter von Francesco II. →Gattilusi(o) trat S. in verwandtschaftl. Beziehungen zur byz. Ks.familie. Nach der osman. Niederlage bei Ankara wandte sich S. Ungarn zu. Als Vasall Kg. Siegmunds erhielt er u.a. →Belgrad und die Mačva. Die Ausdehnung des Herrschaftsgebietes begleiteten innere Wirren: S.s Bruder Vuk floh zu Bāyezīds Sohn Süleymān und erzwang für kurze Zeit eine Herrschaftsteilung, doch mit der Thronbesteigung →Meḥmeds I. (1413) begann eine Periode des Friedens mit den Osmanen. Balša III. Balšić (→Balša) hatte die Zeta S., seinem Onkel mütterlicherseits, überlassen; doch eroberten die Venezianer Skodra und Ulcinj.

Es gelang S. trotz widriger Umstände das Reich zu festigen, durch innere Reformen die Zentralgewalt zu stärken und einen wirschaftl. Aufschwung herbeizuführen (Gesetz über den →Bergbau [→Sasi]; Statut v. →Novo Brdo). Er förderte das kulturelle Schaffen, verfaßte selbst das Sendschreiben »Slobo ljubve« ('Wort der Liebe') und bot →Konstantin Kosenecki und →Gregor Camblak eine sichere Zuflucht. R. Mihaljčić

Lit.: S. STANOJEVIĆ, Die Biogr. S. L.s von Konstantin dem Philosophen als Geschichtsq., AslPhilol 18, 1896, 409–522 – B. FERJANČIĆ, Despoti u Vizantiji i južnoslovenskim zemljama, 1960 – S. NOVAKOVIĆ, Srbi i Turci XIV i XV veka (Dopune i objašnjenja S. ĆIRKOVIĆ, 1960) – M. PURKOVIĆ, Knez i despot S. L., 1978 – M. BLAGOJEVIĆ, Savladarstvo u srpskim zemljama posle smrti cara Uroša, ZRVI 21, 1982, 183–212 – J. KALIĆ, Srbi u poznom srednjem veku, 1994 – M. SPREMIĆ, Despot Đurađ Branković i njegovo doba, 1994.

15. S. Vukčić Kosača, *Hzg., Territorialherr in* →*Bosnien,* * 1404, † 22. Mai 1466, Sohn des Fs.en Vukac Hranić, Nachfolger seines Onkels, des Vojvoden Sandalj Hranić →Kosača, der Anfang des 15. Jh. ein selbständiges Territorium aus den südl. Teilen des bosn. Kgr.s schuf; ⚭ 1. 1424 Jelena († 1453), Tochter →Balšas III., 2. 1455 Barbara († 1456; galt als Tochter des 'dux de Payro'), 3. 1459 Cecelia; Sohn von 2: Ahmed (als Kind Stefan) Hersekoglu. S. erbte 1432 den Besitz des Vaters im Gebiet der →Drina, 1435 nach dem Tod Sandaljs das ganze Territorium. Er mußte die Erbschaft gegen Kg. →Siegmund, den bosn. Kg. →Tvrtko II. und seinen benachbarten Verwandten Radoslav Pavlović verteidigen. Von Radoslav eroberte er 1439 Trebinje, während des türk. Angriffs auf Serbien (1439–41) Teile der oberen →Zeta und die Stadt →Bar (1442). Anfang 1444 verlor er im Kriege mit Venedig im Norden Omiš und Poljica. Zunächst Gegner des neuen bosn. Kg.s Stefan Tomaš, gab er diesem nach der Versöhnung seine Tochter Katarina zur Frau (1446). Vom Ks. Friedrich III. zum Vormund für →Ladislaus V. bestimmt, erhielt S. 1448 die Bestätigung seines Besitzes und das Privileg, mit rotem Wachs zu siegeln – vermutl. der Grund für den Hzg.stitel, den S. seit dieser Zeit führte, zuerst als 'Hzg. v. →Hum und Drina', später als 'Hzg. v. hl. Sava' (dux sancti Sabe). Vom Hzg.titel rührt auch die Bezeichnung seines Herrschaftsgebietes als →Herzegowina. Der für S. verlustreiche Krieg gegen →Ragusa 1451–54 führte zur Auflehnung der Gattin und des älteren Sohns Vladislav, der sich auch 1461–63 gegen den Vater erhob, nachdem er zuvor eine Teilung des Territoriums erzwungen hatte. Nach der Eroberung des Kgr.s Bosnien setzte S. den Kampf gegen die Türken als Verbündeter Kg. →Matthias' Corvinus v. Ungarn fort. Durch die erneute türk. Offensive verlor er 1465 beinahe seinen ganzen Besitz, es blieb ihm nurmehr ein Streifen um die Neretva-Mündung und die Stadt Novi (heute Hercegnovi). Vor seinem Tode setzte er den zweiten Sohn Vlatko als Erbe ein.
S. Ćirković

Lit.: J. RADONIĆ, Der Großvojvode v. Bosnien Sandalj Hranić-Kosača, AslPhilol 19, 1897, 380–465 – JIREČEK, II, 172–226 – S. ĆIRKOVIĆ, Herceg S. V. K. i njegovo doba, 1964.

16. S. v. Perm' (Schrap), hl. (Fest: 26. April), * um 1340 Velikij Ustjug (Gegend von Vologda), † 26. April 1396 Moskau, trat um 1365 in das Kl. des hl. Gregorius d. Theologen in Rostov ein, wo er zusammen mit →Epifanij Premudryj Griech. lernte und Hss. kopierte. Zum Diakon und 1379 zum Priester geweiht, begab er sich nach Perm' (Ural) und missionierte die finn.-ugr. Zyrjänen, deren Sprache er seit seiner Kindheit kannte. Nach der Schaffung eines Alphabetes (Abur-Schrift) übertrug er die grundlegenden liturg. Bücher ins Zyrjänische (erhalten: Ikonen-Aufschriften, liturg. Textteile, Glossen und weitere Frgm.e [15.–17. Jh.]). Metropolit Pimen weihte S. 1383 zum Bf. für das neugetaufte Volk, und Fs. →Dmitrij Donskoj beschenkte ihn und die neue Eparchie. 1391 nahm S. an einer Synode unter Metropolit Kiprian in Sachen des Bf.s Evfimij v. Tver' teil. Anläßl. dieser Reise nach Zentralrußland traf S. mit →Sergej v. Radonež zusammen. Ob S. Autor einer Widerlegung der Häresie der Strigol'niki ist, bleibt umstritten. Epifanij Premudryj verfaßte kurz nach S.s Tod eine Vita, →Pachomij Logofet 1472 ein Offizium zu S.s Ehre. Ch. Hannick

Q.: V. DRUŽININ, Žitie sv. Stefana episkopa permskogo, 1897 [Neudr. D. ČIŽEVSKIJ, 1959] – N. A. KAZAKOVA–JA. S. LURE', Antifeodal'nye eretičeskie dviženija na Rusi XIV–načala XVI v., 1955, 234–243 – Lit.: P. STROEV, Spiski ierarchov i nastojatelej monastyrej rossijskoj cerkvi, 1877 [Neudr. 1990], 729 – N. BARSUKOV, Istočniki russkoj agiografii, 1882, 544–548 – P. HAJDÚ–P. DOMOKOS, Die ural. Sprachen und Lit.en, 1987, 77 – A. V. ČERNECOV, Posoch Stefana Permskogo, TODRL 41, 1988, 215–240 – Slovar' knižnikov i knižnosti Drevnej Rusi, II/2, 1989, 411–416 [G. M. PROCHOROV].

Stefaneschi, Jacopo Gaetano, * um 1260, † 22. Juni 1341. Stammte aus einer stadtröm., in Trastevere ansässigen Familie und war durch seine Mutter Perna mit den →Orsini verbunden (ein Onkel seiner Mutter war Papst →Nikolaus III. [Giangaetano Orsini]). Nach Erlangung des Mag. Artium-Grades in Paris (Schüler des →Aegidius Romanus) konnte er sich nicht der Theol. widmen, wie er es gewünscht hatte, sondern studierte – wahrscheinl. in Bologna – Kanonisches und später auch Zivilrecht. 1291 Subdiakon, wurde er 1295 von →Bonifatius VIII., dem er immer sehr verbunden blieb, zum Kardinaldiakon v. S. Giorgio in Velabro ernannt. Umfangreich ist S.s lit. Schaffen: Das »Opus metricum«, eine Art Papstgeschichte vom Tode →Nikolaus' IV. bis zum Tode →Clemens' V., wurde 1315 während der Sedisvakanz nach Clemens' Tod vollendet. Zentrale Elemente des Werkes sind Lebensbeschreibung, Papstwahl, Abdankung und spätere Kanonisierung Coelestins V. und die Krönung Bonifatius' VIII. Seine Schrift »De centesimo seu Jubileo anno« ist das – auch an prakt. – Details reichste Zeugnis über das 1300 von dem Caetani-Papst proklamierte erste Jubeljahr. S. war auch ein aufmerksamer Beobachter des päpstl. Zeremoniells, über das er genaue Nachrichten hinterließ. Noch unediert sind einige kürzere Texte (über ein 1320 in Avignon geschehenes Wunder und liturg. Werke für S. Giorgio, darunter ein Officium cantatum, das von seinen musikal. Fähigkeiten Zeugnis ablegt). Im Konklave v. Perugia (1304/05) war S. einer der Kandidaten der it. Kardinäle. Nach der Verlegung der päpstl. Kurie nach Avignon setzte er sich für die Rückkehr des Papstes nach Rom ein (nicht erhaltener Brief an →Heinrich VII.). 1334 wurde S. Kardinalprotektor des Franziskanerordens.

Einer Familientradition folgend (sein Bruder Bertoldo beauftragte →Cavallini mit den Mosaiken von S. Maria in

Trastevere), wirkte S. als Mäzen. Er stiftete für den Altar der vatikan. Basilika, deren Kanonikus er war, ein Giotto zugeschriebenes Polyptychon (sog. S.-Altar, Pinacoteca Vat.) und gab ebenfalls bei Giotto u. a. das berühmte »Navicella-Mosaik« in Auftrag. Nicht mehr erhalten ist die Dekoration, die er für seine Titelkirche stiftete. Zahlreiche illuminierte Hss. wurden von ihm in Auftrag gegeben. G. Barone

Ed. und Lit.: De centesimo seu Jubileo anno, ed. D. QUATTROCCHI (Bessarione VII), 291–311 – Opus metricum, ed. F. X. SEPPELT, Monumenta coelestiniana, 1921, 1–146 – LThK[2] V, 847 – J. HÖSL, Kardinal J. C. S., 1909 – A. FRUGONI, Celestiniana, 1954, 69–124 – M. DYKMANS, Jacques S., élève de Gille de Rome et cardinal de St-Georges, RSCI 29, 1975, 536–554 – A. PARAVICINI BAGLIANI, I testamenti dei cardinali del Duecento, 1980, 438–450 – M. DYKMANS, Le cérémonial papal de la fin du MA à la Renaissance, II, 1981 – M. G. CIARDI DUPRÉ DEL POGGETTO, Il maestro del codice di S. Giorgio e il cardinale J. S., 1981 – E. CONDELLO, I codici S., ASRSP 110, 1987, 21–62 – Dies., I codici S., ebd. 112, 1989, 195–218.

Stefano Protonotaro, Vertreter der →Sizilianischen Dichterschule, 1261 erwähnt, 1301 als verstorben bezeichnet. (Zwei arab. Texte, die aus dem Griech. ins Lat. übers. und →Manfred gewidmet sind, werden einem Stefano da Messina zugeschrieben, dessen Identifikation mit dem Dichter S. fragl. ist). Von S. sind nur wenige Dichtungen (drei Canzonen) bekannt, die es jedoch erlauben, ein Bild von einer eigenständigen Persönlichkeit innerhalb der durch Zusammenarbeit geprägten Siz. Dichterschule zu gewinnen. Inspiriert sich →Giacomo da Lentini hauptsächl. an →Folquet v. Marseille, obgleich er auch Bilder und Vergleiche aus den Bestiarien und Lapidarien bezieht, so ist S., bei dem sich auch Anklänge an Giacomos Canzone »Madonna, dir vo voglio« (die als Manifest der Siz. Dichterschule gelten kann) finden, neben Folquet hauptsächl. →Rigaut de Barbezieux und dessen in der Liebeslyrik verwandter Tiermetaphorik verpflichtet. Auf diese Weise steht S. am Anfang einer Thematik, die sich in der it. Lyrik bis zum anders gearteten →Dolce stil novo hält. Von bes. Bedeutung ist die Canzone »Pir meu cori alligrari«, das wichtigste Zeugnis der Siz. Dichterschule, das außerhalb der großen Canzonieri überliefert ist, denen wir die Kenntnis der siz. Lyrik verdanken und die dem toskan. Sprachstand weitgehend angeglichen sind. Der Text wurde von Giammaria Barbieri (Modena 1519–74) aus einem später verlorengegangenen »Libro siciliano« abgeschrieben. Barbieris Abschrift ist verläßlich und erlaubt die Kenntnis einer dem Original sehr nahestehenden sprachl. Form. F. Bruni

Ed.: Poeti del Duecento, ed. G. CONTINI, 1960, I, 129–139; II, 811f. – *Lit.:* S. DEBENEDETTI, Le canzoni di S. P., 1932, Studi filologici, 1986, 27–64 – s. a. →Siz. Dichterschule.

Steiermark, Mgft. und Hzm., heute österr. Bundesland.
[1] *Spätantike und Frühmittelalter:* Zur Völkerwanderungszeit durchzogen germ. Stämme das Land, das größtenteils zur röm. Provinz Binnennorikum gehörte. Seit 582 erfolgte die Besiedlung durch heidn. Slaven; das Land wurde Teil des Hzm.s Karantanien und kam mit diesem Mitte des 8. Jh. unter baier. Oberhoheit, 788 an das Frankenreich. Schon vor der Mitte des 8. Jh. hatten Baiern das steir. Ennstal erobert (Zentrum Oberhaus). In der 2. Hälfte des 8. Jh. setzte die christl. Missionierung ein; von N durch das Bm./Ebm. Salzburg, von S durch das Patriarchat Aquileia. 811 legte Karl d. Gr. die Drau als Grenze zw. beiden Metropolitansprengeln fest. Nach dem Sieg Karls d. Gr. über die →Avaren wurde das Land unter den Provinzen Karantanien und (Ober-)Pannonien aufgeteilt, 822 die Gft.sverfassung eingeführt und der im Zuge der Kolonisation gewonnene Boden überwiegend an baier. Adelssippen (z. B. →Aribonen) vergeben. 894/907 gingen der S und SO des Landes an die Magyaren verloren, wurden aber nach 955 und 1043 zurückgewonnen und damit die Reichsgrenze bis zur Lafnitz gegen O vorverlegt. An Drau, Sann, Save und Mur erfolgte die Einrichtung von →Marken gegen Ungarn.

[2] *Hoch- und Spätmittelalter:* Die 970 gen. Mark an der mittleren Mur (Kärntner bzw. karantan. Mark) mit der Hauptburg Hengist bei Wildon, Kernland der späteren S., wurde bis 1035 von den →Eppensteinern, bis 1050 von den Wels-Lambachern und seit etwa 1050/56 von den →Otakaren als Mgf.en befehligt. Die vier karantan. Gft.en des Oberlandes (Enns-, Leoben- und Mürztal sowie um Judenburg) wurden angegliedert, die Landesherrschaft ausgebaut, der Herrschaftsschwerpunkt von Steyr weg nach S in die Pfalzen Pürgg/Grauscharn, Hartberg und Graz verlegt. 1180 wurde die Mark Steier nach Lösung der lehnrechtl. Bindungen an das Hzm. Bayern zum Hzm. erhoben und nach der otakar. Hauptburg →Steyr »S.« genannt. Die S., während des 12. Jh. durch Erbanfälle (1147, 1158) von den Otakaren nach S über die Drau und gegen NO bis zur Piesting (Niederösterreich) erweitert, fiel 1192 aufgrund der Erbregelung v. 1186 (→Georgenberg, Vertrag v.) unter Wahrung der Rechte der steir. Ministerialität an die →Babenberger – 1236 hatte Ks. Friedrich II. die S. zum Reichsland erklärt –, nach deren Aussterben im Mannesstamm 1246 an Kg. Béla IV. v. Ungarn. Traungau und Pittenerland im NO wurden abgetrennt, letzteres – 1260 rückgegliedert – galt bis zum Ende des 15. Jh. als steirisch. Mit der Erwerbung des Sanntales 1311 und des Gebietes von Windischgraz vor 1482 sowie mit dem Anfall der Gft. →Cilli 1456 war die Südgrenze der S. erreicht. 1260–76 unterstand die S. Kg. Ottokar (→Otakar) II. v. Böhmen. 1282 begann die bis 1918 währende habsbg. Herrschaft. 1379 bzw. 1411 wurde die S. unter der ernestin. Linie der Habsburger zugeteilt; →Graz wurde Residenz und zentraler Verwaltungsort für die habsbg. Ländergruppe »Innerösterreich« (S., Kärnten, Krain mit Windischer Mark, Triest, Istrien, Pordenone). Im 15. Jh. litt die S. unter ung. Einfällen (1418, 1446). 1471–83 hatten die Türken zehnmal große Teile des Landes verheert, das 1479–90 größtenteils von Ungarn besetzt wurde.

[3] *Gesellschaft und Kultur:* Der Bau von Höhenburgen begann in der S. zu Ende des 11. Jh. Im 13. Jh. waren der innere Ausbau des Landes beendet, die Rodung abgeschlossen. Das Städtewesen, bes. ab der 2. Hälfte des 12. Jh. gefördert, hatte um 1300 mit ca. 20 Städten den Höhepunkt erreicht. Bodenschätze (Eisenerz, Silber, Gold, Salz) boten dem Hzg. Einnahmen. Münzstätten mit Silber- und Goldprägung bestanden u. a. in Graz, →Pettau, Oberzeiring und →Judenburg. Die Juden, seit Ende des 11. Jh. nachzuweisen, im 14./15. Jh. mehrfach verfolgt, wurden 1495/97 auf Wunsch der steir. Stände gegen Zahlung von 38000 Pfund an Kg. Maximilian I. aus der S. vertrieben. 1445 erklärte man die Grazer Maße als verbindl. für die gesamte S. Das Territorium, in dem sich während des 13. Jh. das Landrecht ausbildete – der erste ständ. Landtag in Graz ist 1396 bezeugt –, war von geistl. Immunitäten (Salzburg, Freising, Bamberg, Brixen) durchsetzt. 1218 war →Seckau als Landesbm. errichtet worden. Etwa 40 Kl. der verschiedenen Orden lagen über die S. verstreut. Kl. →Admont war wegen seiner gelehrten Äbte Irimbert († 1177) und →Engelbert († 1332) weithin bekannt. Der Reimchronist Otakar aus der Gaal, die Minnesänger →Ulrich v. Liechtenstein, →Herrand v.

Wildon und →Hugo v. Montfort zählen zu den bedeutendsten Vertretern ma. Dichtkunst in der S. Der Kartäuser Philipp v. Seitz und Gundacker v. Judenburg schufen geistl. Dichtungen. Erwähnenswert sind in der darstellenden Kunst die obermurtaler Malschule und Hans v. Judenburg sowie der »Meister v. Großlobming«. H. Ebner

Lit.: A. MELL, Grdr. der Verfassungs- und Verwaltungsgesch. des Landes S., 1929 – H. PIRCHEGGER, Gesch. der S., 3 Bde; I–II, 1936, 1942[2]; III, 1943 – F. POSCH, Siedlungsgesch. der Osts., 1941 – Das Werden der S., hg. G. PFERSCHY, 1980 – 800 Jahre S. und Österreich, 1192–1992, hg. O. PICKL, 1992 – K. AMON–M. LIEBMANN, Kirchengesch. der S., 1993.

Steigbügel, bei östl. Steppenvölkern und in China entstandene Reithilfe aus einfachen Lederschlingen. Die runden avar. S. aus Eisen ahmten diese Urform noch nach. Durch die Avaren kamen die S. im 6. und 7. Jh. nach Europa. Im HochMA hatten die S. Dreieck- und Bügelform mit abgesetztem Trittsteg. O. Gamber

Lit.: W. BOEHEIM, Hb. der Waffenkunde, 1890 – M. A. LITTAUER, Early Stirrups, Antiquity 55, 1981.

Steigriemen, beiderseits am →Sattel angehängte, verstellbare Hängeriemen für die →Steigbügel. O. Gamber

Stein der Weisen. Der heute noch sprichwörtl. S. d. W. (lapis philosophorum – als lapis der Wunderkraft der →Edelsteine wohl angeglichen) ist ein wesentl. spekulatives Ziel der Alchemie, als 'Motor' und agens für →Transmutation und →Elixier, den die für die Entwicklung der Chemie wichtigen alchem. Verfahrensschritte (→Alchemie, III) hervorbringen sollten. Als →Magisterium oder →Tinctur sollte er eine gedachte biolog. Reifung (daher auch als Samen bezeichnet) und Veredelung der Metalle zu Edelmetallen beschleunigen und auch die Läuterung des Adepten bewirken. Häufig als ultima materia/materia remota gen., wird er gelegentl. widersprüchl. auch mit der →materia prima gleichgesetzt. Als rotes Pulver ('roter Löwe') oft beschrieben, sollte er durch Projektion (Aufstreuen) oder Tingieren (Färben, Tinctur) die Umwandlung bewirken. In Vermischung aristotel. und gnost. Gedankengutes erhält über die arab. Alchemisten (meist Mediziner) seit dem hohen MA der S. d. W. auch med. Aspekte: Elixir und Tinctur als erhoffte allheilende Flüssigkeiten (→Panacee). Bis weit in die NZ ist an die Realität des S.s d. W. geglaubt bzw. darüber diskutiert worden. G. Jüttner

Lit.: →Alchemie, →Artikel zu den obengen. Stichwörtern – H. BIEDERMANN, Materia prima, 1973 – DERS., Handlex. der mag. Künste, 1976 – H. GEBELEIN, Alchemie, 1991.

Steinbock (Capra ibex), u. a. in den Alpen und in Palästina vorkommende sprunggewandte Art (ibex) der Wildziegen (Albertus Magnus 22, 38: caper montanus) im AT (1. Reg. 24, 3) als Felsbewohner von Engaddi und deshalb von Petrus Comestor, Hist. scholastica zur Stelle (MPL 198, 1317f.) erwähnt. Die äquivoke Bezeichnung (ibix) wird in der Additio 1 dazu sowohl auf den Vogel →Ibis (als ciconia) als auch auf das →Reh (caprea) (vgl. Vinzenz v. Beauvais, Spec. nat. 18, 32 und 59) bezogen. Thomas v. Cantimpré 4, 50 rechnet ihn daher zur Gattung der Hirsche. Gregor d. Gr. kommentiert (Moral. 30, 10, 36; MPL 76, 543) Job 39, 1 (Zitat bei Thomas) stillschweigend mit dem »Jägerlatein« (nach Plin. n. h. 8, 214?), wonach die S.e sich bei Gefahr vom Felsen stürzen und unbeschadet mit ihren (bei den Balzkämpfen tatsächl. manche Schläge vertragenden) mächtigen Hörnern auffangen sollen (vgl. Isid., etym. 12, 1, 16; Papias s.v. »ibyx«; (Ps.) Hugo 2, 15, dem sie daher Sinnbild für diejenigen Gelehrten sind, die im Vertrauen auf beide Testamente Schweres ertragen).

Albertus Magnus, animal. 22, 105 beschreibt sie als einziger richtig für die dt. Alpen (gelbl. Färbung, größer als ein Ziegenbock), behauptet aber, ein Jäger könne sich von einem in die Enge getriebenen S. vor dem Herabstoßen vom Felsen durch Aufsitzen retten lassen. Haltung in Menagerien und Abbildungen auf Mosaiken der Spätantike sind nachgewiesen (TOYNBEE, 135f.) Ch. Hünemörder

Q.: →Albertus Magnus – Gregor d. Gr., Moralia in Job, MPL 76 – (Ps.) Hugo v. St. Victor, De bestiis et aliis rebus, MPL 177 – →Isidor v. Sevilla – Papias Vocabulista, 1496 [Neudr. 1966] – Petrus Comestor, Hist. scholastica, MPL 198 – Thomas Cantimpr., Lib. de nat. rerum, T. 1, ed. H. BOESE, 1973 – Vinc. Bellov., Speculum nat., 1624 [Neudr. 1964] – Lit.: J. M. C. TOYNBEE, Tierwelt der Antike, 1983.

Steinbrech (Saxifraga granulata L. u. a./Saxifragaceae). Der Name deutet zunächst auf den Standort der meisten S.gewächse in Felsritzen hin (Circa instans, ed. WÖLFEL, 111); andererseits bezeichnet *saxifraga*, *saxifragum* bereits in der Antike (Plinius, Nat. hist. XXII, 64) verschiedene Pflanzen, die gegen Harnsteine wirksam sein sollten: so eben auch den Körner-S., der zwar keine Felsenpflanze ist, dessen Brutzwiebelchen aber an Steinchen erinnern, weshalb die Pflanze im Sinne der →Signaturenlehre gegen Blasen- und Nierensteine verwendet wurde (Albertus Magnus, De veget. VI, 452; Konrad v. Megenberg V, 75). Ältere Belege (STEINMEYER–SIEVERS III, 519) sowie Abbildungen (Gart, Kap. 354) lassen für *steinbrecha*, die auch bei Gelbsucht helfen sollte (Hildegard v. Bingen, Phys. I, 136), neben anderen Pflanzen bes. den Steinfarn (→Farnkräuter) in Betracht kommen. U. Stoll

Lit.: MARZELL IV, 133–149 – HWDA VIII, 404f.

Steinbruch → Carrara, II; →Marmor, -handel

Steinbücher → Lapidarien

Steinbüchse, ma. Belagerungsgeschütz verschiedener Größe und Lafettierung (→Legstück, →Lade, →Lafette), aus dem →Steinkugeln bis zu einem Durchmesser von 80 cm verschossen wurden. Das in der Stab-Ring-Technik aus Eisen geschmiedete oder aus Bronze gegossene Rohr einer S. bestand in dem vorderen Teil aus dem →Flug und im hinteren Teil aus der im Durchmesser kleineren Kammer zur Aufnahme der Pulverladung. Am oberen Ende der Kammer befand sich das Zündloch. E. Gabriel

Lit.: B. RATHGEN, Das Geschütz im MA, 1928 – V. SCHMIDTCHEN, Bombarden, Befestigungen, Büchsenmeister, 1977.

Steinfeld (Ecclesia beate Dei genitricis Marie, eccl. s. Potentini), eine der bedeutendsten OPraem Abteien im Dt. Reich (Gde. Kall; Nordrhein-Westfalen), alte Erzdiöz. →Köln. 1121 wandelte Ebf. →Friedrich I. v. Köln (44. F.) ein im 10./11. Jh. von den Vorfahren des Gf.en Theoderich v. →Are gegr. Kl. OSB in ein Regularkanonikerstift um, das von →Springiersbach aus besiedelt wurde (erster Propst →Everwin). Um 1138 fand der Anschluß an den sich bildenden Orden der →Prämonstratenser statt. Der gelehrte Propst Ulrich (ca. 1152–70), dessen Briefwechsel in Ordensangelegenheiten erhalten ist, förderte die Verehrung des hl. Potentin, dessen Gebeine von Karden a. d. Mosel nach S. überführt worden sein sollen. Propst Albert nahm 1184 den Abtstitel an. Noch im 12. Jh. wurden Tochterkl. in Böhmen, Friesland, Irland und Dänemark gegr. Dem Abt v. S. unterstand auch eine Reihe von Frauenkl. Außer St. Andreas in S. waren der Abtei 12 Pfarreien inkorporiert. Der Konvent umfaßte 1369 47, 1453 55 Chorherren. Zu den berühmtesten Mitgliedern im MA zählt der hl. Hermann Josef, dessen myst. Marienlieder und zeitgenöss. Vita überliefert sind.

I. Joester

Lit.: GP VII/1, 277–286 [Lit.] – TH. PAAS, Entstehung und Gesch. des Kl. S. als Propstei, AHVN 93, 1912, 1–54; 94, 1913, 1–50 – DERS., Die Prämonstratenserabtei S., ebd. 95, 1913, 61–123; 96, 1914, 47–60; 99, 1916, 98–202 – I. JOESTER, UB der Abtei S., 1976 [Lit.] – N. BACKMUND, Monasticon Praemonstratense 1, 1983², 251–256 [Lit.] – I. JOESTER, Prämonstratenser in der Eifel (S. – Eiflia Sacra – Stud. zu einer Kl.-landschaft, hg. J. MÖTSCH–M. SCHOEBEL, 1994), 175–201.

Steinfurt, Gf.en v., Gft., Stadt. Mit dem Edelherrn Rudolf I., Stifter des Kl. Clarholz (1134, OPraem), wird der erste Vertreter einer Dynastenfamilie greifbar, deren reicher Allodialbesitz von Ijssel, Lippe und Ems begrenzt wurde. Namengebend war die Wasserburg an der Aafurt eines Fernwegs von →Münster nach →Deventer. Die Verwandtschaft Rudolfs II. mit →Rainald v. Dassel führte zu einer Anlehnung an den Ks. (u. a. Teilnahme am 3. Kreuzzug 1189/90), durch dessen Rückendeckung die Unterwerfung der benachbarten Ascheberger (1164) sowie der Erwerb der Vogtei des Kl. Überwasser in Münster (bis 1301) und die Ansiedlung der →Johanniter in S., deren →Kommende zum Sitz der Ballei Westfalen wurde, gelang. Den Höhepunkt ihrer Ausdehnung erreichte die Herrschaft S., die neben dem Kirchspiel S. die Vogtei des Stifts Borghorst (ab 1270), die Fgft. Laer, das Amt Rüschau (ab 1279) sowie die Exklave Gronau (1365) umfaßte, unter Balduin II. († 1316), der, mit einer Tochter Bernhards III. zur →Lippe verheiratet, die Landesherrschaft durchsetzte und mit dem Bau der Schwanenburg bei Mesum (1343 zerstört) die drohende Umklammerung durch die Bf.e v. Münster aufbrechen wollte. Seit der Mitte des 14. Jh. gerieten die S.er in die Defensive, wovon die Auftragung der Fgft. an das Reich mit Rückbelehnung (1357) zeugt. Die Verleihung Münsterer Stadtrecht (1347) an die wohl unter Balduin II. privilegierte Stadt S. (1322 »oppidum«, ca. 3 ha mit 400 Einwohnern) bezweckte eine Stärkung des Herrschaftssitzes und führte zu einem vergrößerten Areal von 11 ha, das ab 1396 ummauert ca. 800 Einwohner faßte. Nach dem Aussterben der S.er im Mannesstamm (1421) fiel die Herrschaft an die Edelherren v. Götterswick, die auch die Gft. Bentheim erbten, wobei S. und Gronau weiter eine eigene Herrschaft bildeten, die aber im 16. Jh. das Amt Rüschau an die Bf.e v. Münster verlor. F.-W. Hemann

Bibliogr.: S. Bibliogr., bearb. H.-W. PRIES, 1989, 14–16, 22f., 25f., 39f., 46f., 80f., 81f., 85f., 101.

Steingut → Keramik

Steinhöwel (Steinhäuel), **Heinrich**, * 1411/12 in Weil der Stadt, † 1. März 1479 in Ulm, Arzt und Literaturunternehmer, neben →Ortolf v. Baierland meistgelesener dt. Autor vor Paracelsus bzw. Luther. S. stammte aus Eßlinger Patriziat, 1438 Mag. regens in Wien, 1443 Dr. med. in Padua, war 1444 in Heidelberg, 1446 in Weil, 1449/50 in Eßlingen, seit 1450 bis zu seinem Tod Stadtarzt in Ulm. Seinen Reichtum erwarb S. als Arzt, Geschäftsmann, Makler, durch Heirat, aber v. a. durch seine unternehmer. Beteiligung an Johann Zainers Ulmer Offizin, deren Bestseller er zu einem nicht geringen Anteil selbst redigierte bzw. als Übersetzer gestaltete.

[1] Das trifft bereits für sein 1446 in Weil verfaßtes 'Pestbuch' zu (ed. 1473 in Ulm), das mehrfach hoch- bzw. nd. nachgedruckt wurde, sich v. a. auf Antonio Guaineri stützt und eine therapeut. wirksame operative Ausräumung der Bubonenpakete empfiehlt. S. übernahm eine adt. Q. (Jakob Engelin, Hans Andree, 'Brief an die Frau von Plauen', 'Sendbrief-Aderlaßanhang', 'Pestlaßmännlein' [a]) in großen, kaum veränderten Versatzstücken. [2] Eine Kompilation ist auch 'Meister Constantini Buch', das weitgehend auf Ortolf v. Baierland aufbaut und etwa gleichzeitig wie das 'Pestbuch' in Weil der Stadt entstanden ist. S. schöpfte zusätzlich aus dem →'Bartholomäus', 'Kanon' des →Avicenna ('Schröpfstellentext', '24-Paragraphen-Text'), →'Secretum secretorum' (Vier-Jahreszeiten-Lehre) und 'Melleus liquor' des Alexander Hispanus ('Meister Alexanders Monatsregeln', Phytotherapeutika). Bemerkenswert ist sein pädagog. Eintreten für angehende Wundärzte. [3] 1473 exzerpierte S. die 'Tütsche Cronica' aus zwei Fassungen der 'Flores temporum'. [4] Gleichzeitig entstanden ist die 'Chronik Herzog Gottfrieds' (nach der 'Historia Hierosolymitana' des Robertus Monachus oder Guido v. Bazoches), die wie die Texte [2] und [3] nicht gedruckt wurde und als verschollen gilt. [5] Als »tütscher« lat. »wishait« präsentiert sich S. im 'Apollonius' (Dr. 1471), der auf den →'Gesta Romanorum' und dem 'Pantheon' →Gottfrieds v. Viterbo fußt, nach denen die Brautwerbung des Helden erzählt wird. Redaktionelle Eingriffe S.s akzentuieren Ehe- und Sexualmoral. [6] Als pragmat. Exempel 'getruwely gemahelschafft' präsentierte S. seine 'Griseldis'-Verdeutschung, die über Petrarca auf →Boccaccio zurückgeht (Dr. 1471, 25 Auflagen) und im Gegensatz zum 'Apollonius' weit über den Nürnberger Meistersang (Hans →Sachs) hinauswirkte. [7] Boccaccios 'De claris mulieribus' nachgestaltet sind die 'sinnreichen erlauchten Weiber' (1473), die unter Weglassung alles Misogynen 99 (antike) Frauen-Viten zeichnen, die 'Tütsche Cronica' exzerpieren und sieben reich ill. Auflagen erlebten. Streuüberlieferung bei Konrad →Bollstatter und Jakob Cammerlander; 50 Frauenschicksale hat Hans Sachs bearbeitet. [8] Ständisch aufgebaut und aus dem 'Speculum vitae humanae' des Rodrigo →Sánchez de Arévalo übersetzt ist der 'Spiegel menschlichen Lebens' (1473); lediglich zwei Inkunabelauflagen folgten. [9] Dagegen erzielte S. mit seinem Siegmund v. Tirol dedizierten 'Esopus' (Dr. 1476/77, 36 Aufl.) seinen größten Erfolg: Das auf Rinuccio da Castiglione, den Anonymus Neveleti, zwei Fassungen des Romulus-Corpus, zurückgehende und neben →Äsop auch →Avian ausschöpfende Werk vereint die wichtigsten Sammlungen antik-ma. Fabeltradition zu einer Leben und Werk des Gattungsstifters dokumentierenden 'Gesamtausgabe', aus der sich Fabeldichter, Meistersänger, Fastnachtsspielautoren ebenso bedienten wie exempelsuchende Prediger (→Geiler v. Kaisersberg). Der 'Esopus' wurde bis 1600 in neun europ. Sprachen übertragen; japan. Erstübers. 1593. Eine eigene Tradition begründete die 'Esopus'-Bildausstattung. G. Keil

Lit.: Verf.-Lex.² IX, 258–278.

Steinkreuze → Wegheiligtümer, →Hochkreuz

Steinkugeln waren vornehml. die Geschosse der großkalibrigen mauerbrechenden →Steinbüchsen, wegen ihrer geringen Material- und Herstellungskosten wurden sie häufig aber auch aus kleinkalibrigen Feuerwaffen verschossen. S. wurden von →Büchsenmeistern entsprechend der jeweiligen Büchsengröße bei Steinmetzen bestellt und mit Hilfe von aus Holz gefertigten Lehren angefertigt. Als bevorzugte Materialien galten Granit, Trachit, Basalt oder Sandstein. E. Gabriel

Lit.: B. RATHGEN, Das Geschütz im MA, 1928 – V. SCHMIDTCHEN, Bombarden, Befestigungen, Büchsenmeister, 1977.

Steinkunde (lapides et gemmae). Der Beginn einer systemat. Mineralogie ist allenfalls im 16. Jh. mit C. Gesner und G. →Agricola anzusetzen, mit Ansätzen der Kristallographie gar erst seit A. Boethius de Boodts »Gemmarum et Lapidum Historia« (1609). Das seit dem 13. Jh. bekannte mlat. mina ('Gang', 'Höhle') und minera ('Erzgrube', 'Grubenerz') – vermutl. über kelt. *mine* – sind nur in einigen ma. Titeln (Albertus Magnus, De mineralibus) und bei den tria Regna (Regnum minerale, R. vegetabile, R. animale) anzutreffen. Die lapides werden auch (noch bei Agricola) fossiles (fossa 'Grube') gen. und dies erst in der NZ auf organ. Versteinerungen eingeschränkt. So gehörten im MA u. a. Ammoniten, Trilobiten, Donnerkeile und auch →Bernstein zu den lapides.

Gemma ('Knospe') bezieht sich hier auf die 'wachsenden-knospenden Erdgewächse' – meist →Edelsteine und Kristalle – aus den aristotel. (auch früheren animist.) Vorstellungen von biolog.-organ. lebenden Steinen, mit Wachstum und Veränderungen, denen auch eine gewisse Beseeltheit nicht immer abgesprochen wurde. So ist es folgerichtig, daß auch die sog. biogenen 'Steine' im MA den lapides – häufig als Edel-, Zauber-, Medizinalsteine – angehören (z. B. →Korallen, →Perlen, Muscheln, Organsteine, v. a. →Bezoar). Figurierte Steine dagegen werden seit der Antike auch 'Gemmae' (und →Kameen) gen. aufgrund der bevorzugten Bearbeitung 'edler' Steine.

Seit Ansätzen in der Antike (Theophrast, 3. Jh. v. Chr.) sind nur wenige Klassifizierungsversuche erfolgt, Kristalle waren zwar als Einzelsteine bekannt, jedoch nicht als Strukturprinzip. Die Härte galt zwar schon als Maßstab, sonst sind Form, Farbe, Aussehen (→Signaturenlehre) und med. Anwendung Einteilungsprinzipien. So gab es die lapides vulgares und die lapides insigniores (pretiosi). Der augenfällige Unterschied zw. großkristallinen Mineralien, kleinkristallinen Gesteinen, den Erden, vulkan. Schmelzen, verfestigten Sedimenten und biogenen Produkten war für das Einzelobjekt für Wertschätzung und Gebrauch mitunter bekannt, ist jedoch nicht zur Systematisierung genutzt worden. Einzig die →Metalle (und damit auch →Quecksilber) und ihre evtl. Genese sind in der Lit. meist gesondert behandelt. Als Theorie der S. ist zunächst die Lehre von den →Elementen zu nennen, sodann die aristotel. Einteilung in oryktá (Steiniges) und metalleutá (Metallisches). Ersteres sei durch dampfartige, das zweite – wozu auch die Erze gerechnet wurden – durch rauchartige Ausdünstungen im Erdinnern entstanden (Meteorologie III, 6). Die →Alchemie hat dann zur Metallogenese die Dualität Quecksilber- und Schwefelprinzip als agens hinzugefügt.

Die auffälligen mag.-sympathet. und auch med. Aspekte der S. im MA und zuvor sind – verstärkt durch die neuplaton. Makrokosmos/Mikrokosmos-(Emanations-)Lehre – in dem fast rein medialen Sein (ohne auffällige individuelle 'Lebens-'Abweichung) und der Permanenz der Steine zu verstehen, so daß astral. und göttl. Kräfte (vires und virtutes) sozusagen ungehindert vermittelt werden konnten. So gab (und gibt) es Geburts-, Monats- und Meditationssteine, sodann häufigen Gebrauch als Talisman und →Amulett sowie als Kultsteine. Auch in der Divination und →Magie, wie auch als →Aphrodisiaca wurden sie vielfach eingesetzt. Viele 'Steine und Erden' haben als Antidote (z. B. Terra sigillata) und →Panaceen gegolten (→Lithotherapie). Eine mag.-astrolog. 'Systematik' auch der Steine bietet die im 11. Jh. aus arab.-hellenist. Q. kompilierte →Picatrix (im 13. Jh. ins Span. übers.). Diese hat Agrippa v. Nettesheim zu seinen Kategorien der drei Naturreiche, insbes. der Steine, unter mag. und med. Aspekten in seiner »De occulta philosophia« (1533) im Hinblick auch auf Systematisierung ma. Gedankengutes und zeitgemäßer philos. Ausweitung u. a. genutzt.

In der verwirrenden Nomenklatur der S. mischen sich asiat.-oriental.-arab., gr.-lat. und germ.-dt. Sprachwurzeln, häufiger Bedeutungswandel erschwert die Identifizierung. Hinzu kommen Übers.fehler und Mehrfachbezeichnungen aus verschiedenen Fachgebieten wie Edelsteinhandel, Alchemie (Decknamen), Technologie (insbes. der Farben) und →Bergbau (der viele dt. Namen entwickelte; →Rülein v. Calw; →Paracelsus).

→Theophrast (3. Jh. v. Chr.) ist ein erstes Steinbuch zu verdanken. In der »Materia medica« des →Dioskurides (1. Jh. n. Chr.) werden neben Pflanzen auch Steine med. abgehandelt. Für das MA war die »Naturalis historia« →Plinius' d. Ä. (B. 36: Steine; B. 37: Steine, Edelsteine, Bernstein) mit ihrer Fülle an Material, auch zu mag. Aspekten der S., eine Haupt q., aus der bereits →Solinus schöpfte, doch haben syr.-pers.-arab. Werke und Frgm. e auch Einfluß genommen. Magisches haben auch die hellenist. Lithika des »Orpheus« und der »Damigeron« (Evax) überliefert. Von mlat. →Lapidarien ist v. a. der »Liber de gemmis« →Marbods v. Rennes (11. Jh.) zu nennen. Die Werke der →Hildegard v. Bingen vermitteln viel Eigenständiges und Volkswissen (12. Jh.) zu den Steinen. →Arnold v. Sachsen (13. Jh.) stützt sich in »De virtutibus lapidum« vielfach auf Marbod. →Albertus Magnus' »De mineralibus libri V« (13. Jh.) wurden lange tradiert, ebenso wie das wohl schon im 9. Jh. aus arab. Q. entstandene Steinbuch des Ps.-Aristoteles. Neben einigen frühen dt. Steinbüchern der ma. Fachlit. ist →Konrads v. Megenberg um 1350 geschriebene Enzyklopädie (vornehml. eine Bearb. des lat. Werkes »De rerum natura« von →Thomas Cantimpratensis [um 1250; B. VI: Edelsteine; B. VII: Metalle]), eine wichtige Q. zur ma. S. Die Werke u. a. des Ğābir (Ps. →Geber) und des →Rhazes haben arab.-alchem. Nomenklatur zur S. vermittelt. Auch in der dt. Dichtung, u. a. im »Parzival« →Wolframs v. Eschenbach, werden Edelsteine genannt. Schließlich vermittelt die Schriftengruppe des →»Hortus sanitatis« (seit 1484 mit dem Herbarius beginnend) auch den med. Gebrauch von Steinen.
G. Jüttner

Lit.: →Artikel zu den erwähnten Autoren und Werken, →Alchemie, →Edelsteine, →Lapidarien, →Lithotherapie – D. GOLTZ, Stud. zur Gesch. der Mineralnamen in Pharmazie, Chemie und Med. von den Anfängen bis Paracelsus, SudArch Beih. 14, 1972 – H. LÜSCHEN, Die Namen der Steine, 1979² [Lit.; Q.] – W. D. MÜLLER-JAHNCKE, Astrolog.-Mag. Theorie und Praxis in d. Heilk. der Frühen NZ, SudArch Beih. 25, 1985 – CH. RÄTSCH–A. GUHR, Lex. der Zaubersteine, 1989.

Steinmar, mhd. Lieddichter der 2. Hälfte des 13. Jh. Die Identität mit Berthold Steinmar v. Klingnau (urkdl. 1251–93) kann nicht als gesichert gelten. Erwähnungen von Wien (3) und Meißen (12) bieten keine sicheren Anknüpfungspunkte. Rezeptionsspuren verweisen S. in den südwestdt. Raum. Sein Werk, bestehend aus 51 Strophen in 14 Liedern (10 mit Refrain), ist in der Heidelberger Liederhs. C (Cod. Manesse, fol. 308ᵛ–310ᵛ, Grundstock, Hd. As und Bs; →Liederbücher) überliefert. S. verfügt souverän über die lit. Traditionen: Aus einer Kombination von Dienstaufkündigung, vagantischem Trinklied und Jahreszeitenstreit besteht sein berühmtes Herbstlied (1). Daneben stehen traditionelle Lieder (2, 3, 6, 13) und Texte, die ihre Qualität und Spannung aus unvorbereiteten Rollenbrüchen beziehen (4: Herz tobt wie ein Schwein im Sack vgl. 9, 10, 12). In der Orientierung an den Jahreszeiten (1, 3, 10, 12, 14) und im Rückgriff auf das bäuerl. Milieu (7, 8, 11, 14) zeigt sich eine Anknüpfung an →Neidhart. Das Tagelied 8 siedelt S. dort an. Sein zweites Tagelied (5) ist eine Reflexion der Wächterrolle. Im Vordergrund seines kleinen, aber variationsreichen Œuvres steht die *fröide*-Thematik (LÜBBEN) und das Drängen auf Liebeserfüllung, das im bäuerl. Milieu märenhafte Züge erhält.
H.-J. Schiewer

Ed.: M. SCHIENDORFER, Die Schweizer Minnesänger, 1990, 280–297 – *Lit.:* Verf.-Lex.² VIII, 281–284 [I. GLIER; Lit.] – G. LÜBBEN, 'Ich singe daz wir alle werden vol', 1994.

Steinmetz. Da die Ausbildung des S.en im MA auf der Ausbildung als Maurer aufbaute (Regensburger Ordnung der S.bruderschaft von 1459) oder diese mit umfaßte und für den Steinbildhauer keine bes. Ausbildung, sondern nur höhere Begabung und Erfahrung erfordert war, sind die Bezeichnungen in den Q. unterschiedl. und nicht eindeutig unterschieden: murator und caementarius für den Maurer, lat(h)omus, lapicida, caesor, sculptor, ymaginator und seit 1275 steinmecz und im 15. Jh. Bildhauer für den S./Bildhauer (s. BINDING, 1993, 285–291). Häufig versetzt der S. auch seine Quader (murator, locator, seczer). In spätma. Rechnungsbüchern wird auch eine etwas höher besoldete Gruppe von Laubhauern aufgeführt, eine vor der Mitte des 15. Jh. nicht nachweisbare Spezialisierung für die Ausführung von Blattwerk an Kapitellen und Krabben. Erst im 15. Jh. wurde die angemessene Ausbildung des S.en durch eine 5–6jährige Lehrzeit (Diener) festgelegt. Ein Mindestalter war nicht bestimmt, lag aber bei 14 Jahren. Es durften auf einer Baustelle höchstens zwei, auf mehreren Baustellen bis zu fünf Lehrlinge beschäftigt werden. Nach Abschluß der Lehrzeit, üblicherweise ohne Prüfung, trat der S. der Bruderschaft bei und begann eine einjährige Wanderschaft. Erst nach deren Ablauf durfte der Meister den Gesellen zum Parlier, also zu seinem Stellvertreter, machen. Nach der Wanderzeit konnte der S. für zwei Jahre als Kunstdiener oder Meisterknecht zu einem Werkmeister gehen, um Entwurfs- oder Konstruktionskenntnisse, aber auch bildhauerische Fähigkeiten zu erwerben. Die Ausbildungszeit betrug etwa 10 Jahre. Diese im 15. Jh. festgelegten Bestimmungen waren schon im 14. Jh. üblich und auch früher, wie sich aus einzelnen Q. erschließen läßt. Die Lehrlinge und Gesellen lebten im Haushalt des Meisters. Aus Abrechnungslisten und →Steinmetzzeichen ist eine überraschend große Fluktuation auf den Baustellen zu beobachten, nur wenige S.en waren über eine Sommersaison oder gar mehrere Jahre auf einer Baustelle tätig, die meisten nur wenige Wochen oder gar Tage, so daß festgelegt wurde, daß ein S. mindestens eine Woche von Montag bis zur Löhnung am Freitag/Samstag bleiben müsse. Die Arbeitszeit betrug im Sommer etwa 11,5 Stunden, im Winter 10 oder weniger, die sommerl. Wochenarbeitszeit von 65–67 Stunden betraf aber wegen der vielen Feiertage nur etwa die Hälfte der Wochen.

Der S. hatte eigenes Werkzeug zu besitzen, u. a. Steinaxt (Fläche), Richtscheit, Winkelmaß, anderes Werkzeug war bauseits zu stellen. Schrift- und Bildq. geben über die einzelnen Werkzeuge und ihre Anwendung Auskunft; die Steinbearbeitung und das Werkzeug haben sich seit der Antike bis ins 20. Jh. kaum verändert. Ziel ist die Herstellung von Quadern und Werkstücken aus Natursteinen mit sauberen Lager- und Stoßfugen. Die Arbeitsgänge der Steinbearbeitung sind sehr unterschiedlich und können auf der Sichtseite im Stadium eines jeden Arbeitsprozesses belassen werden, wodurch vielfältige charakterist. Strukturen erreicht werden. Da die Werkzeuge und ihre Handhabung sowie die beabsichtigte Oberflächenwirkung regional und zeitlich verschieden sind, können daraus Rückschlüsse auf die Entstehungszeit gezogen werden. Die einzelnen Arbeitsschritte nach Anlegen des 1,5–4 cm breiten Randschlages mittels Schlageisen (Setzeisen, scisellus, meysle) und Klöpfel (aus Buchenholz gefertigter, halbkugel- oder zylinderförmiger Kopf mit kurzem Stil) sind: Bossieren bzw. Spitzen = grobes Abarbeiten mit dem Spitzeisen oder der Spitze (beidhändig geführte spitze Hacke); Flächen = feines Abarbeiten des Spiegels mit der beidhändig geführten, beilähnlichen Fläche; Scharrieren = feines Abarbeiten des Spiegels mit einem breitschneidigen Schlageisen, wodurch schmale, parallele Rillen, eine Art Riefelung, entstehen, erst seit dem 16. Jh. üblich; Kröneln = feines Überarbeiten mit einem Kröneleisen, das aus einer senkrecht angeordneten Reihe von Spitzen besteht; Stokken = Überarbeiten mit dem aus vielen Pyramidenspitzen bestehenden Stockhammer. Der Spiegel, die vom Randschlag umgebene Fläche, kann aber auch als Bosse (Rohform) vor dem Randschlag vorstehen (Rusticamauerwerk = Opus rusticum), als Buckelquader oder Bossenquader seit frühstauf. Zeit bei Pfalzen und Burgen bes. beliebt, wird die Bosse um 1200 immer mehr kissen- oder polsterartig abgespitzt (Polstermauerwerk), bis sie um 1250 nur noch wenig vorsteht und langsam aufgegeben wird. Seit 1130/40 finden sich auf den Sichtflächen →Steinmetzzeichen. Das am häufigsten dargestellte Werkzeug ist die Spitzfläche, eine Kombination von Spitze und Fläche, die es gestattet, das grobe Abspitzen und anschließende Ebnen der Oberfläche mit einem Werkzeug auszuführen. Für Profile und Bildhauerarbeit werden Setzeisen verwendet. Für das Umlegen großer Steine dient das Hebeisen (hivisin, hebysen), das auch als Brecheisen verwendet wird. Ab 1400 wird die Steinsäge erwähnt (serra ferrea ad scidendum pylernum). Die Steine werden mit Kelle (malleius), Richtscheit, Lot und Lotwaage (Setzwaage) versetzt. Zum Aufreißen der Quader und Profile dienen neben dem Richtscheit der Winkel (winkelmass), der Zirkel und seit dem 13. Jh. die Schablone.

Die S.en waren in der Hütte (fabrica) der einzelnen Großbaustellen unter Leitung des Werkmeisters oder Parliers zusammengefaßt oder in städt. S.bruderschaften organisiert. An den einzelnen Hütten existierten Ordnungen, d.h. schriftl. Niederlegungen aller Pflichten; solche Ordnungen sind aber erst seit der Mitte des 15. Jh. überliefert. Im 13. Jh. haben sich in den Städten die Zünfte entwickelt (älteste Bestätigungsurkunde von 1248 für Basel, beschworene Gewohnheiten in Paris 1258). Die Benachteiligung der in den Kathedralbauhütten beschäftigten S.en gegenüber den in den Zünften organisierten S.en führte um die Mitte des 15. Jh. zur Organisation von S.bruderschaften; erste Zusammenkünfte 1453/54 in Speyer, 1457(?) in Straßburg und am 25. April 1459 in Regensburg für die oberdt. S. en mit der Aufstellung einer verbindl. (gewillkürten) Ordnung unter der Gerichtsbarkeit der Haupthütten in Straßburg, Wien und Köln, wobei das Straßburger Zuständigkeitsgebiet das größte und der Straßburger Werkmeister oberster Richter war. Die Meister der Haupthütten nahmen neue Mitglieder auf, und hatten regionale Gottesdienste zu organisieren. Das Büchsengeld diente der Finanzierung der Gottesdienste, der Fürsorge bedürftiger Bruderschaftsmitglieder bei Krankheit, Tod und Gerichtsverfahren. G. BINDING

Lit.: D. HOCHKIRCHEN, Ma. Steinbearbeitung, 1990 [ältere Lit.] – G. BINDING, Baubetrieb im MA, 1993 [Q. und ältere Lit.].

Steinmetzbuch, spätgot. Hss. und Druckwerke des 15.–16. Jh., die Bauregeln und Texte mit erklärenden Zeichnungen enthalten, die sich sowohl mit dem Baukörper als auch mit den Baugliedern beschäftigen und mündl. tradiertes Wissen für Steinmetzmeister übermitteln. Sie unterscheiden sich von den ma. Musterbüchern wie das des →Villard de Honnecourt um 1220/30 und die von Hans →Böblinger am Ende seiner Lehrzeit in Konstanz 1435 mit Feder und brauner Tusche gezeichneten 31 Laubmuster (Bayer. Nationalmus. München). Die spätgot. S. er berufen sich auf die »Alten« und lassen ein geschichtl. Interesse erkennen, das mit dem humanist. Denken der Zeit in Zusammenhang zu sehen ist: Wien (2. Hälfte 15. Jh.), Frankfurt (1572 kopiert nach älteren Vorlagen), Köln (1593 von Johannes Facht), Abschriften der 1516 von Lorenz Lacher (Lechler) verfaßten Unterweisungen an seinen Sohn Moritz sowie die 1486 bzw. 1487/88 gedruckten Hefte »Das Büchlein von der Fialen Gerechtigkeit« von Matthäus →Roriczer, dazu die »Geometria Deutsch«, ferner das etwa gleichzeitige »Fialenbüchlein« von Hans →Schmuttermayer. G. Binding

Lit.: E. PAUKEN, Das S. WG 1572 im Städelschen Kunstinstitut zu Frankfurt am Main, 1972 – L. R. SHELBY, Gothic Design Techniques, 1977 – F. BUCHER, Architector, The Lodge Books and Sketchbooks of Medieval Architects, 1979 – F. BUCHER, Hans Böblingers Laubhauerbüchlein und seine Bedeutung für die Graphik, Esslinger Studien 21, 1982, 19–24 – A. SEELIGER-ZEISS, Studien zum S. des Lorenz Lechler von 1516, architectura 12, 1982, 125–150 – U. COENEN, Die spätgot. Werkmeisterbücher in Dtld. als Beitrag zur ma. Architekturtheorie, 1989 [mit Lit.] – W. MÜLLER, Grundlagen got. Bautechnik, 1989 – R. RECHT, Les »traités pratiques« d'architecture gothique (Les bâtisseurs des cathédrales gothiques, hg. R. RECHT, 1989), 279–285 – G. BINDING, Baubetrieb im MA, 1993.

Steinmetzzeichen sind meist geometrische, auch monogrammartige Zeichen als persönl. Signum eines Steinmetzen, als Gütezeichen und wohl auch zur Abrechnung, in der Spätgotik auch als Meisterzeichen; seit etwa 1130 (Speyer, Verdun) auf der Sichtfläche der Quader eingehauen und bis zur Spätgotik weit verbreitet, vereinzelt in der Renaissance und im Barock. Anfänglich bevorzugte man einfache geometrische Figuren und Buchstaben (bis zu 25 cm Größe), aber auch figürl.-ornamentale Motive, im 14. Jh. vorrangig kleinere, abstrakt-lineare Bildungen (1,5–3 cm groß) aus Winkel, Haken- und Kreuzkombinationen, die im 15./16. Jh. zu komplizierten Variationen und größeren Zeichen weiterentwickelt wurden. In der baugesch. Forschung dienen S. zur Aufstellung relativer Chronologien und zur Abgrenzung von Bauabschnitten, nicht jedoch zur Feststellung überörtl. Bauzusammenhänge oder gar der Hüttenherkunft aufgrund von Zeichengruppen oder Proportionen. Schildförmig gerahmte oder an herausragender Stelle angebrachte Einzelzeichen sind Meisterzeichen, wie sie von Mitgliedern von Baumeister- oder Steinmetzfamilien der Spätgotik benutzt wurden, zumeist generelle Formen, die von den einzelnen Mitgliedern abgewandelt wurden. Im SpätMA erhielt ein Geselle nach Beendigung der Lehrzeit von Zunft oder Bruderschaft ein Zeichen »verliehen«. Die S. sind von den ähnlich aussehenden, aber paarweise auf Nachbarsteinen eingeschlagenen, seit der Antike vorkommenden Versatzmarken zu unterscheiden. G. Binding

Lit.: Lex. d. Kunst VII, 1994, 31 – F. RZIHA, Studien über S., Mitt. d. k. k. Central-Comm. NF 7, 1881; 9, 1883 – W. C. PFAU, Das got. S., 1895 – L. SCHWARZ, Die dt. Bauhütte des MA und die Erklärung der S., 1926 – W. WIEMER, Die Baugesch. und Bauhütte der Ebracher Abteikirche 1200–85, 1958 – G. BINDING, Pfalz Gelnhausen, 1965 – H. KRAUSE, Die spätgot. S. des Doms und Klausur (P. RAMM, Der Merseburger Dom, 1977) – D. v. WINTERFELD, Der Dom in Bamberg, 1979 – J. L. VAN BELLE, Dictionnaire des signes lapidaires. Belgique et nord de la France, 1984 – W. NIESS, Roman. S. der Stauferburgen Büdingen und Gelnhausen, 1988 – H. MASUCH, Erkenntnisse zur S.-Forsch. aus Bauregistern des 14.–16. Jh. (architectura 1991) – G. BINDING, Baubetrieb im MA, 1993.

Steinschneidekunst → Kameo

Steinschnitt (Lithotomie), Verfahren zur operativen Entfernung von Harnsteinen aus der Blase, das als ultima ratio dann angewandt wurde, wenn Versuche medikamentöser Steinauflösung (Applikation oral [→Steinbrech; Lithotriptikon des →'Antidotarium Nicolai'] oder mittels →Katheters transurethal) bzw. mechan. Steinzertrümmerung (Druck-/Stoß-Lithotripsie) erfolglos geblieben waren oder zu unerwünschten Komplikationen geführt hatten. Angewandt wurde die seit dem 4. Jh. v. Chr. bekannte und von Celsus (VII, 26) beispielhaft beschriebene sectio lateralis, die seit →Roger Frugardi (Rogerina, IV, 36–38) mehr oder weniger ausführl. von den Lehrbüchern der ma. →Chirurgie abgehandelt wird. Sie setzt eine diagnost. Absicherung sowie diätet. Vorbehandlung des möglichst jungen Patienten voraus, bringt den Kranken in S.lage (kauernd mit angezogenen Knien), führt einen perinealen Bogenschnitt halbmondförmig zw. Genitale und After, läßt dessen Enden zu den Sitzbeinhöckern auslaufen, durchtrennt damit Haut sowie Damm-Muskulatur (levator-ani-Platte), kommt so auf den 'Blasenhals' und eröffnet diesen senkrecht zur bisherigen Schnittführung hinter dem Bulbum urethrae im Bereich der Pars membranacea sowie prostatica urethrae. Zu große Steine wurden von oben und hinten mit einem Löffel fixiert und durch einen spitzen Meißel zerschlagen; zum Extrahieren der Urolithen benutzte der Operator die Finger (während die rechte Hand griff, schoben zwei Finger der linken vom Anus aus dagegen), oder er brachte seinen Haken bzw. Steinlöffel (unctus concavus) zum Einsatz; →Rhazes empfiehlt eine Greifzange, wie man sie zur Pfeilextraktion benutzte. Statt der langwierigen Nachbehandlung mittels Pflockverbänden, Kataplasmen und des »ligare cum bindis« rät →Lanfranc zum Nähen beider Schichten, jeweils mit Knopfnähten. – Bei →Gilbertus Anglicus (VII.) findet sich die Andeutung einer sectio mediana; die sectio alta wurde durch Pierre Franco erst 1550 entdeckt. – Schwierigkeit der Methode und hohes Operationsrisiko machten die »Steinschneider« zu fahrenden cursores. – Als Operationsrisiko gefürchtet waren bleibende Blasenfistel und (bei Durchtrennung der Samenstränge) die Sterilität.

G. Keil

Lit.: E. GURLT, Gesch. der Chirurgie und ihrer Ausübung, 1898, I, 570–572; III, 774–777.

Steinsymbolik → Edelsteine, →Farbe, III

Steinzeug (Siegburger Keramik). Seine nicht ausschließliche Produktion beginnt schon vor 1300 mit der P4 der Töpfersiedlung in der Siegburger Aulgasse als Abschluß einer techn. Entwicklung (ständige Verbesserung der liegenden Brennöfen, der Brandführung, der Tonaufbereitung). Qualitativ hochwertige tertiäre Tone der Lohmarer Sandterrassen sind die Voraussetzung. Gegenüber den vielfarbigen Irdenwaren ist das S. fast weiß. Stratifizierte Funde der Ausgrabungen von 1961–66 am letzten Scherbenhügel und begleitende naturwiss. Unters. erlaubten eine exakte Scherbendefinition. Die gängige Ansprache des S.s als glasähnl., wenig porös, kaum Wasser aufnehmend, von Stahl nicht ritzbar und muschelig brechend wurde mineralog. und physikal. bestätigt und ergänzt: Das verglaste, sandarme Gefüge ist sehr dicht, mit geringen Porenanteilen, von großer Zähigkeit und feinkörniger Grundmasse ohne zugesetzte Magerungen zum Quarz. Durch den hohen Mullitanteil entsteht eine Härte, die auch große Zähigkeit bewirkt. Alle die genannten Merkmale bedeuten einen revolutionären Wandel der Eigenschaften gegenüber der Irdenware. Dem S. anderer Produktionsorte hat das Siegburger eine nur ihm eigene Besonderheit voraus, die ungewöhnl. große Zähigkeit. Dies bedeutet eine bessere Temperaturwechselfestigkeit. Die Entwicklung zum S. erzwingt Einschränkungen und

Ausweitungen der Verwendungsmöglichkeiten; d.h., Tafelgefäße werden bevorzugt, Küchengefäße (Töpfe, Kruken, Kacheln) verschwinden aus der Produktion, nur noch Töpfe werden anfangs in kleiner Stückzahl hergestellt. Die Krüge und Becher entfalten einen großen Formenreichtum, der sich schon beim Fasts. der P3 andeutete. Tassen werden neu ins Programm aufgenommen. Zum Wandel des Typenspektrums tritt eine stärkere Gliederung der Gefäße, neben die Drehrillen Stufen, Leisten und Rillen. Das nicht notwendige Engobieren ist reine Dekoration, Aschenglasur ein ungewolltes Brennergebnis. Die weitere Entwicklung, über die durch meist echte keram. Formen gekennzeichnete P4 des frühen S.s hinaus, führt zu unkeram. Formen (Nachbildungen von Holz-, Glas-, Metallgefäßen) mit künstler. Gestaltung der Oberflächen und Salzglasur. B. Beckmann

Lit.: E. Klinge, Siegburger S. (Kat.e des Hetjensmus.s Düsseldorf, 1972) – B. Beckmann, Der Scherbenhügel in der Siegburger Aulgasse, Bd. 1 (Rhein. Ausgrabungen 16, 1975) [bes.: H. Heide, 34off.; G. Strunk-Lichtenberg, 345ff.; Lit.] – Ders., Zur Provenienz und Abgrenzung des Siegburger S.s im Rahmen der rhein. Keramik, seine naturwiss. Analysen archäolog. interpretiert (5. Kolloquium zur ma. Keramik, 1986 [1987]), 6–9.

Stellinga, Aufstand 841–843. Die Erhebung großer Bevölkerungsteile in ganz →Sachsen 841/842 und erneut 843 ist in ihren Motiven und Verlaufsformen nicht eindeutig zu beurteilen, zumal nur frk. Q. über die Ereignisse berichten (→Nithard, →Annalen v. St-Bertin, Xanten und Fulda). Äußerer Anlaß dürften die Bruderkämpfe in der karol. Kg.sfamilie (→Frankenreich, B. II. 5) nach dem Tod →Ludwigs d. Fr. gewesen sein: Ks. →Lothar I. wandte sich nach seiner Niederlage 841 (→Fontenoy) an sächs. Anhänger mit der Bitte um Unterstützung gegen seinen Bruder →Ludwig II. und stellte ihnen eine Rückkehr zu alten heidn. Gewohnheiten in Aussicht. Der Aufstand richtete sich gleichermaßen gegen Christianisierung, Feudalisierung (durch sächs. 'nobiles' im Bund mit den Franken) und Beschränkung überkommener Lebens- und Rechtsgewohnheiten und war damit Ausfluß sozialer Konflikte innerhalb der sächs. Gesellschaft wie letztes Aufbäumen des alten Widerstandes gegen die frk. Expansion. Die Träger des genossenschaftl. organisierten Aufstands (S. meint 'Gefährte, Genosse') rekrutierten sich v.a. aus den sächs. →Frilingen und →Liten und dürfen wegen ihrer differenzierten sozialen, ökonom. und religiösen Motive nicht einfach als 'Bauern' begriffen werden. Nachdem der S. zunächst die Vertreibung adliger Gewalten wie die Rückkehr zu alten Rechten und Gewohnheiten gelungen war, erlag sie 842 dem Zugriff Kg. Ludwigs II., der die frk. Dominanz in Sachsen sicherte, die Stellung der kooperationsbereiten sächs. →Edelinge befestigte und ein furchtbares Strafgericht über die Empörer abhielt (Todes- und Verstümmelungsstrafen). Ein letztes Aufflackern des Widerstands 843 wurde vom Adel erstickt. – Durch die Niederschlagung der sozial-religiös motivierten und in den Bahnen älterer sächs. Widerstands handelnden →Revolte gelang die bleibende Integration Sachsens in das werdende →Ostfrk. Reich, das dann 843 im Vertrag v. →Verdun seine endgültige Gestalt erlangte.
B. Schneidmüller

Lit.: Dümmler ²I, 164–166 – H. J. Schulze, Der Aufstand der S. in Sachsen und sein Einfluß auf den Vertrag v. Verdun [Diss. HU Berlin 1955] – S. Epperlein, Herrschaft und Volk im karol. Imperium, 1969, 50–68 – H.-D. Kahl, Randbemerkungen zur Christianisierung der Sachsen (Die Eingliederung der Sachsen in das Frankenreich, 1970), 519ff. – E. Müller-Mertens, Der S.aufstand, ZfG 20, 1972, 818–842 – H. Schmidt, Über Christianisierung und gesellschaftl. Verhalten in Sachsen und Friesland, NdsJb 49, 1977, 38ff. – N. Wagner, Der Name der S., BNNF 15, 1980, 128–133 – K. Leyser, Von sächs. Freiheiten zur Freiheit Sachsens (Die abendländ. Freiheit vom 10. zum 14. Jh., 1991), 70f. – E. J. Goldberg, Popular Revolt, Dynastic Politics, and Aristocratic Factionalism in the Early MA: The Saxon S. Reconsidered, Speculum 70, 1995, 467–501.

Stempel. 1. allgemein →Siegel (Siegels., Siegelring usw.); →Beschauzeichen; →Münztechnik (Präges.); →Bucheinband.

2. S., Silberstempel, byz., staatl. Kontrollmarken, die vom 4. bis einschl. 7. Jh. einigen Objekten aus →Silber aufgeprägt wurden. Die ältesten S. erscheinen auf silbernen Barren und Platten aus der ksl. Finanzbehörde des →comes sacrarum largitionum in der 1. Hälfte des 4. Jh. S. aus dem 4. und 5. Jh. sind viereckig oder rund; sie enthalten oft einen Namen (wohl des betreffenden Beamten; vgl. den Schatz v. Sucidava), den Ort der Markierung, häufig auch eine Darstellung der sitzenden Tyche (Stadtgöttin). Ksl. →Büsten, die den offiziellen Charakter der S. anzeigen, erscheinen auf einigen Barren aus dem späten 4. und frühen 5. Jh.

Ks. →Anastasius I. (491–518) führte ein System von vier 'ksl.' S.n ein, jeder von unterschiedl. Gestalt, die das Bildnis des Ks.s und z.T. seinen Namen bzw. sein Monogramm tragen, aber auch das Monogramm des 'comes sacrarum largitionum' sowie z.T. Namen von Münzbeamten enthalten können. Ein neues System von fünf ksl. S.n wurde von →Justinian I. (527–565) eingeführt und bis einschließl. der Regierungszeit von →Konstans II. (641–668) beibehalten. Zwar gilt Konstantinopel als üblicher Ort der Markierung, doch ist der Name der Hauptstadt nicht erwähnt, wohingegen einige 'irreguläre' (nicht-ksl.) S. die Städte →Antiochia (Theoupolis) und →Karthago nennen, was die Annahme sekundärer Orte der Silberstempelung belegt. Galten Silbers. lange als Garantie für die Reinheit des betreffenden Silbers (vgl. den Bios des hl. Theodoros v. Sykeon, 42f.), so hängen metallurg. Analysen ergeben, daß gestempeltes wie ungestempeltes byz. Silber gleich hohen Feingehalt besitzt (94–99%); andere Analysen haben gezeigt, daß das Unterscheidungsmerkmal bei gestempeltem Silber wohl in der Reinheit der angewandten Legierung mit Kupfer liegt (P. Meyers). Die Silberproduktion wurde kontrolliert vom Amt des comes sacrarum largitionum, dessen Monogramm ab 498 auf den S.n erscheint. Es wurde die Annahme vorgeschlagen (D. Peissel, J. Nesbitt), daß nach 565 die Monogramme eher den Stadtpräfekten v. Konstantinopel als den 'comes' (oder seinen Nachfolger, den 'sakellarios'; →Finanzwesen A. II. 3) bezeichnen. Die Frage, ob die S. wiederverarbeitetem (Alt-)Silber oder durch Bergbau gewonnenem (Neu-)Silber aufgeprägt wurden, konnte bislang nicht entschieden werden. S. A. Boyd

Lit.: E. C. Dodd, Byz. Silber Stamps, 1961 – F. Baratte, Les ateliers d'argenterie au Bas-Empire, JS, 1975, 193–212 – D. Feissel, Le préfet de Constantinople, les poids-étalons et l'estampillage de l'argenterie au VIᵉ au VIIᵉ s., RNum 28, 1986, 119–142 – T. Cliante-A. Radulescu, Le trésor de Sucidava en Mésie Seconde, RA NS, 1988, 357–380 – Oxford Dict. of Byzantium, 1991, 1899f. – Ecclesiastical Silver Plates in Sixth-Cent. Byzantium, hg. S. A. Boyd-M. Mundell-Mango, 1992 [Beitr. P. Meyers, M. Mundell-Mango, J. Nesbitt].

Sten Sture → Sture

Stenay-sur-Meuse, ehem. →Priorat der Abtei →Gorze, in den Ardennen, →Lothringen (dép. Meuse, arr. Montmédy), unterstand hinsichtl. der Pfarrrechte dem Ebm. →Trier (Dekanat Yvoy, heute Carignan). Die erste Erwähnung findet sich in einer 898/899 wohl in St-Bertin verfaßten »Vita Dagoberti« (Martyrium eines hier ermordeten hl. Kg.s →Dagobert [II. oder III.?], seine Bestattung in einer Remigiuskapelle am Ort 'Sathon/Satanagus', Stiftung einer Basilika durch einen Kg. Karl und Übertragung der Dagobert-Reliquien in diese). Eine Notiz im Kartular v. Gorze (Nr. 148), bald nach 1124, schreibt in Anknüpfung an diesen Bericht die genannte Stiftung Karl dem Kahlen zu. Seine Intervention könnte auf 872 datiert werden (R. FOLZ). Nach dem Briefwechsel →Gerberts v. Aurillac, Ebf. v. Reims, soll die 'villa' S. 987/988 aus dem Besitz der Kgn. →Emma, Gemahlin des westfrk. Karolingers →Lothar, an Kgn. Adelheid, Frau von →Hugo Capet, gelangt sein. 1069 verlieh →Gottfried der Bärtige, Hzg. v. →Niederlothringen, das Priorat an die Abtei Gorze, nachdem er schon einige Jahre zuvor hier Mönche aus Gorze eingesetzt hatte (Nr. 138). Gottfried besaß diese Kirche als Teil der 'dos' seiner Gemahlin →Beatrix, Tochter von →Friedrich, Hzg. v. Oberlothringen. →Gottfried v. Bouillon, Hzg. v. Niederlothringen, bestätigte 1093 und 1096 diese Schenkung. 1157 beschreibe eine Urk. des Ebf.s v. Trier, Hillin, die Rechte und Pflichten der mit der Pfarrei v. S. betrauten Priester (Nr. 174). Das 'castellum' v. S. wurde zweimal eingenommen und geplündert (1218, 1442). Das Priorat S. wurde 1602 aufgehoben und gleichzeitig mit der 1572 säkularisierten 'mensa abbatialis' v. Gorze der Primatialwürde v. Nancy inkorporiert.

C. Carozzi

Q.: Vita Dagoberti (MGH SRM II) – Cart. de Gorze, ed. A. D'HERBOMEZ (Mettensia II), 1898 – *Lit.:* DOM CALMET, Hist. eccl. de Lorraine, I, 1728, preuves, 313, 469 – DERS., Hist. de Lorraine III, 1748, XXIII, XXXIV – L. H. COTTINEAU, Rép. topo-bibliogr. II, 1939, 3090 – R. FOLZ, Tradition hagiographique et culte de st. Dagobert, M-A 69, 1963, 17–35 – K. H. KRÜGER, Königsgrabkirchen, 1971, 190–193 – C. CAROZZI, La vie de saint Dagobert de S., RBPH 67, 1984, 225–258.

Stendal, Stadt in der Altmark an der Uchte, 1022 erstmals als »Steinedal« erwähnt. In seiner Entwicklung auch von der Uchte geprägt, war S. Übergangsort. Folgenreich war auf die Dauer die Verkehrslage an Straßen von Magdeburg nach Wittenberge und von Tangermünde nach Gardelegen und Braunschweig. Für die Entwicklung bestimmend wurde das Markt- und Zollprivileg →Albrechts d. Bären (1160). Die nicht genau datierte Urk. führt zu der Frage, aus welchen Siedlungen die Stadt erwachsen ist. Unklar ist, ob S. schon vorstädt. Siedlungskomplex mit gewerbl. Produktion und lokalem Warenaustausch war, der sich um einen neuen Stadtteil, die Marktsiedlung, erweiterte, für den sich der Askanier auf seinem Allodialbesitz Markt- und Zollprivilegien erteilte, oder ob sich dort nur ein mgfl. Wirtschaftshof befand und erst kolonisierende Niederländer die Voraussetzung für die Erteilung des Stadtrechtes schufen. Bei »Schadewachten« handelt es sich nicht um eine Burgmannensiedlung, sondern um ein bei dem mgfl. Hof gelegenes Bauerndorf ndl. Kolonisten, das bereits 1188 zur Stadt gehörte. Seit dem 13. Jh. wurde die gesamte Siedlung befestigt. Um 1300 hatte sie ihren heutigen Grundriß erreicht. Seit 1188 war S. kirchl. Zentrum der Altmark (Verlegung des Kollegiatstiftes [»Domstift«] von Tangermünde nach S.).

Die Stadt erhielt umfangreiche Privilegien, u.a. das →Magdeburger Recht, nahm einen raschen wirtschaftl. Aufschwung und entwickelte sich zur bedeutendsten Stadt des MA in der Mark (Einw.zahl wohl nicht über 8000). Gegen Ende des 12. Jh. befand sich eine mgfl. Münzstätte in S., für 1188 ist ein Kaufhaus bezeugt. Der Fernhandel richtete sich v.a. nach N und ging über die Hansestädte bis in die Ostseeländer, nach Flandern, den Niederlanden und nach England. In den S bestanden Verbindungen nach Erfurt, Nürnberg und Augsburg. Von 1359 bis 1518 war S. Mitglied der →Hanse und erlebte eine wirtschaftl. Blüte. Erst 1345 konnte ein Aufruhr der Handwerker die Macht der in der Gewandschneidergilde zusammengeschlossenen Fernhändler einschränken. Die 1215 erwähnte Ratsverfassung wurde reformiert, die drei Gewerke wurden am Stadtregiment beteiligt. Im 13. Jh. kam es zur Bildung der anfängl. nicht getrennten Kollegien der Ratsmänner und Schöppen. S.s Oberhof war Magdeburg, wie auch S. Oberhof eines kleinen Stadtrechtskreises in der n. Mark wurde. Folge eines (erfolglosen) Aufstands (1488) gegen die Landesherrschaft war der Verlust der Privilegien, die Bestätigung des Rates durch den Landesherrn wurde verbindl. Mit dieser polit. Entwicklung ging ein wirtschaftl. Niedergang S.s einher.

G. Heinrich

Bibliogr. und Lit.: Bibliogr. zur Gesch. der Mark Brandenburg, T. 5: Altmark, 1986, 323–338 – DtStb II, 692–696 – M. BATHE, Das Werden des alten S. nach Stadtanlage und Bodengestalt; nach Urkk., Karte und Namen (Jahresgabe des Altmärk. Mus.s S. 8, 1954), 3–42 – E. MÜLLER-MERTENS, Die Entstehung der Stadt S. nach dem Privileg Albrechts d. Bären von 1150/1170 (Vom MA zur NZ, hg. H. KRETZSCHMAR. Zum 65. Geb. v. H. SPROEMBERG, 1956), 51–63 – J. SCHULTZE, Das S.er Markt- und Zollprivileg Albrechts d. Bären, BDLG 96, 1960, 50–65 – H. SACHS, S., 1968 – Hist. Stätten Dtl. 11, 1975, 447–452.

Steno, ven. Familie. Die ersten bekannten Träger dieses Namens, die Brüder *Giovanni* und *Orso,* Söhne eines Giovanni, begegnen in einer Privaturkunde des Jahres 1079. In der Folge teilte sich die Familie in verschiedene Zweige, deren Mitglieder im 12.–13. Jh. vorwiegend als Seefahrer und Kaufleute tätig waren. Die wichtigsten Vertreter der Familie waren: *Nicolò,* 1269 Mitglied des Wahlkollegiums des Dogen Lorenzo →Tiepolo; *Giacomo,* der 1275 zum Wahlkollegium des Dogen Giacomo →Contarini gehörte; *Simone,* in eine Verschwörung verwickelt und 1275 aus Venedig verbannt; *Leonardo,* Advokat der Kommune 1316; *Giovanni* war 1343 und 1349 Ratgeber des Dogen und Unterhändler einer Allianz mit dem Kg. v. Zypern und Großmeister der Johanniter i. J. 1350, Gesandter beim Kg. v. Aragón 1350–51; *Pietro,* 1354 Mitglied des Wahlkollegiums des Dogen Marin →Falier, 1360 und 1367 Ratgeber des Dogen, wählte 1368 den Dogen Andrea →Contarini; *Cristina,* Äbt. des Kl. S. Giovanni Evangelista in →Torcello (1398–1405) und des Kl. S. Lorenzo (1411). Die bedeutendste Persönlichkeit der Familie war der Doge *Michele.* Nach Ausübung vieler öffentl. Ämter wurde er am 1. Dez. 1400 zum Dogen gewählt. Seine Amtszeit war durch bedeutende Ereignisse gekennzeichnet: die Kriege gegen Genua, die →Carrara, den Hzg. v. →Ferrara und die Ungarn führten zu beträchtl. Erweiterungen der ven. Herrschaft in der Terraferma, wo die Provinzen →Verona, →Padua, →Vicenza und →Belluno eingegliedert wurden, sowie zur Rückeroberung von Zara (→Zadar) und anderer Teile Dalmatiens. Nach des Dogen Michele Tod (26. Dez. 1413) erlosch die Familie S. mit der Ausnahme eines Seitenzweiges, der bis zum Ende des 15. Jh. bestand.

M. Pozza

Lit.: A. DA MOSTO, I dogi di Venezia nella vita pubblica e privata, 1966, 185–192.

Stenographie (Tachygraphie, Kurzschrift), Schrift, die mittels bes. Zeichen und Kürzungsregeln das sofortige Niederschreiben eines gesprochenen Textes ermöglicht. Im Unterschied zu den →Abkürzungen der ma. Schrift verwendet die S. Zeichen statt Buchstaben und ihr Ziel ist nicht Raum- sondern Zeitersparnis. Doch existieren Verbindungen zw. S. und Abkürzungen: U.a. dienten einige S.-Zeichen als Abkürzungszeichen. In der röm. Antike wurde die S. im literar. Leben, in der Verwaltung und im Rechtswesen oft verwendet. Die zunehmende Bedeutung von Verwaltung und Rechtswesen im öffentl. Leben führte zu einer inhaltl. Veränderung des Begriffes 'notarius': vom Kenner der notae (= stenograph. Zeichen) zum Verwaltungs- und Justizbeamten (→Notar). Das älteste System der S. bilden die sog. →Tironischen Noten, die schließlich Tausende von Zeichen umfaßten, die spezialisierte Schreiber aus Lexika (»Commentarii notarum Tironianarum«) erlernen konnten. Ein zweites, bereits in der Antike entwickeltes, einfacheres System benutzte je ein Zeichen für jede Silbe und diente u. a. zum Schreiben nichtlat. Namen. Offensichtl. nicht so schnell zu schreiben wie die Tiron. Noten, wurde es noch im MA öfters in Italien und Spanien angewendet; beide Systeme wurden auch vermischt verwendet.

In der veränderten kulturellen Situation des MA gelangte die S. noch in vielen frühma. →Kanzleien zur Anwendung bei den Subskriptionen von →Akten zur Mitteilung von Einzelheiten sowie als sekundäre Authentifikation (in Italien bis zum 11. Jh.) und fand bes. in karol. Zeit gelehrtes Interesse in den Kl.: die »Commentarii« wurden kopiert, Psalter zur Übung in S. geschrieben, Notizen und Glossen in S. in Hss. eingetragen, doch im SpätMA war sie kaum mehr von Bedeutung. A. Derolez

Lit.: DACL XII/2, 1669–1708 – G. SCHMITZ, Commentarii notarum Tironianarum, 1893 – E. CHATELAIN, Introduction à la lecture des notes tironiennes, 1900 – C. JOHNEN, Allg. Gesch. der Kurzschrift, 1940 – G. COSTAMAGNA, Il sistema tachigrafico sillabico usato dai notai medioevali italiani (sec. VIII–XI), 1953 – G. CENCETTI, Lineamenti di storia della scrittura lat., 1954, 376–389 – H. BOGE, Gr. Tachygraphie und Tiron. Noten, 1973 – A. MENTZ–F. HAEGER, Gesch. der Kurzschrift, 1974² – B. BISCHOFF, Paläographie des röm. Altertums und des abendländ. MA, 1979, 103–106 [1986²].

Stephan (s. a. Stefan, Stephanos, Stephanus, Stephen)
1. S. v. Blois, Kg. v. →England 1135–54, * um 1096, † 25. Okt. 1154 in Dover, ▭ Faversham; dritter Sohn Gf. Stephans v. Blois und Chartres und der Adela, einer Tochter Wilhelms d. Eroberers; ∞ 1125 Mathilde, Erbtochter der Gft. Boulogne; Kinder: Eustachius († 1153), Wilhelm († 1159), Maria. Der engl. Kg. Heinrich I. förderte S. und übertrug ihm großen Landbesitz in England und der Normandie. 1127 gehörte S. zu den Magnaten, die von Heinrich I. eidl. auf die künftige successio seiner Tochter →Mathilde, einer Cousine S.s, verpflichtet wurden. Trotzdem usurpierte er nach dem Tod des Kg.s 1135 den engl. Thron. Mathilde war inzwischen mit Gf. Gottfried v. Anjou verheiratet. S. stützte sich bei dem Coup auf seinen Bruder, Bf. Heinrich v. Winchester (→Heinrich v. Blois, 80. H.), und die Bürger von London. Er gewann – teilweise durch Vergabe von Privilegien – die Zustimmung zahlreicher Aristokraten. Papst Innozenz II. anerkannte S., der versprach, Freiheit, Besitz und Gewohnheiten der Kirche zu wahren. Bald sah er sich im N Gebietsansprüchen des schott. Kg.s →David I. gegenüber, dem er Zugeständnisse machen mußte. 1137 suchte S. erfolglos seine Stellung in der Normandie auszubauen, wo die Rivalin Mathilde inzwischen Boden gewonnen hatte. 1138 trat der mächtige Gf. →Robert v. Gloucester (27. R.), ein unehelicher Sohn Heinrichs I., auf deren Seite, erhob die Waffen gegen S. und fand Anhang. Der Kg. verhaftete mehrere Bf.e, die er für unzuverlässig hielt, und zog sich dadurch die Gegnerschaft der engl. Kirche zu. Als Mathilde 1139 in England landete, ließ S. sie zu Gloucester geleiten. Es kam zum Bürgerkrieg, in dessen Verlauf S. die Schlacht v. →Lincoln (2. Febr. 1141) verlor und in die Gefangenschaft Roberts und Mathildes geriet. Zeitweise schloß sich sogar Heinrich v. Blois den Gegnern des Kg.s an. Die Kgn. Mathilde trat aber zusammen mit den Bürgern von London entschieden für die Sache ihres Gemahls ein. Als Gf. Robert in die Hände der Kg.streuen geriet, wurde S. gegen ihn ausgetauscht. Er konnte seine Position großenteils wiederherstellen, litt aber nun unter Geldmangel. Die angevin. Partei wurde auf den SW Englands beschränkt. In manchen Landesteilen griff »Anarchie« um sich (→England, A. VII). Eine Reihe von Baronen wechselte zw. S. und Mathilde hin und her, um alle Möglichkeiten zur Besitzerweiterung auszunutzen (→Geoffrey de Mandeville). Als Mathilde 1148 in die Normandie zurückwich, war das Kgtm. S.s in England kaum mehr bestritten, seine Popularität aber geschwunden. Nach Meinung des Chronisten v. Peterborough (Chronik, G. I) erduldete niemals ein Land größeres Elend als England in den neunzehn Jahren S.s, »als Christus und seine Heiligen schliefen«. Etwa von 1153 an machte sich der Sohn Mathildes, Heinrich v. Anjou, verstärkt den Thronanspruch seiner Mutter zu eigen. Die röm. Kurie ging auf Distanz zu S. und erklärte, es müsse erst noch geprüft werden, wem der engl. Thron rechtmäßig zustehe. Die Landeskirche und auch die Magnaten drängten auf eine friedl. Regelung. S. war nach dem Tode seines Sohnes Eustachius zu einem Abkommen mit dem Haus Anjou bereit. Die Bf.e wurden als Vermittler tätig. Im Vertrag v. Winchester 1153 anerkannte S. das Erbrecht des jungen Heinrich, bezeichnete ihn als seinen Sohn und gab seine Absicht kund, fortan mit ihm bei der Regierung des Reiches zusammenzuarbeiten. Heinrich sollte dem Kg. die Huldigung leisten und ihm später nachfolgen. Das Zwischenspiel war von kurzer Dauer. Im Herbst 1154 bestieg Heinrich (Kg. →Heinrich II.) den engl. Thron. – S. gilt als ritterl., tapfer und dabei weichherzig, doch war er durchaus zu Gewalttaten gegenüber seinen wirkl. oder vermeintl. Gegnern fähig. Er gründete die OSB-Abtei →Faversham in Kent, die als Hauskl. der Linie Blois gedacht war. K. Schnith

Q.: Regesta Regum Anglo-Normannorum, III (1135–54), ed. H. A. CRONNE–R. H. C. DAVIS, 1967 – Gesta Stephani, ed. K. R. POTTER–R. H. C. DAVIS, 1976 – *Lit.:* H. A. CRONNE, The Reign of S., 1970 – J. LEEDOM, The English Settlement of 1153, History 65, 1980, 347–364 – R. H. C. DAVIS, King Stephen, 1990³ – G. J. WHITE, The End of Stephen's Reign, History 75, 1990, 3–22 – The Anarchy of King Stephen's Reign, ed. E. KING, 1994.

2. S. (István) **I. d. Hl.** (Fest: 20. Aug.), Gfs. (997–1000), Kg. (1001–38) v. →Ungarn; * um 970 als Vajk (wohl von türk. bay, 'Held, Herr'), † 15. Aug. 1038, ▭ Stuhlweißenburg; Sohn des Gfs.en →Géza und seiner Gattin Sarolt, Tochter des →Gyula v. Siebenbürgen. S. wurde jung – der Legende nach von Bf. →Adalbert v. Prag – getauft und 994/995 mit →Gisela, der Tochter Heinrichs II. v. Bayern, vermählt. Nach dem Tod des Vaters mußte er sich zunächst gegen den zum Heidentum tendierenden Oheim Koppány, der dem Seniorat und Levirat entsprechend die Herrschaft und die Hand der Fs.enwitwe beanspruchte, behaupten. Ihn besiegte S. mit Hilfe bayer. Herren, die ihn vor der Schlacht zum Ritter schlugen, bei →Veszprém. 1000/1001 erhielt er von Papst Silvester II., mit Zustimmung Ks. Ottos III., Krone und Segen und wurde somit zum Begründer des chr. Kgr.es Ungarn. Die vom Papst gesandte Krone ging wohl in den Thronwirren nach seinem Tod verloren (→Stephanskrone). Den Widerstand von Stammesfs.en brach S. ebenfalls mit Hilfe von westl. Rittern und ung. Getreuen: Gyula, Fs. v. Siebenbürgen, besiegte er 1003, später auch den aufständ. Fs.en Ajtony. Um 1010 wurde der NO des Landes vom Polenkg. →Bolesław I. Chrobry, mit dem S. dann gegen Kiev zog, zurückerobert. Mit einem Ehebündnis (1009) mit dem ven. Dogen Otto →Orseolo begann eine Annäherung an Byzanz; in den 1010er Jahren kämpfte S. gemeinsam mit Ks. Basileios II. gegen Bulgarien, und 1018 eröffnete er die durch Byzanz führende Pilgerstraße nach Jerusalem, wo er auch ein Hospiz gründete. Das Verhältnis zum Reich war nach dem Tod des Schwagers gespannt, doch ung. Truppen wehrten die Angriffe Konrads II., der auf Ungarn Lehensansprüche erhob, um 1030 erfolgreich ab. Beginnend im gesicherten W, dann auf das ganze Kerngebiet Ungarns übergreifend, organisierte S. die Kirchenverfassung und das Kg.sgut. Zwei Ebm.er (→Gran, Kalocsa) und sechs oder acht Bm.er sowie mehrere Abteien (mit der benedikt. Erzabtei Pannonhalma/→Martinsberg an der Spitze, aber nicht ausschließlich lat. Observanz) gehen auf ihn zurück. S. verpflichtete jeweils zehn Dörfer, eine Pfarrkirche zu errichten, die der Kg. ausstattete. Aus dem Besitz der Fs.ensippe und dem (etwa zu zwei Dritteln) von den anderen Sippen konfiszierten Land entstanden die ersten kgl. Burgbezirke (→Komitate) und Grenzgespanschaften mit vom Kg. ernannten→Gespanen (*ispán, comes*) an der Spitze, zugleich als Netz kgl. Verwaltung. S.s Gesetze (heute aus späteren Mss. als zwei »Bücher« bekannt) wurden anscheinend von dem Kg. und den Großen (im Text »senatus« gen.) bei zahlreichen Treffen erlassen und beziehen sich – teilweise auf karol. Vorbilder gestützt – auf die Festigung des Christentums, des Privateigentums, der monarch. Macht, der Kirchenordnung (einschließl. des Zehnten) und der kgl. Gerichtsbarkeit. Ein →Fürstenspiegel (»Institutio morum«), als Mahnung an den Sohn (Emmerich (Imre, Heinrich)) gerichtet, wird ihm ebenfalls zugeschrieben. Die kgl. Münze wurde eingeführt, und die wenigen (von den bekannten zehn wohl vier oder fünf) echten Urkk. lassen auf eine rudimentäre Hofverwaltung schließen. Die Existenz eines Pfgf.en, Hofrichters und Schatzmeisters ist auch bezeugt. Das System kgl. Dienstleute, die in eigenen Siedlungen wohnten und bes. Verpflichtungen an den Kg. hatten, bildete auch unter S. die Grundlage der Hofhaltung. Esztergom/Gran blieb kgl. Residenz, aber nach der Eröffnung der Pilgerstraße trat →Stuhlweißenburg in den Vordergrund. Nach dem Tod des Thronfolgers Emmerich 1031 plagte den alten und kränkelnden Kg. die Nachfolgefrage. Er bestimmte seinen ven. Neffen, →Peter Orseolo (14. P.), zum Thronerben, der wahrscheinl. auch der russ.-norm. Leibgarde vorstand, und ließ seinen, vielleicht eher nach Byzanz orientierten und nach der Überlieferung einen Rebellion anzettelnden Verwandten Vazul (Basil) blenden. Daraufhin flohen dessen Söhne (oder Neffen) nach Polen; sie wurden nach 1046 zu den Ahnen aller späteren ung. Kg.e. Ein idealisiertes Porträt S.s blieb auf dem ung. Krönungsmantel – ursprgl. ein von Kgn. Gisela gestiftetes Pluviale – erhalten; auf ihm ist er gekrönt und mit Kg.s-lanze dargestellt.

S.s Kult begann wohl bald nach seinem Tod. Auf Betreiben Ladislaus' I. wurde er – zusammen mit seinem Sohn und dem Missionsbf. und Märtyrer →Gerhard v. Csanád – 1083 heiliggesprochen. Die im Grab »unversehrt aufgefundene« rechte Hand (ursprgl. wohl ein Arm) wurde zur Reliquie und ist bis heute erhalten; eine Kopfreliquie war noch 1440 in Stuhlweißenburg vorhanden, doch ist sie heute verschollen. Bereits um 1100 bezog man sich auf die Donationen des »hl. Kg.s« als Grundlage grundherrl. Besitzes, und seit dem 13. Jh. (→Goldene Bulle Kg. Andreas' II. v. 1222) galten die »Freiheiten des Landes« als die von ihm gestifteten. J. M. Bak

Q.: Szent István törvényeinek XII. századi kézirata. Az Admonti Kódex (Ms. der Gesetze des Hl. S. aus dem 12. Jh.: Codex Admont.), hg. E. Bartoniek, 1935 – Drei Legenden (Leg. maior, Leg. minor und Vita ep. Hartwichi), ed. I. Madzsar (SSrerHung 2, 1938), 365–440 – Th. v. Bogyay, Die hl. Kg.e, 1976 – J. M. Bak, Gy. Bónis, J. R. Sweeney, Decreta Regni Medievalis Hungariae (The Laws of the Medieval Kingdom of Hungary, 1, 1989), 1–11 – Diplomata antiquissima ..., ed. Gy. Györffy, 1994 – *Lit.*: BLGS IV, 183f. – J. v. Sawicki, Zur Textkritik und Entstehungsgesch. der Gesetze Kg. S.s des Hl., Ung. Jbb. 9, 1929, 395–425 – P. v. Váczy, Die erste Epoche des ung. Kgtm.s, 1935 – E. Mályusz, Die Eigenkirche in Ungarn (Stud. zur Gesch. Osteuropas [Gedenkschr. für H. F. Schmid], 3, 1966), 76–95 – H. Fuhrmann, Provincia constat duodecim episcopalibus, SG 11, 1967, 389–399 – J. Szűcs, Kg. S. in der Sicht der modernen ung. Gesch.sforsch., SOF 31, 1972, 17–40 – Th. v. Bogyay, Stephanus Rex, 1975 – Gy. Györffy, Wirtschaft und Ges. der Ungarn um die Jahrtausendwende, 1983 – Ders., St. Stephen, King of Hungary, 1994.

3. S. (István) **II.,** *Kg. v.* →Ungarn 1116–31, * um 1101, † 1. März 1131, ◻ Großwardein (Oradea); Sohn Kg. Kolomans und dessen erster Gattin Felicia (?), Tochter Rogers I. v. Sizilien. Er wurde bereits 1105 zum Thronerben gekrönt, um seine Nachfolge gegen den Thronprätendenten Álmos, seinem Oheim, zu sichern. Die Regierungszeit S.s war durch erfolglose Kriege gekennzeichnet: 1116 wurde er von Hzg. →Vladislav I. v. Böhmen, 1119 und dann 1125 von Venedig besiegt, womit das vom Vater erworbene Dalmatien für Ungarn verlorenging. Sein Feldzug nach Volhynien (→Halič-Volhynien) 1123 scheiterte daran, daß die ung. Großen das Unternehmen zum Privatkrieg des Kg.s erklärten und mit Heimkehr drohten – der erste bekannte Fall offener Selbstbehauptung ung. Großer gegenüber dem Herrscher. Auch S.s Eingriff 1127 in den Nachfolgestreit zw. den galiz. Prinzen Vladimirko und Rostislav war nicht erfolgreich. Sein Angriff auf Byzanz – wegen der Unterstützung seines Rivalen Álmos – zog 1128 den Gegenschlag des Basileus nach sich. Da S.s Ehe mit der Tochter Kg. Roberts Guiscard kinderlos blieb, wurde die Nachfolge zum zentralen Problem seiner letzten Jahre. Schließlich setzte er den geblendeten Sohn des Hzg.s Álmos, Béla (II.), als seinen Erben ein. S. starb an einer Ruhrerkrankung. J. M. Bak

Q.: Chron. hung. comp. saec. XIV, cap. 153–158, ed. A. Domanovszky (SSrerHung 1, 1937), 434–446 – *Lit.*: BLGS IV, 185 – F. Makk, Magyarország a 12. században, 1986 – Ders., The Árpáds and the Comneni. Political Relations between Hungary and Byzantium in the Twelfth Century, 1989.

4. S. (István) **III.,** *Kg. v.* →Ungarn 1162–72, * 1147, † 4. März 1172 Gran; Sohn von Kg. Géza II. und Euphrosine, Tochter Mstislavs Vladimirovič. Wohl bereits 1152 zum Nachfolger ernannt, mußte er sich zunächst gegen die von Ks. Manuel I. Komnenos unterstützten Thronprätendenten, Ladislaus II. (1162–63) und Stephan IV. (1163), behaupten. Dank der einhelligen Unterstützung der ung. Großen (v.a. des Ebf.s Lukas, eines Gregorianers) und seiner ausländ. Verbündeten (Böhmen, Galizien) konnte er sich durchsetzen. Trotz des Friedens v. Belgrad mit Ks. Manuel I. (1163) folgten neue Kämpfe, und S. verlor Syrmien und Dalmatien an Byzanz. 1169 brachte Ebf. Lukas ein Konkordat zustande, in dem S. auf alle Investiturrechte verzichtete. Unter S.s Regierung kamen die Templer nach Ungarn. Sein Privileg für die »latini« in →Stuhlweißenburg wurde zum Muster früher Stadtprivilegien in Ungarn. J. M. Bak

Lit.: BLGS IV, 185f. – E. Fügedi, Der Stadtplan v. Stuhlweißenburg und die Anfänge des Bürgertums in Ungarn, ActaHistHung 15, 1969, 103–134, bes. 121–126 [Neudr.: Ders., Kings, Bishops, Nobles and Burghers in Medieval Hungary, 1986, Kap. X] – F. Makk, The Árpáds and the Comneni. Political Relations between Hungary and Byzantium in the Twelfth Century, 1986.

5. S. (István) **V.,** *Kg. v.* →Ungarn 1270–72, * 1239, † 6. Aug. 1272 Insel Csepel, ◻ ebd., Dominikanerkl.; ältester

Sohn von Béla IV. und Maria Laskaris, Tochter des byz. Ks.s Theodor I. Laskaris; ⚭ Elisabeth, kuman. Prinzessin. Bereits 1257 erhielt er den Titel eines Hzg.s v. →Siebenbürgen, war 1259-60 Hzg. der zeitweise unter ung. Herrschaft stehenden →Steiermark und nahm 1262 – als sich der Konflikt mit dem Vater immer mehr zuspitzte –, vielleicht slav. Beispielen folgend, den Titel eines »rex iunior« an. In den 1260er Jahren wurde das Land de facto zweigeteilt, und, obwohl es keinen offenen Bürgerkrieg (wie 1264-66) zw. Vater und Sohn gab, führten beide Herrscher ihr eigenes Regiment. Während sich Béla auf die Allianz mit →Otakar II. Přemysl v. Böhmen stützte, baute S., dessen Hof vielleicht als erster in Ungarn ritterl. Kulturelemente aufwies, Kontakte auf dem Balkan aus und fügte den Titel eines Kg.s v. Bulgarien dem ung. Kg.stitel hinzu. Er leitete schließlich die zukunftsträchtige Verbindung zu den siz.-neapolitan. →Anjou ein. Ehebündnisse seiner Tochter Maria mit Karl, Hzg. v. Salerno, und seines Sohnes Ladislaus (IV.) mit Isabella, Tochter →Karls I. v. Anjou, Kg. v. Sizilien, wurden besiegelt, als S. endlich den Thron besteigen durfte. Obwohl die nächsten Ratgeber des Vaters – zusammen mit S.s Schwester Anna, die auch den ung. Kronschatz mitnahm – zu Otakar flohen und mit dessen Unterstützung das Land mehrfach angriffen (erst der Friede v. Preßburg 1271 bereitete dem ein Ende), verfolgte S. in der kurzen Zeit seiner Herrschaft die »Reformpolitik« Bélas, in Zusammenarbeit mit dem Gemeinadel und mit der Unterstützung der Städte. Die Mentalität seiner Zeit schlug sich in der, allerdings erst aus späteren Redaktionen rekonstruierbaren, Chronik eines seiner Hofkleriker nieder. Verbittert durch eine Rebellion, bei der der Thronfolger entführt wurde, starb S. unerwartet und wurde in dem Dominikanerkl., wo seine Schwester, die hl. Margarete, gelebt hatte, begraben.

J. M. Bak

Lit.: BLGS IV, 186-188 – L. BOEHM, De Karlingis imperator Karolus, princeps et monarcha totius Sinopae: Zur Orientpolitik Karls I. v. Anjou, HJb 88, 1968, 1-35 – E. MÁLYUSZ, Az V. István-kori Gesta, 1971 – J. SZÜCS, Az utolsó Árpádok, 1993, insbes. 136-155.

6. S. II., Hzg. v. →(Nieder-)Bayern, * 22. Dez. 1313, † 19. Mai 1375 Landshut, ⌂ München, Dom; ⚭ 1. Elisabeth, Tochter Kg. Friedrichs II. v. Sizilien, 27. Juni 1328; 2. Margarethe, Tochter Bgf. Johanns II. v. Nürnberg, 14. Febr. 1359. S. regierte ab 1347 zusammen mit seinen fünf Brüdern, nach der Teilung v. 1349 mit Wilhelm I. und Albrecht I. in Niederbayern und den Niederlanden und ab 1353 allein in Niederbayern (ohne Straubing). Nach dem Tod seines Neffen Meinhard (1363) sicherte sich S. sogleich auch Oberbayern. Das von Hzg. →Rudolf IV. v. Österreich rasch in Besitz genommene Tirol konnte S. gegen den Widerstand seiner 1363 übergangenen Brüder, der habsbg. Partei und des Ks.s nicht mehr zurückerobern. Doch seine erfolgreiche Diplomatie führte zum Bündnis mit Barnabò →Visconti v. Mailand und Kg. Ludwig v. Ungarn. Dieses stärkte seine polit. Position erhebl. und verschaffte ihm 1369 im Frieden v. Schärding eine hohe finanzielle Entschädigung für den endgültigen Verzicht auf →Tirol.

G. Schwertl

Lit.: S. v. RIEZLER, Gesch. Baierns, III, 1889 [Neudr. 1964], 1-106 – SPINDLER II², 199-202, 205-217 – W. VOLKERT, Kanzlei und Rat in Bayern unter Hzg. S. II., 1331-75 [Diss. masch. München 1952].

7. S. III., Hzg. v. →Bayern(-Ingolstadt), * um 1337, † 26. Sept. 1413 Niederschönenfeld, ⌂ Ingolstadt, Liebfrauenkirche; ⚭ 1. Thaddäa, Tochter des Barnabò Visconti, Signore v. Mailand, nach April 1367; 2. Elisabeth, Tochter Gf. Adolfs V. v. Kleve, 17. Jan. 1401. Der polit. aktive Hzg. engagierte sich in Italien (1380 Romzug zur Vorbereitung der Ks.krönung Kg. Wenzels, 1389 Zug nach Oberitalien zur Unterstützung der Erben Barnabò Viscontis gegen dessen Neffen Giangaleazzo) und im Reich. Zu Gegnern Kg. Wenzels geworden, traten S. und sein Sohn Ludwig VII. seit 1399 für ein Kgtm. des Pfälzer Kfs.en Ruprecht ein. Die gemeinsame Regierung S.s mit seinen Brüdern endete mit der 3. bayer. Landesteilung v. 1392, in der S. verstreute Gebiete Oberbayerns und des Nordgaus erhielt. Im Krieg v. 1394 mit den Münchner Hzg.en vermittelte die oberbayer. Landschaft; eine nochmalige gemeinsame Regierung, bald belastet durch die Parteinahme S.s und Ludwigs VII. für die aufständ. Münchner Zünfte, endete 1403 mit der Niederschlagung der Unruhen. Letzte Aktion aller oberbayer. Hzg.e war 1410 der vergebl. Feldzug zur Rückeroberung →Tirols.

G. Schwertl

Lit.: S. v. RIEZLER, Gesch. Baierns, III, 1889 [Neudr. 1964], 106-213 – SPINDLER II², 225-238 – I. TURTUR-RAHN, Regierungsform und Kanzlei Hzg. S.s III. v. Bayern (1375-1413) [Diss. masch. München 1952].

8. S., Gf. v. Blois →Adela v. England (5. A.); →Blois I.

9. S. I., Papst (hl., Fest: 2. Aug.) seit 12. Mai 254 (Weihe), † 2. Aug. 257, ⌂ Rom, Calixtuskatakombe; Römer. Seine äußerl. zw. den Christenverfolgungen des Decius und Valerianus ruhig verlaufende Amtszeit brachte heftige innerkirchl. Kämpfe im Ketzertaufstreit: S. forderte mit starker Betonung des röm. Vorrangs Annahme des röm. Brauches (Verbot der Wiedertaufe 'Abgefallener') in der ganzen Kirche, was zum Bruch mit den Kirchen Afrikas (→Cyprianus v. Karthago) und Kleinasiens führte. Obwohl nicht Opfer der Valerian. Verfolgung, wurde S. später als Märtyrer verehrt. G. Schwaiger

Q. und Lit.: LP I, 68, 154; III, Reg. – JAFFÉ² I, 20f.; II, 690, 732 – DHGE XV, 1183f. – E. CASPAR, Gesch. des Papsttums, I, 1930, 627 [Reg.] – W. MARSCHALL, Karthago und Rom, 1971 – J. N. D. KELLY, Reclams Lex. der Päpste, 1988, 32f. – PH. LEVILLAIN, Dict. hist. de la papauté, 1994, 632f.

10. S. II., Papst seit März 752, † 26. April 757, ⌂ Rom, St. Peter; zuvor röm. Diakon, wandte sich angesichts der Bedrohung Roms durch den langob. Kg. →Aistulf und ausbleibender Hilfe aus Byzanz an den Frankenkg. →Pippin III. und überschritt auf dessen Einladung hin im Winter 753/754 als erster Papst die Alpen. In →Ponthion (Jan. 754) erhielt er ein eidl. Schutzversprechen Pippins für die röm. Kirche, in Quierzy (April 754) schloß er mit ihm einen Freundschaftsbund, der Gebietszusagen in Mittelitalien einschloß (→Pippin. Schenkung), und in St-Denis (28. Juli 754) gewährte er ihm samt seinen Söhnen eine Salbung sowie den Titel Patricius Romanorum (→Patricius, I), um die Dynastie zu sichern und die Bindung an Rom zu manifestieren; seither stand S. mit den Karolingern auch im Verhältnis der geistl. Verwandtschaft (compaternitas). Durch den siegreichen Feldzug Pippins gegen Aistulf wurde S. 755 nach Rom zurückgeführt, doch bedurfte es eines abermaligen Hilferufs und erneuter Intervention Pippins, daß sich die Langobarden 756 geschlagen gaben und ihre Eroberungen seit 749, u. a. Ravenna, freigaben, die nun nicht mehr dem byz. Ks., sondern dem Papst – wenn auch nicht im zunächst versprochenen Umfang – zufielen. S., der die längst angebahnte Wendung des Papsttums zu den Franken vollzogen hat, steht somit zugleich am Beginn der Gesch. des →Kirchenstaates.

R. Schieffer

Q.: LP I, 440-462; III, 102f. – JAFFÉ² I, 271-277; II, 701 – Cod. Carolinus (MGH Epp. III, 1892), 487-507 – P. CONTE, Regesto delle lettere dei papi del sec. VIII, 1984, 219-222 – *Lit.:* DHGE XV, 1184-1190 – HALLER² I, 414-430 – SEPPELT II, 119-134 – W. H. FRITZE, Papst und

Frankenkg., 1973 – A. Angenendt, Das geistl. Bündnis der Päpste mit den Karolingern (754–796), HJb 100, 1980, 1–94 – J. T. Hallenbeck, Pavia and Rome, 1982, 55ff. – Th. F. X. Noble, The Republic of St. Peter, 1984, 71ff. – O. Engels, Zum päpstl.-frk. Bündnis im 8. Jh. (Fschr. F.-J. Schmale, 1989), 21–38.

11. S. III., *Papst* seit 7. Aug. 768 (Weihe), † 24. Jan. 772, ▭ Rom, St. Peter; war siz. Herkunft und röm. Presbyter, als er in den Wirren nach dem Tod →Paulus' I. auf Betreiben des Primicerius Christophorus gegen die widerstreitenden Vorgänger →Constantinus II. und Philippus erhoben wurde. Die Lateransynode vom April 769 (MGH Conc. II, 74–92) unter Beteiligung von 13 frk. Bf.en legitimierte sein Papsttum, erließ Bestimmungen über die →Papstwahl und nahm abermals zum →Bilderstreit Stellung. Im übrigen war S.s Pontifikat überschattet von den polit. Rückwirkungen der innerfrk. Rivalität zw. Pippins Erben →Karl d. Gr. und →Karlmann. S. suchte vergebl. Karls Heirat mit einer langob. Kg.stochter zu verhindern und geriet unter wachsendem Druck →Desiderius', der 771 die Ermordung seines Protektors Christophorus veranlaßte. Erst Karlmanns Tod Ende 771 schuf eine neue Lage, die →Hadrian I. dann entschlossen nutzte.   R. Schieffer

Q.: LP I, 468–485 – Jaffé² I, 285–288; II, 701 – Cod. Carolinus (MGH Epp. III, 1892), 558–567 – P. Conte, Regesto delle lettere dei papi del sec. VIII, 1984, 229–231 – Lit.: DHGE XV, 1190–1193 – Haller² I, 442–448 – Seppelt II, 149–158 – H. Zimmermann, Papstabsetzungen des MA, 1968, 13–25 – J. T. Hallenbeck, Pavia and Rome, 1982, 113ff. – Th. F. X. Noble, The Republic of St. Peter, 1984, 112ff. – W. Hartmann, Die Synoden der Karolingerzeit im Frankenreich und in Italien, 1989, 83–86 – J. Jarnut, Ein Bruderkampf und seine Folgen: Die Krise des Frankenreiches (768–771) (Fschr. F. Prinz, 1993), 165–176.

12. S. IV., *Papst* seit 22. Juni 816 (Weihe), † 24. Jan. 817, ▭ Rom, St. Peter; Römer. Ohne ksl. Bestätigung geweiht, beeilte sich S., den Frieden mit Ks. →Ludwig I. wiederherzustellen. Im Okt. 816 erneuerte er in Reims das Bündnis v. 754 (→Stephan II.), salbte und krönte am 8. Okt. Ludwig (bereits seit 813 Ks.) mit der aus Rom mitgebrachten 'Konstantinskrone' zum Ks.; hier wurden die Vereinbarungen festgelegt, die unter Paschalis I. im →Pactum Hludowicianum (817) erneuert wurden. S. erwirkte die ksl. Begnadigung der Verschwörer, die sich gegen Leo III. empört hatten und die Karl d. Gr. 800 nach Gallien verbannt hatte.   G. Schwaiger

Q.: LP II, 49ff. – Jaffé² I, 316ff.; II, 702 – Lit.: DHGE XV, 1193f. – A. M. Drabek, Die Verträge der frk. und dt. Herrscher mit dem Papsttum von 754–1020, 1976 – J. Richards, The Popes and the Papacy in the Early MA, 1979 – G. Arnaldi, Le origini dello Stato della Chiesa, 1987 – J. N. D. Kelly, Reclams Lex. der Päpste, 1988, 114f. – M. Greschat – E. Guerriero, Storia dei papi, 1994, 148–166 – Ph. Levillain, Dict. hist. de la papauté, 1994, 635.

13. S. V., *Papst* seit Sept. 885 (Weihe), † 14. Sept. 891, ▭ Rom, St. Peter; erhoben ohne Zustimmung Ks. Karls III., der sich beruhigen ließ, aber den erbetenen Schutz gegen die Sarazenen nicht leisten konnte. Ebenfalls vergebl. wandte sich S. nach Byzanz, an Hzg. →Wido (II.) v. Spoleto und (durch Vermittlung Fs. →Svatopluks v. Mähren) an den ostfrk. Kg. →Arnulf v. Kärnten. S. krönte nach Absetzung und Tod Karls III. am 21. Febr. 891 den zum Kg. Italiens gewählten Wido zum Ks. Im Ringen des ostfrk. und byz. Reiches um die Slavenmission (→Konstantin und Method; Bf. →Wiching v. Neutra) verbot S. die slav. Liturgie (nicht Predigt); dies trug entscheidend dazu bei, daß der großmähr. Raum im wesentl. der lat. Kirche verbunden blieb.   G. Schwaiger

Q. und Lit.: LP II, 191–198; III, Reg. – Jaffé² I, 427–435; II, 705 – DHGE XV, 1194–1196 – G. Laehr, Das Schreiben S.s V. an Sventopluk v. Mähren, NA 47, 1928, 159–173 – E. Hlawitschka, Waren die Ks. Wido und Lambert Nachkommen Karls d. Gr.?, QFIAB 49, 1969, 366–386 – H. Zimmermann, Papstabsetzungen des MA, 1968, 52f. – Ders., Das dunkle Jh., 1971 – J. N. D. Kelly, Reclams Lex. der Päpste, 1988, 128f. – V. Peri, Il mandato missionario e canonico di Metodio e l'ingresso della lingua slava nella liturgia, AHP 26, 1988, 9–69 – Ph. Levillain, Dict. hist. de la papauté, 1994, 635f.

14. S. VI., *Papst* Mai 896 – Aug. 897, ▭ Rom, St. Peter; Römer, Sohn des Presbyters Johannes; von Papst →Formosus zum Bf. v. Anagni geweiht; dessen haßerfüllter Gegner. Erhoben wohl noch unter dem Einfluß des von Ks. Arnulf in Rom zurückgelassenen Regenten Farold (unter Verletzung des Translationsverbotes für Bf.e), vollzog S. rasch den Anschluß an die wieder vorherrschende spoletin. Partei (→Ageltrude, →Lambert v. Spoleto). Wohl Anfang Jan. 897 hielt S. in einer röm. Basilika drei Tage über die exhumierte Leiche des Formosus Gericht (sog. 'Leichensynode'). S. wurde im Juli 897 in einem Volksaufstand von Anhängern des Formosus abgesetzt und im Aug. im Kerker erdrosselt; der Kard.priester →Romanus folgte als Papst.   G. Schwaiger

Q.: LP II, 229, III, Reg. – Jaffé² I, 439f.; II, 705 – E. Dümmler, Auxilius und Vulgarius, 1866 – H. Zimmermann, Papsturkk. 896–1046, I, 1988², 3–9 – Lit.: DHGE XV, 1196f. – Haller² II, 192ff., 545–547 – Seppelt II, 341–343 – H. Zimmermann, Papstabsetzungen des MA, 1968, 55–61 – Ders., Das dunkle Jh., 1971 – J. N. D. Kelly, Reclams Lex. der Päpste, 1988, 131f. – M. Borgolte, Petrusnachfolge und Ks.imitation, 1989, 124–126 – W. Hartmann, Die Synoden der Karolingerzeit im Frankenreich und in Italien, 1989, 388–390 – S. Scholz, Transmigration und Translation, 1992, 218–224 – Ph. Levillain, Dict. hist. de la papauté, 1994, 636f. – →Formosus, →Sergius III.

15. S. VII., *Papst* wohl seit Mitte Jan. 929, † Ende Febr. 931 in Rom, ▭ ebd., St. Peter; Römer, Sohn des Teudemund; Kard.-Presbyter v. S. Anastasia. S. wurde wie sein Vorgänger →Leo VI. erhoben, als der abgesetzte →Johannes X. im Kerker noch lebte. S. blieb unter der beherrschenden →Marozia ohne Macht, war offenbar betagt und nur als Platzhalter gedacht, bis Marozias Sohn →Johannes XI. als Nachfolger bereitstand.   M. Heim

Q. und Lit.: LP II, 242; III, Reg. – Jaffé² I, 453f.; II, 706 – DHGE XV, 1197f. – H. Zimmermann, Papstregesten 911–1024, 1969, 37–40 – Ders., Das dunkle Jh., 1971 – J. N. D. Kelly, Reclams Lex. der Päpste, 1988, 139 – Ph. Levillain, Dict. hist. de la papauté, 1994, 637.

16. S. VIII., *Papst* seit 14. Juli 939, † Rom, Ende Okt. 942; Römer, Kard.-Priester v. SS. Silvestro e Martino. S. wurde durch →Alberich (3. A.) erhoben und blieb völlig von ihm abhängig. Auch die Unterstützung der Kl.reformen in Burgund (→Odo v. Cluny), Frankreich und Italien erfolgte zusammen mit Alberich. Adel und Volk in Frankreich und Burgund mahnte S. bei Strafe der Exkommunikation zur Anerkennung des westfrk. Kg.s Ludwig IV. Nach späteren, unsicheren Q. habe S. zuletzt an einem Komplott gegen Alberich teilgenommen, sei deshalb eingekerkert und verstümmelt worden und an den Wunden gestorben.   M. Heim

Q. und Lit.: Watterich I, 34, 671 – LP II, 244; III, Reg. – Jaffé² I, 457f. – DHGE XV, 1198 – H. Zimmermann, Papstregesten 911–1024, 1969, 60–64 – Ders., Das dunkle Jh., 1971 – J. N. D. Kelly, Reclams Lex. der Päpste, 1988, 140f. – Ph. Levillain, Dict. hist. de la papauté, 1994, 637f.

17. S. IX., *Papst* seit 3. Aug. 1057 (Weihe), † 29. März 1058 in Florenz, ▭ ebd., Dom; zuvor Friedrich, Sohn Hzg. →Gozelos v. Lothringen, Archidiakon der Domkirche v. Lüttich, gelangte 1049/50 durch Papst Leo IX. nach Rom und wurde 1051 Bibliothekar und Kanzler der röm. Kirche. Zusammen mit Kard.bf. →Humbert v. Silva Candida und Ebf. →Petrus v. Amalfi gehörte er 1054 zu der Gesandtschaft nach Konstantinopel, die dort das →Morgenländ. Schisma auslöste; unklar ist, welchen Anteil er an den damals entstandenen polem. Schrr. gegen die Griechen hatte. Nach der Rückkehr wich er vor dem Konflikt zw. Ks. Heinrich III. und seinem Bruder Hzg. →Gottfried III. d. Bärtigen ins Kl. Montecassino aus, wo er am 23. Mai 1057 zum Abt gewählt wurde. Seit dem 14. Juni auch Kard.presbyter v. S. Grisogono, wurde er bereits wenige Tage nach dem Tod Viktors II. und ohne Rücksprache mit dem dt. Kg.shof zum Papst gewählt, wohl um einer anderen Wahl durch röm. Adelskreise zuvorzukommen und den Schutz Gottfrieds für die Reformer zu sichern. Ksn. Agnes erteilte nachträgl. die Zustimmung. In seinem kurzen Pontifikat wirkte S. gegen Priesterehen und Verwandtenheirat, erhob →Petrus Damiani zum Kard. und plante mit Hilfe seines Bruders einen Feldzug gegen die Normannen. R. Schieffer

Q.: LP II, 278; III, 133 – JAFFÉ² I, 553-556 – *Lit.:* HALLER² II, 310-312 – SEPPELT II, 34-36 – DHGE XV, 1198-1203 – J. WOLLASCH, Die Wahl des Papstes Nikolaus II. (Fschr. G. TELLENBACH, 1968), 205-220 – H.-G. KRAUSE, Über den Verf. der Vita Leonis IX papae, DA 32, 1976, 54 Anm. 22 [zu den Schrr.] – G. TELLENBACH, Die westl. Kirche vom 10. bis zum frühen 12. Jh. (Die Kirche in ihrer Gesch., II F 1, 1988), 126 u.ö.

18. S. v. Autun, 1112 Bf. v. *Autun,* * Balgiacum (Baugé [Anjou] oder Bâgé [Ain]), † 1139/40 in den Armen des Petrus Venerabilis (MPL 189, 390f.). 1136 Amtsaufgabe und Rückzug nach Cluny. M. Laarmann

Lit.: LThK² IX, 1042 – D. VAN DEN EYNDE, FStud 10, 1950, 33-45 – RTh 19, 1952, 225-243.

19. S. v. Autun, um 1170-89 Bf. v. *Autun,* verfaßte den allegor.-aszet. Traktat v. A. »De sacramento altaris«, MPL 172, 1273-1308, über Klerikerpflichten, Paramente und Meßordo (Kap. 13f.: transsubstantiari). M. Laarmann

Lit.: JLW 8, 1928, 389 – F. HOLBÖCK, Der Eucharist und der Myst. Leib Christi, 1941, 49-53 u.ö. – O. LOTTIN, RTh 27, 1960, 47 – J. A. JUNGMANN, Missarum sollemnia, 1962⁵, Register s.v. S. v. Baugé – H. DE LUBAC, Corpus mysticum [dt.], 1969, 106f. 125, 188, 191 – Glauben aus der Liebe [dt.], 1970, 86f. – A. HÄRDELIN, Aquae et vini mysterium, LQF 57, 1973, 47, 59 – R. SUNTRUP, Die Bedeutung der liturg. Gebärden und Bewegungen in lat. und dt. Auslegungen des 9. bis 13. Jh., MMS 37, 1978 – P. TIROT, EL 95, 1981, 44-120, 220-251 – R. SUNTRUP, ALW 26, 1984, 331.

20. S. Harding, Abt v. →*Cîteaux,* † 28. März 1134, stammte aus England, trat in jungen Jahren als Mönch in das Kl. →Sherborn ein, führte dann, von Wissensdurst getrieben, ein Wanderleben in Schottland und Frankreich, studierte mehrere Jahre die 'litterae', pilgerte mit seinem Studienfreund, einem Kleriker, nach Rom (Aufenthalte in berühmten Kl. wie →Camaldoli und →Vallombrosa). In Burgund lebten S. und sein Freund Petrus dann in der 1075 von Abt →Robert gegr. Abtei →Molesme, die aber, nach strengen Anfängen allzu rasch wohlhabend geworden, von einer inneren Krise erschüttert wurde. Nach langen Diskussionen verließ Robert in Begleitung des Priors Alberich und einer Reihe von Mönchen, unter ihnen S., Molesme und gründete am 21. März 1098 mit 21 Mönchen das 'novum monasterium' Cîteaux (→Zisterzienser) als Stätte einer kompromißlosen Befolgung der →Regula s. Benedicti. Nach der durch den Papst angeordneten Rückkehr Abt Roberts nach Molesme (vor 1099) stand Alberich dem Kl. vor (1095-1109), dann S. (ab 1109). Er war in der durch wirtschaftl. Rückschläge (Hungersnot) überschatteten Anfangsphase, in welcher der örtl. Laienadel die neue Gründung (wie vorher schon Molesme) mit Schenkungen unterstützte und zugleich in (spirituelle) Gefahr brachte, entschieden auf Wahrung der strengen monast. Prinzipien von Armut und Weltabgeschiedenheit bedacht. So wurde der Hzg. v. →Burgund (der in den Forsten um Cîteaux zu jagen pflegte) gebeten, hier nicht mehr hofzuhalten. Abt S. förderte nachdrücklich die zisterziens. Liturgiereform, unter Rückgriff auf die Ursprünge (Altes Testament: Konsultation selbst jüdischer Gelehrter), und faßte im richtungsweisenden »Monitum« die geleistete Arbeit zusammen. Er entsandte Mönche nach Mailand zum Abschreiben der →Ambrosian. Gesänge und ließ das Metzer Antiphonar, das als getreues Zeugnis des →Gregorian. Gesanges galt, transkribieren. Das →Skriptorium v. Cîteaux wurde zur Pflegestätte einer geläuterten Illuminationskunst. Nach dem Vorbild der Vallombrosaner zog der Abt →Konversen zur Bewirtschaftung der hocheffizienten Agrarbetriebe (→Grangien) und zur Wahrnehmung der Außenkontakte heran, wohingegen die Mönche auf das spirituell geprägte Leben im Kl. verpflichtet wurden. 1112 trat Bernhard (→Bernhard v. Clairvaux) mit 30 Gefährten, Klerikern und Laien, in Cîteaux ein; bald wurden auch Filialkl. gegr. (→La Ferté; →Pontigny, →Clairvaux, →Morimond). Für die ersten →Kapitel des entstehenden Ordens widmete Abt S. der Abfassung der grundlegenden »Charta caritatis«, die 1119 von Papst Calixt II. gebilligt wurde. Auf S. geht auch die Gründung des ersten zisterziens. Frauenkl., Le Tart (1125), zurück. Der Abt legte kurz vor seinem Tod sein Amt nieder. Erst 1623 in das Ordenskalendarium eingetragen, erhielt er keine röm. Kanonisation.

J. de la Croix Bouton

Lit.: DHGE XV, 1226-1234 [Bibliogr. bis 1963] – J. DE LA CROIX BOUTON, Fiches cisterciennes, 1959 – P. ZAKAR, Die Anfänge des Zisterzienserordens, AnalCist, 1964 – J. B. VAN DAMME, Les trois fondateurs de Cîteaux, 1965 – P. ZAKAR, Le origini dell'Ordine Cisterciense, Notizie Cisterciensi, 1970, 1-17, 89-111, 189-199 – J. DE LA CROIX BOUTON-J. B. VAN DAMME, Les plus anciens textes de Cîteaux, 1974 [Neudr. 1985] – J. LEKAI, The Cistercians. Ideals and Reality, 1977 – F. DE PLACE, Cîteaux. Documents primitifs, 1988 [Bibliogr.] – M. CAUWE, La Bible d'Étienne Harding, RevBén 103, 1993, 414-444.

21. S. v. Lexington, engl. →Zisterzienser, Abt v. →*Clairvaux,* † wohl 21. März 1258; Sohn von Richard v. Lexington (heute Laxton, Nottinghamshire), Bruder von Johann und Robert (kgl. Kleriker) und Heinrich (Bf. v. Lincoln, † 1257). S. studierte in →Paris, dann in →Oxford (Schüler von →Edmund v. Abingdon), erhielt bereits 1215 eine Präbende, verließ aber die Univ., um in die Abtei SOCist →Quarr, Tochterkl. v. Savigny, einzutreten (1221). Als Abt v. Stanley (ab 1223) reformierte er die ir. Zisterzienserabteien (Aufhebung der Filiation v. →Mellifont, Unterstellung der Abteien unter die Jurisdiktion engl. Zisterzen, 1228). S. wirkte als Abt v. →Savigny für eine Reform seiner Filialkl.; dank seines Bruders Johann, der als kgl. engl. Delegierter am vom Papst einberufenen Konzil teilnahm, entging er der Gefangennahme durch pisan. Ghibellinen im Dienst →Friedrichs II. (1241). Als Abt v. Clairvaux (seit 1242) schrieb S. für jede Ordensprovinz die Einrichtung eines 'studium theologiae' vor und leitete den Aufbau eines Kollegs für die in Paris studierenden Zisterzienser ein (Collège de Chardonnet bzw. St-Bernard, 1245-50), mit Hilfe von →Alfons v. Poitiers. Infolge einer starken Ablehnung des Ordens gegenüber dem Universitätssstudium wurde S., trotz der Unterstützung →Alexanders IV. für seine Reformen, jedoch abgesetzt und zog sich nach →Ourscamp zurück; Kg. →Ludwig IX. lehnte eine Intervention zu seinen Gunsten ab (1256-57). Die Absicht Alexanders IV., S. das Ebm. v. →York zu übertragen, kam wegen S.s Tod nicht mehr zur Ausführung. Der große Zisterzienser und Kirchenpolitiker hinterließ eine Briefsammlung. J. Richard

Ed. und Lit.: DHGE XV, 1239-1243 – DNB XI, 1083 – Registrum epistolarum S. de L. (1230-39), ed. B. GRIESSER, AnalCist 2, 1946; 8,

1952 – B. GRIESSER, Briefformulare aus dem Kl. Savigny in einer Heilsbronner Hs., Cistercienser-Chronik 63, 1956, 53–65 – DERS., S. L., Abt v. Savigny, als Visitator der ihm unterstellten Frauenkl., ebd. 67, 1960, 14–34 – CL. LAWRENCE, S. of L. and Cistercian Univ. Stud., JEcH 11, 1960.

22. S., *Bf. v. →Lüttich*, nach 9. Jan. 901, † 19. Mai 920. ◻ St. Lambert, Lüttich. S. entstammte der lotharing. Aristokratie (→Lotharingien) und war mit dem westfrk. Karolinger→Karl III. d. Einfältigen verwandt. Er studierte in →Metz und im Palast →Karls d. K. (→Hofkapelle), stieg zum Abt v. →St-Mihiel, dann zum Bf. v. Lüttich auf und kumulierte beide Ämter. S. verfaßte bzw. redigierte eine Vita des hl. →Lambertus (»Vita Lamberti episcopi Traiectensis«), eine liturg. Sammlung (»Liber capitularis«) sowie drei Offizien (zur 'inventio' des hl. Stephanus, zum Dreifaltigkeitsfest, zum Lambertusfest).

J.-L. Kupper

Lit.: LThK² IX, 1045f. – GAMS V, I, 1982, 60f. – R. G. BABCOCK, Astrology and Pagan Gods in Carolingian »Vitae« of st. Lambert, Traditio 42, 1986, 95–113 – J. PHILIPPART, Hagiographies locale, régionale, dioc., universelle, MJb 24/25, 1989/90, 355–367 – W. BERSCHIN, Biographie und Epochenstil im lat. MA, III, 1991, 421–429.

23. S. v. Antiochien, * in Pisa, wirkte in der 1. Hälfte 12. Jh. in Syrien. Seine Identität mit Stephanus Philosophus, einem Übersetzer arab. und gr. Astronomie, ist fragl. Sicher dagegen übertrug er 1127 in Antiochien den »Liber regalis« (Kitāb al-Malakī) des →Haly Abbas vollständig neu ins Lat. Im Vorw. kritisiert er die als »Pantegne« bereits bekannte Fassung des →Constantinus Africanus als plagiator. Verfälschung. S. bietet hier zum besseren Verständnis der arab. Materia medica eine später auch als Auszug beliebte Synonymenliste und verweist auf siz. und salernitan. Autoritäten. Als »Regalis dispositio« wurde das Werk in Venedig 1492 erstmals gedr., allerdings ohne das Synonymenverz. Obgleich S. weitere Übers. ankündigte, wird ihm wohl zu Unrecht die salernitan. Schr. »De modo medendi« zugeschrieben.

H. Lauer

Q. und Lit.: THORNDIKE–KIBRE XIII, 167, 793, 993, 1093, 1611 – KLEBS 498. I [spätere Ed.: Lyon 1523] – SARTON II, 336f – DSB XIII, 38f. – M. STEINSCHNEIDER, Die europ. Übers. aus dem Arab., 1904, 77 – R. GANSZYNIEK, Stephanus. De modo medendi, SudArch 14, 1923, 110–113 – C. H. HASKINS, Stud. in the Hist. of Mediaeval Science, 1924, 98–103, 131–135 – H. SCHIPPERGES, Die Assimilation der arab. Med. durch das lat. MA, SudArch Beih. 3, 1964, 19, 35–37, 50f.

24. S. v. Besançon OP, * ca. 1250, † 22. Nov. 1294 Lucca. Als Prediger bereits berühmt, wurde S. an die theol. Fakultät der Pariser Univ. gesandt, wo er 1282–83 als Baccalaureus biblicus, 1286–88 als Magister nachgewiesen ist. Erhalten ist nur das »Principium«, seine Pariser Antrittsvorlesung. Die S. zugeschriebenen »Postilla in Ecclesiasticum« und »Postilla in Apocalypsim« sind verschollen; das »Alphabetum auctoritatum« ist ein Werk Arnolds v. Lüttich. Nach der Absetzung des Generalmeisters Munio v. Zamorra und der Provinziale des Ordens durch Papst Nikolaus IV. wurde S. 1291 zum Provinzial v. Nordfrankreich und am 2. Mai 1292 zum Generalmeister gewählt. Er versuchte mit Strenge den Dominikanerorden zur ursprgl. Observanz zurückzuführen, starb jedoch auf dem Weg von einer Visitationsreise nach Rom.

W. Senner

Bibliogr.: P. GLORIEUX, Rép. I, 1933, nr. 42 – J. B. SCHNEYER, Rep. lat. Sermones, V, 1973, 463f. – T. KAEPPELI, Scriptores OP, III, 1980, 352–354; IV, 1993, 279 – *Ed.:* Litterae encyclicae magistrorum generalium OP, ed. B. M. REICHERT, 1900, 157–164 – *Lit.:* A. MORTIER, Hist. des maîtres généraux de l'ordre des Frères prêcheurs, II, 1905, 295–318 – T. KAEPPELI, AFP 3, 1933, 185–187.

25. S. v. Bourbon →Stephanus de Bellevilla

26. S. v. Fougères (Étienne de F.), westfrz. Autor, Bf. v. →Rennes, stammte wohl aus Fougères (nö. Bretagne), † 23. Dez. 1178 in Rennes, ◻ ebd., Kathedrale. S., der von 1157 bis 1168 als 'scriptor regis' zu den engsten Helfern der großen Kanzler (→chancellor) unter Kg. →Heinrich II. Plantagenêt v. England gehörte, wurde 1157 zum kgl. Kapellan (→Hofkapelle, IV) ernannt, 1166 zum Archicantor des Kollegiatstifts St-Evroul de →Mortain (Normandie), 1168 zum Bf. v. Rennes (Bretagne). Bei den ihm zugeschriebenen lat. Werken handelt es sich um Viten (des hl. Wilhelm →Firmatus v. Mortain, des sel. →Vitalis v. Savigny) sowie um einen kurzen Bericht über S.s Leistungen als Bf. v. Rennes (Maßnahmen zur Ausschmückung der Kathedrale). In den letzten Lebensjahren verfaßte S. das der Gfn. v. Hereford gewidmete berühmte Gedicht »Livre des manières«, das 1344 Achtsilber in monorimen Quatrinen umfaßt und eines der frühesten Beispiele einer Ständedidaxe in frz. Sprache darstellt. Das Werk, das sich durch ausgeprägt symmetr. Aufbau auszeichnet, behandelt im 1. Teil (v. 1–672) die höheren 'ordines' (Kg., Klerus, Ritter), im gleich langen 2. Teil die niederen (Bauern, Bürger, Frauen), wobei jedes der sechs Einzelkapitel wieder in zwei entsprechende Partien aufgeteilt ist. Es zeigt seinen Autor, dessen lit. Begabung im »Chronicon« des Abtes →Robert v. Torigny gerühmt wird, als prakt. und realist. Moralisten. Es ist nur in einer einzigen Hs. (1. Drittel des 13. Jh., aus St-Aubin d'→Angers) erhalten (Angers, Bibl. mun., 304).

F. Vielliard

Ed.: É. de F., Le l. des m., ed. R. ANTHONY LODGE, 1979 – E. P. SAUVAGE, Vitae BB. Vitalis et Gaufridi..., AnalBoll I, 1882, 355–410 – AASS Apr. II, 336–344 – *Lit.:* BOSSUAT, 2727–2732bis; Suppl. 5080–5082, 5087–5092 – DHGE XV, 1224–1226 – DLFMA, 419f. – GRLMA, VI/2, n° 7280 – J. KREMER, Estienne v. F., L. de M., 1887 – C.-V. LANGLOIS, La vie en France au m. â. d'après quelques moralistes, 1926, 1–26 – A. LÅNGFORS, É. de F. et Gautier de Coinci, NM 46, 1945, 113–122 – T. A. M. BISHOP, Stephen of F. A Chancery Scribe, CHJ, 1950, 106f. – A. LODGE, The Lit. Interest of the L. des m. d'É. de F., Romania 93, 1972, 479–497 – J. TROTIN, Un motif malicieux de la satire médiévale..., Cahiers de l'UER Froissart, no 1, aut. 1976, 153–161 – J. BATANY, Normes, types et individus: la présentation des modèles sociaux au XIIᵉ s. (Litt. et société au MA. Actes du colloque de... 1978, hg. D. BUSCHINGER, 1978, 177–200) [abgedr. in: J. BATANY, Approches langagières de la société médiévale, 1992, 209–227] – M. PIGEON, É. de F. et les cisterciens (Cîteaux. Comm. Cistercienses 31, 1980), 181–191 – G. GOUTTEBROZE, Parfum de femme et misogynie dans le L. de m. d'É. de F. (Les soins de la beauté au MA, 1987), 311–318.

27. S. v. Landskron CanA, * 1. Jahrzehnt des 15. Jh., † 29. Nov. 1477. Wohl vor den Hussiten, die 1421 das Augustinerstift Landskron im böhm.-mähr. Grenzgebiet zerstörten, nach Wien geflohen, trat S. in das Reformstift St. Dorothea ein (Profeß: 21. Dez. 1424), wurde 1441 ernannt von →Nikolaus v. Kues, stellvertretender Visitator der Augustiner-Chorherren der Salzburger Kirchenprov., 1452 Dechant (Prior) des Domstifts Chiemsee und kehrte 1458 wieder nach Wien zurück. Als Propst v. St. Dorothea (Wahl: 2. Aug. 1458) trieb er die Reform, insbes. in den Frauenkl., voran. Sein Wirken als Ordensreformer spiegeln sowohl die noch weitgehend unerforschten lat. Schrr. (»Tractatus de IV novissimis«, »Responsio ad epistulam scrupulosi«, »Expositio missae«, »Tractatus de moribus«) als auch die der letzten Phase der 'Wiener Schule' zugehörigen dt. Werke (»Hymelstrasz« [ed. G. J. JASPERS, 1979]; »Von etleichen dingen die allein die geistlichen perüren«; »Spiegel der Klosterlewt«; »Ain Unnderweisung einer Öbristen« [ed. G. J. JASPERS, Carinthia I 174, 1984, 155–172]), die sich v. a. an die Nonnen und Laienbrüder der durch die →Melker bzw. →Raudnitzer Reform erneuerten österr.-bayer Kl. richten.

N. H. Ott

Lit.: Verf.-Lex.² IX, 295–301 – I. ZIBERMAYR, Zur Gesch. der Raudnitzer Reform, MIÖG Ergbd. 11, 1929, 323–353 – E. WEIDENHILLER, Unters. zur dt.sprachigen katechet. Lit. des späten MA, 1965, 174–190.

28. S. de Perche, Kanzler des Kgr.es →Sizilien, † 1168 im Hl. Land, ▭ in Jerusalem, Sohn Gf. Rotrous II. de Perche oder des Bruders Kg. Ludwigs VII. v. Frankreich, Robert, der S.s verwitwete Mutter geheiratet hatte. Als junger Mann kam er im Sommer 1166 nach dem Tode Kg. Wilhelms I. auf Wunsch der Regentin →Margarete v. Navarra (13. M.), die vielleicht mit ihm verwandt war, nach Palermo. Man bezichtigte ihn bald, ihr Geliebter zu sein. S. wurde sogleich zum Kanzler des Kgr.es und im Nov. 1167 zum Ebf. v. Palermo ernannt. Gegen ihn und die Schar seiner ausländischen Begleiter regten sich unter den Baronen, den Amtsträgern der Hofkanzlei und unter der muslim. Bevölkerung rasch Gefühle der Abneigung. Seine Gegner wurden um Mattheus de Aiello, vom Bf. v. Syrakus, Richard →Palmer, von Bf. Gentilis v. Agrigent und vom Bruder der Kgn., Gf. Heinrich (Rodrigo) v. Montescaglioso, angeführt; in Palermo und Messina wurden Komplotte und Aufstände gegen ihn angezettelt, aus denen er nur knapp mit dem Leben davonkam. Er verzichtete auf Kanzleramt und Episkopat und reiste im Sommer 1168 in das Heilige Land, wo er kurz nach seiner Ankunft starb. S. Fodale

Lit.: F. CHALANDON, Hist. de la domination normande en Italie et en Sicile, II, 1907, 309, 320–351 – I. LA LUMIA, Storie siciliane, 1969–70, I, 199–228 – S. TRAMONTANA, La monarchia normanna e sveva, 1986, 197–200.

29. S. v. Rouen (Étienne de R., Stephanus Rothomagensis), lat. Dichter, Mönch im Kl. →Bec. Die datierbaren Werke entstanden zw. 1134 und 1170. Es sind neben Auszügen aus Quintilians »Institutio« 33 kleinere Gedichte und das hist. Epos »Draco Normannicus« (DN, überliefert in Vat. Ottobon. 3081, Sonstiges: Paris, BN lat. 14146, nach FIERVILLE Autograph). Die Gedichte (u. a. Briefgedichte, Nachrufe, Prooemia) variieren kunstvoll Reim- und Versformen. Die drei Bücher des DN beschreiben in ca. 2200 eleg. Distichen panegyr. die Taten Kg. Heinrichs II. v. England von 1154 bis zum Frieden v. Poissy 1169, unterbrochen von umfangreichen Exkursen (I: Lob Rouens, norm. Gesch. bis zum 11. Jh.; II: frühe frk. Gesch., Briefwechsel zw. Kg. Arturus und Heinrich II.; III: Alexandrin. Schisma 1159–68) und belebt durch Reden, Briefe und Beschreibungen in rhetorisierendem Stil. Q. sind u. a. →Dudo v. St-Quentin, →Wilhelm v. Jumièges und →Geoffreys v. Monmouth »Historia«.

P. Orth

Ed.: H. OMONT, 1884 – R. HOWLETT, 1885 (RS 82, 2, 589–779) [DN, Gedichte in Auswahl] – Quintiliani de institutione oratoria liber I, ed. CH. FIERVILLE, 1890 [Quintilianauszüge, Auswahl] – *Lit.*: GRLMA XI/1, 2, 630–632 [Lit.] – CH. FIERVILLE, Étienne de R., Bull. de la Soc. des Antiquaires de Normandie 8, 1875–77, 54–78, 421–442 – MANITIUS III, 690–694 [Lit.] – BEZZOLA, Litt. Courtoise, III/1, 126–139 – B. MUNK OLSEN, L'étude des auteurs classiques lat. aux XIᵉ et XIIᵉ s., II, 1985, 302f. [Lit.] – A. PIOLETTI, Art, Avallon, l'Etna, Quaderni Medievali 28, 1989, 6–35.

Stephaniter. Der ca. 1150 durch den ung. Kg. Géza II. zur Unterhaltung eines Pilgerhospitals in Jerusalem gegründete und ca. 1440, während eines Bürgerkrieges, ausgestorbene Orden der »Cruciferi Sancti Regis Stefani de Strigonio« ist der erste ung. Orden, der aber in Vergessenheit geraten war und erst 1968 dank Hinweisen von K. ELM in Freiburg wiederentdeckt werden konnte. Die S. erhielten von Urban III. 1187 die Anerkennung und Exemtion, befolgten die Augustinerregel, hatten auch ein Hospital in Strigonium (Esztergom, →Gran), nach dem Fall von Jerusalem ein Hospital in Akkon, Häuser in Aqua Calida (heute Budapest, bei der Margaretenbrücke), Visegrád und Karcsa (Kirche erhalten) sowie andere Kirchen und Güter in Ungarn. Ihre Konvente unterhielten in Strigonium und Aqua Calida 'benannte Stellen' (ung. Form des Notariats). Es sind etwa 500 ihrer Urkk. im Original oder als Mikrofilm im Staatsarchiv Budapest vorhanden. Da die Kgn. Euphrosine 1156 in Székesfehérvár (→Stuhlweißenburg) eine ebenfalls dem hl. Kg. Stephan geweihte Kirche den Johannitern schenkte, wurden in der Lit. die S. irrtüml. unter den Johannitern subsumiert.

K.-G. Boroviczény

Lit.: K.-G. BOROVICZÉNY, Komm. Bibliogr. der Kreuzherren- und Hospitalsorden, sowie deren Krankenhaus- und Bädergründungen in Ungarn in der Zeit der Arpaden (X. bis XIII. Jh.), [masch. 1970] – DERS., Cruciferi Sancti Regis Stefani, Comm. Hist. Artis Med. 133–140, 1991–92, 7–48, 155–170 – Korai magyar történeti lex., hg. Gy. KRISTÓ, 1994, 610 [L. KOSZTA].

Stephanites und Ichnelates, [1] *Fs.enspiegel* in Form einer Slg. von Fabeln (συγγραφὴ περὶ τῶν κατὰ τὸν βίον πραγμάτων), die letztl. auf das Sanskritwerk Pañcatantra zurückgehen, über das Pers., Syr. ins Arab. übersetzt wurde (→Kalîla wa Dimna). Höchstwahrscheinl. von dem Arzt, μάγιστρος καὶ φιλόσοφος →Symeon Seth aus Antiochien im Auftrag des Ks.s Alexios I. Komnenos, also nach 1180, zu einem Großteil ins Griech. (daher eher lit. Sprache) übertragen (SJÖBERG), später unter Hinzufügung weiterer Passagen überarbeitet (PUNTONI). Der Titel ist eine Fehlinterpretation des arab. in einer späteren gr. Übersetzung. In der Rahmenerzählung regt der Kg. im Gespräch den Philosophen an, durch Beispiele zu zeigen, wie er aus den verschiedenen sozialen Verhaltensweisen der Menschen eine Lehre für seine Herrschaft ziehen könne. In der Antwort des Philosophen sind Erzählungen, bes. Fabeln aus der Tierwelt – ebenfalls in Gesprächsform –, eingeflochten, vom Hofe des Kg.s der Tiere, des Löwen, an den sich die beiden Schakale S. und I. befinden. Das Werk fand weite Verbreitung, was die Tendenz zur Volkssprache und die neugriech. Paraphrase belegen. Die ksl. Überlieferung setzt um 1200 in Bulgarien ein, auf der die älteste, nur fragmentar. bekannte Hs. aus dem 13./14. Jh. fußt (Cod. Mosq. 1736). Sie ist für die griech. Überlieferungsgesch. aussagekräftig.

G. Schmalzbauer

Ed. und Lit.: V. PUNTONI, Στεφανίτης καὶ Ἰχνηλάτης, 1889 – L.-J. SJÖBERG, S. und I. Überlieferungsgesch. und Text, 1962 – H.-G. BECK, Gesch. der byz. Volkslit., 1971, 41–45 [Lit.] – E. TRAPP, Zur Etymologie von στανιό, EEBS 39–40, 1972–73, 43–45 – A. EL TANTAWY, S. und I. – Kalilah und Dimnah. Ein Vergleich zw. der griech. und der arab. Version der Fabel mit Berücksichtigung der altsyr. und altind. Überlieferung [Mag.arbeit Wien 1987] – H. BASSOUKOS-CONDYLIS, Στεφανίτης καὶ Ἰχνηλάτης. Traduction grecque de Kalilah wa Dimna, Muséon 103, 1990, 139–149.

[2] *Slavische Übersetzungen:* Vermutl. im Bulgarien des 13. Jh. (2. Hälfte) – und nicht in einem athonit. Kl. – wurde S. ins Slav. übersetzt. Die ältesten erhaltenen Hss. bulg. Redaktion stammen aus dem Ende des 14. Jh. und stehen der gr. δ-Redaktion am nächsten. Ab dem 14. Jh. erlangte diese Übersetzung Verbreitung in Rußland. Die auf eine einheitl. Übersetzung zurückgehende bulg., serb. und russ. Redaktion unterscheidet sich nur durch Umfang und Anzahl der Kapitel.

Ch. Hannick

Ed.: Stefanit i Ichnilat. Srednevekovaja kniga basen po russkim rukopisjam XV–XVII vv, hg. O. P. LICHAČEVA–JA. S. LURE', 1969 – *Lit.*: A. SJÖBERG, Das Wort »mačka« in einem serb.-ksl. S.-Text (Studia palaeoslovenica) 1971, 309–312 – Slovar' knižnikov i knižnosti Drevnej Rusi, II/2, 1989, 417–421 (JA. S. LURE') – Sv. NIKOLOVA, Za bǔgarskija tekst na povestta 'Stefanit i Ichnilat', Starobǔgarska literatura 25–26, 1991, 115–123.

Stephanos (s. a. Stefan, Stephan, Stephanus, Stephen)

1. S. I., Patriarch v. →Konstantinopel 886–893, * 868, †893, jüngster Sohn Ks. Basileios' I., wurde, als sein Bruder Leon VI. →Photios zur Abdankung gezwungen hatte, zum Patriarchen erhoben. Als Schüler seines Vorgängers wurde er von dessen Gegnern abgelehnt, aber von Papst Stephan V. anerkannt. Sein Einfluß ist in einigen Novellen Leons VI. (z. B. zum Privateigentum der Mönche, zum Alter des Klostereintritts) erkennbar.

F. Tinnefeld

Lit.: DHGE XV, 1222 – G. T. Kolias, Βιογραφικὰ Στεφάνου Α´ οἰκουμενικοῦ πατριάρχου (Προσφορὰ εἰς Σ. Π. ΚΥΡΙΑΚΙΔΗΝ, 1953), 258–363 – H.-G. Beck, Gesch. der orth. Kirche im byz. Reich, 1980, 119 – V. Grumel–J. Darrouzès, Les Regestes des Actes du Patriarcat de Constantinople, 1/2–3, 1989², Nr. 589a–593.

2. S. Byzantios, byz. Lexikograph, in der Frühzeit der Regierung Justinians I. (527–565) als Grammatiker tätig, kompilierte ein umfangreiches alphabet. Lexikon, die »Ethnika« (᾽Εθνικά), mit ursprgl. wohl 55–60 Büchern, das dem Benutzer in erster Linie orthographisch korrekte Angaben zur Toponymik liefern will, daneben aber auch etymolog., mytholog. und hist. Informationen, Anekdoten, Wundergeschichten usw. bietet. Das Lexikon, das eher das Werk eines gelehrten Sammlers und Philologen als eines Geographen ist, blieb erhalten nur in einer Kurzfassung, bestehend aus Exzerpten von unterschiedl. Länge und Qualität. Trotz der unkrit. und oft konfusen Darbietung des Materials stellen die »Ethnika« eine wertvolle Quelle dar. →Lexikon, II.

E. V. Maltese

Ed.: Stephani Byz. Ethnicorum quae supersunt, ed. A. Meineke, 1849 [Neudr. 1958] – *Lit.:* Oxford Dict. of Byzantium, 1991, 1953f. – A. Diller, The Tradition of Stephanus Byz., Transactions and Proceedings of the American Philological Association 69, 1938, 333–348 – Hunger, Profane Lit., I, 530f. – R. Keydell, Zu S. v. Byzanz (Studi in onore A. Ardizzoni, 1978), 477–481.

3. S. der Jüngere, hl. (Fest: 28. Nov.), byz. Mönch, soll am 20. Nov. 765 unter Ks. Konstantin V. als Märtyrer gestorben sein. Die (erste) Vita gibt an, 42 Jahre nach seinem Tod von einem Stephanos, Diakon an der Hagia Sophia, nach Zeugenberichten verfaßt zu sein. Ihr Wert als Q. für den →Bilderstreit wird heute mehr und mehr bezweifelt. Sie ist »eher ein hist. Märtyrerroman«, dessen Held aber nicht als Bilderverehrer Anstoß erregt, sondern als Kritiker des »christusfeindl.« Ks.s und wegen seines Werbens für asket. Ideale auch in Hofkreisen. Rouan und Schreiner gehen vom überlieferten frühen Abfassungsdatum und (zuletzt auch Ruggieri) von einem einheitl. Konzept der Vita aus. Speck hält wesentl. Teile für spätere Interpolation (228, 305), nimmt aber noch eher an, daß sie als ganze erst nach 843 im Milieu des Studioskl. verfaßt wurde (477f.; vgl. 174f.).

F. Tinnefeld

Q.: BHG 1666/67 – MPG 100, 1067–1186 – *Lit.:* Oxford Dict. of Byzantium, 1991, 1955 [Lit.] – M.-F. Rouan, Une lecture »iconoclaste«..., TM 8, 1981, 415–430 – P. Schreiner, Der byz. Bilderstreit (Bisanzio, Roma e l'Italia nell'alto Medioevo, 1988), 353–356 – P. Speck, Ich bin's nicht, Ks. Konstantin ist es gewesen, 1990 – V. Ruggieri, Note su schemi simbolici e letterari nella Vita S. Stephani jun., Byzantion 63, 1993, 198–212 – I. Rochow, Ks. Konstantin V., 1994, 61, 237–240 [Lit.].

Stephanskrone, seit dem 13. Jh. übliche Bezeichnung für die Bügelkrone der Kg.e v. →Ungarn, obwohl nach heutigem Wissen kein Teil von ihr auf den hl. →Stephan (I.) zurückgehe. Die erhaltene Krone (seit 1978 im Nationalmus. Budapest) besteht aus zwei Teilen verschiedener Charakters: Ein Kronreif mit 63,6 cm (innerem) Umfang, geschmückt mit acht kleineren und zwei größeren Emailplatten und einer Reihe translozierter Dreiecksdekorationen (pinnae) sowie mit fünf sog. Pendilien (Goldketten mit kleeblattförmiger Steindekoration am Ende), ist aufgrund der Inschriften eindeutig byz. Herkunft; er wird daher als »corona graeca« bezeichnet. Nach den Porträts des Ks.s Michael Dukas (VII.), des Mitks.s Konstantin sowie des Ungarnkg.s Géza (I.) läßt sich der Reif auf ca. 1075 datieren. Er wird überhöht von kreuzförmig angeordneten, ca. 50 mm breiten Bügeln, auf denen acht Apostelporträts und oben eine Pantokratordarstellung, die der Stirnplatte der »corona graeca« ähnelt, angebracht sind, mit einer lat. Inschrift aus etwas dunklerem, reinerem Gold. Die Deckplatte ist in der Mitte durchbohrt und trägt ein lat. Kreuz (seit der NZ nach links verbogen). Die Datierung der »corona latina« und die Zusammenstellung beider Teile in eine, dann dem hl. Stephan zugeschriebene und bes. verehrte (»heilige«) Krone ist umstritten. Die Herkunft der Bügel ist an sich problemat.: das Fehlen von vier Aposteln zeigt eindeutig sekundäre Verwendung an. Als ihre ursprgl. Bestimmung wurden ein liturg. Gerät (»stella«), ein Buchdeckel oder ein Kopfreliquiar vorgeschlagen, keine dieser Hypothese ist völlig überzeugend. Als Entstehungszeit der heutigen Form nimmt die Mehrzahl der Forscher (Kovács, Bogyay, Vajay, Schramm) das späte 12. Jh., andere (Deér) das späte 13. Jh. an; sie wird entweder mit der Krönung Bélas III. oder mit dem Verlust des Kronschatzes nach 1270 in Zusammenhang gebracht. Es gibt zahlreiche weitere, teils phantast. Spät- und Frühdatierungen. Während die Existenz eines bes. verehrten Herrschaftszeichens bereits für das 12. Jh. wahrscheinl. ist, kann die Verwendung eines mit dem heutigen höchstwahrscheinl. ident. Diadems erst für die Wende des 13./14. Jh. nachgewiesen werden, als z. B. die von Otto v. Wittelsbach (Kg. v. Ungarn 1305–07) mitgeführte Krone zwar verloren ging, aber auf wunderbare Weise wieder aufgefunden wurde, und dann, als Karl I. Robert nach zweimaliger Krönung schließlich 1308 mit der das Kgtm. repräsentierenden (»Stephans«-)Krone zum dritten Mal gekrönt werden mußte, um als legitim anerkannt zu werden. Im 15. Jh. festigte sich die Ansicht, daß nur eine Krönung mit der früher in der Propstei v. →Stuhlweißenburg, später in der Feste →Visegrád aufbewahrten Krone rechtmäßig sei. So wurde die Krönung Władysławs I. Jagiełło (1440) mit einer Reliquienkrone, trotz der einstimmigen Deklaration der Stände über ihre Gültigkeit, in Frage gestellt, und deshalb mußte Matthias I. Corvinus 1462 nach langen Verhandlungen 60000 (oder 80000) Gulden an Ks. Friedrich III. zahlen, um die (durch Elisabeth v. Luxemburg 1439 heiml. entwendete) an ihn gelangte Krone für seine Weihe zu erwerben. Danach wurde die »Kronhut« gesetzl. geregelt und gewählten Baronen und Prälaten anvertraut (Gesetzart. 2: 1464). Die Entwicklung der Staatsmetapher über den »Körper der Heiligen Krone« (kodifiziert 1514) ging zwar mit der Verehrung des bes. Diadems Hand in Hand, doch die Existenz eines Objektes einerseits und einer Abstraktion andererseits wurde nicht widerspruchslos angenommen. →corona, VI.

J. M. Bak

Lit.: J. Kelleher, The Holy Crown of Hungary, 1951 – A. Boeckler, Die S. (Herrschaftszeichen und Staatssymbolik, hg. P. E. Schramm, III, 1956), 731–742 – J. Deér, Die hl. Krone Ungarns, 1966 – J. M. Bak, Kgtm. und Stände in Ungarn im 14.–16. Jh., 1973 – Sz. v. Vajay, »Corona Regia – Corona Regni – Sacra Corona«, Ungarn-Jb. 7, 1975, 37–64 – M. Bárány-Oberschall, Die S., 1979 – K. Benda–E. Fügedi, Der Roman der Hl. Krone, 1980 – E. Kovács–Zs. Lovag, Die ung. Krönungsinsignien, 1980 – Insignia Regni Hungariae. Stud. zur Machtsymbolik des ma. Ungarns, 1, 1983.

Stephanus, hl. (Fest 26. Dez.), Erzmärtyrer, † um 35.
I. Überlieferung – II. Verehrung – III. Darstellung.

I. ÜBERLIEFERUNG: Nach Apg 6,1–8,2 wählt die chr. Urgemeinde zu Jerusalem den 'Hellenisten' S. (dt. Kranz, Krone) zu einem der 7 Diakone, die die Apostel bei Tischdienst und Armenbetreuung entlasten sollen. S. zeigt sich als Mann von Geist, Weisheit, Gnade und Wunderkraft. Von auswärtigen Juden in einen Glaubensprozeß vor dem Hohen Rat verwickelt, weist er den Abfall der Juden vom atl. Gesetz nach und erlebt eine Himmelsvision. Die harthörigen Gegner steinigen ihn vor der Stadt. S. ruft dabei Jesus an und vergibt den Tätern. Zeuge ist Paulus (auch Apg 22,20). Eine danach einsetzende Verfolgung vertreibt die Christen z. T. ins Umland. S. wird von ungenannten Frommen mit einer großen Totenklage bestattet. Schon dieser Bericht des Lukas verklärt den ersten Blutzeugen. Protomartyr wird er in Hss. zu Apg 22,20.

II. VEREHRUNG: S. gehört zu den alten Hl.n des Meßkanons. →Irenäus v. Lyon und →Tertullian erwähnen das Martyrium. Gegen Ende des 4. Jh. folgen Sermones weiterer Kirchenväter u. a. des →Gregor v. Nyssa. S.' Festtag steht im syr. Martyrolog am 26. Dez. Er führt die nach Christi Geburt eingereihten Hl.n-Tage an. Im Westen erscheint er etwas später im Kalendar v. Karthago (AASS Nov. II, 1, 1894, LXXI). Die älteste Passio (gr. Hs. 10. Jh.) zeigt Übereinstimmungen mit dem Auffindungsbericht, der Revelatio v. 415, die →Avitus v. Bracara übersetzte: Aufgrund von Visionen öffnete der Priester Lukian am 18. Dez. das Grab in Kaphar-Gamala (Beit-Gemal?); Bf. →Johannes II. (44. J.) erklärte dort vorgefundene Namen und geleitete die Reste am 26. Dez. über 20 Meilen in die Jerusalemer Sionskirche. Bf. Juvenal überführte sie am 15. Mai 439 in eine neue S.-Kirche am Platz des Martyriums. Von Ksn. →Eudokia († 460) durch eine geräumige Basilika ersetzt, wurde sie 484 geweiht, 614 von den Persern zerstört.

Beflügelt von der wenig älteren allg. Verehrung der →Reliquien und kaum gehemmt vom Schweigen des Hieronymus, vervielfachte sich der Kult. Schon →Orosius brachte die lat. Fassung der Revelatio und Reliquien in den Westen nach Menorca. →Augustinus berichtet Wunder an S.-Memorien in Afrika (de civitate Dei 22, 8, 10–22) und – angebl. vor 415 – in Ancona (Sermo 323, 2; MPL 38, 1445f.). Eine Hand des Hl.n gelangte 428 nach Byzanz. →Pulcheria ließ dafür ein Martyrium innerhalb des Palastes bauen. Durch →Galla Placidia kam der Kult nach Ravenna und Rimini, darauf unter Bf. Martinian um 431 nach Mailand, dadurch angeregt nach Bologna und Verona. In Rom erbaute Demetria die erste Basilika zw. 440 und 461. Auf Ancona oder ein röm. Weihedatum könnte das S.-Fest am 3. Aug. zurückgehen. In Gallien bietet die Kathedrale v. Arles 449 ein Erstzeugnis. Belege für Lyon, Besançon, Metz, Clermont und Tours, auch Bourges, weisen ebenfalls in diese Zeit zurück. S. wurde Patron von 21 gall. Kathedralen und ist auch bei den Grabkirchen häufig vertreten. →Gregor v. Tours weiß von Wundertätigkeit (Gloria martyrum 33); →Venantius Fortunatus (carmen 4, 16, 93–96) läßt von Maria, Petrus und S. die Seele der Vilithuta im Himmel empfangen. Die Ausbreitung nach Aquitanien wurde durch die Westgoten, nach Osten durch die Burgunder und nach Norden durch die Franken behindert. Obwohl die Ausstrahlung im 7. Jh. nachließ, war S. Universalhl. geworden. Das bezeugen zahlreiche spätere S.-Kirchen in Italien, Spanien, Dtl. und auch England.

Als Reliquien wurden neben den unterschiedl. eingeschätzten Steinen Blut, Knochen- und Kleidungsteile (so 980 aus Metz nach Halberstadt) verbreitet. S. hilft zu einem guten Tod und bei vielerlei Krankheiten.

Mit der Feier des S.-Tages verbanden sich zahlreiche Volksbräuche. Schon Karl d. Gr. verbot 789 das Trinken und Schwören auf den Hl. n. Möglicherweise durch Verdrängung eines heidn. Winterfestes wurde S. insbes. Patron der Pferde und des Gedeihens in Feld und Haus.

III. DARSTELLUNG: Durchweg bartlos und in der jeweils zeitgenöss. Tracht eines Diakons gezeigt, erhält S. zur Palme und zum Evangelienbuch des Blutzeugen vielfach die Steine als sprechendes Attribut. Oft steht er mit anderen Diakonen, bes. →Laurentius und Vincentius, zusammen. Die häufigste von etwa 20 möglichen Szenen ist die Steinigung. Bildzyklen folgen den 7 Vorgängen der Apg oder den Legenden der Vita fabulosa (10.–11. Jh. BHL 7849) und der →Legenda aurea.   K. H. Krüger

Lit.: BHL 7848–7895 – MartHieron, 10 – Bibl.SS XI, 1376–1392 – Catholicisme IV, 571–574 – HWDA VIII, 428–436 – LCI VIII, 395–403 – LThK² IX, 1050–1052 – Vies des Saints XII, 687–702 – E. VANDERLINDEN, Revelatio S. S.i, RevByz 4, 1946, 178–216 [Ed.] – J. MARTIN, Die revelatio S. S.i und Verwandtes, HJb 77, 1958, 419–433 – M. ZENDER, Räume und Schichten ma. Hl.nverehrung, 1959, 179–182 [mit Karte] – R. BAUERREISS, Stefanskult und frühe Bf.sstadt, 1963 – P. JOUNEL, Le culte des saints, 1977, 262f., 328f. – (W. SULSER/)H. CLAUSSEN, St. Stephan in Chur, 1978, 147–149 – E. EWIG, Spätantikes und frk. Gallien, II, 1979, 297–302, 668 – M. VAN ESBROEK, Jean II, AnalBoll 102, 1984, 99–107; 104, 1986, 340f. – 1000 Jahre St. Stephan in Mainz, 1990, 167–186 [F. STAAB; Lit.] – A. STRUS, Beit-Gemal può essere il luogo di sepoltura di S. Stefano?, Salesianum 54, 1992, 453–478.

Stephanus. 1. S. de Bellavilla (Stephanus de Borbone, Étienne de Bourbon) OP, * um 1180 oder um 1190/95 in Belleville-sur-Saône (Diöz. Lyon), † um 1261 in Lyon. Über sein Leben ist, abgesehen von einigen Äußerungen des →Bernardus Guidonis OP, wenig bekannt. S. de B. nahm seine Studien als »puer« in der Domschule St-Vincent v. Mâcon auf, besuchte um 1217 die Pariser Schulen (seit 1231 Univ. Paris) und trat spätestens 1223 in Lyon in den Dominikanerorden ein, wo er auch seine theol. Ausbildung vervollständigte. Lyon blieb er bis zu seinem Tode verbunden, dennoch wirkte er nahezu 30 Jahre als Prediger in Süd- und Ostfrankreich. Er bereiste die heutigen Regionen Rhône-Alpes, Burgund (Besançon), die Champagne (z. B. Reims), den Jura, die Alpen, Valence, die Auvergne, das Forez und das Roussillon. In Vézelay predigte er 1226 gegen die →Albigenser, zur Bekämpfung der Ketzer hielt er sich u. a. in Clermond auf. Obwohl er sich nie »praedicator generalis« nannte – der Dominikanerorden nannte dieses Amt seit 1228 –, kann aus seiner regen Reisetätigkeit geschlossen werden, daß ihm das Amt des Inquisitors um 1235 in der Diöz. v. Valence anvertraut worden war; dort kämpfte er gegen die →Waldenser. S. de B. beteiligte sich u. a. an der Verurteilung der Ketzer v. Mont-Aimé in der Champagne, die von →Robert le Petit (le Bougre) auf den Scheiterhaufen geschickt wurden. Er stand mit zahlreichen prominenten Zeitgenossen in Kontakt, so mit →Jakob v. Vitry.

Das Hauptwerk S.' de B. ist der gegen Ende seines Lebens verfaßte »Tractatus de diversis materiis praedicabilibus«; dieses Hb. für Prediger verbindet Morallehren mit Exempla und wird wegen seines inneren Strukturschemas nach den Sieben Gaben des →Hl. Geistes auch unter dem Titel »De septem donis spiritus sancti« geführt. Die mehr als 3000 Erzählungen sind insofern von Bedeutung, als sie zum einen teilweise den gängigen Autoritäten (auctoritates) wie der Hl. Schrift, den antiken Verfassern, den Vitae patrum, Hl.nlegenden, →Isidor v. Sevilla oder →Petrus Alfonsi entnommen sind, zum anderen aber über Ereignisse während seiner Reisen berichten und dadurch einen vorzügl. Einblick in die populäre Kultur des Hoch-MA gestatten; so stieß S. de B. in Neuville (Diöz. Lyon) um 1250 auf den bäuerl. Kult eines hl. Hundes (»De adoratione Guinefortis canis«) und sorgte als Inquisitor für dessen Ausrottung.

Als »Proto-Dominikaner-Erzähler« (R. SCHENDA) beeinflußten S. de B. und seine Exempelsammlung spätere Exempelkompilatoren wie Arnold v. Lüttich, Johannes →Herolt, →Johannes Gobii Junior, Johannes →Nider oder Ulrich →Boner nachhaltig. Ch. Daxelmüller

Ed. und Lit.: EM IV, 511-519 - LThK² IX, 1043 - J. QUÉTIF - J. ÉCHARD, Scriptores OP I, 1719, 184-194 - R. A. LECOY DE LA MARCHE, Anecdotes hist., légendes et apologues tirés du recueil inéd. d'Étienne de Bourbon, 1877 - A. E. SCHÖNBACH, Studien zur Erzählungslit. des MA, 1909 - B. ALTANER, Der hl. Dominikus, Unters.en und Texte, 1922 - J. BERLIOZ, Étienne de Bourbon, O. P. († 1261), »Tractatus de diversis materiis predicabilibus« (3ème partie »De dono scientie«), Ét. et éd., I-IV, 1977 - DERS., 'Quand dire c'est faire dire'. Exempla et confession chez Étienne de Bourbon (Faire croire, Act. de la Table ronde de Rome, 22-23 juin 1979, 1981), 299-335 - DERS., Pèlerinage et pénitence dans le recueil d'exempla d'Étienne de Bourbon O. P. (La Faute, la répression et le pardon, 107e Congr. nat. des soc. savantes, Brest 1982, 1984), 399-412 - C. BERMOND, J. LE GOFF, J.-C. SCHMITT, L'»Exemplum«, 1982 - J.-C. SCHMITT, Der hl. Windhund, 1982, 23f. - J. BERLIOZ, Sainte Pélagie dans un exemplum d'Étienne de Bourbon (Seminaire d'hist. des textes de l'École normale superieure. Pélagie la pénitente, II, 1984), 165-171 - DERS., »Héros« païen et prédication chrétienne: Jules César dans le recueil d'exempla du dominicain Étienne de Bourbon (Exemplum et Similitudo, hg. W. J. AERTS - M. GOSMAN, 1988), 123-143 - Les Exempla médiévaux, hg. J. BERLIOZ - M. A. POLO DE BEAULIEU, 1992, 137-149.

2. S. Tornacensis, einer der ersten →Dekretisten, * 18. Febr. 1128 in Orléans, † 11. Sept. 1203 in Tournai, studierte in Bologna beide Rechte; 1167 wurde er Abt (CanR) v. St-Euverte (Orléans), 1176 v. Ste-Geneviève (Paris) und 1192 Bf. v. →Tournai. Neben Glossen verfaßte er zum →Decretum Gratiani eine der am besten überlieferten Summen (1166/69), die in ihrer Bedeutung und ihrem Einfluß, bes. auf die frz. Dekretistenschule, wohl noch zu wenig gewürdigt wurde. Gegenüber seinen dekretist. Vorgängern →Paucapalea, →Rolandus und →Rufinus ist dabei v. a. seine jurist.-kanonist. Denkweise und Argumentation hervorzuheben. H. Zapp

Teiled.: Die Summa des S. T. über das Decr. Gratiani, hg. J. F. v. SCHULTE, 1891 [Nachdr. 1965] - Lettres d'Étienne de T., ed. J. DESILVE, 1893 - MPL 211, 309-576 - *Lit.:* DDC V, 487-492 [G. LEPOINTE] - KUTTNER, 133-136 - DERS., The Third Part of S. of T.'s Summa, Traditio 14, 1958, 502-505 - R. G. KNOX, Rufinus and S. on Church Judgement, 1976 [Diss. masch. Yale] - H. KALB, Stud. zur Summa S.' v. T., 1983 [Lit.] - R. G. KNOX, The Problem of Academic Language in Rufinus and S., MIC, C 7, 1985, 109-123 - A. GOURON, Sur les sources civilistes et la datation de Sommes de Rufin et d'Étienne de T., BMCL 16, 1986, 55-70 - H. KALB, Bemerkungen zum Verhältnis von Theologie und Kanonistik am Beispiel Rufinus und S.' v. T., ZRGKanAbt 72, 1986, 338-348 - R. WEIGAND, Stud. zum kanonist. Werk S.' v. T., ebd., 349-361 - G. CONKLIN, S. of T. and the Development of aequitas canonica, MIC, C 9, 1992, 369-389 - A. GOURON, Canon Law in Parisian Circles before S. of T.'s Summa, ebd., 497-503.

Stephen (s. a. Stefan, Stephan, Stephanus)
1. S. of Bersted, Bf. v. →Chichester 1262-87, † 1287; stammte aus Bersted in der Nähe von Chichester, seit 1247 Kanoniker in Chichester, seit 1254 Theologieregens an der Univ. Oxford, er war auch Kaplan von →Richard of Wych, Bf. v. Chichester. S. of B. gehörte zu der Gruppe von Bf.en, die für Simon de →Montfort eintraten, den er bis zur Schlacht v. →Lewes (14. Mai 1264) begleitete, und er führte die fehlgeschlagenen Verhandlungen für eine friedl. Einigung. Nach Montforts Sieg gehörte er zu den drei »Wählern« des King's →Council und trug letztl. die Regierungsverantwortung. Nach dem Tod Montforts am 4. Aug. 1265 (→Evesham, Schlacht v.) wurde S. of B. von seinem Amt durch den Papst suspendiert, der ihn auch zwang, nach Rom zu gehen. Er kehrte bis zur Regierung Eduards I. nicht nach England zurück. S.s Politik wurde wahrscheinl. durch seine Oxforder Zeit sowie durch die Frömmigkeit von Richard of Wych und →Robert Grosseteste geprägt. Wenn man davon ausgeht, daß S.s Ansichten in der Montforts Sieg preisenden Dichtung »The Song of Lewes« – wahrscheinl. von einem Mönch in seiner Umgebung verfaßt – dargestellt wurden, dann betrachtete er als Pflicht des Kg.s die Regierung im Rahmen des Gesetzes zum Wohl aller Untertanen, gemeinsam mit seinen einheim. Magnaten und nicht mit Ausländern. Da →Heinrich III. diesen Anspruch nicht erfüllte, war es für die »community of the realm« notwendig, ihm Einschränkungen aufzuerlegen. D. A. Carpenter

Ed. und Lit.: The Song of Lewes, ed. C. L. KINGSFORD, 1890 - BRUO I, 1957.

2. S. Langton →Langton, Stephen

Stepprock, um 1370-80 modischer →Waffenrock aus gepolstertem, längsgestepptem Stoff. O. Gamber

Lit.: J. ARNOLD, The Jupon or Coat-Armour of the Black Prince in Canterbury Cathedral, Church Monuments VIII, 1993.

Sterbegebete (lat. commendatio animae; seit 1972 c. morientium) bilden den Gottesdienst, mit dem das Sterben des Christen von der Kirche begleitet wird. Gemäß der ältesten erhaltenen röm. Ordnung (7./8. Jh.) wurde nach dem Darreichen der Wegzehrung die Leidensgesch. (nach Joh) gelesen, an die sich unmittelbar nach dem Verscheiden das Responsorium »Subvenite« mit Vers »Requiem aeternam« sowie die Pss 114/115 (113) bis 120 (119) und eine Oration anschlossen (ALW 7/2, 1962, 360-415). Im Laufe der Zeit wurde die Passionslesung durch Gebete ergänzt. Ehrwürdigstes Element sind die als S. im 8. Jh. auftauchenden 13 mit »Libera« beginnenden Anrufungen um Rettung des Sterbenden mit Berufung auf frühere, v. a. atl. Rettungstaten Gottes (Paradigmengebete) (GeG 2893). Für den Anfang des 8. Jh. ist die Litanei bezeugt (AASS IV [Febr. II], 423), für das gleiche Jh. auch der von chr. Hoffnung geprägte Text »Proficiscere« (GeG 2892). Die ursprgl. bei der Krankenbuße in Todesgefahr verwendete Oration »Deus misericors« (GeV 364) und der auf den Brief von →Petrus Damiani († 1072) an einen Kranken zurückgehende Text »Commendo te« (MLP 144, 497f.) waren für den Vollzug am Sterbebett weniger gut geeignet. R. Kaczynski

Lit.: R. KACZYNSKI, Sterbe- und Begräbnisliturgie (Gottesdienst der Kirche 8, 1984), 204-217 [Lit.].

Sterben, Sterbestunde → Tod

Sterbfall → Besthaupt; →Gewandfall

Stereometrie → Visierkunst

Sterling (von ae. ster = festgelegt, beständig; frz. esterlin), Bezeichnung für engl. (auch ir. und schott.) →Pennies seit dem 11. Jh., bes. für die *short-cross*-S.e (1180-1247), *long-cross*-S.e (1247-78) und *Edwardian*-S.e (1278-1351). Der S. breitete sich seit dem Beginn des 13. Jh. bes. in Frankreich, den Niederlanden, N-, NW- und W-Deutschland und Skandinavien aus; er wurde dem Kölner →Pfennig gleichgesetzt. Der short-cross-S. (kurzes Doppelfadenkreuz auf der Rückseite) wurde vornehml. in Westfalen, z. T. täuschend ähnl. nachgeahmt, die long-cross-S. (langes Doppelfadenkreuz auf der Rückseite) in den Niederlanden, Luxemburg, Frankreich, dem Rheinland, Westfalen und Skandinavien imitiert. Der Edwardian-S. (langes schlichtes Kreuz) findet sich als Nachahmung in Frankreich,

Luxemburg, den Niederlanden, Rheinland, Westfalen und Skandinavien. Häufig wurde die Vorderseite des S.s (gekrönter Kg.skopf) abgewandelt (→Brabantinus). In den schriftl. Q. erscheint der S. als Sterlingus, sterlingus anglicus oder anglicus. S. wird auch als Rechenbegriff (Pound S.) und als Bezeichnung des →Feingehalts des engl. Penny benutzt. P. Berghaus

Lit.: J. CHAUTARD, Les imitations des monnaies au type Esterlin, 1871 – F. v. SCHROETTER, Wb. der Münzkunde, 1930, 662f. – P. BERGHAUS, Die Perioden des S.s in Westfalen, dem Rheinland und in den Niederlanden, HBNum 1, 1947, 34–53 – S. E. RIGOLD, The Trail of the Easterlings, Brit. Num. Journal 29, 1949–51, 31–55 – P. GRIERSON, S. (Anglo-Saxon Coins, Studies presented to F. M. STENTON, 1961), 266–283 – KL XVII, 1972, 167–172 – N. KLÜSSENDORF, Stud. zur Währung und Wirtschaft am Niederrhein, 1974, 107f. – N. J. MAYHEW, S. Imitations of Edwardian Type, 1983 – P. SPUFFORD, Handbook of Medieval Exchange, 1986, 363 – P. GRIERSON, Coins of Medieval Europe, 1991, 226.

Sternberg, Adelsfamilie des böhm. Hochadels, belegt seit Anfang des 12. Jh., erwarb im Dienst der →Přemysliden im 12. und 13. Jh. großen Einfluß und zahlreiche Güter. Noch im SpätMA bekleideten die S. wichtige Hof- und Landesämter. Die Familie spaltete sich im 13. Jh. in eine böhm. und eine mähr. Hauptlinie (Residenzen: Böhmisch S. und Mährisch S.). Die mähr. Linie verband sich mit der bedeutenden Adelsfamilie →Krawarn, starb aber im 16. Jh. aus. Die böhm. Linie teilte sich in zwei Familien auf: S. v. Holice, aus der Kunhuta (∞ →Georg v. Podiebrad; † 1449) und Alesch († 1455), Anhänger Kg. Siegmunds, bedeutender Politiker und Diplomat, stammten; von den S. v. Konopiště wurde Zdeněk († 1476) durch seine polit. und kulturellen Aktivitäten bekannt (vgl. Johann v. Rabenstein, Dialogus). M. Polívka

Lit.: J. TANNER, Gesch. derer Helden v. Sternen, 1732 – R. URBÁNEK, Věk poděbradský, České dějiny III, 1, 1915 – V. KOSINOVÁ, Zd. ze S. a jeho královské ambice (Sborník prací k 60. nar. J. B. NOVÁKA, 1932), 206–218 – J. PÁNEK, Historický spis o pánech ze Šternberka a otázka autorství V. Březana, Sborník archivních prací 33, 1983, 443–482 [Lit.].

Sterne, Sternbilder

I. Allgemein – II. Die antik-lateinische Tradition – III. Die antik-arabisch-lateinische Tradition – IV. Ikonographie.

I. ALLGEMEIN: Die moderne Astronomie teilt nach internat. Abmachung seit 1930 die gesamte Himmelsfläche in 88 streng geometr. abgegrenzte, rechteckige Felder unterschiedl. Größe und unregelmäßiger Form, die nach einstmals in ihrem Bereich gelegenen S.bildern benannt werden. 51 der Felder gehen auf →Ptolemaeus zurück, der im →»Almagest« 48 S.bilder verzeichnet, von denen eines in neuer Zeit in vier Einzelbilder zerlegt wurde. Der Ursprung der Mehrzahl der antiken gr. S.bilder ist babylon., hinzu kommen eigene Bildungen aus der Antike. Neben dem aus der Antike über das MA bis in die NZ beibehaltenen kanon. S.bilderbestand besaßen die einzelnen Völker jeweils eine begrenzte Anzahl eigener Gestirnnamen für bedeutendere oder auffällige Himmelsobjekte, die z. T. auch in den Gesamtkomplex der Tradition einflossen. Das Himmelsbild des europ. MA war einerseits bestimmt durch eine von Aratos (3. Jh. v. Chr.) ausgehende antik-lat. Traditionsreihe, andererseits durch eine antik-arab.-lat. Traditionsreihe, die zunächst ebenfalls von den Griechen (v. a. Ptolemaeus) ausging, jedoch auf dem Umweg über den arab.-islam. Orient das ma. Europa erreichte. Im byz. Raum verwendete man neben Übers.en aus dem islam. Bereich (arab., pers.) im MA weiterhin die antik-gr. Texte (Ptolemaeus).

II. DIE ANTIK-LATEINISCHE TRADITION: Im westl. Europa wurde im MA so gut wie nicht auf gr. astronom. Texte zurückgegriffen, hauptsächl. wurde lat. Material übernommen und weiterüberliefert. Für die →Fixsterne und S.bilder stand hierbei die lat. Aratostradition im Mittelpunkt, bes. die lat. Fassung von Claudius Caesar Germanicus (15 v. Chr.–19. n. Chr.) und deren Komm.e und Scholien, dazu auch die Schrr. von →Hyginus (1. Jh.) und →Avienus (2. Hälfte 4. Jh.). Die zugehörigen Hss. enthalten meist auch Zeichnungen der einzelnen S.bilder (z. B. Leiden, Ms. Voss. Lat. Q. 79, um 830–840; vgl. VON EUW) und gelegentl. ganze Himmelskarten, sog. Planisphären, die entweder den gesamten antiken S.himmel mit allen S.bildern auf einem Blatt oder getrennt den nördl. und südl. S.himmel auf zwei Blättern (Hemisphären) darstellen (THIELE; SAXL, I–IV; ROTH, 182–192, 332f. [Tab. 93–94]; KUNITZSCH 1986, 9–11). Solche Planisphären gibt es auch in gr. Hss. (Vat. gr. 1087, 15. Jh.; BOLL, Taf. I). Die Texte zählen die S.bilder auf, geben mytholog. Erklärungen zu den Bildnamen und erwähnen die Anzahl der S.e in jedem Bild. Die Abb. zielen in erster Linie auf die mytholog. und künstler. Illustration der Figuren, ebenso die Planisphären auf die Veranschaulichung des Gesamtanblicks; sie waren für astronom.-wiss. Zwecke unbrauchbar. Diese Traditionsreihe findet sich auch noch im »Liber introductorius« des →Michael Scotus († um 1235), der aber auch Elemente aus der »Sphaera barbarica« und aus der arab. Tradition einmischt (BOLL, 439ff.). Wiss. brauchbare Himmelskarten mit astronom. exakter Definition (nach Ptolemaeus) und Positionierung der S.e tauchen erst im 15. Jh. auf (Ms. Wien 5415, um 1440); in ihrer Fortsetzung stehen – über Zwischenglieder – dann auch die Holzschnitte des nördl. und südl. S.himmels von A. →Dürer, 1515 (KUNITZSCH 1986, 10f.; DEKKER II, 519–523). Seit der Antike waren auch Himmelsgloben bekannt und verbreitet (vgl. Ptolemaeus, Almagest VIII, 3), die den gesamten S.himmel und die wichtigsten Großkreise am Himmel in 'Außen- oder Globusansicht' (im Gegensatz zum natürl. Anblick von 'innen' am Himmelsgewölbe) darstellen. Aus röm. Zeit (Mitte 2. Jh.?) ist ein Marmorglobus erhalten, der sog. »Atlas Farnese« (DEKKER II, 504f.). Daß Exemplare von Himmelsgloben auch das ma. Europa erreicht haben, beweisen z. B. die Zeichnungen in den Hss. St. Gallen, Stiftsbibl. 250 und 902 (9. bzw. 10. Jh.; vgl. VON EUW, 23). Der Himmelsglobus scheint dann aber keine große Rolle mehr gespielt zu haben; es gibt kaum Texte darüber, und es haben sich keine Exemplare erhalten. Erst aus dem Besitz des →Nikolaus v. Kues (1401–64) hat ein Himmelsglobus überlebt, dessen Bildzeichnungen vermutl. aus dem 14. Jh. stammen (HARTMANN, 28ff.; DEKKER II, 508f.). In ganz anderer Umgebung treffen wir die S.bilder aus dieser Tradition auf dem »Sternenmantel« Ks. Heinrichs II. (wohl um 1020), auf dem die nördl., die →Tierkreis- und vier südl. S.bilder sowie auch zwei S.hemisphären abgebildet sind (VON PÖLNITZ; ZINNER). Neben dieser festgefügten Text- und Bildüberlieferung aus der lat. Aratostradition finden sich vereinzelt auch unabhängige S.- und S.bildbeschreibungen. So führt →Gregor v. Tours (um 540–594) in »De cursu stellarum« 14 S.bilder an, aus deren Beobachtung Mönche die nächtl. Gebetszeiten bestimmen sollen. Die von ihm verwendeten Namen zeigen nur vereinzelt Anklänge an die antike Nomenklatur; größtenteils verwendet er zeitgenöss. volkssprachl. oder aufgrund der Beobachtung von ihm selbst gebildete Namen (BERGMANN-SCHLOSSER; MCCLUSKEY).

III. DIE ANTIK-ARABISCH-LATEINISCHE TRADITION: Während die lat. Aratostradition mehr die lit., mytholog. und künstler. Aspekte des Himmelsbildes verfolgte, stand die astronom.-wiss. Erfassung und Behandlung der Fixs.e und S.bilder im westl. Europa seit Ende des 10. Jh. v. a. unter arab. Einfluß. Das 'arab.' Material umfaßte sowohl ins Arab. übersetzte Schrr. antik-gr. Autoren als auch Schrr. arab.-islam. Autoren, die ihrerseits im wesentl. von der antiken Astronomie (Ptolemaeus) beherrscht waren. Die Übernahme ins westl. Europa erfolgte durch arab.-lat. Übers.en in Spanien (erster Ansatz gegen Ende des 10. Jh., hauptsächl. im 12. Jh., Ausläufer im 13. Jh.).

Theorie der Fixsterne: Im Rahmen des aristotel. -ptolemäischen →Weltbildes nahm man an, daß alle Fixs.e auf einer achten →Sphäre (jenseits der sieben Planetensphären) befestigt seien. Sie sind unveränderl. in Bezug auf ihre Eigenschaften (Größe, Farbe), können ihre Stellung zueinander nicht verändern und haben alle den gleichen Abstand von der im Zentrum des Alls stehenden Erde. Ihre Sphäre (und mit ihr die S.e) vollzieht eine tägl. Umdrehung um die Erde von O nach W. Daneben hat die achte Sphäre eine sehr langsame Umdrehung (um den Pol der →Ekliptik) von W nach O, die sog. Präzession, deren Wert Ptolemaeus zu 1° in 100 Jahren annahm; die Araber verbesserten diesen Wert auf 1° in 66 oder 70 Jahren (moderner Wert: 1° in ca. 71,6 Jahren; →Planeten, II). Für die Positionsbestimmung der S.e diente als Ausgangspunkt der S.katalog des Ptolemaeus: Als Koordinaten waren darin verwendet ekliptikale Länge (longitudo) und Breite (latitudo). Durch Anwendung der Präzessionskonstante konnte man daraus die Längen der S.e für jeden beliebigen Zeitpunkt berechnen; die Breiten blieben unverändert. Für Instrumente (bes. Astrolab) erwies sich die Verwendung anderer Koordinaten als praktischer: mediatio coeli (d. i. derjenige Grad der Ekliptik, der zusammen mit einem S. den Meridian passiert) und Deklination (d. i. der Abstand des S.s vom Himmelsäquator). Diese Koordinaten wurden üblicherweise aus den ekliptikalen Koordinaten errechnet.

Sternkataloge: Der grundlegende S.katalog bis hin zu →Kopernikus war der des Ptolemaeus (Almagest VII-VIII; Epoche 137 n. Chr.). Er gliedert den S.bestand in 48 S.bilder (21 nördl.: Ursa Minor, Ursa Maior, Draco, Cepheus, Bootes, Corona Borealis, Hercules, Lyra, Cygnus, Cassiopeia, Perseus, Auriga, Ophiuchus, Serpens, Sagitta, Aquila, Delphinus, Equuleus, Pegasus, Andromeda, Triangulum; 12 Tierkreisbilder: Aries, Taurus, Gemini, Cancer, Leo, Virgo, Libra, Scorpius, Sagittarius, Capricornus, Aquarius, Pisces; 15 südl.: Cetus, Orion, Eridanus, Lepus, Canis Maior, Canis Minor, Argo, Hydra, Crater, Corvus, Centaurus, Lupus, Ara, Corona Australis, Piscis Austrinus) mit insgesamt 1025 S.en, die mit ekliptikalen Koordinaten und scheinbarer Größe (sechs Größenklassen mit Untergruppen) tabellar. verzeichnet sind. Der Almagest wurde um 1150-80 durch →Gerhard v. Cremona in Toledo aus dem Arab. ins Lat. übersetzt. Seine Version blieb für die folgenden Jahrhunderte die Standardversion (eine um 1150 aus dem Griech. übersetzte lat. Fassung blieb demgegenüber weitgehend unbeachtet). Der S.katalog in Gerhards Fassung wurde später (mit Umrechnung der Längen auf 1252 [Datum der Thronbesteigung →Alfons' X. v. Kastilien]) auch in die seit dem 14. Jh. weitverbreiteten »Alfonsin. →Tafeln« übernommen. Ebenfalls bildete sie (mit Umrechnung der Längen auf aṣ-Ṣūfīs Wert von 964) den Kern einer wohl im 13. Jh. in Sizilien entstandenen lat. Ṣūfī-Kompilation, die dazu die Abb. der S.bilder von →aṣ-Ṣūfī sowie im Laufe der Zeit noch weitere Textelemente aufnahm (KUNITZSCH 1989, XI). In die unter Alfons X. v. Kastilien verfaßten →»Libros del saber de astronomía« wurde der ptolemäische S.katalog ebenfalls aufgenommen, unter Rückgriff auf arab. Texte sowie mit Verwendung von Gerhards lat. Version.

Sterntafeln: Für den Gebrauch auf dem →Astrolab und anderen Instrumenten wurden häufig kleinere S.tafeln mit ca. 20-70 S.en erstellt. Die älteste derartige Tafel vom Ende des 10. Jh., als in NO-Spanien die erste Kenntnisnahme des Astrolabs anhand arab. Texte und Instrumente erfolgte, enthält 27 S.e (KUNITZSCH 1966, Typ III). Eine Tafel mit 40 S.n erstellte 1246 in Paris →Johannes v. London aufgrund eigener Beobachtung (KUNITZSCH 1966, Typ VI). Sonst war eigene Beobachtung selten; zumeist wurden die Tafeln in reiner Bucharbeit nach überlieferten Koordinaten ledigl. umgerechnet, einige wurden auch aus dem Arab. übersetzt. Auch in Byzanz wurden arab. S.tafeln dieser Art übernommen (KUNITZSCH 1989, II; III).

Sonstige Vorkommen: Neben dem Almagest, Astrolabtraktaten und anderen astronom. Schrr. kommen S.e auch in astrolog. Werken vor (u. a. Ptolemaeus, Tetrabiblos I, 9; III, 12 [ebenfalls in arab. und arab.-lat. Übers.en]; →Abū Maʿšar, Introductorium maius II, 1; VI, 20; KUNITZSCH 1989, XII; XVI; XVII). Hier werden einzelnen helleren S.en bzw. ganzen S.bildern die 'Temperamente' (κρᾶσις, arab. *mizāǧ* oder *ṭabīʿa*, lat. complexio oder natura) der Planeten oder andere astrolog. Eigenschaften zugeordnet. Eine Sonderform von S.bildern stellen die nichtklass. Bilder der »Sphaera barbarica« dar, die, in der Spätantike aus Elementen verschiedenster Herkunft zusammengefügt (BOLL) und in astrolog. Texten überliefert, auch das westl. Europa erreichten (Abū Maʿšar, Introd. mai. VI, 1; ed. K. DYROFF; BOLL, Beilage 6; hierin auch die vermeintl. Prophezeiung der jungfräul. Geburt Jesu, die im MA in Europa großes Aufsehen erregte; THORNDIKE, KUNITZSCH 1970).

Nomenklatur: Für die Benennung der S.bilder und der helleren S.e finden sich in der Lit. einerseits die überkommenen antik-lat., daneben aber auch in reichem Maße bei den Übers.en transkribierte arab. Namen, die größtenteils arab. Gestirnnamen, zuweilen aber auch ins Arab. transkribierte gr. Namen darstellen. Das übernommene arab. Namenmaterial unterlag im Laufe der Überlieferung meist starken Entstellungen. In der Renaissance begannen Gelehrte (G. Postellus, J. Scaliger, H. Grotius), die überlieferten korrupten Namen zu rekonstruieren. Aus Mangel an Texten mußten sie dabei zumeist spekulativ verfahren und brachten dadurch viele neue Formen in den Namensbestand ein, die in den arab. Q. selbst nicht existierten. Erst in der NZ gelang es, die richtigen Namenformen anhand der Originaltexte zu ermitteln.

Zu anderen Himmelsobjekten und -erscheinungen s. →Finsternis; →Kometen; →Meteor, Meteorit; →Mond; →Planeten; →Sonne; →Supernova; →Tafeln, astronom.

P. Kunitzsch

Lit.: zu [I]: A. SCHERER, Gestirnnamen bei den idg. Völkern, 1953 – B. L. VAN DER WAERDEN, Erwachende Wiss., II, 1968 – A. LE BOEUFFLE, Les noms lat. d'astres et de constellations, 1977 – zu [II]: G. THIELE, Antike Himmelsbilder, 1898 – F. BOLL, Sphaera, 1903 – F. SAXL, Verz. illustr. astrolog. und mytholog. Hss. des lat. MA, I, 1915; II, 1927; III [mit H. MEIER], 1953; IV [P. McGURK], 1966 – J. HARTMANN, Die astronom. Instrumente des Kard.s Nikolaus Cusanus, 1919 – A. G. ROTH, Die Gestirne in der Landschaftsmalerei des Abendlandes, 1945 – E. ZINNER, Die astronom. Vorlagen des S.enmantels Ks. Heinrichs, Berichte Naturforsch. Ges. Bamberg 33, 1952 – DERS., Neue Forsch. über den S.enmantel Ks. Heinrichs II., ebd. 36, 1958 – S. V. PÖLNITZ, Die Bamberger Ks.mäntel, 1973 – U. BAUER, Der Liber Introductorius des Michael Scotus in der Hs. Clm 10268 der Bayer. Staatsbibl. München, 1983 – P. KUNITZSCH, Peter Apian und Azophi, SBA PPH,

H. 3, 1986 – W. Bergmann–W. Schlosser, Gregor v. Tours und der »Rote Sirius«, Francia 15, 1987, 43–74 – A. von Euw, Der Leidener Aratus (Ausst.-Kat. Bayer. Staatsbibl., 1989) – S. C. McCluskey, Gregory of Tours ..., Isis 81, 1990, 9–22 – E. Dekker (Focus Behaim Globus [Ausst.-Kat. Germ. Nat.-Mus. Nürnberg, I–II, 1992]) – *zu [III]:* EI², s. al-Nudjūm [P. Kunitzsch] – L. Thorndike, Reconsideration of Works ascribed to Albertus Magnus, Speculum 30, 1955, bes. 423–427 – F. J. Carmody, Arabic Astronomical and Astrological Sciences in Lat. Translation, 1956 – P. Kunitzsch, Arab. S.namen in Europa, 1959 – Ders., Typen von S.verzeichnissen in astronom. Hss. des 10.–14. Jh., 1966 – J. Hess, On Some Celestial Maps, JWarburg 30, 1967, 406–409 – P. Kunitzsch, Das Abū Maʿšar-Zitat im Rosenroman, RF 82, 1970, 102–111 – Ders., Der Almagest, 1974 – D. J. Warner, The Sky Explored, 1979 – A. Domínguez Rodríguez, Astrología y arte en el Lapidario de Alfonso X el Sabio, 1984 – G. Strohmaier, Die S.e des Abd ar-Rahman as-Sufi, 1984 – K. Lippincott, The Astrological Vault of the Camera di Griselda from Roccabianca, JWarburg 48, 1985, 42–70 – P. Kunitzsch, The Arabs and the Stars, 1989 – C. Ptolemäus, Der S.katalog des Almagest, hg. P. Kunitzsch, II: Die lat. Übers. Gerhards v. Cremona, 1990; III: Gesamtkonkordanz der S.koordinaten, 1991 – E. Savage-Smith, Celestial Mapping (The Hist. of Cartography, ed. J. B. Harley–D. Woodward, II, 1, 1992), 12–70.

IV. Ikonographie: Darstellung in unterschiedl. Erscheinungsformen: als einzeln oder in Gruppen auftretende S.e in vorwiegend christolog. Zusammenhängen; als Personifikation, wobei unterschieden werden muß in Darstellungen von S.bildern, hier v. a. die zwölf Bilder des Tierkreises (Zodiakus) mit den gleichnamigen Zeichen, und Planeten, in christolog., kosmolog. und enzyklopäd. Systemen – dabei stets auf die enge Verknüpfung der Gestirne mit dem Göttlichen hinweisend.

S.e im christolog. Bezug z. B. als Stern v. Bethlehem (Meister Francke: Anbetung der Hl. Drei Kg.e, Thomas-Altar, 1424; Hamburg, Kunsthalle), in Majestas-Domini-Bildern oder »Christus als Weltenrichter« (Apokalypse-Fenster, um 1220; Kathedrale v. Bourges), in Darstellungen der Maria als Apokalypt. Weib, aus der sich dann im SpätMA die Bildtypen der Strahlenkranzmadonna und der »Madonna auf der Mondsichel« entwickeln. S.e auch als Attribute von Hl.n (Bruno, Hubertus, Nikolaus usw.) und Planetengöttern.

Die personifizierten Darstellungen der S.e und Gestirne orientieren sich an den in der babylon. Lit. und Kunst vorgebildeten hellenist.-röm. Vorstellungen. (Älteste ma. Beispiele in Hss. des 9. Jh. [vgl. F. Saxl, Verz. astrolog. und mytholog. ill. Hss. des lat. MA, 1915–53; Nachdr. 1978]). Ihre Anwesenheit betont die Universalität und das Ewiggültige des hl. Ereignisses (Kreuzigung mit →Sonne und Mond: Elfenbein-Buchdeckel des Clm 4452, 9. Jh.; München, Bayer. Staatsbibl.; Christus inmitten des Zodiakus: Utrecht-Psalter, um 830; UB Utrecht, Ms. 32, fol. 36r). In den Bildprogrammen frz. Kathedralen des 12./13. Jh. werden sie im Sinne einer Enzyklopädie zu anderen Gruppen in Bezug gesetzt, finden aber v. a. in Buchmalerei und Druckkunst Verbreitung. Aufgrund ihrer Zwölfzahl gehen S.bilder und Tierkreiszeichen vielfach zusammen mit Monatsbildern (Ste. Madeleine, Vézelay: Tympanonrelief über dem Hauptportal, um 1130; Amiens, Reliefs des W-Portals, 1235–1255; Kalenderbilder im Stundenbuch des Hzg.s v. Berry, um 1416; Chantilly, Mus. Condé, Ms. 65), während die Zahl der Planeten einen Bezug zu anderen Siebenergruppen (z. B. Tugenden und Laster) nahelegt. Den Einfluß der S.e auf den menschl. Körper zeigen Darstellungen des Menschen als Mikrokosmos (Hortus deliciarum der Herrad v. Landsberg; Stundenbuch des Hzg.s v. Berry, fol. 14v).

Die »Kinder« eines bestimmten Planeten, also die Menschen, in denen die meisten der guten und schlechten Eigenschaften und Fähigkeiten des namengebenden antiken Gottes vereinigt sind, weil sie unter einer bestimmten Gestirnkonstellation geboren waren, werden in der Graphik des 15. Jh. in den sog. »Planetenkinderbildern« verbildlicht: ausführl. Schilderungen von menschl. Fähigkeiten und Schicksalen, die als von den in einer Sphäre über ihnen schwebenden Planeten abhängig vorgestellt werden. Zu den bedeutendsten Beispielen gehören die Zeichnungen im sog. »Ma. Hausbuch« (um 1480; Schloß Wolfegg, Fsl. Slg.en).

Der Glaube, daß alle Naturerscheinungen bestimmt werden durch das period. Auftauchen und Verschwinden der S.e und Planeten und daß Leben und Schicksal des Menschen dem unmittelbaren Einfluß der Gestirne unterworfen sind, äußert sich in komplexen Schilderungen, in denen S.- und Planetenbilder sowie Tierkreiszeichen in Beziehung gesetzt werden zu den Temperamenten und den jeweils in ihnen vorherrschenden »Grundsäften«, zu den Elementen, den Jahres- und Tageszeiten, Windrichtungen und Lebensaltern: Der mit den S.bildern Steinbock und Wassermann verbundene Saturn – mit dem gr. Gott Kronos gleichgesetzt, aber oft fälschlicherweise als Chronos (Zeit) bezeichnet (Klibansky, Saxl, Panofsky, 210ff.) – wird als röm. Gott des Ackerbaus zumeist mit Sense oder Hacke als Attribut abgebildet. Als aufgrund seiner längsten Umlaufbahn langsamster von allen Wandels.en ist er der Planet der Melancholiker. Zu ihm gehört die trockene und kalte schwarze Galle. Sein Element ist die Erde. Seine typ. Erscheinung als älterer oder alter Mann weist ihn als Vertreter der letzten oder einer der letzten Lebensaltersstufen aus. Darüber hinaus wird er mit dem Herbst und bisweilen mit der Tageszeit Abend in Verbindung gebracht. Seine »Kinder«: Bauern, aber auch Einsiedler und Krüppel. – Jupiters Attribute sind Pfeile, Blitzebündel oder Zepter, auch Bücher. Er ist der Planet der Sanguiniker. Zu ihm gehört das warme und feuchte Blut. Sein Begleittier ist der Adler, sein Element die Luft. Seine »Kinder« widmen sich versch. Wissenschaftsbereichen, gehen gern zur Jagd, streben nach Reichtum und Gelehrsamkeit. S.bilder: Fische und Schütze. – Mars, begleitet von Widder und Skorpion, erscheint gerüstet und bewaffnet. Dem heißen und trockenen, weil der Sonne am nächsten stehenden Planet der Choleriker wird als Körpersaft die gelbe Galle zugeteilt. Sein Tier ist der Widder, seine Jahreszeit aufgrund seiner Eigenschaften und seiner Position in bezug auf die Sonne der Sommer, sein Element das Feuer. Seine »Kinder« gelten als streitlustig. – Dem Sonnengott Sol, Buch, Fackel oder Zepter haltend und vielfach auf einem Vierergespann dargestellt, entspricht das S.bild Löwe. Seine »Kinder« galten im allg. als herrschsüchtig, aber auch als geborene Herrscher im weltl. wie im kirchl. Bereich. – Venus, oft begleitet vom geflügelten Amor, steht zw. Stier und Waage. Ihre Attribute sind Spiegel, Blumenstrauß oder auch die Laute; ihr Tier ist der Pfau. Eigenschaften: mäßig feucht und kühl. Ihre »Kinder« sind genußsüchtig, auch musisch begabt. – Merkur, manchmal durch Pegasus und Caduceus als »Götterbote« ausgewiesen, erscheint mit Buch oder Geldbeutel. Verkörperung der jugendl. Lebensstufe. Begleittier: Hahn (Wachsamkeit). Seine »Kinder«: musisch begabt, redegewandt, Kaufleute, aber auch Quacksalber, Schauspieler, fahrendes Volk und Diebe. S.bilder: Zwillinge und Jungfrau. – Die Mondgöttin Luna, zuweilen auf einem Zweiergespann dargestellt, trägt Horn, Füllhorn oder Fackel, Mondsichel. Planet der Phlegmatiker, in denen als Körpersaft der Schleim vorherrscht. S.zeichen: Krebs. Lunas Element ist das Wasser, so daß auch ihre

»Kinder« vorwiegend dementsprechende Tätigkeiten ausüben (Schiffahrt, Fischfang).

Die ab dem 14. Jh. in Italien auftretenden »Hausplaneten« – in Dtl. erst ab dem 16. Jh. nachweisbar – verdeutlichen, wie tief der Planetenglaube gegen Ende des MA im volkstüml. Bewußtsein verwurzelt war (vgl. O. BEHRENDSEN, Darstellungen von Planetengottheiten an und in dt. Bauten, 1926).   M. Grams-Thieme

Lit.: LCI II, 142–149 [Gestirne]; III, 443–445 [Planeten]; IV, 214–216 [S., S.e] – F. LIPPMANN, Die sieben Planeten, 1895 – A. HAUBER, Planetenkinderbilder und S.bilder, 1916 – H. A. STRAUSS, Zur Sinndeutung der Planetenkinderbilder, Münchner Jb. der bild. Kunst, NF 2, 1925, 48–54 – F. BOLL, C. BEZOLD, W. GUNDEL, S.glaube und S.deutung, 1966[5] – R. KLIBANSKY, S. SAXL, E. PANOFSKY, Saturn und Melancholie, 1992 – O. MAZAL, Die S.enwelt des MA, 1993.

Sternenkasten (Rosettenkasten). Die vollständig mit Reliefplatten aus →Elfenbein und Knochen verkleideten Holzkästen schließen sich durch eine Gemeinsamkeit zusammen: Ornamentleisten in Form von in Kreise einbeschriebenen achtblättrigen Rosetten (danach Sternenkästen, treffender Rosettenkästen, benannt). Die vorgefertigten Ornamentleisten rahmen rechteckige Bildfelder mit antikisierenden, überwiegend pagan-mytholog. Themen oder Einzelfiguren (Krieger, Jäger, Eroten, Monatsdarstellungen), Tierdarstellungen (musizierende, spielende, kämpfende Kentauren, Löwen, Greifen, Pfauen, Rehe), und in wenigen Fällen mit Motiven aus dem AT (Oktateuch, Davidgeschichte). Aufgrund der nur geringen Variationen wird für die meisten der knapp 140 bekannten Kästen eine einheitl. örtl. und zeitl. Entstehung angenommen: sie werden in mittelbyz. Zeit, v. a. in das 10./11. Jh. datiert. Die Funktion der vermutl. von der höf. gebildeten Schicht des byz. Reiches in Auftrag gegebenen Kästen ist unsicher; da sie zum Teil verschließbar waren, wurden sie vielleicht als Schmuckkästen verwendet.

G. Bühl

Lit.: A. GOLDSCHMIDT–K. WEITZMANN, Die Byz. Elfenbeinskulpturen des X.–XIII. Jh., I: Kästen, 1930 [Neudr. 1979]; II: Reliefs, 1934, Nr. 236–243 – A. CUTLER, On Byz. Boxes, Journal of the Walters Art Gallery 42/43, 1984/85, 32–47 – C. RIZZARDI, Un cofanetto di età mediobiz. con bordo a rosette nella collezione di avori del Museo Nazionale di Ravenna, CorsiRav, 1986, 399–414 – A. CUTLER, The Hand of the Master: craftsmanship, ivory, and society in Byzantium (9th–11th cent.), 1994, passim.

Sternerbund (in Hessen). Die »Gesellschaft mit dem Stern« war 1372–75 aktiv und hatte ihren Schwerpunkt im nördl. Hessen, reichte jedoch weit darüber hinaus. Die von W. GERSTENBERG gen. Zahl von 2000 Mitgliedern, darunter geistl. Fs.en, Gf.en und Herren, ist wohl zu hoch. Statuten sind nicht überliefert. Stärker als bei anderen Vereinigungen des (niederen) Adels standen polit.-militär. Aspekte, die Frontstellung gegenüber der →Lgft. Hessen, im Vordergrund. Verantwortl. dafür waren Hzg. →Otto v. Braunschweig (13. O.) und Gf. Gottfried v. →Ziegenhain, die Initiatoren und Anführer des Bundes. Die Gegnerschaft entlud sich im sog. Sternerkrieg 1372, in dem sich Lgf. Hermann II. siegreich gegen die Sterner behaupten konnte. Wenn der S. auch noch bis 1375 am Mainzer Bm.sstreit beteiligt war (6. Mai 1374: Bündnis mit Ebf. Adolf I. v. Mainz), so zerfiel er doch schon seit 1373 allmähl., da sich viele Mitglieder mit dem Lgf.en verglichen.   F. Schwind

Lit.: G. LANDAU, Die Rittergesellschaften in Hessen, Zs. des Ver. für hess. Gesch. und LK, Suppl. 1, 1840 – F. KÜCH, Beitr. zur Gesch. des Lgf.en Hermann II. v. Hessen, I, Zs. des Ver. für hess. Gesch. und LK NF 17, 1892, 409–439 – →Ritterbünde.

Sternorden (Ordre, auch: Compagnie de l'Étoile), kurzlebiger →Ritterorden, gestiftet von Kg. →Jean II. (Johann dem Guten) v. →Frankreich, der bereits 1344 als Prinz und Hzg. v. →Normandie mit päpstl. Unterstützung die Gründung einer Bruderschaft von 200 Rittern versucht hatte. In Briefen vom 6. Nov. 1351 machte der Kg. zahlreichen frz. Rittern die Gründung des neuen Ordens (Notre-Dame de la Noble Maison) kund, lud sie zum Stiftungsfest ein (6. Jan. 1352 auf dem zu diesem Zweck renovierten kgl. Hof St-Ouen, nördl. von Paris) und schrieb bes. Ordenstracht (rot-weiß) und Insignien vor. Der mit einem Kollegium von Säkularklerikern verbundene S. zählte (zumindest nominell) 500 Mitglieder. Ein geplantes zweites Fest (15. Aug. 1352) unterblieb wegen des Krieges in der →Bretagne; bei Mauron (14. Aug. 1352) ließen fast 100 Ritter des S.s ihr Leben, da sie getreu den Statuten und dem Ethos des Ordens auf dem Schlachtfeld ausgeharrt hatten statt zu entfliehen. Dieser schwere Verlust bedeutete faktisch das Ende des Ordens.

Der S. hatte nach dem Wunsch seines kgl. Oberherrn ('prince') die Aufgabe, die durch ein enges Treueverhältnis an ihn gebundenen Mitglieder zum wahren ritterl. Geist (Disziplin, Wettstreit, brüderl. Hilfe) zurückzuführen. Die Statuten sahen jährl. Versammlungen vor, auf denen jedes Mitglied über seine Kriegstaten, Erfolge wie Mißerfolge, wahrheitsgetreu berichten sollte (Aufzeichnung durch Kleriker in einem Buch, um so die verdientesten Ordensritter würdigen zu können). Alten Rittern sollte kostenlose Versorgung in der 'Noble Maison' v. St-Ouen geboten werden, kein Ritter ohne Erlaubnis des 'prince' außerhalb des Kgr.es Frankreich Kriegsdienste suchen. Die Vorstellungswelt des mit den Interessen der frz. Monarchie völlig korrespondierenden S.s artikuliert sich deutl. in den Ritterschaftstraktaten des Geoffroy de →Charny. Johann der Gute erwies sich durch sein unbeirrbares Ausharren auf dem Schlachtfeld v. →Poitiers (1356) als getreuer Anhänger der Ideale seines Ordens. →Ritter, →Chevalier.   Ph. Contamine

Lit.: J. DACRE BOULTON D'ARCY, The Knights of the Crown. The Monarchical Orders of Knighthood in Later Med. Europe, 1987, 167–210.

Sternschnuppe → Meteor(it)

Sternuhr (Nokturlab, fälschl. manchmal auch: 'Nocturnal'), math.-astron. →Instrument zur nächtl. Zeitbestimmung anhand des Sternstandes. Die S. beruht auf einem einfachen Prinzip: Da die →Sterne (die) einmal den Polarstern umkreisen, können sie (wie die →Sonne bei Tage) zur Zeitmessung dienen; die von der S. angegebene Zeit ist aber die Sternzeit, die von der Sonnenzeit um eine (jahreszeitl. schwankende) Stundenzahl (bis zu einem Tag) abweicht. Die S. bedarf zur Erfüllung ihrer Funktion daher folgender Teile: Vorrichtung zur Anvisierung des Polarsterns, Skala zur Korrektur der Sternzeit in Sonnenzeit (bewegl. Kalenderscheibe), Ablesesystem für die jeweilige Position der als Merkzeichen verwendeten Sterne (die Hinterachse des Großen Wagens, deren Verlängerung bekanntl. auf den Polarstern führt, oder Sterne des Kleinen Wagens). Trotz des an sich hervorragenden Prinzips erlaubte die S. wegen der groben Kalendereinteilung nur eine geringe Präzision der Zeitbestimmung.

Zwar existiert nur wenig techn. Traktatlit. zur S., doch sind mehrere Exemplare aus dem ausgehenden MA erhalten geblieben. Das Instrument ist aber sicher älteren Ursprungs und geht wohl (allerdings in einer Vorform) auf die Antike zurück; eine Serie von Illustrationen aus Hss. des 11. Jh. (sie stehen teils in Zusammenhang mit Versen des Pacificus v. Verona, 9. Jh., teils mit einem anonymen Kurztext vielleicht aus dem Umkreis von →Gerbert v.

Aurillac) legt zumindest die Annahme einer solchen Entwicklung nahe. E. Poulle

Lit.: F. MADDISON, Medieval Scientific Instruments and the Development of Navigational Instruments in the XVth and XVIth Cent., 1969, 30–35 – E. POULLE, L'astronomie de Gerbert (Gerberto, scienza, storia e mito, 1985), 597–617, bes. 607–610 – J. WIESENBACH, Pacificus v. Verona als Erfinder einer S. (Science in Western and Eastern Civilization in Carolingian Times, hg. P. L. BUTZER–D. LOHRMANN, 1993), 229–250.

Sterzing, Stadt in Südtirol, am unteren Ausgang der Talstufenschlucht rechts des Eisack, im südl. Teil des den Brennerpaß überschreitenden Wipptals und an der Abzweigung des Paßwegs über den Jaufen gelegen. In S. sind mehrere Siedlungskerne zu beobachten: ein vorgesch. Siedlungsplatz am Kronbühel im SW der Stadt, am östl. Fuße desselben die röm. Straßenstation Vipitenum, die im Ortsteil Vill bei der Marien-Pfarrkirche angenommen wird (urkundl. 827/828 »castrum et villa Wipitina«). Die bayer. Dorfsiedlung S. (1180: Stercengum, nach Gründernamen Sterzo?) befindet sich im nördlichsten Teil des Gemeindegebietes und nahm nach der Anlage der südl. anschließenden Stadtsiedlung von S. ('Neustadt'), gegr. durch Gf. →Meinhard II. v. Tirol-Görz (2. M.) um 1280, die Ortsbezeichnung 'Altstadt' (urkundl. 1288) an. Die städt. Ringmauer um die Neustadt und ein custos muri werden urkundl. 1280, 1288 etc. gen. Das Territorium der Stadt umfaßt alle drei Siedlungskerne bzw. das gesamte Gebiet zw. dem Vallerbach im Norden und dem Mareiter- oder Ridnaunerbach im Süden (Gesamtfläche: 23, 741 ha). 1475 wurden hier 99 Feuerstätten gezählt, 1540 waren es 159 Häuser. Der Fund eines röm. Meilensteins v. 201 in der Neustadt belegt die Funktion der antiken Brenner- bzw. Römerstraße als Hauptsiedlungsachse sowohl für Dorf und Stadt S. Die günstige verkehrsgeogr. Lage bewirkte landesfsl. Förderung (Rod- oder Rottfuhrstation seit ca. 1300; exklusives Gastungsmonopol im gesamten Raum zw. dem Brenner, Mittewald und dem Jaufen 1304; Straßenzwang 1363; Verleihung eines Stadtsiegels bzw. -wappens 1328). Der im 15. Jh. aufblühende →Bergbau am Schneeberg (Ridnaun) und bei Gossensaß etc. (Bergrichter seit 1428) verlieh S. sein heutiges prächtiges Stadtbild (Zwölferturm 1468/73, Rathaus 1468/1524, Pfarrkirche 1417/1525 mit Multscher-Altar 1458). Bes. zu erwähnen ist neben dem Hl. Geist-Stadtspital das 1234 gegr. Pilgerhospiz bei/in der ehem. baul. optimal erhaltenen Deutschordenskommende (1254–1809) bei der Pfarrkirche. F. H. Hye

Lit.: K. FISCHNALER, S. am Ausgang des MA, Schlern-Schrr. 9, 1925, 104–143 – F. HUTER, Vom Werden und Wesen S.s im MA, S.er Heimatbuch [= Schlern-Schrr. 232], 1965, 33–94 – G. MUTSCHLECHNER, Das Berggericht S. [ebd.], 95–148 – F. H. HYE, Tiroler Städte an Etsch und Eisack, 1982 – DERS., Auf den Spuren des Dt. Ordens in Tirol, 1991, 231–264.

Stethaimer, Hans, Steinmetz und Werkmeister, tätig in Altbayern und Nordtirol, † nach Sept. 1459, Neffe des Hans v. Burghausen, der in der älteren Lit. mit S. gleichgesetzt wurde. 1434 erstmalig genannt als 'dizeit stainmess zu Landshut', 1441 und 1453 auch als Maler, 1435 als Meister zu Wasserburg zum Schiedsrichter über die Bauausführung der Kirche in Schnaitsee bestimmt, seit 1437 Bürger in Landshut. 1453 Auftrag für das Retabel auf dem Fronaltar der Pfarrkirche Hall i. T. Im Sept. 1459 Teilnahme am Steinmetztag in Regensburg zur Beratung einer Ordnung der Steinmetzbruderschaft. Bei seinem Onkel Hans v. Burghausen geschult, führte er dessen Bauten fort. Er baute die 1410 begonnene Pfarrkirche St. Jakob in Wasserburg, St. Martin in Landshut sowie die Hl.-Geist-Kirche ebendort. Seine Beteiligung an Profanbauten in Landshut ist unsicher. Auch lieferte er Glasfenster. G. Binding

Lit.: Lex. d. Kunst 7, 1994, 50f. [Lit.] – TH. HERZOG, Meister H. v. Burghausen, gen. S. (Verhandl. d. Hist. Vereins für Niederbayern 84, 1958, 5–83) – V. LIEDKE, Neue Urkk. über H. S. von Landshut (Ars Bavarica 1, 1973, 1–11) – H. PUCHTA, Beiträge zum S.problem (Das Münster 28, 1975, 39–49) – V. LIEDKE, Hanns Purghauser, gen. Meister Hans v. Burghausen, sein Neffe H. S. und sein Sohn Stefan Purghauser, die drei Baumeister an St. Martin in Landshut (Ars Bavarica 35/36, 1984, 1–70) – N. NUSSBAUM, Die Braunauer Spitalkirche und die Bauten des Hans v. Burghausen (ebd., 83–118) – G. BINDING, Baubetrieb im MA, 1993, 253f.

Stettin (poln. Szczecin), Stadt an der Oder in →Pommern. [1] *Slavische (pomoran.) Siedlung und Stadt:* In der 2. Hälfte des 8. Jh. siedelten sich auf den Überresten einer schon vor ca. 2500 Jahren entstandenen Burg an der Stelle des späteren Schlosses slav. Siedler an. Um die Mitte des 9. Jh. wurde die Siedlung auf dem Schloßhügel mit einem Wall aus Holz, Erde und Steinen befestigt, und unterhalb der Burg, zw. dem Schloßhügel und der Oder, entstand Ende des 9. Jh. eine Ansiedlung, die in der 2. Hälfte des folgenden Jh. eine lebhafte Entwicklung nahm. Die bis in die 1. Hälfte des 12. Jh. anhaltende Verdichtung und Bebauung schon bestehender Grundstücke geben Anlaß zu der Vermutung, daß auch das Suburbium um die Mitte des 10. Jh. mit einem Wall umgeben wurde. Im 12. Jh. galten die S.er Befestigungen als uneinnehmbar. Die archäolog. Funde weisen für das Suburbium wie für die Burg ähnl. Beschäftigungen (Handwerk, Handel, Ackerbau, Fischfang) nach, doch hatten die Bewohner des Suburbiums vielleicht einen höheren Lebensstandard.

In den schriftl. Q. erscheint S. erst im 12. Jh. in den drei Viten →Ottos v. Bamberg, der 1124 und 1128 Pommern bekehrte, nachdem einige Jahre zuvor der poln. Fs. →Bolesław III. Krzywousty die heidn. →Pomoranen unterworfen hatte. Zu dieser Zeit war S. die größte Stadt der Pomoranen. Sie bestand aus zwei Teilen: Burg und Unterstadt. In der Burg lag ein kleiner fsl. Hof, doch war die Macht des Fs.en noch recht begrenzt. N. des Suburbiums befand sich der Hafen. Zweimal in der Woche gab es Markttage, die Bf. Otto für seine Predigt nutzte. 1124 wohnten in S. 900 Hausvorstände, was über 5000 Einwohnern entspricht. Diese Zahl wird durch die archäolog. Forschung bestätigt. S. hatte damals eine Fläche von ca. 60 000 m², auf je 100 m² kamen zwei Häuser. Über die Macht in der Stadt verfügten die Großen, die über abhängiges Gesinde in S. und seiner Umgebung geboten. Mit ihnen stand eine kleine, aber einflußreiche Gruppe heidn. Priester in Verbindung, die drei bis vier Tempel betreuten. Der eindrucksvollste unter ihnen war der auf dem Schloßhügel gelegene Triglav-Tempel, in dem sich die dreiköpfige Statue der Gottheit befand. Die Heiligtümer waren auch Schauplatz der Ältestenversammlungen, deren Beschlüsse von den Volksversammlungen aller Freien der Stadt und ihrer Umgebung bestätigt werden mußten. Bf. Otto zerstörte die S.er Tempel und sandte die Triglav-Statue nach Rom. Zugleich baute er zwei Kirchen: St. Peter und St. Adalbert. Der starke polit. und strukturelle Wandel Pommerns im 12. Jh. spiegelt sich auch in der Topographie S.s wider. An der Stelle des um die Mitte des 12. Jh. eingeebneten Suburbiums errichtete man neue Häuser nach einem leicht veränderten Plan, der für die S.er Bebauung bis zur →Lokation der Stadt zu dt. Recht maßgebl. wurde. Möglicherweise wurde kurz vor der Mitte des 12. Jh. ein Bm. in S. errichtet oder seine Gründung geplant.

[2] *Deutschrechtliche und deutsche Stadt:* Um die Mitte des 12. Jh. siedelten sich Deutsche in S. an. Vermutl. befand sich ihr ältester Wohnplatz direkt am Fluß, s. der Wälle des slav. Suburbiums. Der Kaufmann Beringer aus Bamberg stiftete hier die St. Jakobikirche, die 1187 geweiht wurde. 1237 ließ Hzg. →Barnim I. die rechtl. Befugnisse der Deutschen in S. erweitern und überantwortete ihnen die Rechtsprechung über die gesamte S.er Bevölkerung, auch über die Slaven, über die zuvor ein hzgl. Kastellan die Gerichtsgewalt innegehabt hatte. Der Lokationsprozeß der Stadt wurde 1243 weiter vorangetrieben. Die Stadt erhielt das →Magdeburger Recht und zahlreiche wirtschaftl. Privilegien. S. wurde auch Oberhof für die Städte des S.er Hzm.s. Den Urkk. v. 1237 und 1243 folgten weitere, die ihnen an Bedeutung kaum nachstanden, wie die Erlaubnis, ein Kaufhaus zu bauen (1245), und das Recht, Zünfte zu gründen (ca. 1245). Der erste S.er Schultheiß ist bereits 1242 belegt. 1263 wurde der Stadtrat erwähnt. Es ist zu vermuten, daß er spätestens 1254 entstanden war. Der amtierende Rat zählte 1263 10, 1302 14 und seit dem 15. Jh. 16 Mitglieder, darunter zwei Bürgermeister (zuerst 1345 erwähnt). Das seit 1290 belegte S.er Schöffenkollegium stellte die Mitglieder des alten Rates. Neueste Ausgrabungen haben gezeigt, daß die Neugründung S.s zu dt. Recht u. a. zu einer grundlegenden räuml. Umgestaltung der Stadt führte. Um die Mitte des 13. Jh. wurde die S.er Unterstadt oder zumindest ihr slav. Teil eingeebnet und nach einem anderen Grundriß neu aufgebaut. Dies erklärt zugleich, warum der älteste Teil der Stadt aus einigen älteren Siedlungen zusammenwuchs, hatte sie keinen zentralen Markt. Gleich nach der Lokation umfaßte die Stadt innerhalb der Wälle eine Fläche von ca. 10 ha. Ihre Bevölkerungszahl stieg von etwa 6000 im 13. Jh. auf 8000–9000 im 14. Jh. und auf 10000 im 15. Jh. an.

1237 setzte Barnim I. den Zuständigkeitsbereich der S.er Pfarreien St. Peter und St. Jakob fest. Bemerkenswert ist, daß beide Kirchen außerhalb der Befestigungsringes lagen. 1277 war die Stadt schon in vier Kirchspiele (zusätzl.: St. Nikolaus und Marienkapitel) geteilt. 1346 stiftete Barnim III. das Ottokollegiat. Um die Mitte des 13. Jh. ließen sich in S. Franziskaner und Zisterzienserinnen nieder. Ein Jh. später folgten Kartäuser und im 15. Jh. Karmeliter. Noch vor Ende des 13. Jh. entstand das Hl.-Geist-Hospital, 1300 das Michaels-Hospital (1307 in St. Georg-Hospital umbenannt) und gegen 1350 das Gertruden-Hospital.

Für die Wirtschaft S.s im 13.–15. Jh. spielte der Großhandel, insbesondere mit Getreide und Fisch, die wichtigste Rolle. Vom Ende des 13. Jh. bis zur Mitte des 14. Jh. entwickelten sich die pommerschen Städte, darunter v. a. S., zu den größten Getreideexporteuren im Ostseeraum. Ein Jh. später nahm →Danzig mit dem mächtigen Hinterland des poln.-litauischen Staates diesen Platz ein. Unter den Waren, die über S. eingeführt und dann flußaufwärts vertrieben wurden, standen Hering, Salz und Textilien im Vordergrund. Im 15. Jh. galt S. als »Fischhaus« der →Hanse. S.er →Hering, der v. a. an der damals zu Dänemark gehörenden Schonenküste gefangen wurde, erreichte zuweilen sogar Krakau und Lemberg. Dem Fischfang verdankten die S.er Kaufleute ihr Vermögen. Die neue Forschung hat gezeigt, daß S. im MA wohl eher eine Binnen- als eine Seestadt war. Die S.er Kaufleute interessierten sich nicht für den Fernhandel, sie waren ehr Mittler zw. den pommerschen und brandenburg. Hinterland und den sog. wend. Hansestädten (Greifswald, Stralsund, Rostock, Lübeck). Im spätma. S. machten die Handwerker etwa die Hälfte der Gesamtbevölkerung aus. Schon im ältesten S.er Stadtbuch (1305–52) wurden ca. 40 spezialisierte Handwerke genannt, doch produzierten sie in der Regel nur für den lokalen Markt und teilweise für den Bedarf des S.er Handels und der Schiffahrt. Hier sind in erster Linie die →Böttcher zu nennen, die die Fässer für den Heringstransport von den Schonen herstellten. Im 15. Jh. kam es in S. zu schweren Konflikten zw. dem Stadtrat und den Handwerkern, die 1427 das Rathaus eroberten. Ein Jahr später wurden die Anführer des Aufstands von Hzg. Kasimir VI. mit Verbannung oder Tod bestraft.

Bereits im 13. Jh. gehörten zur Oberschicht der S.er Bürger fast ausschließl. Deutsche. Gleiches galt ein Jh. später für die Handwerker innerhalb der Stadtmauern, während in den Vorstädten (Wieken) noch Slaven wohnten. Ihre Assimilierung war wohl seit dem 15. Jh. abgeschlossen. Neben Deutschen und Slaven wohnten seit ca. 1271 Juden in S., die aber nie bes. zahlreich waren.

J. M. Piskorski

Lit.: M. Wehrmann, Gesch. der Stadt S., 1911 – H. Heyden, Die Kirchen S.s und ihre Gesch., 1936 – E. Assmann, S.s Seehandel und Seeschiffahrt im MA, o. J. – B. Zientara, Polityczne i kościelne związki Pomorza Zachodniego z Polską za Bolesława Krzywoustego, Przegląd Historyczny 61, 1970 – L. Leciejewicz, M. Rulewicz, T. Wesołowski, T. Wieczorowski, La ville de Szczecin des IX–XIII s., 1972 – Dzieje Szczecina, hg. G. Labuda, I–II, 1983–85 – J. M. Piskorski, B. Wachowiak, E. Włodarczyk, S. Kurze Stadtgesch., 1994 – J. M. Piskorski, Stadtentstehung im westslaw. Raum. Zur Kolonisations- und Evolutionstheorie am Beispiel der Städte Pommerns, ZOF 44, 1995.

Steuer, -wesen

A. Allgemeine Darstellung; Deutschland – B. Frankreich – C. Flandern und Niederlande – D. Italien – E. Papsttum – F. Iberische Halbinsel – G. England – H. Skandinavien – I. Ostmitteleuropa – J. Rus' – K. Altlivland – L. Spätantike und Byzantinisches Reich – M. Südosteuropa – N. Arabischer Bereich – O. Osmanisches Reich.

A. Allgemeine Darstellung; Deutschland

I. Definition – II. Steuern im Reich – III. Städtische Steuern – IV. Steuern der Landesherren.

I. Definition: S.n sind eine einmalige oder laufende Geldleistung, die von einer Herrschaft von den ihr Unterstellten zur Erzielung von Einkünften erhoben wird, um ihrem herrschaftl. Auftrag gerecht werden zu können. Sie begründet keinen Anspruch der Entrichtenden auf eine bes. Gegenleistung des Empfängers ihnen gegenüber. Die S. war im MA nur eine Form, um den herrschaftl. bzw. öffentl. Finanzbedarf zu decken. Hinzu traten Einnahmen aus →Regalien, Lehnsgefällen (→Lehen), Königszins, →Zöllen, Geldstrafen und Gerichtsgefällen.

II. Steuern im Reich: Der Unterhalt des Kg.s und anderer Herrscher wurde bis ins 13. Jh. vorwiegend aus den Abgaben der Unfreien in ihren →Grundherrschaften bestritten, zu denen noch die Leistungen der Kirche kamen. Durch Schenkungen, Verleihungen und im SpätMA durch Verpfändungen schwand zunehmend die grundherrschaftl. Basis der Kg.e. Auch die stauf. Reorganisation des Reichsguts und die erfolgreiche Revindikationspolitik Kg. →Rudolfs konnten den Zerfall des Reichsguts nicht aufhalten. Früh schon erhielten die Herrscher von den Großen ihres Reiches als gewohnheitsrechtl. Ehrengabe halbfreiwillige Jahresgeschenke (*dona annualia*), die man als Vorläufer der S. bezeichnen könnte. Das Volk entrichtete in frk. Zeit höchstens eine Kopfs. (foculare, datium, acceptum, Herdschilling, →taille; →Herds.), die gegenüber den Lasten des Frondienstes erträgl. erscheint. Wenn aber eine S. erhoben wurde, handelte es sich um »(Bei-)Hilfen« – die ma. Begriffe *stiure (adiutoria)* bedeuten nichts anderes – aufgrund eines bes. Anlasses, etwa Heerfahrt und Landesverteidigung. Allg., direkte S.n setzen die Ausbildung eines institutionellen Staates voraus, wozu es im dt. Reich während des MA nie kam. Nur dort, wo der Kg. Territorial-, Stadt- oder Grundherr war, kam es früh schon zu regelmäßigen Abgaben, die den Charakter einer S. trugen. D.h., im MA (vor 1495 bzw. 1427) wurden kgl. S.n nicht von allen im Reich Ansässigen in gleicher Weise erhoben, sondern nur von bestimmten Personengruppen (z.B. →Königsfreie) bzw. von Personenverbänden (→Reichsstädte, Reichsdörfer), die in einem grundherrschaftl. und direkten Verhältnis zum Kg. standen. Die von den Kg.sfreien entrichteten Abgaben scheinen im Früh- und HochMA nicht ganz gering gewesen zu sein. Mit der Entstehung der Geldwirtschaft flossen dem Kg. aus den Reichsstädten und sonstigem kgl. Besitz erhebl. Einnahmen zu.

Die Höhe der S.n (→Bede, exactio), die in den Städten erhoben wurden, stand zunächst im kgl. Ermessen; S.schuldner war der einzelne Bürger. Erhoben wurden die S.n nicht von einer kgl. Institution, sondern von den Städten. Im Lauf der Zeit gelang es der städt. S.politik, die Ermessenss. in eine laufende und bald festgeschriebene Pauschalabgabe mit der Stadt als Gesamtschuldner zu verwandeln. Durch die Fixierung des S.betrages erstarrte das S.wesen des Reiches und verlor seine Entwicklungsfähigkeit. Die stagnierenden Gesamteinkünfte des Reiches deckten während des 14. und 15. Jh. nur noch den kleineren Teil der Ausgaben des Kg.s und seines Hofes. Das Defizit wurde u.a. auch dadurch aufgefangen, daß die Kg.e in den Hauptstädten ihrer Erbländer saßen und diese einen wesentl. Teil der Kosten zum Unterhalt des Hofes beitrugen. Die stagnierenden kgl. Einkünfte einerseits und der wachsende Geldbedarf andererseits zwangen die Kg.e, außerordentliche S.n von den Reichsstädten zu erheben (z.B. Karl IV. ca. zwei Millionen Gulden zur Finanzierung der Wahl seines Sohnes Wenzel). Da auch diese S.n nicht den Finanzbedarf des Reiches deckten, verschafften die Kg.e sich kurzfristig durch Verpfändungen ihrer Einkünfte die notwendigen Barmittel, aber schmälerten so langfristig ihre direkten Einnahmen.

Einen entscheidenden Neuansatz für die finanzpolit. Überlegungen brachten die Reichsreformbestrebungen des 15. Jh. (→Reichsreform), die die zu geringe Finanzausstattung des Reiches erkannten und ihm das Recht auf eigene S.n zusprachen (→Nikolaus v. Kues, →Jakob v. Sierck, Enea Silvio de Piccolomini [→Pius II.]). Die Reformdebatte war insoweit fruchtbar, als alle →Reichsstände die Finanzfrage des Reiches nicht nur als ein rein fiskal. Problem ansahen, sondern der S.gedanke als verfassungsrechtl. Norm eine Rechtfertigung erfuhr. Es ist kein Zufall, daß infolge der Finanznot des Reiches in den Glaubenskriegen gegen →Hussiten und Türken (→Türkens.) die Vorstellung von einer allg. und direkten Reichss. konkrete Formen annahm. Unter dem Eindruck der Hussitengefahr gelang es dem Kg. erstmals auf dem Reichstag in Frankfurt a.M. (1427), eine befristete Reichss., die sog. Hussitens., durchzusetzen. Zu ihr sollte jedermann im Reich, auch der Adel und erstmals der Klerus, veranlagt werden. Sie stellte eine Kombination von Kopfs. für die breite Stadt- und Landbevölkerung, Vermögenss. für die Reichen, Einkommenss. für den Klerus sowie einer persönlichen S. für den Adel dar.

Im weiteren Verlauf des 15. Jh. verhinderten verfassungsrechtl., aber auch wirtschaftl. Bedenken die Einführung einer allg. und direkten Reichss. Andererseits gebot die Gefährdung der Integrität des Reiches, daß auf den Reichstagen einmalige Reichsanschläge in Form von Matrikularbeiträgen (1422, 1431, 1456, 1471, 1480, 1481) verabschiedet wurden. Mit dem Burgunderkrieg 1474/75 (→Burgund, Hzm., B.IV) wurden die Reichshilfen vom Türkenkrieg abgekoppelt und dienten generell der Abwehr der äußeren Feinde. Mit der Geldmatrikel von 1486 setzte bis zum →Wormser Reichstag (1495) eine Reihe von Matrikularbeiträgen ein, die für die Kriege gegen Ungarn, Frankreich und die Niederlande bestimmt waren. Die Matrikularbeiträge waren eine Teilfiskalisierung des vasall. Aufgebotes und richteten sich nach dem militär. Bedarf des Gesamtaufgebotes. Der erneute Versuch Kg. Maximilians I., angesichts der Türkengefahr auf dem Wormser Reformreichstag 1495 eine allg., dauerhafte Reichss., den sog. →Gemeinen Pfennig, durchzusetzen, lief auf einen Kompromiß hinaus, der dem Reich erlaubte, während vier aufeinanderfolgender Jahre eine solche S. zu erheben. Die Bemühungen auf den nachfolgenden Reichstagen, den Gemeinen Pfennig als dauernde und allg. Reichss. zu institutionalisieren und damit ein Reichsfinanzwesen zu begründen, scheiterte vornehml. am Widerstand der Territorialherren, aber auch am sprunghaften Verhalten Maximilians. So blieb der finanzielle Ertrag äußerst gering.

Das allg. kgl. Besteuerungsrecht gegenüber den Juden war unbestritten, seit Friedrich II. 1236 die dt. Juden zu ksl. →Kammerknechten erklärt und sie unter seinen bes. Schutz gestellt hatte. Unter Ludwig d. Bayern hatten die Juden eine jährl. Kopfs., den sog. »Goldenen Opferpfennig«, von 1 Gulden bei einem Mindestvermögen von 20 Gulden zu entrichten. Im 13./14. Jh. übertrug das Reich den Judenschutz z.T. den Landesherren und den Reichsstädten. Die →Goldene Bulle v. 1356 anerkannte ein Judenregal der Kfs.en. Die Judens., die durch außerordentl. Schatzungen, Krönungsabgaben, Strafgelder und sog. Geschenke zusätzl. ausgeweitet wurde, war bis zu Beginn des 15. Jh. eine der regelmäßigsten und sichersten Einnahmen. Aber Friedrich III. quittierte kaum noch über regelmäßige Judens.n, da sie unter Siegmund weitgehend verpfändet worden waren.

III. STÄDTISCHE STEUERN: Die Stadt als Gesamtschuldnerin der kgl. S.forderung legte die von ihr erbrachte Kg.ss. auf die Bürger und Einwohner um und verwandelte sie in eine städt. Forderung. Mit Recht sieht man darin den Anfang des städt. S.rechts. Zugleich eröffnete sich für die Städte die Möglichkeit, ihren Finanzbedarf durch direkte S.n zu decken. Die Untertanens. verwandelte sich zu einer genossenschaftl. Pflicht des Bürgers. Die S.pflicht wurde als communis civium collecta (Köln 1154) überall in den Stadtrechten als Grundsatz verankert und durch innerstädt. Rechtsordnungen geregelt. Die alte Kopfs. wurde für die breite Bevölkerung als S.minimum (Schoßpflicht) beibehalten und zwar als Entgelt für den Genuß der städt. Freiheit (»Schutz und Schirm« [→Schutz, -herrschaft]; z.B. in Frankfurt a.M.: Schirmgeld), die gleichermaßen die Armen und selbst die Gäste genossen. Wer sich dieser Bürgerpflicht nicht unterwerfen wollte, mußte die Stadt verlassen. Folgerichtig konnte ein Bürger sein Bürgerrecht erst aufsagen, wenn er u.a. seine S.n beglichen hatte. Wie eng S.pflicht und Bürgerrecht miteinander verknüpft waren, läßt sich auch daran ablesen, daß ein S.schuldner zeitweise aus der Stadt verwiesen werden bzw. seines Bürgerrechts verlustig gehen konnte. Eine andere Rechtsfolge war, daß ein Nichtbürger, der längere Zeit in der Stadt wohnte und den Schoß entrichtet hatte, das Bürgerrecht ersitzen konnte.

S. frei war geistl. Grundbesitz (→privilegium immunitatis), ein Recht, das die Städte Ende des 15. Jh. einzuschränken suchten. Daneben haben die Städte im Lauf der Zeit weitere S.arten entwickelt, wie Ungeld (→Akzise), Wachgeld, Marktgeld, Salzs., Stapelgeld, aber auch Gebühren aufgrund von Verwaltungsakten, wie Siegelgebühren für Einträge in städt. Bücher, oder Gerichtsgebühren wurden erhoben. Diese S.formen und Gebühren machten einen nicht unwesentl. Anteil an den städt. Einnahmen aus.

Die Entwicklung in den landesherrl. Städten verlief vergleichbar. Die direkte S. in den Städten war ihrem Charakter nach eine Vermögenss. und wurde unterschiedl. bezeichnet: Bede, petitio, →Schoß, Scot, stiure, →Schatzung. In der Regel war diese S. progressiv gestaltet. Der genossenschaftl. Charakter der Stadt wird auch bei der S.erhebung deutlich. Da keine städt. S.behörde existierte, hatte jeder einzelne Bürger einen S.eid abzulegen und sich selbst zu veranlagen. Nur wenige Städte kannten wie etwa Überlingen eine S.veranlagung. Die meisten S.bücher verzeichnen nur den S.betrag. Alle Städte kannten bereits ein strenges S.geheimnis; nur den dazu verordneten S.einnehmern war die S.leistung des Einzelnen bekannt. Die Stadtrechte sahen erhebl. Strafen bei zu günstiger Selbsteinschätzung vor, wie Stadtverweisung oder Übernahme des Vermögens zum Schätzungsbetrag durch den Rat.

IV. Steuern der Landesherren: Den Landesherrschaften gelang es, ihre finanziellen Hoheitsrechte so auszubauen, daß diese Einnahmen die aus den Grundherrschaften bald überstiegen. Die ordentl. S. wurde früh schon durch landesherrl. Funktionäre oder durch die grundherrschaftl. Verwaltung eingezogen. Diese S. wurde bereits früh (13. Jh.) fixiert und verlor, da sie sich nicht weiterentwickeln konnte, hinsichtl. ihrer finanziellen Bedeutung an Wert. Neben der ordentl. S. entwickelte sich im 13. Jh. eine von den Landesfs.en selbst oder mit ihrer Bewilligung in ihren Städten erhobene Gelds. (Akzise, Ungeld), die von zahlreichen Verbrauchsgütern, v. a. von Getränken, erhoben wurde und erhebl. Erträge brachte. Außerdem gab es im MA mannigfaltige Abgaben öffentl.-rechtlicher Natur, die der Landesherr aufgrund seiner Herrschaftsgewalt erhob (z. B. Fronhafer, Weingeld, Vogteiabgaben, Marchfutter im bayer.-österr. Raum, Haferabgabe zum Unterhalt des militär. Grenzschutzes, Landpfennig für die Befreiung von der Gerichtspflicht). Diese Abgaben waren nicht von allen Untertanen zu entrichten, sondern waren auf bes. Verhältnissen gegründet. Eine weitere Einnahmequelle waren die Regalien. Da die ordentl. S.n nicht mehr ausreichten, haben die Landesherren seit dem 13. Jh. mit dem Rechtsgrund »Landesnot« von allen Untertanen eine allg. außerordentl. S. (Schatzung, Schoß, Lands., Landbede) erhoben. Dazu war nach dem Reichsgesetz die Zustimmung der meliores et maiores terrae erforderl. Die außerordentl. S. behielt immer den Charakter einer freiwilligen Abgabe an den Landesherrn. Während sie im 13. Jh. noch als ungewöhnl. galt, begegnet sie im 14. und 15. Jh. als eine häufig wiederkehrende Leistung, die teilweise recht erhebl. Einnahmen brachte. In den geistl. Territorien gab es →Subsidien (1321 Mainz) oder Weihes.n, die anläßl. der Weihe eines neuen Bf.s erhoben wurden. →Finanzwesen, B. I, II.　　　　　　　P.-J. Schuler

Lit.: HRG IV, 1964–1974 – Hwb. des S.rechts, hg. G. Strickrodt, I, 1981, 617–626 [G. Schmölders] – A. Erler, Bürgerrecht und S.pflicht im ma. Städtewesen mit bes. Unters. des S.eides, 1963² – G. Landwehr, Die Verpfändungen der dt. Reichsstädte im MA, 1967 – P.-J. Schuler, Reichss.n und Landstände, Schauinsland 97, 1978, 39–60 – Ders., Die Reichspfandpolitik Karls IV. (Karl IV., Staatsmann und Mäzen, hg. F. Seibt, 1978), 139–142 – Mit dem Zehnten fing es an. Eine Kulturgesch. der S., hg. U. Schultz, 1986 – S.n, Abgaben und Dienste vom MA bis zur Gegenwart, hg. E. Schremmer, 1994.

B. Frankreich

Zum S.wesen im Kgr. Frankreich vgl. die grundlegenden Ausführungen unter →Finanzwesen, B. III und →Chambre des Comptes sowie auch →Aides, →Gabelle, →Taille, →Zehnt; →États (généraux, provinciaux), →Receveur u. a.; weiterhin →Frankreich, C. VI.

Lit.: vgl. die bibliogr. Angaben zu den genannten Stichwörtern; jetzt auch knapper Überblick in: J. Favier, Dict. de la France médiévale, 1993, 414f. [Fiscalité royale].

C. Flandern und Niederlande

Die Herausbildung des S.wesens in den Niederlanden steht in unmittelbarem Verhältnis zur allg. ökonom. Struktur und zum Entwicklungsstand eines jeden ndl. Fsm.s bzw. Territoriums. In der früh urbanisierten Gft. →Flandern dominierte das städt. Element. Innerhalb der Städte lag das Schwergewicht seit dem frühen 14. Jh. auf den indirekten S.n (→Akzise), doch sind Spuren der älteren direkten S.n (tallia, 'Kopfsteuer') noch im SpätMA erkennbar. Die sich auf die städt. Fiskalsysteme stützende staatl. Fiskalität sicherte sich den Großteil ihrer Einnahmen durch die →Bede, deren Lasten nach einem sich zunehmend festigenden System (sog. 'Transport de Flandre / Transport van Vlaanderen') auf die Städte und die ländl. Gerichtsbezirke (Kastellaneien, Ambachten) verteilt waren. In den stärker agrar. Territorien wie der Gft. →Hennegau stand weiterhin die Kopfs., deren Veranlagung auf der Basis von →Feuerstättenverzeichnissen erfolgte (→Herds.), im Vordergrund. In Fsm.ern, in denen das städt. Element an Einfluß gewann (→Brabant, →Holland und →Seeland), zeichnete sich eine Entwicklung zu einer stärker rationalen, durch die zentralen Verwaltungsbehörden kontrollierten Erhebungsweise ab. Doch behinderte die starke Tradition der Einspruchsmöglichkeiten von seiten der Untertanen, die diese über die Ständevertretungen (→Stände, I) artikulierten, eine Vereinheitlichung des Fiskalwesens.

Die Hzg.e v. →Burgund und dann die →Habsburger waren bestrebt, die S.erhebung einheitlicher und effizienter zu gestalten. →Philipp der Gute (1419–67) betrieb das Projekt einer Salzs. (→Salz, →Gabelle) und suchte mittels seiner Kreuzzugsvorhaben bestimmte kirchl. Abgaben dem staatl. S.wesen einzuverleiben. Der Einfluß sowohl der kirchl. als auch der städt. Traditionen der S.erhebung beeinflußte nachdrücklich den Ausbau einer burg.-ndl. Staatsfiskalität, deren nach frz. Vorbild (→Chambre des Comptes) organisierte Rechnungshöfe (Chambres, Rekenkamers) in Lille (1386), Brüssel (1407) und Den Haag (1446) jedoch starke Eigendynamik entwickelten. Die Rechnungshöfe waren auch beteiligt an der Aufstellung (noch embryonaler) Staatsbudgets ('États'; ältestes Beispiel 1445), die den Fs.en eine effizientere Finanzplanung ermöglichen sollten. →Burgund, C.　　　　M. Boone

Lit.: A. van Nieuwenhuysen, Les finances du duc de Bourgogne Philippe le Hardi (1384–1404). Économie et politique, 1984 – M. Boone, Overheidsfinanciën in de middeleeuwse Zuidelijke Nederlanden, Tijdschrift voor Fiscaal Recht 117, 1993 – J. A. M. Y. Bos-Rops, Graven op zoek naar geld. De inkomsten van de graven van Holland en Zeeland, 1389–1433, 1993 – A. Zoete, De beden in het graafschap Vlaanderen onder de hertogen Jan zonder Vrees en Filips de Goede (1405–1467), 1994.

D. Italien

I. Nord- und Mittelitalien – II. Königreich Sizilien.

I. Nord- und Mittelitalien: Die Stadtkommunen und die dynast. und kirchl. Territorialherrschaften in Italien übernahmen einige grundlegende Elemente des kgl. S.- und Lehnswesens. Aus ersterem stammt die Zuweisung des Münzregals und anderer Gerechtsame – Straßen, Flüsse, Märkte, Bergwerke, Salinen etc. – in die Kompetenz der res publica (→Regal). Aus dem Lehnswesen wurde hingegen der Grundsatz übernommen, daß der gewichtigste Teil der öffentl. Ausgaben, die Kosten für die Kriegführung, durch den Waffendienst (auxilium) der milites bestritten werde: da dies nur im Kriegsfall erforderl. war, besaß das auxilium den Charakter einer Sonderleistung und war nicht alljährl. fällig. Die dynast. und kirchl. Herrschaften hielten lange an diesem System fest. In Fällen, in denen ein die verschiedenen ordines (→Stände) vertretendes →parlamentum geschaffen wurde, hatte dieses jeweils über die Modalitäten des auxilium oder dessen Umwandlung in eine S. (Geldleistung) zu entscheiden. In den Städten hingegen, die im Hinblick auf Handel und Finanzwesen auf einer höheren Entwicklungsstufe standen, führten die Erfordernisse der Herrschaft über das ländl. Umland und der endem. Kriegszustand zur Ausbildung eines komplexeren und umfassenderen S.wesens. So entwickelten sich seit dem Anfang des 13. Jh. Systeme von direkten S.n (datium, collecta, libra etc.), die von allen Stadtbürgern eingezogen wurden; die daraus resultierenden Einkünfte sollten den Kriegsdienst der milites und ihre Kosten sowie durch den Krieg entstandene Verluste finanzieren. Die direkte S. wurde aufgrund einer grobmaschigen Schätzung der Finanzkraft jedes städt. Familienoberhauptes (estimo) festgelegt. Jeder erhielt eine Estimo-Zahl zugewiesen; der städt. Rat (Consiglio) legte für den Fall, daß eine S.erhebung notwendig wurde, die Quote fest, wobei man nicht nach dem Prinzip der Progression, sondern nach der Proportionalität vorging. Der Grundsatz der außerordentl. Sonderleistung blieb erhalten; nur die Bewohner des Territoriums und der Landgemeinden mußten jährl. einen festen Zins an die Stadt, unter deren Herrschaft sie standen, entrichten. Die laufend erforderl. Einkünfte zur Deckung der Ausgaben im nicht-militär. Bereich (Gehälter der öffentlichen Amtsträger, Lebensmittelversorgung, öffentl. Baumaßnahmen etc.) wurden im wesentl. durch indirekte S.n, gewöhnl. gabellae genannt, erzielt (→Gabelle). Sie wurden von S.pächtern eingezogen, die der Kommune in großen Raten den geschätzten S.ertrag – abzügl. ihres Profits – vorstreckten. Da man keine regelmäßigen direkten S.n einführen wollte und bei den indirekten S.n Schwierigkeiten auftraten (Zersplitterung, Möglichkeit zur S.hinterziehung, ungebührl. hohe Gewinnspannen der S.pächter, Abnahme der Einkünfte in wirtschaftl. Rezessionsphasen), betrieb man immer häufiger eine Verschuldungspolitik: einerseits griff man zu Zwangsanleihen (häufig prestanze genannt), die unter ähnl. Modalitäten wie der estimo auferlegt wurden, andererseits nahm man auf dem freien Markt – natürl. zu höherem Zinssatz – Geld auf. In zunehmendem Maße dienten die Erträge aus den Patrimonien, aus Gerechtsamen und Gerichtstaxen zur Stellung von Sicherheiten für die S.pächter oder zur Finanzierung der Kredit-Tilgung und der Darlehenszinsen. Die reicheren Handelsstädte hatten ihren eigenen Geldmarkt: die städt. Kaufleute und Bankiers finanzierten ihre Kommune selbst, die kleineren Städte hingegen waren von auswärtigen Geldmärkten abhängig. Venedig, Florenz und Genua organisierten ein System, in dem die Staatsschuld konsolidiert war: die Kapitalschuld war untilgbar, aber die Zahlung der Zinsen wurde perpetuiert und die Schuldscheine konnten auf dem freien Markt gehandelt werden. Gegen Ende des MA erprobte man in vielen Städten neue Formen direkter S.n (z. B. Zwangskauf von →Salz), v. a. aber kam es zu Versuchen, den direkten S.n einen regulären Charakter zu verleihen. Ihre Grundlage bildeten nunmehr analytische, nicht mehr symbol. Schätzungen der Finanzkraft der Familien durch die Anlage von →Katastern (catasti), wobei die öffentl. Hand auch auf das mobile Vermögen zugriff.

P. Cammarosano

Lit.: →Finanzwesen, B. V [2].

II. KÖNIGREICH SIZILIEN: Die finanzielle Inanspruchnahme der Bevölkerung für öffentl. Aufgaben besaß in den byz. oder arab. Vorgängerprovinzen, aber auch in den langob. Fsm.ern und kampan. Dukaten eigene Traditionen, die nach der polit. Vereinigung in der norm. Monarchie Namen und Funktionen bewahrten, aber langfristig sich einer Ordnung anpaßten, die eine lokal vereinheitlichte und zugleich provinzial ausgerichtete Verwaltungsorganisation (→Baiuli, →Kammer, III., →Justitiare) trug.

Die Mehrzahl der indirekten S.n wurde für die Nutzung öffentl. Einrichtungen (Backhäuser, Schlachthöfe, Mühlen, Bäder, Lagerhallen, Verkaufsbuden [apothece], Maße und Gewichte) erhoben, im Handel als Wareneinfuhr- und -ausfuhrzölle, Hafen- und Ankergebühren. Zinsen oder Ertragsanteile aus der Verpachtung des Krongutes und der Fremdnutzung von Weiden und Forsten, Schutzabgaben der affidati kamen in ländl. Gebieten hinzu, an den Küsten auch Fanganteile an der Fischerei. Die lokal und regional variierenden Abgaben wurden dadurch administrativ handhabbar, daß die indirekten S.n, Gerichtsgebühren, Pachtzinse und Naturaleinkünfte in der Baiulation gebündelt wurden. Die Baiuli zogen sie mit örtl. Sachkenntnis ein und traten kirchl. Empfängern den Zehnten (decime regales) dieser Einnahmen ab. Die schon im 12. Jh. übliche Verpachtung der Baiulation minderte das Risiko von Einnahmeschwankungen für die Krone.

Unter Friedrich II. erneuerten die Assisen v. Capua (1220) nach Jahrzehnten der Krise die Regalität von Märkten, Häfen, Zöllen und Straßen, während die parallel zu den Konstitutionen v. Melfi (1231; sog. →Liber Augustalis) verkündeten nova statuta die indirekte Besteuerung reformierten und ausweiteten; die überkommenen Abgaben hießen fortan iura vetera. Die von der kirchl. Zehntpflicht befreiten nova statuta mehrten die Zahl der indirekten Abgaben, indem sie den Handel in staatl. Lagerhäuser lenkten, zusätzl. Ausfuhrzöllen und staatl. Wechselzwang unterwarfen, so daß die Einnahmen in der Regel um ein Drittel stiegen. Von den neuen Handelsmonopolen oder Regiebetrieben der Krone (Färberei, Seidenhandel, Auf- und Verkauf von Eisen, Stahl, Pech und Salz) hatte der Gewinn aus dem Salzvertrieb die mit Abstand größten Zuwachsraten.

Die komplexe Struktur der Abgaben, aber auch die Dynamik einer expandierenden Staatswirtschaft führten um die Mitte des 13. Jh. dazu, daß alle indirekten S.n, die Verwaltung der Häfen und der Domänen, zeitw. auch das Salzmonopol in vier regionalen Sekretien (Kampanien, Apulien, Kalabrien und Sizilien) zusammengefaßt und Kaufleuten oder Kaufleute-Konsortien gegen ein von Jahr zu Jahr heraufgesetztes Höchstgebot verpachtet wurden. Der Gesamtertrag stieg deshalb im Laufe des 13. Jh. erhebl., in der Zeit Karls I. allein von 65 000 auf über 100 000 Goldunzen; nach der sizilian. Vesper fiel er auf etwa 50 000 Unzen, ließ sich aber im 14. Jh. wieder steigern. Das so ausgebildete System der indirekten S.n und ihre für die Krone garantierte Erfassung durch regional tätige S.pächter hielt sich in beiden Teilen des Kgr.es bis zum Ende des MA und darüber hinaus.

Eine direkte S., die – von den tradierten Kopfs.n andersgläubiger Minderheiten (Juden, Muslime) abgesehen – Vermögen und Besitz aller Untertanen erfaßte, führte Friedrich II. ein. Er verallgemeinerte die Subventionspflicht der Lehensinhaber, indem er 1223 für die siz. Sarazenenkriege oder 1227 bei der Vorbereitung des Kreuzzuges eine vorher festgelegte Geldsumme durch die Justitiare auf die Provinzen umlegen ließ. Seit 1232 schrieb er die collecta generalis mit der allg. Zweckbindung des Geldbedarfs der Krone jährl. aus; sie war unterschiedslos von Baronen, Rittern und Bürgern mit Patrimonialbesitz, aber auch vom Klerus zu tragen. Von der S. waren lediglich Untertanen befreit, auf die weniger als 2 *tari* entfielen. Die Kollekte legten die Justitiare in den Provinzen mit lokalen Kollektoren auf die Steuerpflichtigen in Städten, Baronien und Kirchen um. Seit 1268 ist die Feuerstelle (focularium) als lokale Meßgröße bezeugt; diese Praxis dürfte sich aber bereits früher eingebürgert haben.

Obwohl Friedrich II. in seinem Testament 1250 den Verzicht auf die collecta generalis empfahl, hielten Manfred und Karl I. v. Anjou an der neuen S. fest. Die Vereinbarungen Karls mit der röm. Kirche befreiten Kirche und Kl. von der S.pflicht; für die Barone (nicht die Baronien) galt die Neuerung Friedrichs II. ohnehin nur in Ausnahmefällen.

Das Aufkommen der collecta generalis stieg unter Friedrich II. 1248 auf 130 000 Unzen (1242 nach der Reduktion um ein Drittel: 60 800). Unter Karl I. pendelten die Ansätze zw. 60 000 und 120 000 Unzen. Nach der sizilian. Vesper gab Honorius IV. in seinen Konstitutionen für das Kgr. 1285 ein Maximum von 50 000 Unzen vor, das im 14. und 15. Jh. in dem um Sizilien verkleinerten nördl. Kgr. in der Regel unterschritten wurde.

Das von Friedrich II. eingeführte System der direkten S. mit der Aufteilung des einmal festgesetzten Aufkommens auf die S.pflichtigen und der Feuerstelle als steuerl. Meßgröße hielt sich in seiner Struktur bis in die frühe NZ. Nach der sizilian. Vesper änderte sich nur die Relation zw. direkten und indirekten S.n, da fortan die Verpachtung der Sekretien der Krone höhere Erträge brachte als die Ausschreibung der Kollekte.   N. Kamp

Lit.: G. M. Monti, Sul reddito della secrezia e sul bilancio del regno di Sicilia (Da Carlo I a Roberto d'Angiò, hg. Ders., 1936), 181–198 – G. di Martino, Il sistema tributario degli Aragonesi in Sicilia (1282–1516), Arch. stor. per la Sicilia 4–5, 1938–39, 83–145 – W. A. Percy, The Earliest Revolution against the »Modern State«: Direct Taxation in Medieval Sicily and the Vespers, Italian Quarterly XXII, 84, 1981, 69–83 – Ders., The Indirect Taxes of the Medieval Kingdom of Sicily, ebd. 85, 1981, 73–85.

E. Papsttum

Da die ma. Päpste zugleich geistl. Oberhaupt der Kirche und weltl. Herrscher des Kirchenstaates waren, erhoben sie in beiden Eigenschaften Finanzforderungen und tätigten Ausgaben; dabei sind die beiden Bereiche weder begriffl. noch organisator. eindeutig zu trennen. Eine grobe Systematisierung kann unterscheiden: 1. Einnahmen aus dem weltl. Besitz der Röm. Kirche bzw. aus dem Kirchenstaat; 2. freiwillige Spenden der Rompilger; 3. Zahlungen von Staaten und Institutionen, die in einem Schutz- oder Lehensverhältnis zum Papsttum standen; 4. Gebühren für Leistungen der Kurie; 5. Besteuerung des Klerus der Weltkirche; 6. Erlöse aus dem Verkauf kurialer Ämter; 7. Zahlungen für geistl. Gnadenerweise der Päpste.

1. Bis zur langob. Eroberung des größten Teils des it. Festlands bzw. bis zur sarazen. Eroberung Siziliens bezog die Röm. Kirche erhebl. Einnahmen aus ihrem Grundbesitz in Italien, über dessen Verwaltung beispielsweise die Register Papst Gregors I. Zeugnis ablegen. Der seit der →Pippin. Schenkung entstehende →Kirchenstaat erfüllte diese Aufgabe daggean nur sehr unvollkommen. Die im Kirchenstaat erhobenen S.n dienten überwiegend der Deckung der lokalen Ausgaben; nur ein kleiner Anteil wurde (theoret.) nach Rom abgeliefert. In Rom selbst wurden Zölle an den Toren erhoben, die aber die Ausgaben nicht deckten.

2. Die Rompilger (→Pilger) leisteten beim Besuch der Kirchen, v. a. in den →Hl. Jahren, Spenden, deren Beträge aber nur selten erhebl. waren.

3. Die Kl. und Bm.er, die unter dem Schutz der Röm. Kirche standen, leisteten nur Abgaben von symbol. Wert. Von bedeutender Höhe war der Lehenszins des Kgr.es Sizilien, der aber nur unregelmäßig gezahlt wurde. Noch unzuverlässiger war der Ertrag des →Peterspfennigs.

4. Die Gebühren (→Taxen) der apostol. →Kanzlei und der übrigen Kurienämter dienten teils dem Unterhalt der Kurie, teils kamen sie aber auch dem allg. Budget zugute.

5. Häufig wurden vom Klerus der gesamten Kirche oder eines bestimmten Gebietes →Zehnten (anfangs meist Kreuzzugszehnten) erhoben. Diese S.n waren meist zweckbestimmt und wurden gewöhnl. direkt an die weltl. Mächte weitergeleitet. Die Prokurationen mußten den päpstl. →Legaten für ihre »Reisespesen« bezahlt werden. Seit dem 14. Jh. (in irregulärer Form eventuell schon durch Bonifatius VIII.) wurden bei päpstl. Pfründenverleihungen die →Annaten, →Servitien und Quindennien gefordert. Dieses System wurde v. a. vom avign. Papsttum, das von seinen it. Einnahmequellen abgeschnitten war, ausgebaut; die sich seitdem häufenden Pfründenreservationen erfolgten hauptsächl. aus diesem Grunde. Nur schwer realisierbar war der Anspruch auf die Vakanzen (Einnahmen unbesetzer Pfründen) und die Spolien (Nachlaß von Prälaten; →Spolienrecht).

6. Seit dem letzten Drittel des 15. Jh. wurden systemat. die kurialen Ämter in käufl. Stellen (officia venalia vacabilia) umgewandelt, da die Erträge der anderen Einnahmeformen zurückgingen.

7. Seit der gleichen Zeit machte die Kurie die Gewährung von Gnadenerweisen und →Dispensen (systemat. bei Ehedispensen) von der Zahlung einer compositio abhängig. Hierher gehört auch die Reservierung eines päpstl. Anteils an den Erträgen lokaler →Ablässe.

Die Erhebung der Abgaben erfolgte bei den weltl. S.n durch die entsprechenden Behörden des Kirchenstaates (unter Umständen war sie an die Kommunen delegiert) bzw. der Stadt Rom. Die mit der geistl. Funktion des Papstes begründeten Abgaben wurden entweder in Rom selbst an die apostol. →Kammer bzw. an die Datarie, teilweise auch direkt an die begünstigten Kurienbediensteten gezahlt, oder sie wurden am Ort von päpstl. →Kollektoren (und deren Subkollektoren) eingesammelt. Die Zahlung erzwang man durch geistl. Strafen (→Exkommunikation).   Th. Frenz

Lit.: TRE XIX, 92–101 – P. Fabre-L. Duchesne, Le Liber Censuum de l'Église Romaine, 1889ff. – L. Halphen, Études sur l'administration de Rome au MA, 751–1252, 1907 – C. Bauer, Die Epochen der Papstfinanz. Ein Versuch, HZ 138, 1928, 457–503 – W. E. Lunt, Papal Revenues in the MA, 2 Bde, 1965² – Ph. Levillain, Dict. hist. de la Papauté, 1994, 326–331.

F. Iberische Halbinsel

Die *Hacienda real* (kgl. Schatzkammer; →Finanzwesen, B. VI) der Reconquistastaaten bezog ihre Einkünfte normalerweise aus den wirtschaftl. Erträgen der Ländereien des Kg.sgutes, dessen Bewohner eine Pacht zu zahlen hatten, die in Asturien, León und Kastilien als tributum, forum, pectum (→*pecho*), *infurción* bezeichnet wurde, in Aragón als *usaticum*, *tasca*, *parata*, *treudo* und *novena*. Aber im SpätMA zählte bereits jedes der Gerichtsbarkeit des Kg.s unmittelbar unterworfene Gebiet zum Kg.sgut (→*realengo*), von dem Landsassen eine Grunds. abführen mußten (*martiniega* [Martinsbede], *marzazga* [Märzbede] in Kastilien–León). Eine weitere Einkunftsquelle stellte seit alters her die Umwandlung der ehem. persönl. Frondienste in Geldzahlungen dar: so von Rechten, die im Zusammenhang mit →Gastung und Beherbergung standen, wie *yantar*, *conducho*, *hospedaje* oder *cena*, von Herrenrechte beim Mannfall oder Heirat des Landsassen wie *mañería* (freies Testierrecht bei fehlendem Leibeserben), oder *nuncio*, *luctosa* und *ossas* (→Besthaupt), Abgaben, um sich vom Wehrdienst (→*fonsado*) freizukaufen, wie *fonsadera* und *huest*, sowie von Spanndiensten (*acémilas*) und Wachdiensten (→*guardia*, →*anuba*, *arrobda*). Auch die →Regalien verschwanden nie ganz und sollten gerade im SpätMA wachsende Bedeutung erlangen: dazu zählten Abgaben, die für die Nutzung der →Weiden und Waldungen erhoben wurden: →*montazgos* (für den Viehtrieb, →Mesta), →*herbazgos* (Weidegeld), *forestatge* (Waldzins; →Forst, III), Bergwerk- und Salinenregale und allgemein das Monopol des Salzverkaufs, der Münzprägung und der daraus abgeleiteten Rechte. Herrenloses Land, dessen Besitzer unbekannt (*mostrenco*) oder ohne Abfassung eines Testaments verstorben war (*abintestato*), fiel an den Kg. Auch den Kopfsteuern, die von der im christl. Reichen lebenden Juden (*alfitra* oder *cabeza de pecho*) oder Mauren (*al-fardas*) zu entrichten waren (im 15. Jh. die vollen oder ermäßigten außerordentl. S.n [→*servicios*], wobei die Mudéjares in einzelnen Herrschaften auch Abgaben für die Nutzung der Allmende [*dula*] und Frondienste [*corvea*] zu leisten hatten), kam Regalcharakter zu, ebenso dem Anspruch des Kg.s auf ein Fünftel aller Kriegsbeute (*quinto*) und der von den Emiren der einzelnen Gebiete von al-Andalus im 11.–15. Jh. zu leistenden Tribute (→*Parias*). Als Regalien galten auch bestimmte Geldstrafen bzw. →Bußen und andere Rechte, die im Zusammenhang mit der Ausübung der Rechtsprechung, der Ausstellung von Urkk. durch die kgl. →Kanzlei (*caritel*, *sigillum*, Siegelgeld) und der Ernennung und Amtstätigkeit öffentl. Schreiber standen.

Die indirekten Steuern leiteten sich von den kgl. Wege- und Marktregalien ab und gewannen im SpätMA immer größere Bedeutung. Als älteste davon waren Zoll- und Mautgebühren (*telonium*, →*portazgo*, *lezda*/Leuda, →*peaje*, *pontazgo* [Brückenzoll], *barcajes* [Fährzoll]) bekannt, wozu seit Mitte des 13. Jh. noch weitere Abgaben wie Einfuhrzölle auf Waren kamen; im S wurden sie nach muslim. Vorbild als →*almojarifazgos* bezeichnet, in Kastilien dagegen, wo sie in See- und Binnenhäfen erhoben wurden, als *diezmos de la mar* und *diezmos de puertos secos*. Der Viehtrieb (→Mesta) führte im Laufe außer zur Erhebung des *montazgo* seit der Regierungszeit Alfons' X. auch zur Schaffung einer Sonderabgabe und anderer, oft von Ort zu Ort verschiedener S.n (*asadura*, *carnejares* [Hammelsteuer]). Aber die größten Steuereinkünfte flossen aus den Abgaben 'ad valorem', Umsatzsteuern, die auf den Kauf- und Verkauf wie auf den Verbrauch von Gütern auf den Märkten erhoben wurden und seit Ende des 13. Jh. immer mehr anstiegen (*sisas* [Akzisen]), in Kastilien →*alcabala*). Nun war auch die Schaffung neuer direkter Steuern öffentl. und allgemeinen Charakters voll ausgereift, die ihren Ursprung in den *pedidos foreros* [Foralsteuern] und *monedas foreras* hatten, die die Kg.e v. Kastilien-León schon im 12. Jh. gegen das Versprechen, den offiziellen Geldwert weder zu verschlechtern noch zu verändern, zu erheben pflegten oder zu bestimmten Gelegenheiten wie dem Regierungsantritt eines Herrschers, seiner Krönung oder Heiraten innerhalb der Kg.sfamilie (in Katalonien-Aragón als *bovatge*, *coronatge* oder *maritatje* bezeichnet) einzogen. Seit dem letzten Drittel des 13. Jh. bewilligten die →Cortes dem Kg. häufig die Erhebung außergewöhnl. Steuern sowohl in Kastilien (in Form der →*pedidos y monedas*) als auch in Aragón (in Form von Warensteuern: *generalidades y sisas*, oder direkten S.n, die auf alle Steuerpflichtigen oder *compartiment* verteilt wurden, oder in Form von Schuldscheinen bzw. *censales*, die von den Cortes selbst oder den Städten ausgestellt worden waren). Gleichzeitig begannen die Herrscher, mit päpstl. Erlaubnis Teile der kirchl. Einkünfte zu ihren Gunsten zurückzuhalten (Zehnte auf die Einkünfte des Klerus, *tercias reales*, *ters delme*, d. h. den dritten Teil der kirchl. Zehnten und Almosen, die in Zusammenhang mit der Predigt des Kreuzzugsablasses gespendet wurden). Ende des 15. Jh. gelang es der Krone Kastilien, die Verwaltung des →*maestrazgo* der Ritterorden von Santiago, Calatrava und Alcántara an sich zu ziehen. M. A. Ladero Quesada

Lit.: L. García de Valdeavellano, Curso de hist. de las instituciones españolas, 1968 – M. A. Ladero Quesada, Fiscalidad y poder real en Castilla, 1994 – Ders., El ejercicio el poder real en la Corona de Aragón: instituciones e instrumentos de gobierno, En la España Medieval 17, 1994, 31–93.

G. England

Der erste Hinweis auf ein S.system in England stammt aus dem 8. Jh. Das →Tribal Hidage-Verzeichnis enthält eine Liste der Abgabe, die von Kg. →Offa v. Mercien in den von ihm beherrschten Gebieten erhoben wurde. Im frühen 10. Jh. führte die →Burghal Hidage die Dörfer auf, die für die Instandhaltung der Befestigungen der zu verteidigenden *burghs* in Wessex besteuert wurden, und ein Jh. später bildete die *hide* (→Hufe) die Grundlage für die Erhebung einer Grunds. (*geld*) für die Verteidigung gegen die Dänen (vgl. auch →Danegeld). Die Tatsache, daß in England eine S. auf kgl. Anordnung zur Verteidigung des Kgr.es regelmäßig erhoben werden sollte, war einmalig im Europa des 11. Jh. Die norm. Herrscher bedienten sich nach 1066 weiterhin dieser S. und erhöhten den S.satz, doch kam sie im 12. Jh. allmähl. außer Gebrauch. An ihre Stelle traten feudale Abgaben, die von den Vasallen erhoben wurden, wie →*scutage* und *tallage*. Infolge des Niedergangs des feudalen Heerdienstes und der steigenden Kosten der Kriegführung am Ende des 12. Jh. benötigte der Kg. eine umfassendere S.form. Versuche wurden unternommen, die Form des »geld« durch eine S. unter der Bezeichnung *carucage* (→carucata) zu erneuern, die zw. 1194 und 1220 verschiedentl. erhoben wurde. Doch erwies sich der Ertrag aus dieser S. als unzureichend, so daß sich eine S. auf die bewegl. Habe aller Haushalte zur üblichen S. für den Laien im ma. England entwickelte. Sie wurde zuerst 1207 erhoben. Die S.einschätzung führten die Eigentümer selbst unter Aufsicht der kgl. Richter durch. Der S.satz betrug ein Dreizehntel, und die S.erhebung erbrachte £ 60000. 1225, 1232 und 1237 wurde diese S. erneut erhoben, wobei die S.einschätzung durch Vertreter der Siedlungen erfolgte. Erst im letzten Viertel des 13. Jh. war diese Besteuerung regelmäßig. Ihre legale Grundlage war die röm.-kanon. Lehre von der »necessitas«, die dem Kg. den Anspruch einräumte, in Zeiten der unmittelbaren Gefahr oder Not zur Verteidigung des Kgr.es Hilfe von den Untertanen zu fordern. Solange der Notfall andauerte, waren die Untertanen zur Hilfeleistung verpflichtet, obwohl der Kg. die S. nur mit ihrer Billigung erheben konnte. Auf diese Weise wurde die Besteuerung mit dem Krieg als eine Art Rechtfertigung verbunden, aber auch ebenso mit dem →Parliament als der Körperschaft, die sie im Namen des Kgr.es bewilligte. So erfolgte die parlamentar. Besteuerung, als die Kg.e Eduard I., II. und III. Kriege gegen Schottland und Frankreich führten. 20 solcher S.n wurden zw. 1275 und 1337 erhoben, die höchste beinhaltete 1290 einen S.satz des Fünfzehnten und erbrachte £ 117000. Aber als die Besteuerung regelmäßiger erfolgte, wurde die Höhe der aufgebrachten S.summe geringer. Nach 1334 gab es keine Besteuerung des individuellen Besitzes bei jedem Gelegenheit mehr; stattdessen mußten jede Gft. und jede Siedlung eine feste S.quote entrichten, die auf ein Fünfzehntel des besteuerten Besitzes in ländl. Gebieten und auf ein Zehntel in den Städten festgelegt wurde. Die so aufgebrachte S.summe betrug nun über £ 38000. Der zehnte und fünfzehnte Teil blieben als Besteuerungsgrundlagen bis ins 17. Jh. bestehen. Seit dem letzten Viertel des 14. Jh. gab es Versuche mit anderen S.arten, wie der Kopfs. (→Poll Taxes: 1377, 1379, 1381), S.erhebungen in jedem Pfarrbezirk (1371, 1428) und S.n auf das zu versteuernde Einkommen (1404, 1411, 1435, 1450). Diese S.n sollten die S.summe erhöhen, entweder auf der Grundlage der Haushalte der vermögenden Bauern oder des überschüssigen Vermögens des Hochadels. Aber beide Gruppen betrieben erfolgreich S.hinterziehungen, und der einzige Versuch, diese zu verhindern, rief die →Peasants' Revolt v. 1381 hervor. Die Zeit einer regelmäßigen S.erhebung endete im wesentl. mit dem →Hundertjährigen Krieg 1453. Bis 1540 wurden dann S.n nur noch für gelegentl. Feldzüge nach Frankreich oder Schottland erhoben, und die Krone bezog ihre Einkünfte zunehmend aus Handelszöllen, Ländereien, Zuwendungen und feudalen Rechten. – Auch die Kirche sollte S.n zahlen. So forderte der Papst zw. 1239 und 1291 den Kreuzzugszehnten. Obwohl Papst Bonifatius VIII. versuchte, →Eduard I. daran zu hindern, die Kirche für den Krieg 1296 S.n aufzuerlegen (→»Clericis laicos«), wurde dem Kg. grundsätzl. das Recht eingeräumt, aus diesem Anlaß S.n zu erheben. Im SpätMA wurden üblicherweise in den Standesvertretungen (→Convocations) des engl. Klerus Subsidien bewilligt. G. L. Harriss

Lit.: S. K. MITCHELL, Taxation in Medieval England, 1951 – G. L. HARRISS, King, Parliament and Public Finance in Medieval England to 1369, 1975 – A. L. BROWN, The Governance of Late Medieval England 1272–1461, 1989, 61–84.

H. Skandinavien

Die nicht eximierten Stände – Bauern und Bürger – hatten vier Typen von Abgaben an verschiedene Obrigkeiten bzw. Empfänger zu leisten: Von gepachtetem Landbesitz mußte dem (weltl. oder geistl.) Grundherrn der Pachtzins (→Landgilde, Landskyld), in den Städten eine Miete für Grund oder Häuser gezahlt werden. Die drei anderen Abgabenformen, →Zehnten, Regalien und außerordentl. S.n, galten sämtlich, zumindest in der Theorie, als Beitrag bzw. Zinszahlung für Dienstleistungen von seiten der Kirche (Gottesdienst, Erteilung der Sakramente, Erhaltung der Kirche, Entlohnung des Priesters) oder für »Hoheitsaufgaben« des Fs.en (insbes. Schutz und Verteidigung der Einwohner). In Norwegen und Island wurden die Zehnten meistens zw. dem Bf., der Kirche, dem Priester und den Armen (→Armut, B. IV) zu je einem Viertel geteilt, in Dänemark und Finnland erhielten Bf., Kirche und Priester je ein Drittel, in Schweden waren die Zehnten auch dreigeteilt, meistens zugunsten der Kirche, des Priesters und der Armen.

Die Abgaben an den Kg. wurden früh (sobald die polit. Lage des jeweiligen Landes sich einigermaßen gefestigt hatte) eingeführt, wohl nach ausländ. Vorbild (durch Rezeption des durch →röm. Recht inspirierten →Regalienrechts). Ihre Erhebung war manchmal Gegenleistung für die Anerkennung einer Siedlung als →Stadt (z.B. Næstved, 1140); die Abgaben von städt. Grundstücken (*Midsommergæld, Arnegæld*) müssen eher als derartige Gegenleistung gesehen werden denn als Hinweis, daß der Kg. den Siedlern das städt. Areal zur Verfügung gestellt hatte. Der →Leidang (Leding, Ledung usw.), der in eine S. umgewandelte persönl. Kriegsdienst, wird zwar auch zu den internationalen Regalien gerechnet, ist aber wohl genuin skand. Ursprungs, geht er doch auf die nachwikingerzeitl. Neuordnung des Heer- und Flottenwesens im 11.–12. Jh. zurück. Mit der Zeit entstand die Auffassung, daß neue Abgaben von der Regierung nicht ohne Zustimmung der S.zahler (Finnland, Norwegen: 1290er Jahre) oder der polit. Gremien (Dänemark: meliores regni, 1303; Parlament, vor 1304) eingeführt werden durften (→Stände).

Eigtl. S.n wurden unregelmäßig und bei Bedarf erhoben; Anlaß waren z.B. Landesverteidigung, Verbesserung der Währung, Heirat von Prinzen und Prinzessinnen. Die Erhebung der außerordentl. S.n erfolgte meistens mit einem einheitl. Betrag pro Haushalt (Feuerstätte), wobei innerhalb bestimmter Gruppen (Nachbarschaften), z.B. zehn Haushalten, »der Reiche dem Armen helfen sollte«, was auf eine Verteilung der zu entrichtenden Beiträge durch die Mitglieder der Gruppe untereinander hinweist.

Ursprgl. vermochten wohl Regalienabgaben und Einkünfte aus Kronbesitz den Geldbedarf des Kg.s zu decken, doch reichten diese Einnahmequellen wegen der starken Vergabung von Königsgut bald nicht mehr aus. Seit Mitte des 13. Jh. in Dänemark, seit Anfang des 14. Jh. in Schweden und seit 1385 in Norwegen wurden außerordentl. S.n erhoben (neben diesen gab es schon früher in Norwegen eine außerordentl. Besteuerung der Landschaften, die der Kg. besuchte, was wohl eher auf die →Gastung zurückgeht).

Da S.zahlung grundsätzl. ein Zeichen der Unfreiheit war (→Tribut) – die Nebenländer Norwegens im Nordatlantik (→Hebriden und →Man bis 1266, →Orkney, →Shetland, →Faröer, seit den 1260er Jahren auch →Island und →Grönland) wurden als 'Skattlande' ('Schoßländer', S.länder) bezeichnet –, bedurfte die Erhebung außerordentl. S.n bei Reichsuntertanen einer Bewilligung durch die S.zahler; in Finnland erfolgte dies durch Verhandlungen zw. den Behörden und den Einwohnern der einzelnen Landschaften, in Schweden war hierfür ein lokaler Ausschuß zuständig (Bf., Lagmann ['Richter'], sechs Adlige und sechs Nichtadlige), während in Dänemark ursprgl. dem Landsting (→Ding, II) die Bewilligung der geforderten S.n oblag. Im 14. Jh. gaben mehrmals die Vertreter der freien Stände (Geistlichkeit und Adel) ihre Zustimmung; nach der Handfeste (→Wahlkapitulation) v. 1448 sollte der →Reichsrat neue S.n bewilligen, während die späteren ma. Handfesten neben der Zustimmung des Reichsrats diejenige der →Stände (Prälaten, Adel und einiger Volksvertreter) kannten. Th. Riis

Lit.: KL XV, 411–451; XVI, 712–722; XVIII, 280–300 – TH. RIIS, Les institutions politiques centrales du Danemark 1100–1332, 1977, 237f., 259, 285–287, 291–299.

I. Ostmitteleuropa

I. Böhmen und Polen – II. Ungarn.

I. BÖHMEN UND POLEN: [1] *Böhmen:* Zahlreiche →Abgaben (Abschnitt III) und Dienste (→Dienstsiedlungen) der frühen Přemyslidenzeit verloren seit dem 12. Jh. an Bedeutung, darunter das sog. tributum pacis, das eng mit der obersten Gerichtsbarkeit des Herrschers zusammenhing und die freie Bevölkerung betraf. Seit dem 13. Jh. wurden sie durch parallel sich entwickelnde andere S.formen ersetzt. Es handelte sich bes. um folgende, ab Mitte des 13. Jh. regelmäßig erhobene Zahlungen: die sog. Spezials. (steura oder berna specialis) aus den Kammergütern, die im Laufe der Jahre zur alljährl. S. umgewandelt wurde, und die Generals. (berna seu collecta generalis), die zuerst der alleinigen Gewalt des Kg.s unterstand, allmähl. jedoch der Einwilligung des Landtages bedurfte. S.basis war ursprgl. der Grundbesitz, zunehmend aber auch wirtschaftl. Betätigung. Große Bedeutung hatten die kgl. Urbur in Kuttenberg sowie die Einkünfte aus dem Münzregal. Seit Kg. Johann v. Luxemburg ist auch die Judens. systematischer belegt, die allein vom Willen des Herrschers abhing. Mit der Einrichtung der S. war die Errichtung eines entsprechenden Fiskalapparates verbunden (magister camere regalis, subcamerarius, collectores steure u. a.).

[2] *Polen:* Zu den Abgaben in Form von Naturalien und Dienstleistungen (servicia) traten verschiedene Maut- und Strafgebühren, außerdem in der frühen Piastenzeit Herdabgaben (fumales) bzw. Viehs.n, die sich allmähl. in eine feudale Rente umwandelten. In der Zeit der Zersplitterung Polens im 13. Jh. verloren die alten Abgaben auch wegen der wachsenden Immunität an Bedeutung, während die Stadts. (*šos*) wichtiger wurde; jedoch gingen die einzelnen Territorien eigene Wege. Außerdem wurde regelmäßig die sog. collecta communis erhoben, die alles urbar gemachte Land betraf. Der Hauptteil der fsl. Einnahmen stammte jedoch aus der eigenen herrschaftl. Domäne, bes. aus den Salinen und aus dem Münzregal. Die kgl. Kammer war auch an dem relativ regelmäßigen päpstl. Zehnt beteiligt. Seit der Regierung Kg. Kasimirs d. Gr. kam es zur Reform des S.wesens, auf dessen Aufhebung die Stände schrittweise hinwirkten. Eine profilierte und mannigfaltige Struktur der Verwaltung entsprach den Besonderheiten der einzelnen poln. Teilgebiete. →Finanzwesen, B. VII.   I. Hlaváček

Lit.: K. KROFTA, Staročeská daň míru, Sborník prací k sedmdesátému jubileu P. N. MILJUKOVA, 1929, 155–192 – DERS., Začátky česke berně, Česky čas. histor. 36, 1930, 1–26, 237–257, 437–490 [auch Sep.] – J. BARDACH, Historia państwa i prawa Polski, I, 1965 – J. DUDZIAK, Dziesięcina papieska w Polsce średniowiecznej, 1974 – J. JANÁK–Z. HLEDÍKOVÁ, Dějiny správy v českých zemích do roku 1945, 1989.

II. UNGARN: Obwohl S.n erst in den Gesetzen Kg. Kolomans (um 1100) erwähnt werden, scheinen die →Gespane des ung. Kgr.es seit der Staatsgründung S.n für die Aufstellung von Soldaten für das kgl. Heer erhoben (DRMH 1, Colom.: 40) und die »Freien« eine S. von 8 bzw. 4 Pfennigen (denarii) gezahlt zu haben (ebd., Colom.: 45). In den folgenden Jahrhunderten wird mehrfach eine collecta erwähnt, doch ist über ihre Höhe nichts bekannt. In der →Goldenen Bulle Andreas' II. wurden die Hintersassen der Adligen und der Kirche von der Zahlung dieser S. befreit (ebd., 1222: 3). Spätestens 1231 wurde die mardurina genannte, ursprgl. wohl in Marderfellen erhobene S. der Einwohner Slavoniens in eine Gelds. umgewandelt, ebenso wie der näher nicht bekannte descensus, die Herbergspflicht für den Kg. und sein Gefolge. Im 14. Jh. regelte Kg. Karl Robert I. das →Finanzwesen (B. VIII) und somit die S.zahlung und verpachtete deren Erhebung an »Kammergrafen« (DRMH 2, 1342). Für die folgenden Jahrhunderte blieb die wichtigste S. das lucrum camerae, auch Portals. genannt. Sie wurde als direkte S. von jedem Hof (meistens jährl. 20 Pfennige [1/5 Gulden]) erhoben. Um 1454 brachte diese S. landesweit an die 40000 Gulden ein und bildete neben dem Salzregal die größte regelmäßige Einnahme der Krone. Beginnend mit den Türkenkriegen im späten 14. Jh. erhoben die Kg.e eine anfangs gelegentl., später regelmäßig von der Diät oder dem Königsrat bewilligte, »einmalige« Sonders. (subsidium) von 1 (oder 1/2) Gulden. Unter Kg. Matthias Corvinus wurde diese »außerordentliche S.« fast jährl. (gelegentl. anstatt der Portals.) erhoben. Zu diesen landesweiten S.n kamen städt. S.n und die Judens. (um 1453 insges. etwa 11000 Florenen) sowie verschiedene, teilweise in Naturalien geleistete Abgaben an die Krone, wie z. B. die Ochsens. der →Székler, das »Fünfzigstel« der siebenbürg. Vlachen (→Siebenbürgen), usw.   J. Bak

Q.: Decreta Regni Mediævalis Hungariæ. The Laws of the Medieval Kingdom of Hungary 1–2, 1989–92 [= DRMH] – *Lit.:* F. ECKHART, A királyi adózás története Magyarországon. 1323-ig, 1908 – J. BAK, Monarchie im Wellental: Materielle Grundlagen des ung. Kgtm.s im späteren MA (VuF 32, 1987), 347–384.

J. Rus'
Die wichtigste und älteste S. war der Tribut (*dan'*). Zunächst bildete er eine Abgabe von unterworfenen Stämmen sowie eine Zahlung zwecks Wahrung des Friedens von benachbarten Stämmen in Form von Pelzen, Fellen, Wachs und Honig. Der Tribut wurde durch das *poljud'e* ergänzt, das die Bevölkerung zugunsten des Fs.en und seiner →Družina leistete. Mit der Entstehung von Erbgütern im 12. Jh. begann die Umwandlung des Tributs in eine Feudalrente. Es existiert die Meinung, daß der Tribut von Beginn an eine staatl. Feudalrente war (L. V. ČEREPININ). Der Prozeß der Umwandlung des Tributs in eine Rente wurde durch die Fremdherrschaft (1240–1480) deformiert (→Tatarensteuer). Am Ende des 15. Jh., nach der Herausbildung des gesamtruss. Staates (→Moskau), wurde die Tributeinziehung reguliert: eine Bestandsaufnahme des Landes (*sošnoe pis'mo*) wurde zuerst im Novgoroder Land (→Novgorod) durchgeführt. Als Besteuerungseinheit diente in der Stadt der »Hof«, auf dem Land der »Pflug«; ein »Pflug« entsprach Mitte des 16. Jh. einer halben Desjatine. Der Landbesitz wurde in Grundbüchern (→*piscovye*, später *perepisnye knigi*) festgehalten. Für den Unterhalt der Schreiber wurde eine bes. S. (*piščaja belka*) erhoben. Im 14. und 15. Jh. wurde eine spezielle S., der *korm* ('Fütterung'), zugunsten der Träger der Regionalverwaltung, der sog. *kormlenščiki* (bis zur Mitte des 16. Jh.), gezahlt (→Kormlen'e). Diese erhoben neben einer Abgabe für den Richterspruch (*prisud*) auch die Buße für Mord (*vira*) und sonstige Gewaltverbrechen (*prodaža*), ferner eine Gebühr, die Anreisende zu zahlen hatten (*javka*). Zu den indirekten S.n gehörten u. a. Zoll (*myto*), Wäge- und Meßgebühren. Die Kirche und die privilegierten Schichten (Fs.en, Nachkommen von Teilfürsten, →Bojaren – und seit Mitte des 15. Jh. – der niedere Adel) waren befreit von der Mehrzahl der S.n und Leistungen, so von denjenigen für Befestigung und sonstige Baumaßnahmen der Städte und Burgen, von der Bereitstellung von Fuhrwerken und Pferden (*jam*) sowie vom Unterhalt der fsl. Kuriere (*postoj*).   A. Choroškevič

Lit.: A. S. LAPPO-DANILEVSKIJ, Organizacija prjamogo obloženija v Moskovskom gosudarstve so vremen Smuty do épochi preobrazovanij, 1890 – P. N. MILJUKOV, Spornye voprosy finansovoj istorii Moskovskogo gosudarstva, 1892 – S. B. VESELOVSKIJ, Feodal'noe zemlevladenie v Severo-Vostočnoj Rusi, 1947 – A. D. GORSKIJ, Očerki ékonomičeskogo položenija krest'jan v Severo-Vostočnoj Rusi, 1960 – I. JA. FROJANOV, Kievskaja Rus'. Očerki social'no-ékonomičeskoj istorii, 1974 – V. T. PAŠUTO, B. N. FLORJA, A. L. CHOROŠKEVIČ, Drevnerusskoe nasledie i istoričeskie sud'by vostočnogo slavjanstva,

1982 – S. M. Kaštanov, Finansy srednevekovoj Rusi, 1988 – I. Ja. Frojanov, Kievskaja Rus'. Očerki otečestvennoj istoriografii, 1990.

K. Altlivland

In →Livland waren die Unterworfenen (ausgenommen die Freien) durch Friedensverträge zur Zahlung des Zehnten von ihren Einkünften in Naturalien verpflichtet. Er wurde meist in einen festen Zins umgewandelt und von den Amtleuten des Ordens oder der Vasallen der Bf.e anläßlich der Wackentage (→Wacke) eingenommen. Im weiteren Sinne sind auch die materiellen Leistungen zu Frone und Aufgebot als S.n zu begreifen. – In →Kurland wurde in Gebieten von Orden und Bf.en eine Kriegssteuer, das *Wartgeld*, nach 1503 auch in den übrigen Ordensgebieten das *Meistergeld* den erwachsenen Männern auferlegt. 1498 wurde auf Beschluß des allg. livländ. Landtages zur Ablösung der Kriegspflicht von jedem Bauernhof eine Abgabe von 1 Mark eingeführt. Auf 15 Bauernhöfe entfiel die Entlohnung von je einem angeworbenen Söldner. – Die Städte (→Stadt, J) erhoben an direkten S.n beim Bürgergeld einmalig den Erwerb des Bürgerrechts; vom Grundbesitz einen jährlichen Grundzins; im Erbfall den Erbschaftszehnten; nach Bedarf wurde auf Beschluß von Rat und Gemeinde der Schoß von jedem Bürger oder Einwohner nach Einschätzung ihres Grundbesitzes, Gewerbes oder eigenen Herdes erhoben. Hinzu kamen indirekte, teils zweckgebundene S.n wie Wein- und Bierakzise (Getränkes.), in Reval Steinakzise, Abgaben von Trankocherbuden, Tonnengeld der Schiffer, Pfahlgeld für die Schiffahrt vor Narva. Ob es sich bei den Abgaben von Stadtwaagen, Mühlen, Kalköfen um Umsatzs.n, Gebühren oder Pacht handelte, ist schwer zu entscheiden.   H. v. zur Mühlen

Lit.: F. G. v. Bunge, Die Stadt Riga im 13. und 14. Jh., 1878 – L. Arbusow, Verz. der bäuerl. Abgaben, Acta univ. Latviensis, 1924 – H. Laakmann, Gesch. der Stadt Pernau, 1956 – R. Vogelsang, Zur Finanzverfassung im ma. Reval, ZOF 20, 1971 – P. Johansen-H. v. zur Mühlen, Dt. und undt. im ma. Reval, 1973 – →Bauer, D.X [L. Arbusow, 1924–26; H. Bosse, 1933; A. Schwabe, 1928; J. Uluots, 1935; E. Blumfeldt, 1949].

L. Spätantike und Byzantinisches Reich

I. Spätantike – II. Byzantinisches Reich.

I. Spätantike: Neben indirekten S.n ('portorium', →Zölle) sowie Spezialabgaben für bestimmte Bevölkerungsgruppen (z. B. 'collatio' oder 'follis glebalis', Grundbesitzs. für Senatoren; 'aurum coronarium', Thronbesteigungs- und Regierungsjubiläumss. für Städte; →'chrysargyron' oder 'collatio lustralis', dasselbe für Kaufleute) ist die wichtigste S.art die kombinierte Kopf- und Grunds., die 'capitatio iugatio'. Nachdem die kaiserzeitl. Vorformen des 'tributum soli' und des 'tributum capitis' in den Wirren des 3. Jh. untergegangen waren und an ihre Stelle die Requirierung von Sachleistungen (→annona) getreten war, organisierte →Diokletian (284–305) das S.wesen von Grund auf für das ganze Reich neu (s.a. →census). In fünfjährigem (seit →Konstantin d. Gr. fünfzehnjährigem) Turnus erging eine Veranlagung ('indictio'; sie lebte im MA als Grundeinheit der →Datierung fort: →Indiktion) auf der Grundlage der Bemessungseinheiten 'caput' (Kopf, Arbeitskraft) und 'iugum' (Joch, was mit einem Gespann als Lebensunterhalt bearbeitet werden kann). Anders als der unmittelbare Wortsinn erwarten läßt, gehen beide Begriffe dergestalt ineinander über, daß sie – mit Ausnahmen: 'capitatio humana' oder 'plebeia' für die Stadt – keine getrennten S.arten sind, sondern daß die Veranlagung nach Personen (auch Frauen, mit niedrigerer Rate) und Grundstücken (je nach Güte und Bewirtschaftungsart) miteinander kombiniert werden. Einzelheiten sind nach wie vor umstritten, wofür die Quellenlage insofern ursächlich ist als der Sprachgebrauch der zahlreichen Rechtstexte (→Codex Theodosianus, Codex Justinianus [→Corpus iuris civilis], Syr.-röm. Rechtsbuch) oft terminologisch ungenau ist und die ebenfalls nicht unbeträchtl. inschriftl. Zeugnisse nur fragmentar. Information bieten. Jedoch besteht Einigkeit darüber, daß die konkrete Anwendung des Grundprinzips von Region zu Region (z. B. Syrien, Ägypten, Afrika, Thrakien) stark differierte, und ebenso sind Änderungen im Laufe der hist. Entwicklung in Rechnung zu stellen. Während zunächst die Ablösung der Sachleistungen durch Geld ('adaeratio') nur in Ausnahmefällen möglich war, trat Geldzahlung später häufiger neben die Naturalleistung. Weitere Forschungsprobleme sind die miteinander zusammenhängenden Fragen nach dem Ausmaß der generellen S.belastung und dem der Amtsmißbräuche bei der S.veranlagung und -eintreibung. Von ihrer Beantwortung hängt es ab, ob das S.wesen zur Ausdünnung des städt. Mittelstandes der Dekurionen (→decurio) und zur Herausbildung eines vorfeudalen Patronatswesens (→Patronat) geführt habe. Während man früher wegen häufiger Klagen in den lit. Quellen diese Belastungen stark hervorhob, urteilt man jetzt zurückhaltender.   W. Schuller

Lit.: Jones, LRE 61–68, 448–462 – A. Déléage, La capitation du Bas-Empire, 1945 – A. H. M. Jones, The Roman Economy, 1974, 280–292 – W. Goffart, Caput and Colonate, 1974 – A. Cérati, Caractère annonaire et assiette de l'impôt foncier au Bas-Empire, 1975 – A. Chastagnol, Problèmes fiscaux du Bas-Empire (Points de vue sur la fiscalité antique, ed. H. van Effenterre, 1979), 127–140 – Ders., L'évolution politique, sociale et économique du monde romain de Dioclétien à Julien, 1982, 364–376 – J.-U. Krause, Spätantike Patronatsformen im W des Röm. Reiches, 1987, 307–327 – U. Hildesheim, Personalaspekte der frühbyz. S.ordnung, 1988 – J. Bleicken, Verfassungs- und Sozialgesch. des Röm. Kaiserreiches, 1989³, 1, 195–200.

II. Byzantinisches Reich: Es gibt keinen Bereich der byz. Verwaltung, in dem die Erkenntnisse im großen wie im einzelnen noch so unsicher und die Interpretationen so umstritten sind wie dem der S.n. Dies beruht nicht nur auf der Quellenarmut gerade in einer Epoche großer Verwaltungsveränderungen, dem 7.–9. Jh., sondern auch auf dem Weiterleben alter S.bezeichnungen in (vielleicht) neuer und veränderter Bedeutung.

[1] *Quellen*: Unsere Kenntnisse stützen sich, abgesehen von wenigen Hinweisen in der Chronistik, auf zwei S.traktate zum prakt. Gebrauch, eine theoret. Schrift (aus der Zeit des Ks.s →Alexios I.), ein Katasterfrgm., v.a. aber auf die Urkk. öffentl. Charakters.

[2] *Periodisierung*: Die von Diokletian eingeführten Neuerungen galten als System bis in das 7. Jh. Die einheitl. Veranlagung könnte (spätestens) im 8. Jh. verschwunden sein, als die globale Einschätzung (nach Oikonomidès, 1987) einer prozentual dem (Besitz-)Wert entsprechenden wich. Auch nahezu alle übrigen S.bezeichnungen des 4. und 5. Jh. verschwinden seit dem 7. Jh., während die nun neu auftretenden eher eine Kontinuität bis zum Ende des byz. Reiches aufweisen.

[3] *Steuerarten*: Es ist zu unterscheiden zwischen (a) Grund- und Haus(halt)s., (b) Waren- und Produkts.n und (c) den Verwaltungss.n, denen auch die Sonders.n zuzurechnen sind. (a) An Stelle (?) der spätantiken iugatiocapitatio begegnet zu Beginn des 9. Jh. das καπνικόν (Herds.), welche (als Kopfs.) jede auf dem Land ansässige Familie zu bezahlen hatte, und in derselben Zeit wurde (trotz der späteren Quellenbelege) auch die δημόσιον (τελούμενον, οἰκούμενον) genannte Grunds. (neben der immer noch existierenden συνωνή/annona) eingeführt. Diese bei-

den S.n bildeten die Grundlage des byz. Finanzsystems. Auch städt. Immobilien wurden besteuert (OIKONOMI-DÈS, 1972). Ob auch besitzlose städt. Familien veranlagt waren, ist unklar. – (b) Die große Menge der Einzels.n, die gesondert aufzuzählen hier unmöglich ist, lagen im Bereich von Waren (→Kommerkion), Produkten und bewegl. Agrarbesitz. Dabei kommt der Abgabe des Zehnten (δεκατεία) im Unterschied zum Westen nur geringfügige Bedeutung zu. Sie war gesetzlich nicht verankert, wurde aber bes. bei Tierbesitz (Vieh, Bienenvölker, Fischfang) praktiziert. Für die Sicherung von Besitz war eine Wachs. (βιγλιατικόν) zu bezahlen, es gab eine Kneipens. (καπηλειατικόν), eine Werkstättens. (ἐργαστηριακόν) sowie Meß- und Wäges.n (ξυγαστικόν, μετριατικόν). – (c) Für Maßnahmen von Beamten oder des Staates waren S.n oder Gebühren zu bezahlen, so für Ausstellung von Urkk., bei Annahme von Erbschaften, zur Verproviantierung (von Soldaten oder Beamten), für Festungs-, Brücken- und Straßenbau, Schiffbau u. ä. Auch das κανονικόν, eine seit dem 11. Jh. (?) an den örtl. Bf. abzuführende »Kirchens.« ist hier zu nennen, und vielleicht auch das vieldiskutierte ἀερικόν, das in Zusammenhang mit der Einschätzung von Bodenbesitz stehen könnte. In diesen Bereich fallen auch die ἐπήγειαι ('Belästigungen') genannten Sonders.n (z. B. nach feindl. Angriffen, Naturkatastrophen).

[4] *Formen der Steuerleistung, -bemessung, -höhe:* Die S. war prinzipiell in Geld zu leisten, doch war auch die entsprechende Naturalabgabe v. a. im 7./8. Jh. (eingezogen von den Kommerkiariern?) und in spätbyz. Zeit weiter verbreitet als lange angenommen. Manche S.n (z. B. Straßen- und Festungsbau) wurden gewöhnlich als Hand- und Spanndienste (ἀγγαρεία) geleistet (→Leiturgia). Bemessungsgrundlage für den Boden war die Einschätzung der Qualität, bei Besitz oder Waren der Verkaufswert. Zur Höhe der Steuer gibt es (abgesehen von der ziemlich gleichbleibenden Grundsteuer von 4,16% = 1/24 des Bodenwertes) nur sehr punktuelle Hinweise.

[5] *Steuereintreibung:* Die Einschätzung von Boden und Agrarbesitz geschah in schriftl. Form (Praktika) durch Finanzbeamte (πράκτωρ) mit bisweilen dubiosen Rechenmethoden, während die Steuereintreibung (in den seit dem 11. Jh. zu fiskal. Einheiten umgewandelten →Themen) an (private?) Steuerpächter vergeben war, die in der Literatur immer wieder Gegenstand von Klagen sind.

[6] *Steuerbefreiung:* Grundsätzl. Befreiung von der Bodens. gibt es (auch für Kirchen und Klöster) nicht, doch können die Einnahmen teilweise (kaum jemals ganz) dem Besitzer als Geschenk (des Kaisers) oder als Entgelt für Dienstleistungen überlassen bleiben. Die Befreiung von den Nebensteuern (2) und (3) ist individuell durch jederzeit widerrufbare ksl. Erlasse geregelt. →Immunität, II, 1; →Abgaben, VI.

P. Schreiner

Q.: F. DÖLGER, Beitr. zur Gesch. des byz. Finanzwesens, 1927 – DERS., Aus den Schatzkammern des Hl. Berges, 1948 – N. SVORONOS, Recherches sur le cadastre byz., Bull. Corr. Hell. 83, 1959, 1–166 – J. KARAYANNOPULOS, Frgm. aus dem Vademecum eines byz. Finanzbeamten (Polychordia. Fschr. F. DÖLGER, 1966), 318–334 – P. SCHREINER, Ein Prostagma Andronikos III., JÖB 27, 1978, 203–228 – C. MORRISSON, La logarikè, TM 7, 1979, 419–464 – *Lit:* D. A. XANALATOS, Beitr. zur Wirtschafts- und Sozialgesch. Makedoniens [Diss. 1937] – H. F. SCHMID, Byz. Zehntwesen, JÖBG 6, 1957, 45–110 – J. KARAYANNOPULOS, Das Finanzwesen des frühbyz. Staates, 1958 – F. DÖLGER, Zum Gebührenwesen der Byzantiner (Byzanz und die Europ. Staatenwelt, 1964), 232–260 – N. OIKONOMIDÈS, Quelques boutiques de Constantinople au Xe s., DOP 26, 1972, 345–356 – P. SCHREINER, Zentralmacht und S.hölle (Mit dem Zehnten fing es an, 1986), 64–73, 270–272 – N. OIKONOMIDÈS, De l'impôt de distribution à l'impôt de quotité, ZbRad 26, 1987, 9–19 – Oxford Dict. of Byzantium, 1991, 1695, 2015–2018 – M. KAPLAN, Les hommes et la terre à Byzance du VIe au XIe s., 1992 – J. HALDON, Aerikon/Aerika: A Reinterpretation, JÖB 44, 1994, 135–142 – H. SARADI, Evidence for Barter Economy, BZ 88, 1995, 405–418.

M. Südosteuropa

I. Slovenien, Kroatien, Bosnien – II. Bulgarien und Serbien.

I. SLOVENIEN, KROATIEN, BOSNIEN: Das S.system dieser Länder war stark vom Typ der gesellschaftl. Beziehungen geprägt. Im Gebiet der im 12. Jh. organisierten →Kommunen an der Adriaostküste (→Istrien, →Dalmatien) dominierte auch dem Agrarsektor der typ. →Kolonat. Die Getreideernte wurde aufgeteilt nach Vierteln für den Landeigner, den Bearbeiter, den Eigner der Ochsen und für die Neusaat.

In den meisten Gebieten entwickelten sich im Laufe der Jahrhunderte Feudalbeziehungen mit entsprechenden Abgabensystemen. In *Slovenien,* das verschiedene grundherrl. Abgaben kannte, reduzierten sich die →Frondienste infolge des Verfalls der Eigenbewirtschaftung auf 2–12 Tage, bezogen aber weiterhin Feldbestellung, Heumahd, →Spurfolge sowie Hilfe bei der →Jagd ein.

Abgaben auf den Boden (census, *činz*) bestanden oft in Getreide, bei Viehzüchtern in Käse. Auch begegnen (hölzerne) Gegenstände des Hausrats oder Vieh als Abgaben. Für Nutzungsrechte an Ausweiden und Holzschlag sowie für das Dorfgericht waren Abgaben fällig. Bei Wechsel des Herrn (Todfall) war ein Vermögensanteil zu entrichten (am häufigsten der schönste Ochse: 'Sterbochs'; →Besthaupt).

Bis zum 13. Jh. waren die Abgaben für Hofstellen gleicher Größe auf einem Gut meistens einheitlich. Danach kam es infolge der Kolonisierung und der Teilung bei Zeit- oder Erbpacht (→Emphyteusis) zu einer Differenzierung (unbefristete Pachten waren billiger).

Für →*Bosnien* liegen erst ab dem 14. Jh. dichtere Q.nachrichten zum S.wesen vor; die Bauern hatten ihre S.n nun zunehmend in Geld zu leisten, v. a. seitdem die bosn. Herrscher eigene Silbermünzen prägten. Der größte Teil der Einkünfte stammte ohnehin aus den reichen Silber-, Blei- und Kupferbergwerken.

Die ersten Angaben über S.leistungen in →*Kroatien* stammen schon aus der Zeit um 1000, als die Städte dem byz. Ks. S.n bzw. →Tribute in Marderfellen, Seide oder Geld zahlten. Da sich im 11. Jh. feudale Beziehungen entwickelten, entstand das typ. S.system. Nach 1102 war die wichtigste kgl. S. in *Slavonien* die 'marturina' (kroat. *kunovina*); die Küstengebiete waren davon befreit. Eine Vorform der S. ergab sich durch die →Münzverrufung ('lucrum camerae'), d. h. jährl. wurden drei alte Münzen durch zwei neue ersetzt; im 13. Jh. entwickelte sich hieraus eine dauerhafte S. Von jeder Hofstelle (Feuerstätte) erhoben die 'dicatores' die *dika* (auch dimnica, 'Rauchfangs.'; →Herds.). Im 15. Jh. wurde zur Finanzierung des →Türkenkrieges die Kriegss. *riz* eingeführt. Daneben bestanden →Zölle, Hafengebühren, Toraxzisen, der Dreißigstenzoll (*harmica*). Für die kgl. Freistädte (→Stadt, I, II) war die →Gastung (*zalaznina*) des Kg.s und seines Gefolges am drückendsten. Für alle Untertanen galt der Kirchenzehnt, der von allen Erträgen in natura entrichtet wurde.

I. Goldstein

Lit.: HNJ, 1953 – F. ŠIŠIĆ, Pregled povijesti hrvatskog naroda, 1962 – S. ĆIRKOVIĆ, Istorija srednjovekovne bosanske države, 1964 – B. GRAFENAUER, Zgodovina slovenskega naroda II, 1965 – N. KLAIĆ, Povijest Hrvata u srednjem vijeku I, II, 1975², 1976.

II. BULGARIEN UND SERBIEN: Die ältesten Nachrichten über das S.wesen in *Bulgarien* beziehen sich auf das 10. und frühe 11. Jh.; damals betrug die Haupts., das *Zeugaratikion*, ein Maß Brotgetreide, ein Maß Hirse und ein Gefäß

Wein, später umgerechnet in ein →Nomisma. Dem Herrscher standen die Einkünfte aus Zoll und Münze zu wie auch ein 'Zehnter' auf Vieh. Das S.wesen und seine Institutionen entwickelten sich unter starkem Einfluß des byz. S.systems.

Abgaben und S.verpflichtungen in *Serbien* lassen sich in drei Gruppen einteilen: Pflichten gegenüber der Kirche, dem Herrscher und Staat, den Feudalherren. Die serb. Kirche forderte von ihren Gläubigen anläßl. der Hochzeitsnacht den (mäßigen) *bir duhovni* in Feldfrüchten (von den viehzüchtenden Vlachen in Käse entrichtet). Die wichtigste Leistung für Herrscher und Staat war der Kriegsdienst; einzelne Leute hatten auch Burgwerk zu verrichten. Die Bevölkerung zahlte dem Herrscher jährlich das *soće*, einen Kübel Getreide oder einen Hyperper (zwölf Dinare). In der Zeit der Türkenherrschaft wurde die Geldabgabe der *uncia* im Winter und im Sommer eingeführt. Unter dem *obrok* wurde die Gastung des Herrschers und seiner Leute verstanden; *pozob* bezeichnete die Fütterung von deren Pferden, *ponos* den Fuhrdienst. Alle Zölle (von 10%) und Münzgewinne standen dem Herrscher zu, ebenso erhielt er 10% der Edelmetallerträge. Die Einnahme von S.n lag in den Händen von S.pächtern. Erhebl. Einkünfte stammten aus Strafgeldern. Am belastendsten waren die Abgaben der Abhängigen an die Feudalherren, für die Ackerbauern geregelt im »Zakon Srbljem«, dem 'Gesetz für Serben', für die Viehzüchter im »Zakon Vlahom«. Neben Frondiensten leistete die abhängige Bevölkerung Naturalabgaben. M. Blagojević

Lit.: D. Angelov, Agrarnite otnošenija Severna i Sredna Makedonija prez XIV vek, 1958 – S. Lišev, Za geneziza na feodalizma v Bŭlgaria, 1963 – G. Cankova-Petkova, Za agrarnite otnošenija v srednovekovna Bulgaria (XI-XIII v.), 1964 – S. Novaković, Selo (S. Ćirković, Dopune i objašnjenja, 1965) – I. Božić, Dohodak carski, 1956 – M. Blagojević, Zemljoradnja u srednjovekovnoj Srbiji, 1973 – Lj. Maksimović, Poreski sistem u grčkim oblastima Srpskog carstva, ZRVI 17, 1976, 101-125 – M. Blagojević, Zakon svetoga Simeona i svetoga Save (Sava Nemanjić–sveti Sava, Istorija i predanje, Naučni skupovi SANU knj. 7, 1979), 129-166 – Ders., L'exploitation fiscale et féodale en Serbie du XIIIᵉ au XVᵉ s., Rev. Roumaine d'Hist. 22, 1983, 137-146 – A. Veselinović, Carinski sistem u Srbiji u doba Despotovine, Istorijski glasnik, 1-2, 1984, 7-38.

N. Arabischer Bereich

Es ist grundsätzlich zw. kanon. und speziellen S.n zu unterscheiden, welch letztere vielfach S.n aus vorislam. Zeit fortsetzen. Dazu können aber auch alle sonstigen Staatseinkünfte wie Zollabgaben, Import- und Exportzölle, Salzs., Pachteinkünfte (Bäder, Märkte, *sūqs* etc.) oder – bes. verhaßt – ad hoc eingetriebene S.n bei Haushaltsdefiziten oder in ähnl. Fällen. Kanon. S.n wurden zu (oder kurz vor) Beginn des muslim. Mondjahres, nichtkanon. (*ḍarāʾib* bzw. *mukūs*) nach Sonnenjahren erhoben. Das Eintreiben der S.n blieb zunächst in den Händen der Einheimischen, weswegen die ehemals byz. und sasanid. Gebiete vom steuerl. Standpunkt aus unterschieden blieben, abgesehen davon, daß der Westen in Gold, der Osten in Silber bezahlte. Die Staatseinkünfte des Abbasidenreiches betrugen in der 2. Hälfte des 8. Jh. 400 Mill. (Silber-Dirhams), zu Beginn des 9. Jh. 300 Mill., zu Beginn des 10. Jh. 210 Mill. Die Abnahme geht auf eine Schrumpfung des Staatsgebietes zurück, nicht etwa auf nachlassende Steuerkraft. Die einzelnen Provinzen wurden z. T. sehr unterschiedl. behandelt; außerdem ist die Quellenlage sehr ungleichmäßig, am besten – wie zu erwarten – für Ägypten. Terminologie wie Praktiken der S.erhebung bzw. -eintreibung waren schwankend und sehr unterschiedl. Auf der Halbinsel Arabien – wo ja weder Christen noch Juden leben durften – wurde der *ʿušr* ('Zehent') auf Ländereien erhoben, abgesehen von der sog. »Almosens.« (*zakāt*, oft auch als *ṣadaqa* bezeichnet), die alle Muslime etwa in Höhe von 10% ihrer Einkünfte bzw. ihres Besitzes zu entrichten hatten, und eher mit Beiträgen zu einer staatl. Sozialversicherung mit Zwangsmitgliedschaft als mit einer S. zu vergleichen wäre. Während sie nur für Muslime verwendet werden durfte, konnten freiwillige Almosen (*ṣadaqa*) auch an Nicht-Muslime vergeben werden. Landbesitzer – außerhalb Arabiens alle Nicht-Muslime – zahlten an den Grunds., *ḫarāǧ* (gr. χοϱηγία), die später auch auf Muslime ausgedehnt wurde, da die zunehmende Islamisierung zumal der Landbesitzerklasse ansonsten die Staatsfinanzen ruiniert hätte. Besteuert wurden übrigens grundsätzlich nicht Einzelpersonen, sondern Gemeinschaften (Dörfer usw.), weswegen Übertritte zum Islam oder Steuerflucht in Städte und – bes. in Ägypten – in Klöster zu schwerer Belastung der an Ort und Stelle Gebliebenen führten. Noch in omayyadischer Zeit wurde daher die von allen »Schutzbefohlenen« (*dimmī*), d. h. Christen, Juden und dann auch anderen »Schriftbesitzern« zu entrichtende »Kopfs.« (*ǧizya*), von der Kleriker (wie Frauen, Kinder, Behinderte, Arme) befreit waren, auch auf Mönche ausgedehnt. In der ersten Zeit wurden übrigens die Ausdrücke *ǧizya* und *ḫarāǧ* unterschiedlos im Sinne von 'Tribut' verwendet. Das hing damit zusammen, daß die Besteuerung – von der vorislam., aber beibehaltenen abgesehen – verschieden war, je nachdem eine Stadt bzw. Region durch Waffengewalt (*ʿanwatan*) oder »Übereinkunft« (*ṣulḥan*) erobert worden war oder gar durch einen Vertrag (*ʿahd*) die muslim. Oberhoheit anerkannt hatte. In ersterem Falle galten die kanon. Steuern (*ǧizya* und *ḫarāǧ*), im zweiten zwar ebenso, doch durften sie von den Einheimischen selbst eingetrieben werden bzw. wurden im letzteren durch eine feste Tributsumme ersetzt. An die Stelle der ursprgl. Naturalleistung trat allmähl. Geldzahlung. S.n wurden teilw. vom Staat eingezogen (→*ʿāmil* 'Steuerbeamter, -direktor', charakteristischerweise später Bezeichnung für den Provinzgouverneur!), teilw. verpachtet (*ḍamān*). Alle kanon. S.n fußten auf landwirtschaftl. Produktion oder Viehzucht. Bei der »Grunds.« wurde natürlich (höher) bzw. künstlich bewässertes (niedriger) Land (→Bewässerung) unterschiedlich veranlagt, eine Mißernte oder Katastrophe (Heuschreckenplage) steuermindernd bewertet. Die fortschreitende Zersplitterung der islam. Welt – zumal ab dem 10. Jh. – läßt für spätere Zeiten keine allgemeingültigen Aussagen mehr zu. – In den Kreuzfahrerstaaten (→Jerusalem, Kgr.) wurde das muslim. S.wesen wegen seiner Effizienz in starkem Umfang beibehalten.

H.-R. Singer

Lit.: EI² I, 1141-1147 [Bayt al-Māl]; II, 142-146 [Ḍarība], 187f. [Dayʿa], 559-562 [Djizya]; IV, 323f. [Kabāla], 1030-1034 [Kharādj]; VIII, 708-715 [Ṣadaqa] – EI¹ [Repr. 1993] VIII, 1050-1052 [ʿUshr], 1202-1205 [Zakāt] – F. Løkkegaard, Islamic Taxation in the Classic Period, 1950 – A. Ben Shemesh, Taxation in Islam, I-III, 1958, 1963, 1969 – K.-E. Ismail, Das islam. S.system vom 7. bis 12. Jh. unter bes. Berücksichtigung seiner Umsetzung in den eroberten Gebieten, 1989.

O. Osmanisches Reich

Auch das Osman. Reich kannte die Unterscheidung von kanon. und nicht-kanon. S.n; unter der ersteren war wegen der großen Zahl chr. Untertanen die *cizye* von bes. Bedeutung. Cizye-Abrechnungen sind seit 1487/88 öfters erhalten. Diese decken neben den Balkanprovinzen auch die Ägäisinseln, Caffa und Trapezunt ab. Ohne die Provinzen Hersek und Selanik zahlten 1478/88 639119 Haushalte cizye in der Höhe von über 30 Mill. *akçe*; diese Zahl umschließt Haushalte sehr unterschiedl. Größe, bei mindestens 43439 Haushalten war der Vorstand eine Witwe. Chr. Bauern zahlten eine *ispence* gen. Hofsteuer; von Muslimen wurde eine *resm-i çift* gen. Hofsteuer eingezogen. Diese in Geld gezahlten S.n sind wohl aus der Ablösung von Frondiensten entstanden. Die *avarız* gen. Sondersteuern wurden im Bedarfsfall (Krieg) in unbestimmter Höhe eingezogen. Leute, die für den Unterhalt und die Sicherheit von Straßen und Brücken aufkamen bzw. Reisende beherbergten, wurden oft von *avarız* befreit; Befreiungen von anderen S.n waren seltener. Befreiungsurkk. sind seit der 2. Hälfte des 14. Jh. gelegentl. überliefert. Die von Bauern gezahlten S.n wurden nur z. T. von der zentralen Finanzverwaltung eingezogen, ein Großteil wurde lokal von den Inhabern eines →*timar* oder *ze'amet* einbehalten, denen dieses Recht gegen Dienste im Militär und in der Verwaltung verliehen worden war; der Sultan konnte solche S.n auch an fromme Stiftungen vergeben. Markt- und Brückensteuern waren degegen meist dem Krongut des Sultans zugewiesen; auch die *cizye* war zumeist der Zentrale vorbehalten.

In den verschiedenen Provinzen des Osman. Reiches war die Besteuerung nicht einheitl.; vorosman. S.n wurden oft weiterhin verlangt oder, wie die S.n des Uzun Hasan, erst spät osman. Normen angeglichen. Von den S. registern der frühosman. Periode sind relativ viele Reste erhalten, die auch gewisse Rückschlüsse auf vorosman. Verhältnisse gestatten. S. Faroqhi

Lit.: P. Wittek, Zu einigen frühosman. Urkk., II, WZKM 54, 1958, 240–256 – Ö. Barkan, Belgeler, 1, 1–2, 1964, 1–234 – İnalcık, OE, 104–120 – J. Beldiceanu, Fiscalité et formes des possession de la terre arable dans l'Anatolie pré-ottomane, JESHO 19/3, 1976, 233–313.

Steward of England. Der erste kgl. Amtsträger, der als 'S.' (Dapifer, später Senescallus; →Seneschall, I, II) in England bezeichnet wurde, war Hubert de Ria, der norm. S. Hzg. Wilhelms v. d. Normandie. Die →Constitutio Domus Regis (1135–39 zusammengestellt) führt den S. in bezug auf seine Besoldung als den zweiten sehr bedeutenden Beamten im Hofhalt nach dem Kanzler auf. Im 12. Jh. hatten das Amt einige der höchsten Würdenträger im Kgr. inne. In der 1. Hälfte des 13. Jh. wurde das Amt des S. of England ein Ehrenamt, unabhängig von dem S.-Amt des kgl. Hofhalts, und mit dem Earldom of →Leicester verbunden. Simon de →Montfort versuchte vergebl., mit dem Amt des S. of England einen Anspruch auf eine reale Herrschaft als Stellverteter des Kg.s zu verbinden, die der Stellung des Sénéchal im frz. Kgr. (→Seneschall, III) bis 1191 vergleichbar war. 1318 erfolgte ein ähnl. Versuch durch →Thomas, Earl of Lancaster und Leicester. 1415 führte bei dem von Heinrich V. unvermittelt eingesetzten adligen Gerichtshof, der die Rebellen des Southampton Plot aburteilen sollte, →Thomas, Duke of Clarence, der Lord High S. of England, den Vorsitz. Später wurden Hochverratsprozesse, in die →»peers of the realm« verwickelt waren, auf diese Weise bis ins 16. Jh. geleitet. Der Gerichtshof des High S. muß von dem Court of the Verge unterschieden werden, der den S. des kgl. Hofhalts und den →Marshal einbezog. J. S. Critchley

Lit.: L. W. Vernon Harcourt, His Grace the S. and Trial by Peers, 1907 – F. T. Tout, Chapters in the Administrative History of Mediaeval England, VI, 1933, 38–45 – W. R. Jones, The Court of the Verge, Journal of Brit. Studies 10, 1970–71, 1–29 – T. B. Pugh, The Southampton Plot of 1415 (Kings and Nobles in the Later MA, hg. R. A. Griffiths-J. Sherbourne, 1986), 62–89.

Steward of Scotland. Das erbl. Amt des S. im schott. kgl. Hofhalt wurde um 1150 von Kg. David I. geschaffen und an Walter, einem Sohn von Alan, übertragen. Dieser war ein jüngerer Sohn aus einer baronialen Familie bret. Herkunft, deren einer Zweig sich in den →Walis. Marken angesiedelt hatte. Bis ca. 1220 war die übliche Bezeichnung »Dapifer regis Scotorum«, später »Seneschallus Scotiae«, was eine erhöhte Stellung bedeutete. Die folgenden S.s erfreuten sich der höchsten baronialen Würde und rangierten gleich nach den Earls. Von Anfang an war die Familie mit umfangreichen Landbesitzungen ausgestattet, bes. im SW Schottlands, in Renfrewshire und Ayrshire. Alan, der Sohn und Nachfolger Walters I., erwarb die Insel Bute, und unter den beiden folgenden S.s, Walter II. (1204–41) und Alexander (1241–83), gewann die Familie eine führende Stellung in den sw. Highlands und auf den sw. Inseln. In der 2. Hälfte des 13. Jh. kam der Titel des Amtes, in der Landessprache »Stewart«, als wirkl. Familienname in Gebrauch und wurde von jüngeren Söhnen angenommen, die jüngere Zweige der sich im 14. Jh. stark vergrößernden Familie begründeten. Walter III., der 6. S., heiratete Marjorie, das älteste Kind von Kg. Robert I. Ihr Sohn bestieg 1371 als Robert II. den schott. Thron (→Stewart). G. W. S. Barrow

Lit.: R. Nicholson, Scotland: the Later MA, 1974 – G. W. S. Barrow, The Anglo-Norman Era in Scottish History, 1980.

Stewart (Stuart), schott. Adelsfamilie und Kg.shaus. In der legendar. Überlieferung – wie im »Macbeth« von Shakespeare – werden die S.-Kg.e des spätma. Schottland als Nachkommen von Banquo, Kg. →Macbeths Opfer, dargestellt, dessen Sohn Fleance vor dem mörder. Kg. fliehen konnte, um eines mächtige Dynastie zu begründen. In Wirklichkeit war der erste S., der nach Schottland kam, Walter Fitz Alan, ein Nachkomme der stewards des Bf.s v. Dol in der Bretagne, ein jüngerer Sohn und kleinerer engl. Grundbesitzer in Shropshire, der seit ca. 1136 im Dienst Davids I. v. Schottland Ruhm und Glück fand. Er gehörte zu den größeren Lehnsinhabern im Rahmen der kgl. Politik einer Besiedlung des s. Schottland mit Familien aus der Normandie, Nordfrankreich und Flandern. Auch wurde er ein bedeutender Grundbesitzer in Renfrewshire und Lanarkshire im SW, mit kleineren Lehen im SO. In den 60er Jahren des 12. Jh. gründete er die große cluniazens. Abtei Paisley. Er bekleidete das Amt des →*steward* und verlieh so der Familie ihren Namen. In den nächsten zwei Jahrhunderten waren die S.s eine der großen und wichtigen Landbesitzerfamilien in Schottland, die von Zeit zu Zeit in der nationalen Politik an hervorragender Stelle in Erscheinung traten. So war z. B. ein S., der die Norweger 1263 in der Schlacht v. Largs besiegte und damit die endgültige Annexion der westl. Küste durch die schott. Krone ermöglichte. 1286, als der Tod Alexanders III. zur Auseinandersetzung um die Nachfolge führte, war James the S. einer der sechs *guardians*, die mit der Führung der Regierung beauftragt wurden. Es folgte die schwerste Krise in der ma. schott. Gesch., die sog. Unabhängigkeitskriege (→Wars of Independence), als Eduard I. auf gewaltsame und blutige Weise den Anspruch der engl. Krone auf die Oberherrschaft über Schottland erneuerte. William →Wallace, ein Vasall des S., führte – vielleicht zunächst mit dessen Unterstützung – 1297–98 die erste entscheidende Widerstandsbewegung gegen diesen Anspruch. Doch der S. selbst spielte eine weniger heldenhafte Rolle bei diesen Ereignissen, er kapitulierte zusammen mit anderen führenden Magnaten vor Eduard nach der Niederlage in Irvine 1297. Aber zwei Jahrzehnte später führte sein Erbe Walter eine der drei Bataillone bei dem entscheidenden Sieg über die Engländer in →Bannockburn 1314 an. Die S.s wurden nun wie die Familien der →Douglas, Randolph und Hay in hervorragender Weise von Robert I.

Bruce begünstigt und belohnt. Mit John S. of Bunkle, der zum Earl of Angus erhoben wurde, erreichten die S.s zum ersten Mal den Earl-Rang. Walter der S. konnte sogar noch einen größeren Preis erringen, er heiratete Marjorie, die ältere Tochter des Kg.s. 1318 wurde ihr zweijähriger Sohn Robert (1316–90) als mutmaßl. Erbe auf den Thron anerkannt. Doch ließ die Geburt von David, dem Sohn von Robert I., 1324 den Anspruch auf den Thron in weite Ferne rücken. Aber die S.s waren nun verwandt mit dem Kg.shaus der Bruce und somit bedeutender als die anderen großen Magnatenfamilien in Schottland. Sie konnten im Dienst des Kg.s ihre Stellung festigen. Doch entstanden gerade durch die Verwandtschaft zum Kg. bei diesem Verhältnis Spannungen, da Robert S. seinen Thronanspruch behielt und während der Gefangenschaft Davids in England (1346–57) als *lieutenant* (Stellvertreter) des Kg.s fungierte. 1363 rebellierte er mit Douglas und March erfolglos gegen den Kg., der 1371 kinderlos starb. Mit der Besteigung des schott. Throns durch Robert II. erreichte die S.-Familie ihren Höhepunkt. Er sorgte für eine erhebl. Vergrößerung seiner Familie, da er über 20 Kinder (aus zwei Ehen und illegitimen Verbindungen) hatte. Seine Bemühungen, die Söhne zu versorgen und die Töchter zu verheiraten, prägten den Begriff der »Stewartization« des Hochadels. Während der Regierungszeiten Roberts II. und seines Sohnes Robert III. (1390–1406) waren acht der 15 schott. Earldoms im Besitz der Söhne Roberts II., und aus den Douglas, Moray und anderen führenden Magnatenfamilien stammten die Schwiegersöhne des Kg.s. Außerdem nahm die Verwicklung der S.s in die Regierung Schottlands manchmal bedrohl. Formen an, so, als Alexander »Wolf of Badenoch«, ein illegitimer Sohn Roberts II., seine Stellung als Justitiar im N ausnutzte, um Fehden zu verfolgen und den NO zu terrorisieren. Die Schwäche der Krone machte eine Kontrolle der Familienmitglieder weitgehend unmögl., und die Größe der Familie bedeutete, daß die Ausübung des Patronatsrechts durch die Krone ernsthaft gefährdet war. Somit zerstörte jetzt die S.-Familie das Gleichgewicht der polit. Nation. Es war nun die Krone selbst, die in Gestalt von Jakob I. (1406–37) für eine Beseitigung dieses abnormen Zustands sorgte. Als er nach seiner Gefangenschaft in England (seit 1406) 1424 nach Schottland zurückkehrte, benötigte er nur ein Jahr, um die mächtigste jüngere S.-Linie zu zerschlagen, die Familie seines Cousins Murdoch, Duke of Albany. Andere S.s mußten als Geiseln bis zur Zahlung des Lösegelds nach England gehen. Die S.-Earls of Mar und Buchan starben ohne Erben aus bzw. fanden den Tod in der Schlacht. Am Ende von Jakobs Regierungszeit stellte das Haus S. keine ausgedehnte polit. Macht mehr dar, und die Zahl der schott. Earls hatte sich halbiert. Dafür zahlte Jakob jedoch einen hohen Preis, er wurde von Mitgliedern der eigenen Familie 1437 ermordet. Aber die folgenden S.-Kg.e konnten jetzt wieder ungehindert Titel, Ländereien und Ämter verteilen. Das Haus S., das sich selbst gern als »Steward des Kgr.es« bezeichnete, war nicht länger nur ein adliges, sondern nun ein wirklich königliches, während die Verwandten zwar weiterhin eine hervorragende, aber keine beherrschende Stellung mehr einnahmen. →Schottland.

J. Wormald

Lit.: The Scots Peerage, 1904–14 – G. W. S. Barrow, The Earliest S.s and their Lands (The Kingdom of the Scots, 1973) – R. G. Nicholson, Scotland: The Later MA, 1974 – A. Grant, Independence and Nationhood: Scotland 1306–1469, 1984.

Steyr, Stadt in Oberösterreich, im Mündungswinkel der Flüsse Enns und Steyr zu Füßen der um 900 erbauten, 985/991 gen. *Stirapurhc*, die als Hauptsitz und Taidingsort der →Otakare namengebend für die →Steiermark wurde. Burg und Suburbium (um 1170 urbs, 1252 civitas) bildeten eine Wehreinheit. Die Burgstadt kam 1192 an die Babenberger, interimsweise verwalteten sodann Bgf.en Kg. Ottokars (→Otakar) II. v. Böhmen S., das – im Traungau gelegen – seit 1254 von der Steiermark getrennt und dem Land ob der Enns zugeordnet wurde, bis es 1282 an die Habsburger – 1379 an deren albertin. Linie – fiel. Die Stadt (ältestes Stadtprivileg 1287) hatte ursprgl. zwei Siedlungskerne: Die Burgstadt (Burgmannensiedlung) mit Burg und Häusern in der Hofgasse (n. Teil der Berggasse) sowie die unterhalb gelegene »Untere Enge« und die befestigte Kirchsiedlung um die Stadtpfarrkirche St. Ägyd (gen. 1275). Während des 13./14. Jh. wuchsen beide Siedlungsteile innerhalb eines Wehrberinges zusammen, der linsenförmige Stadtplatz (1:7,5) entstand (gen. 1254), umbaut mit dreistöckigen Häusern, bewohnt von wohlhabenden Eisenhändlern. Zw. 1450 und 1530 war die Kernstadt baul. vollendet (Rathaus 1422, Dominikanerkl. 1472ff.). Stadterweiterungen erfolgten jenseits der Flüsse Steyr und Enns: Werksiedlung Steyrdorf (gen. 1331) mit Eisenhämmern und Klingenschmieden; die ursprgl. Fischer- und spätere Arbeitersiedlung Ennsdorf (gen. 1313). Beide – zum städt. Burgfrieden gehörig – erhielten zusammen mit der Kernstadt zw. 1476 und 1490 neue Befestigungen. Um 1500 wären ca. 2000 Einwohner anzunehmen.

S. war wichtiger Handelsplatz (1278 landesfsl. Eisenmaut, 1287 Eisenniederlage für Innerberger Eisen; Holzstapelplatz) und Verarbeitungsstätte zünft. produzierter, europaweit abgesetzter Eisenwaren, Rüstungen, Waffen (seit dem 15. Jh. Schußwaffen) etc. In Nürnberg bestand der Verband der S.er Eisenhändler. 1439 war S. im Zunftverband »Hauptmessererwerkstätte«. 1488 wanderten 150 Messerer ab. 1501 erfolgte die Beilegung des Handelsstreites mit der bfl.-freising. Stadt Waidhofen/Ybbs. Die 1345 gen. Juden wurden 1371 im Handel beschränkt, 1420 gewaltsam verfolgt. Um 1450 stand S. wirtschaftl. und kulturell auf dem Höhepunkt; es galt nach Wien als vornehmste Stadt Österreichs, genoß Vorrangstellung im ständ. Landtag und war 1406 als landesfsl. Stadt Mitglied des oberösterr. Städtebundes.

In S. wird 1305 eine Gemein der Ritter (ehem. otakar. Burgmannschaft und vollberechtigte Kaufleutebürger) gen.; 1443 »Rath und Gemein« (seit 1499 innerer und äußerer Rat). Freie Richterwahl bestand schon vor 1287, die freie Bürgermeisterwahl seit 1499. 1287 wurde der Burgfried S. vom Landgericht eximiert, 1378 von der Jurisdiktion des Bgf.en befreit. Der Blutbann wurde 1495 bzw. 1523 verliehen. Das älteste erhaltene Siegel datiert von 1304 (Umschrift: SIGILLVM CIVIVM IN STIRA); ab 1392 wird das Pantherwappen geführt und die Umschrift SIGILLVM CIVIVM CIVITATIS STYRE. Um 1250 wurde die Stadtkirche selbständige Pfarre; die Pfarrschule (1344 Schulmeister gen.) wurde im 14./15. Jh. nach Streit mit dem Kl. Garsten zur Stadtschule. Um 1270 bestand in S. eine Waldensergemeinde (mit Schule); 1311 wurden »Ketzer« exekutiert, am Ende des Waldenseraufstandes (1395–97) auf landesfsl. Befehl etwa hundert →Waldenser verbrannt.

H. Ebner

Q. und Lit.: V. Preuenhuber, Annales Styrenses, Nürnberg 1740 – F. X. Prix, Beschreibung und Gesch. der Stadt S. und ihrer nächsten Umgebung, 1837 [Neudr. 1965] – J. Ofner, Die Eisenstadt S., 1956 – Österr. Städtebuch: Die Städte Oberösterreichs, 1968, 275–298.

Steyr, Gf.en v. → Steiermark

Sticharion → Kleidung, II

Sticheron, Sticherarion. S., der Gattung des antiphonalen Gesangs entstammender, zw. Psalmversen eingeschobener wechselbarer Hymnus. Es handelt sich hier, anders als im Responsorialgesang, um ausgewählte Psalmverse (Aposticha) oder um fest wiederkehrende Psalmverse (Lucernarium). Der entsprechende Psalmvers heißt Stichos. Metr.-musikalisch unterscheidet man zw. Stichera Idiomela (mit eigener Melodie), Automela (mit eigener Melodie; diese Hymnen gelten als Musterstrophen für andere), Prosomoia (nach den Automela nachgeahmte Hymnen). Die S. Idiomela werden an Festtagen gesungen, während die Prosomoia ihren Platz an Wochentagen haben. Strukturell gesehen unterscheiden sich die S. durch die Länge und durch die melismat. Ausformung: Das Syntomon, ein sehr kurzer Hymnus, wurde, wie es scheint, vom Hymnographen Kyprianos, einem Zeitgenossen des →Johannes Damaskenos, aus dem syr.-palästinens. Milieu im 8. Jh. eingeführt. Sehr ausgedehnte S. Idiomela sind die Heothina oder Morgenhymnen zur Auferstehung, die am Sonntag gesungen werden und als deren Autor Ks. Leon VI. (10. Jh.) gilt.

Eine erste Slg. der S. ist im Sticherokathismatarion erhalten, ein Hss.typus, der stets unneumiert ist und dessen Tradition seit dem 12. Jh. außer Gebrauch gerät. Musikal. beginnt die Tradition der S. mit dem neumierten Gesangbuch *Sticherarion*, das ab dem 10. Jh. überliefert ist und die drei Hauptgebiete des Kirchenjahres (unbewegl. Kirchenjahr oder Monatsteil, bewegl. Kirchenjahr oder Osterzyklus, Auferstehungszyklus oder Oktoechos) enthält. Am Ausgang des MA wird das Sticherarion durch das Doxastarion abgelöst, in welchem die Idiomela zu den Doxologien des unbewegl. sowie des bewegl. Kirchenjahres überliefert sind. Der entsprechende Teil des Sticherarion, der den Auferstehungshymnen gewidmet ist, fließt in das Anastasimatarion ein. Ab dem 13. Jh. begegnen auch gemischte (neumierte und unneumierte) Hss.-gattungen, in denen die Idiomela für den Monatsteil (Menaion) sowie für den Osterzyklus (Triodion) gesammelt sind. Ch. Hannick

Ed. und Lit.: MGG II [s.v. Byz. Musik; CH. HANNICK] – NEW GROVE XVIII, 140–141 [D. STEFANOVIĆ] – Triodium Athoum, ed. E. FOLLIERI–O. STRUNK, MMB 9, 1975 – Sticherarium Ambrosianum, ed. L. PERRIA–J. RAASTED, MMB 11, 1992 – S. V. LAZAREVIĆ, S., An Early Byz. Hymne Collection with Music, Byzantinoslavica 29, 1968, 290–318 – K. ONASCH, Kunst und Liturgie der Ostkirche in Stichworten, 1981, 340–341.

Stichometrie, Zählung der Zeilen in den Kopien literar. Werke. Einer der Gründe für die Förderung dieses Systems in der Antike lag in der Sicherung des Textbestandes gegen Kürzungen und Interpolationen. Bereits vor Beginn der Abschrift eines Textes mußte sich der Schreiber eine Übersicht über dessen Umfang verschaffen und sich vergewissern, ob die ihm zur Verfügung stehende →Rolle ausreichte. Dazu benötigte er bereits die Zählung der Zeilen. Auf dieser Basis konnte nicht nur die Arbeit eines Lohnschreibers geschätzt, sondern auch die Bezahlung der Schreibarbeit festgelegt werden. Freilich war neben der Zeilenzahl auch die Schriftart maßgebend. Deshalb kennt das Edikt des Ks.s Diokletian v. 306 über die Maximaltarife Höchstpreise für je 100 Zeilen in drei verschiedenen Schriftarten. In manchen Papyri begegnen tatsächl. Zahlzeichen am Rand, die auf eine Zählung zu je 100 Versen hinweisen. Die Zeilenzählung war auch für die authent. Festlegung des Umfanges eines Werkes bedeutend. Interpolierte oder fehlerhafte Kopien konnten mit Hilfe der S. leichter erkannt werden. Sowohl die Bibl.en als auch der Buchhandel mußten an der Prüfung der literar. Rollen interessiert sein. Spätere Autoren gebrauchten selbst ein Maß für ihre Werke. Bei poet. Werken findet sich noch spät die Sitte der Angabe der Verszahl. Die Zählung der Zeilen sollte in der Antike aber kaum das Zitieren aus den Schriften erleichtern. Geht man vom Hexameter als Maß für eine Zeile aus, so lassen sich etwa 15 Silben und etwa 35 Buchstaben als Zeile bezeichnen. Das Bemühen um Zeilengleichheit konnte leichter in Prosatexten zum Tragen kommen. Man erreichte sie bei Versen von annähernd gleicher Länge, wie beim Hexameter und iamb. Trimeter. Anders lag der Sachverhalt bei Dichtungen aus ungleichen metr. Gliedern. Das überlieferte Material weist auffällige Unterschiede auf. Die Arbeit der alexandrin. Philologen bildete die Grundlage für die metr. Schreibung, die sich prinzipiell in der Ks.zeit durchsetzte. Nur wo verbindl. Ausgaben fehlten oder die Metrik verschieden interpretiert wurde, schwanken die Verse in den erhaltenen Hss. Noch in ma. Hss. haben sich Hinweise auf S. erhalten, so erscheint in Codices der »Metamorphosen« →Ovids das Distichon »Bis sex milenos versus in codice scripto, sed ter quinque minus continet Ovidius«, und in alten Hss. der »Vita S. Martini« des →Paulinus v. Périgueux heißt es: »Finit in Christo liber primus habens versus CCCLXXX... secundus habens versus DCCXXII«. TH. MOMMSEN fand ein Zitat über die S. in Werken des →Cyprianus v. Karthago, das von 16 Silben pro Zeile ausgeht. O. Mazal

Lit.: K. OHLY, Stichometr. Unters., Zentralbl. für Bibl.swesen, Beih. 61, 1928 – W. SCHUBART, Das Buch bei den Griechen und Römern, 1962³ – A. SCHLOTT, Schrift und Schreiber im alten Ägypten, 1989 – H. BLANCK, Das Buch in der Antike, 1992.

Stickerei, mit Nadel und Faden ausgeführte verzierende Technik auf einem zumeist textilen Grundmaterial. Dieses ist fast immer gewebt, kann jedoch auch gewirkt, gestrickt, genetzt oder aus Filz sein. Es kann aus Seide, Leinen, Wolle, Baumwolle, aus einem Mischgewebe, bisweilen aus Leder bestehen. Der Stickfaden kann aus dem gleichen oder aus einem anderen Material sein; entsprechendes gilt für seine Farben. Zu den textilen Fäden treten solche aus Metall, in geschnittenen Streifen oder als gezogener Lahn, im MA zudem aus vergoldeten oder versilberten Darmhäutchen, Pergamentstreifen oder Lederriemchen; letztere werden entweder allein verwendet oder – häufiger – als um eine Seele gesponnene Fäden; die Seele kann aus Seide, Leinen, Baumwolle oder sogar aus Wolle sein. Die Metallfäden werden einzeln oder zu zweit, dem Muster folgend, auf das Grundmaterial gelegt und durch meist seidene kurze Überfangstiche befestigt oder von Leinenfäden in einer kleinen Schlaufe auf die Unterseite des Grundgewebes gezogen, wo die Leinenfäden ein oft dichtes, festigendes Gespinst bilden. Einige aus der Vielfalt der verwendeten Stiche und ihrer Varianten sind charakterist. für bestimmte Regionen und/oder für bestimmte Zeiten. Zu den ältesten, seit dem 5. Jh. v. Chr. bekannten Stichen gehören der *Kettenstich*, der *Stielstich*, die *Anlegetechnik* mit *Überfangstichen* sowie – nebeneinander – *Applikations*- und *Mosaikarbeit*. Die Applikationsstickerei arbeitet mit dem Muster entsprechend ausgeschnittener Formen aus einem Gewebe oder aus Filz, die, unter Umständen noch selbst durch S. dekoriert, auf das Grundmaterial aufgenäht werden; wenn sie sich nicht bereits von diesem abheben, übernehmen dies die sie festlegenden Konturen, als welche Schnüre oder Lederstreifen dienen können. Dagegen fügt die Mosaikarbeit entsprechend ausgeschnittene, sich farbig voneinander absetzende Stoffstücke, die ebenso zusätzl. bestickt sein können, zu einer Komposition zusammen. Weitere wichtige Sticharten sind: der *Vorstich*, der *Steppstich*, der *Flachstich*, der *versetzte Flachstich*, der *Spaltstich*, der *Kreuzstich*, der *langarmige Kreuzstich*, der *Knopflochstich*, der *Knötchenstich*. Für *Durchbrucharbeiten* werden die Fäden des Grundgewebes teilweise oder an bestimmten Stellen ganz ausgezogen; nach Festigung der übrig gelassenen Fäden bzw. der entstandenen Kanten wird mit verschiedenen Stichen – als einer Vorstufe der Nadelspitze – gearbeitet. Für die *Filetstickerei* wird ein geknotetes Netz als Stickgrund verwendet. Weißstickerei paßt sich dem weißen Stickgrund schmückend an. Als *Stickmaterial* kommen schließlich noch hinzu: Pailletten, Kantillen, Schmuckbrakteaten, Perlen – echte neben solchen aus Glas, Korallen, Bernstein –, Halbedel- und Edelsteine. Seit jeher wird S. sowohl von Frauen als auch von Männern ausgeübt; neben dem häusl., nicht berufsmäßigen, wird Sticken als Handwerk betrieben.

Bereits die ältesten erhaltenen S.en zeugen von hervorragender Meisterschaft. Als älteste erhaltene europ. S.en sind um 565–570 die mit Gold bestickten einer Tunika aus dem Grab der Kgn. Arnegunde in Saint-Denis bemerkenswert. Ein Jh. später, um 660–664, wurde die kostbare, Edelsteinschmuck nachahmende Seidenstickerei der für Kgn. Bathilde gearbeiteten »chasuble de Chelles« (bei Paris) geschaffen. In England entstanden dann die mit Gold- und Seidenfäden ausgeführten S.en an der sog. Kasel der hll. Harlinde und Relinde in Maaseyck (Belgien), Mitte 9. Jh., sowie auf Stola und Manipel des hl. Cuthbert (zw. 909 und 916) in der Kathedrale v. Durham. Aus der ersten Hälfte des 11. Jh. folgen als süddt. Arbeiten (Regensburg?) die ursprgl. auf purpurfarbenen Seidensamit mit Gold und Seide bestickten Mäntel im Bamberger Domschatz (Sternenmantel, Mantel der hl. Kunigunde) sowie 1031 die von Kg. Stephan v. Ungarn und Kgn. Gisela gestiftete Kasel, die am Ende des 12. Jh. zum ung. Krönungsmantel umgearbeitet worden ist. Um 1066–77 führt der in England (Canterbury?) mit bunter Wolle bestickte »Teppich von Bayeux« die Eroberung Englands durch den Normannenhzg. Wilhelm in vielen Szenen vor. Etwa gleichzeitig, doch von ganz anderer Art, entstand der große, ganz mit farbiger Wolle ausgestickte Behang der Kathedrale v. Gerona mit Christus als Weltenherrscher im Zentrum von Bildern zur Schöpfung der Welt.

Die bedeutenden erhaltenen S.en des 12. Jh. stammen aus Süditalien und Sizilien sowie aus Südspanien. In der kgl. Werkstatt von Palermo wurde für Roger II. v. Sizilien 1133/34 der rotgrundige Mantel mit zwei riesengroßen Löwen, die beide über einem Kamel triumphieren, mit Gold, Seide, Perlen und Edelsteinen bestickt; seit dem 13. Jh. ist dies der Krönungsmantel der dt. Kaiser. Als eine südit. Arbeit des 12. Jh. gilt der Reitermantel im Bamberger Domschatz, im frühen 13. Jh. dürfte in Süditalien die sog. »chape de Charlemagne« in der Kathedrale v. Metz, wahrscheinl. mit ihren vier beherrschenden Adlern für die Ks.krönung Friedrichs II. 1220 vorgesehen, entstanden sein. 1116 wurde in Almeria (Andalusien) die sog. Kasel des hl. Thomas Becket in der Kathedrale von Fermo (Umbrien) mit Reitern, Tieren, Vögeln, Tierkämpfen in Medaillons bestickt. Die byz. Golds.en des 12./13. Jh. (zwei eucharist. Decken im Halberstädter Domschatz, zwei weitere in Castell'Arquato [Oberitalien]) unterscheiden sich techn. von den italienischen; bei ihnen wird die Goldfäden auf der Oberseite von seidenen überfangen, bei den süditalienischen sind sie – versenkt – auf die Rückseite des Grundgewebes gezogen. Die versenkte Technik kennzeichnet auch die S.en des *opus anglicanum*, das seit dem späten 12. Jh. seine v.a. für kirchl. Gebrauch bestimmten Werke bis nach Italien und Spanien exportiert hat. Von engl. S.en hebt sich um 1230 als dt., mittelrhein., das mit Gold, Silber und Seide auf weinrotem Seidengrund bestickte Antependium aus Kl. Rupertsberg bei Bingen (Brüssel, Mus. Roy. d'Art et d'Hist.) mit seinen monumentalen Gestalten ab. Aus dem Benediktinerkl. St. Blasien im Schwarzwald gelangten nach St. Paul im Lavanttal (Kärnten) zwei ganz ausgestickte Kaseln und ein Chormantel vom Ende des 12. Jh. und aus dem 3. Viertel des 13. Jh. Von diesen oberrhein. S.en zahlreicher Szenen aus dem NT und aus Hl.nlegenden unterscheiden sich die um 1239–69 von den Benediktinerinnen des Kl. Göß (Steiermark) bestickten Paramente (Wien, Mus. f. angewandte Kunst) durch ihre volkstüml. schlichte Bildersprache.

Um 1300 sind das oberrhein. Antependium mit der Arbor Vitae in Anagni (Kathedralschatz) und das mit dem Zug der Hll. Drei Könige zu der Muttergottes aus dem Bamberger Dom (München, Bayer. Nationalmus.) zu datieren, um 1340 das wohl in Wien gestickte Antependium aus Kl. Königsfelden mit Bildern der Passion und Kreuzigung Christi (Bern, Hist. Mus.). Eine Reihe der seit dem späten 13. Jh. in Italien und Dtl. zahlreichen erhaltenen gestickten Antependien haben die Marienkrönung in das Zentrum gestellt. Chormäntel und andere liturg. Paramente wurden in England, Frankreich und Dtl. vielfach ganz ausgestickt. Seit dem 13. Jh. läßt sich Leinens. mit großen Decken aus der Schweiz, dem hess. Kl. Altenberg/Lahn, aus Niedersachsen, Lübeck, ebenso aus der Lombardei und dem Friaul dokumentieren. Dabei bezeugen die niedersächs. Arbeiten eine bes. Vielfalt, sowohl in der Technik – viele verschiedene Stiche, kombiniert mit Durchbruch oder mit Filets. – als auch mit der Fülle der Darstellungen (um 1260 Antependium mit Deesis und Hl.n in Helmstedt, Stift Marienberg; um 1300 Altartuch mit thronenden Kg.en und Tierpaaren in Vierpässen in Kl. Isenhagen). Parallel dazu wurde dort mit bunter Seide (um 1310/20 Hildesheimer Chormantel in London, Vict. & Albert Mus.) und mit farbiger Wolle in flächendeckendem Kl.stich (Behänge mit Propheten, Szenen der Tristansage, um 1300 und 1360, in Kl. Wienhausen) gestickt. Hinzu kommen Perls.en (Ende 13. Jh., Antependium mit Christus in der Mandorla, Hannover, Kestner-Mus., mit Marienkrönung in Halberstadt, Domschatz). Wolls. gab es ebenso am Oberrhein (Maltererteppich mit den Weiberlisten, um 1310/20, Freiburg i. Br., Augustinermus.) und in Regensburg (Teppich mit Liebesallegorien, um 1390, aus dem Rathaus). Die seit dem mittleren 14. Jh. von Prag ausstrahlende *böhm. Seidenstickerei* (Antependium mit Marienkrönung und Hl.n, um 1350/60, aus der Dominikanerkirche von Pirna, in Dresden, Kunstgewerbemus.) wirkte sowohl nach Sachsen und Brandenburg, nach Schlesien und bis hin nach Danzig als auch in die österr. Alpenländer und nach Ungarn. Über Leinen wurde mit bunter Seide und mit Gold für die Gründe gearbeitet. Der Glanz ihrer zart nuancierten Farben verleiht den böhm. S.en des »Schönen Stils« auf hervorragende Weise einen bes. Wohlklang. Wie sonst seit dem frühen 14. Jh. wurde auch in Böhmen hier und da auf Samt gestickt.

Aus allen Ländern des christl. Abendlandes ist seit dem 14. Jh. eine große Zahl von mit S. geschmückten kirchl. Gewändern und sonstigen Textilien auf uns gekommen, so daß hier nur noch wenige, außerordentl. genannt werden können: Meßornat des Ordens vom Goldenen Vlies, Burgund, 2. Viertel 15. Jh. (Wien, Kunsthist. Mus., Schatzkammer); dreißig Bilder mit Szenen aus dem Leben von Johannes d. T. für den Florentiner Dom, um 1466–79 (Florenz, Mus. dell'Opera del Duomo), der ganz ausgestickte Altar mit Retabel für den Dom von Burgo de Osma, Kastilien, um 1468 (Chicago, Art Institute).

L. v. Wilckens

Lit.: M. SCHUETTE, Gestickte Bildteppiche des MA, 2 Bde, 1930 – A. G. I. CHRISTIE, English Medieval Embroidery, 1938 – M. SCHUETTE–S. MÜLLER-CHRISTENSEN, Das S.werk, 1963 – R. KROOS, Niedersächs. Leinens.en, 1970 – L. v. WILCKENS, Die textilen Künste von der Spätantike bis um 1500, 1991, 173–259, 364–373.

Stična → Sittich

Stielscheibe → Elmetto; →Schildbuckel

Stierkampf (corrida de toros). Die für das christl. span. MA charakterist. S.e waren ursprgl. Geschicklichkeitsspiele (→Spiele, A. II) als Training für die Jagd und den Kampf zu Pferde. Im Mittelpunkt stand der Angriff des mit einer Lanze bewaffneten Reiters auf den Stier; Kämpfer zu Fuß (*peones*) halfen, das Tier in die richtige Stellung zu bringen, warfen mit Stöcken und Wurfspießen nach ihm und versetzten ihm schließlich den Todesstoß. Diesen Hilfsfunktionen kam allmähl. immer größere Bedeutung zu, da auf diese Weise möglichst viele Leute am S. teilnehmen konnten, um den Stier – manchmal mit Hilfe von Jagdhunden – bis zu seinem Zwinger zu hetzen, ihn mit sog. *banderillas*, d. h. mit Bändern geschmückten und mit Widerhaken versehenen Spießen, zu spicken, sich vor ihm aufzubauen, um ihn zu reizen (*mancornar*) oder mit Hilfe einer Stange über ihn wegzuspringen (*salto de garrocha*). In den letzten Jahrhunderten des MA war der S. fester Bestandteil vieler bes. Feste und auch einiger in die Sommerzeit fallender kirchl. Feiertage wie Pfingsten, Johannistag, Peterstag usw. Oft wurden S.e in Gegenwart des Kg.s abgehalten, gleichgültig, ob der Herrscher sie nun schätzte (wie z. B. Johann I. v. Aragón) oder persönl. ablehnte (wie Isabella d. Kath.). Häufig wurden zw. vier und zwölf S.e ausgetragen. Doch waren sie ein teures Unterfangen: ein S. mittlerer Größe kostete ebensoviel wie die Ausrichtung des Fronleichnamsfestes. Deshalb kamen volkstüml., weniger kostspielige Varianten auf, etwa der Brauch, Stiere, deren Hörner manchmal z. B. mit brennendem Material beklebt waren, durch die Straßen zu treiben.

M. A. Laderos Quesada

Lit.: B. COSSÍO, Los toros. Tratado tecnico e hist., 1978 – J. CARO BAROJA, El estío festivo. Fiestas populares del verano, 1984 – B. BENNASSAR, Hist. de la Tauromachie. Une société de spectacle, 1992 – J. M. MOREIRO, Hist., cultura y memoria del arte de torear, 1994.

Stift bezeichnet im MA eine geistl. Korporation und ihre Kirche, wobei im weiteren Sinn auch monast. verfaßte Kommunitäten (→Regularkanoniker, österr. Kl.) so benannt werden. Außerdem wird das →Bistum bzw. dessen Territorium und Verwaltung nz. S. oder Hochs. genannt. Im engeren kirchenrechtl. Sinn bezeichnet S. sowohl ein Kollegium von Weltgeistlichen aller Weihegrade (→Kanoniker) an einer Kirche (ecclesia collegiata saecularis, →Kollegiatkirche) wie auch eine Frauenkommunität (→Kanonissen), die nicht nach einer Mönchsregel, sondern ohne Gelübde nach eigenen Ordnungen und aus dem Stiftungsvermögen ihrer Kirche leben, und deren vorrangige Aufgabe das gemeinsame Chorgebet sowie, bei den Männern, der feierl. Gottesdienst sind. Auch das →Kapitel einer bfl. Domkirche ist seiner Verfassung nach ein S. Da sich Lebensweise und Aufgaben solcher Kleriker im frühen MA schwer von denen der Mönche unterscheiden, Kleriker und Mönche auch gemeinsam in einer Kommunität leben konnten – monasterium kann noch im hohen MA Kl. wie S. bedeuten –, haben erst die Kanonikerregel Bf. →Chrodegangs v. Metz sowie allgemeinverbindl. die →Institutiones Aquisgranenses 816 eine klare Unterscheidung von Kanonikern und Mönchen, von Kanonissen und Nonnen angestrebt. Kleriker- und geistl. Frauengemeinschaften sollte man deshalb vor 816 nicht als S. bezeichnen.

Entstehen bzw. gegründet werden konnte ein S. an jeder Kirche, die genügend Vermögen zum Unterhalt von mehreren Klerikern bzw. Kanonissen hatte. So sind denn auch während des gesamten MA immer neue S.e gegründet worden, nach vorläufiger Schätzung etwa 600–700 Kanonikers.e im Gebiet der dt. Reichskirche, wobei sich ein im einzelnen noch zu differenzierendes Zahlengefälle von W nach O und S nach N ergibt. Als Begründer von Klerikergemeinschaften bzw. S.en traten zuerst die Bf.e hervor, die sich ihrer als Stadtherren wie als Diözesanobere zu gleichzeitig geistl. wie polit. Zwecken bedienten: zur Idealtopographie der →Bf.sstadt gehört die sog. Kirchenfamilie, die neben dem Dom mindestens ein S. umfaßt, außerdem erfüllten S.e außerhalb der Mauer durch die praesentia ihrer Hl.n und das Gebet ihrer Kleriker die Funktion einer zweiten, spirituellen Mauer zum doppelten Schutz der civitas. Die bfl. S.e im übrigen Bm.sbereich hatten durch den von vielen Klerikern glanzvoll gestalteten Gottesdienst ebenfalls herrschaftsmarkierende und -sichernde, auch zentralisierende Funktion, sie dienten der Durchgliederung der Diözese (Pröpste als →Archidiakone) und setzten und sicherten Grenzen und Rechte. Das erstaunl. Anwachsen von bfl. S.sgründungen im 10./11. Jh. ist den überragenden Repräsentanten des otton.-sal. Reichsepiskopats (→Reichskirche) zu verdanken. Auch Ks., Kg.e und Adel nutzten die Institution S. zur Demonstration von Herrschaft: sie gründeten an den Zentren ihrer Macht Pfalz- (z. B. →Aachen, →Frankfurt, →Goslar) bzw. Burg- und Residenzs.e (z. B. →Limburg a. d. Lahn, →Aschaffenburg, →Braunschweig). Selbst Kl. (z. B. →Fulda, →Prüm) bedienten sich eigener S.e für Seelsorge und Verwaltung. Im SpätMA erhoben Städte und Bürger Pfarrkirchen zu S.en, wobei allerdings – dies gilt auch für viele spätma. Residenzs.e – die Zahl der Pfründen gering war.

Die S.spfründe (→Benefizium, III) bot ihren Inhabern nicht nur Unterhalt und Wohnung, sondern auch Handlungsfreiheit und, nach Fortfall der →vita communis, auch Freizügigkeit, so daß das Kapitel ein Personalreservoir für viele Aufgaben in Kirche, Reich, Territorium und Stadt darboten. Kanoniker betätigten sich nicht nur im servitium Dei, in Seelsorge, Mission, S.sschulen u. a., sondern waren an der Kurie, an kgl., bfl. und adligen Höfen in Verwaltung und Kanzlei, in jurist. und polit. Aufgaben sowie als Univ.slehrer tätig; die →Univ.en des spätma. Reiches wären ohne die S.spfründe nicht lebensfähig gewesen. Aus diesen Gründen war das Kanonikat begehrter Besitz und trotz des meistens freien Selbstergänzungsrechts der Kapitel den Interessen von Papst, Kg., Bf. und sozialen Gruppen ausgesetzt. Dank seiner variablen Verfassungsmöglichkeiten konnte die Institution S. während des gesamten MA auf unterschiedl. Anforderungen reagieren und sich wandeln.

I. Crusius

Lit.: DDC III, 471–477, 488–500, 530–565 – DHGE XII, 353–405 – HRG II, 932–935; IV, 1075–1079 – TRE IX, 136–140 – PLÖCHL I, 349–352; II, 155–163, 223 – FEINE, 196–200, 379–391 [Lit.] – H. SCHÄFER, Pfarrkirche und S. im dt. MA (Kirchenrechtl. Abhh. 3, 1903) – K. EDWARDS, The English Secular Cathedrals in the MA, 1947 – A. GERLICH, Studien zur Verfassung der Mainzer S.er, Mainzer Zs. 48/49, 1953/54, 4–18 – J. SIEGWART, Die Chorherren- und Chorfrauengemeinschaften in der dt.-sprachigen Schweiz vom 6. Jh. bis 1160 (Studia

Friburgensia NF 30, 1962) – F. POGGIASPALLA, La vita comune del clero. Dalle origine alla riforma gregoriane (Uomini e dottrini 14, 1968) – W.-H. STRUCK, Die S.gründungen der Konradiner im Gebiet der mittleren Lahn, RhVjbll 36, 1972, 28–52 – G. P. MARCHAL, Einl. Die Dom- und Kollegiats.e der Schweiz, Helvetia Sacra II, 2, 1977, 27–102 [Lit.] – P. MORAW, Hess. S.skirchen im MA, ADipl 23, 1977, 425–458 – DERS., Über Typologie, Chronologie und Geographie der S.skirche im dt. MA (Unters. zu Kl. und S., 1980), 9–37 – J. SEMMLER, Mönche und Kanoniker im Frankenreich Pippins III. und Karls d. Gr. (ebd.), 78–111 – G. P. MARCHAL, Das Stadts., ZHF 9, 1982, 461–473 – S. und Stadt am Niederrhein, hg. E. MEUTHEN (Klever Archiv 5, 1984) – I. CRUSIUS, Das weltl. Kollegiats. als Schwerpunkt innerhalb der Germania Sacra (BDLG 120, 1984), 241–253 [Lit.: S.bearbeitungen der GS] – B. SCHNEIDMÜLLER, Verfassung und Güterordnung weltl. Kollegiats.e im HochMA, ZRGKanAbt 72, 1986, 114–151 – DERS., Welf. Kollegiats.e und Stadtentstehung im hochma. Braunschweig (Rat und Verfassung im ma. Braunschweig, hg. M. R. GARZWEILER, 1986), 253–315 – P. MORAW, Die Pfalzs.e der Salier (Die Salier und das Reich 2, 1991), 355–372 – M. PARISSE, Die Frauens.e und Frauenkl. in Sachsen vom 9. bis zur Mitte des 12. Jh. (ebd.), 465–501 – G. P. MARCHAL, Gibt es eine kollegiatstift. Wirtschaftsform? (Erwerbspolitik und Wirtschaftsweise ma. Orden und Kl., hg. K. ELM, 1992), 9–29 – Les chanoines au service de l'État en Europe du XIIIe au XVIe s., hg. H. MILLET, 1992 – H. W. HERRMANN, Die Kollegiats.e in der alten Diöz. Metz (Die alte Diöz. Metz, hg. DERS., 1993), 113–145 – M. HOLLMANN, Weltl. Kollegiats.e in der Eifel (Eiflia Sacra. Studien zu einer Kl.landschaft, hg. J. MÖTSCH, 1994), 275–306 – A. WENDEHORST–S. BENZ, Verz. der Säkularkanonikers.e der Reichskirche, JbffL 54, 1994, 1–174 – Les chanoines dans la ville. Recherches sur la topographie des quartiers canoniaux en France, hg. J.-C. PICARD, 1994 – I. CRUSIUS, Basilicae muros urbis ambiunt. Zum Kollegiats. des frühen und hohen MA in dt. Bf.sstädten (Studien zum weltl. Kollegiats. in Dtl., hg. DIES., 1995), 9–34 – F.-J. HEYEN, Das bfl. Kollegiats. außerhalb der Bf.sstadt im frühen und hohen MA am Beispiel der Erzdiözese Trier (ebd.), 35–61 – J. SEMMLER, Die Kanoniker und ihre Regel im 9. Jh. (ebd.), 62–109 – K. HEINEMEYER, Zu Entstehung und Aufgaben der karol. Pfalzs.e (ebd.), 110–151 – W. KOHL, Kollegiats. und bfl. Verwaltung im Bm. Münster (ebd.), 152–168 – T. SCHILP, Der Kanonikerkonvent des (hochadligen) Damens.s St. Cosmas und Damian in Essen während des MA (ebd.), 169–231 – P. MORAW, S.pfründen als Elemente des Bildungswesens im spätma. Reich (ebd.), 270–297 [Lit.] – I. CRUSIUS, Gabriel Biel und die oberdt. S.e der devotio moderna (ebd.), 298–322.

Stifterbild

I. Spätantike–Frühchristentum – II. Westen – III. Osten.

I. SPÄTANTIKE-FRÜHCHRISTENTUM: Das Bild der Darbringung (Dedikation) einer Stiftung (→Architekturmodell, Buch, Altargerät) an einen höherstehenden Empfänger wird teils mit S. bezeichnet, teils mit dem Begriff →Dedikationsbild (meist für Hss. bevorzugt). Im Apsismosaik in SS. Cosma e Damiano in Rom bringt Papst Felix IV. (526/530) Christus das Kirchenmodell dar (S. trotz Erneuerung gesichert); das gleichzeitige S. des Bf.s Ecclesius in S. Maria Magg. in Ravenna richtete sich an Maria mit dem Kind (nicht erhalten; IHM, 173f.). In S. Vitale in Ravenna ist sein S. posthum (um 547; Einführung durch Engel bei Christus, Parallelisierung mit dem Märtyrer Vitalis), in den S.ern Justinians und Theodoras mit Altargeräten geht Bf. Maximianus voraus (ähnl. schon 424/434 in S. Giovanni Ev.: IHM, 169–171; ENGEMANN, RAC XIV, 1009–1011). Am Triumphbogen von S. Lorenzo f. l. m. in Rom wird Papst Pelagius II. (579/590) mit Kirchenmodell durch Laurentius bei Christus eingeführt. Ein weiteres S. mit Christus ist für die Stephanuskirche in Gaza überliefert (IHM, 194f.), das S. des Bf.s Euphrasius (530/560) in Parenzo/Poreč bezieht sich auf Maria mit dem Kind. Im →Rabbula-Codex (fol. 14r) werden Stifter (Schreiber?) Christus durch Mönchshll. präsentiert. Während die Einführung von Stiftern und ihre Angleichung an Hll. also schon frühchr. ist, wurde die seit karol. Zeit häufige Vereinigung von S. und →Devotionsbild nur angedeutet: Im Wiener →Dioskurides (fol. 6v; um 512/513) vertreten ein Eros mit der Stiftungsurk. und die zu Füßen Anicia Julianas kniende Personifikation der ʻDankbarkeit der Künste' gemeinsam die Stifter.   J. Engemann

Lit.: LCI II, 491–494 – RAC III, 643–649 – RDK III, 1189–1197 – C. IHM, Die Programme der chr. Apsismalerei vom 4. Jh. bis zur Mitte des 8. Jh., 1960. →Dedikationsbild.

II. WESTEN: Darstellung des Donators eines meist sakralen Bauwerks bzw. Ausstattungsstücks oder des Urhebers einer Stiftung, wobei der Stifter nicht unbedingt ident. sein muß mit dem Auftraggeber. Vorläufer in den griech. Weihereliefs. Abbildungen seit frühchr. Zeit (Südkirche v. Aquileia: von Ks. Konstantin gestifteter Mosaikfußboden mit Bildnissen von Mitgliedern des Ks.hauses, um 326 n. Chr.). Der Stifter ist meist kniend und betend dargestellt, häufig im Sinne des frühchr. Dedikationsbildes ein Kirchenmodell darbietend (Giotto: Weltgerichtsfresko, um 1305; Padua, Arena-Kapelle). Er erscheint zunächst vorwiegend als bedeutungsperspektivisch verkleinerte Figur am Bildrand, zu Füßen oder seitl. der Heilsperson oder ein heilsgeschichtliches Ereignis betrachtend und somit in das Geschehen integriert. Seit dem 14. Jh., in der it. Freskomalerei und Mosaikkunst schon früher, wird der bereits durchaus individuelle Züge tragende Stifter annähernd oder ebenso groß wie die Hauptpersonen gezeigt, durch Hll. empfohlen und begleitet von Familienmitgliedern. Dabei sind die männl. Personen in der Regel links, also auf der wichtigeren, von Christus aus gesehenen rechten Seite, die weibl. rechts plaziert. Die Tatsache, daß auch bereits verstorbene Familienmitglieder dargestellt werden, betont die enge Bindung zum seit dem 14. Jh. vorwiegend in Dtl. und den Niederlanden verbreiteten gemalten oder plast. Bildepitaph, die vielfach auch in der Komposition faßbar wird (vermutl. frühestes gemaltes ndl. Epitaph: Tafel der Vier Herren von Montfoort, um 1375; Amsterdam, Rijksmus. [K. BAUCH, Das ma. Grabbild, 1975, Abb. 329]). Mit der Ausbildung des Triptychons sind die Flügel zumeist der Wiedergabe der Stifterfiguren vorbehalten (Innenflügel: Hugo van der Goes, Portinari-Altar, um 1475, Florenz, Uffizien; Außenflügel: Jan van Eyck, Genter Altar, 1432, Gent, St. Bavo). Ein bes. Altartypus ist das v. a. in den Niederlanden im 15. Jh. gebräuchl., in der franko-fläm. Buchmalerei z. B. von Jacquemart de Hesdin (Très Belles Heures des Hzg.s v. Berry, 1402; Brüssel, Bibl. roy. ms. 11060, fol. 10/11) vorbereitete Devotionsdiptychon, das eine heilsgeschichtl. Darstellung auf der einen Tafel dem S. auf der anderen Tafel gegenüberstellt (RDK IV, 61–74, bes. 67–70). Eine eigene Tradition bildet das S. in der Plastik (Naumburger Dom, Westchor [»Stifterchor«], nach 1249; Chorschranke von St. Maria im Kapitol, 1464, Köln).

Das S. ist das ganze MA hindurch nachweisbar; Höhepunkt, auch begründet in dem wachsenden Interesse an religiöser Sicherheit, in den Jahrzehnten vor und nach 1500. Nicht an eine bestimmte Kunstgattung gebunden, dokumentiert es die Urheberschaft an einer Stiftung, die das Andenken an den Stifter und seine Familie bewahren und der Jenseitsfürsorge dienen sollte. Doch es zeigt auch ein religiöses Wunschbild: den Stifter in Erwartung seines kommenden überird. Lebens, seiner Auferstehung und des Jüngsten Gerichts und somit auch seiner Erlösung.   M. Grams-Thieme

Lit.: A. WECKWERTH, Der Ursprung des Bildepitaphs, ZK 20, 1957, 147–185 – L. ZINSERLING, Stifterdarstellungen in der altdt. Tafelmalerei [Diss. masch. Jena 1957] – H. KÄHLER, Die Stiftermosaiken in der konstantin. Südkirche von Aquileia, 1962 – D. KOCKS, Die Stifterdarstellungen in der it. Malerei des 13.–15. Jh. [Diss. Köln 1971] – Vitrea dedicata. Das S. in der dt. Glasmalerei des MA, 1975 – E. HELLER, Das altndl. S. [Diss. München 1976] – A. ROOCH, S.er in Flandern und Brabant [Diss. Bochum 1988] – W. SCHMID (Himmel, Hölle, Fegefeuer, Ausst.-Kat. Zürich, Köln 1994), 101–116.

III. OSTEN: Die verschiedenen Möglichkeiten des S.es stellen die weitaus umfassendste Bildnisgruppe dar. Sie lassen sich in drei Gruppen teilen: Stifter mit dem Modell einer Kirche (oder einer Stadt), mit einem Buch oder einem Chrysobull, einer Privilegienrolle oder Geld- und Goldgeschenken und Stifter, die zu Füßen einer hl. Gestalt oder in einer hl. Szene anbetend stehen oder knien. Außerdem können in allen drei Gruppen mehrere Stifter, meist Familien, dargestellt werden. Das S. hat grundsätzl. dokumentar. Wert, wird in spätbyz. Zeit jedoch zunehmend als eine Möglichkeit der Selbstdarstellung der Stifter und ihrer Familien genutzt. Im Sinne eines Zeitdokumentes sind S.er insbes. in den Fällen zu lesen, wenn neben den Stiftern im gleichen Kontext Herrscherbildnisse erscheinen. Die Motivation für die Stiftung ist oftmals den begleitenden Inschriften zu entnehmen. Generell dient die Stiftung der Funktion, sich der Fürbitte Christi, Mariens oder einzelner Hl.r zu vergewissern (KALOPISSI-VERTI, SYTYLIANOU). Bei manchen Denkmälern wird darüber hinaus die Fürbitte auf den Zeitpunkt des Jüngsten Gerichts konkretisiert (vgl. Zypern).

Aus frühbyz. Zeit sind S.er nur in →Ravenna und in der Džvari-Kirche in Mzcheta (Georgien) erhalten. In Ravenna sind in der Apsis v. S. Vitale der Bf. Ecclesius mit dem Kirchenmodell und in zwei Mosaiken seitl. Justinian I. mit Ebf. Maximianus und Gefolge sowie Theodora mit Gefolge dargestellt (546/547), das Ks.-Paar offensichtl. nach porträthaften offiziellen imagines, die beiden Kirchenfs.en sehr realist., Ecclesius († 532) wohl nach seinem Bf.sbildnis, Maximian nach der Natur. Schlecht erhalten ist das Mosaik in Sant'Apollinare in Classe, das die Verleihung der Autokephalie (Edikt v. 666) durch Konstantin IV. im Beisein seiner Mitks. Tiberios und Herakleios an Ebf. Reparatus darstellt. Die vier stark zerstörten Reliefs an S. Džvari zeigen den vor Christus knienden Stifter Stefan Karl I. v. Kartli, die von Engeln repräsentierten Mitstifter Demetre und Adarnese mit Stefan II. sowie über dem Südportal den Strategen Kobul vor Petrus kniend. Die byz. Hoftitel (Patrikios, Hypatos und Strategos) lassen byz. Einflüsse vermuten.

Die Darbringung der Kirchenmodelle begegnet seit mittelbyz. Zeit häufig; in spätbyz. Zeit nehmen die Beispiele zu; in Konstantinopel z. B. am Südeingang des Esonarthex der H. Sophia (2. Hälfte 10. Jh.), auf dem Justinian I. es der Madonna hinhält, während Konstantin d. Gr. das Stadtmodell präsentiert. Entsprechende Beispiele aus Rußland (Spas-Kirche, Neredica bei Novgorod, 1199, Fs. Jaroslav), Armenien (Achtamar, 915–921, Kg. Gagik; Sanahin, S. Amenaprkitch, 961/962, Gurgen und Smbat; Oschki, 2. Hälfte 10. Jh., zwei Stifter mit je einem Modell). Vereinzelt sind die Stifter durch ein individuelles Aussehen charakterisiert, 1259 in Bojana, wo der Sebastokrator Kalojan und seine Gattin Desislava erscheinen. Bei anderen Ausstattungen läßt sich hingegen eine Tendenz verzeichnen, die Stifterköpfe im Gegensatz zu denen der Hl.n flächiger und schematischer zu konzipieren. Zahlreiche S.er mit Modellen lassen sich in spätbyz. Zeit nachweisen Zumeist finden sich die Bilder im Narthex, gelegentl. in der Apsis (Kastoria, Mavriotissa, 1259/64), verbunden mit einer Aufwertung dieser Bilder dann auch im Naos (Lesnovo, 1346/47). Das Stiftermodell wird dem thronenden Christus übereignet (von Theodoros Metochites Ka-

riye Camii, um 1320), der Stifter wendet sich diesem dabei zu. Diese seitl. Wendung findet sich auch in Hagios Demetrianos, Dali, 1317 (Zypern), dort erscheint Christus aber in einem Himmelssegment in der oberen Ecke. In Makedonien und Serbien lassen sich v. a. seit dem Anfang des 14. Jh. S.er nachweisen, die dem zunehmenden Selbstdarstellungswillen Ausdruck verleihen. So wird der serb. Kg. Milutin frontal wiedergegeben, die Anlehnung an byz. Ks.bildnisse ist deutl. verifizierbar (Prizren, Bogorodica Ljeviška, um 1308/09; Studenica, Sv. Joakim i Ana, 1313/14). Milutin erscheint zudem in Kontext seiner Vorfahren, so daß zugleich dynast. Ansprüche geltend gemacht werden (Prizren). In der Georgskirche in Staro Nagoričino (1316/18) wird ihm zudem von dem hl. Georg ein Schwert als Auszeichnung für seine krieger. Eroberungen überreicht. Der dynast. Anspruch kulminiert in Darstellungen, in denen dem Stifter zusätzl. eine Krone verliehen wird (Koimesiskirche, Gračanica, kurz vor 1321). Diese symbol. Investitur ist ebenfalls an Ks.bildern orientiert. Die bei den Bildnissen Milutins erkennbare Altercharakterisierung ist ebenso bemerkenswert, wie der deutl. Wunsch, die Stifter durch Kleidung und Haartracht als Zeitgenossen zu kennzeichnen.

Der Kontext der S.er gewinnt in der Spätzeit zunehmend an Bedeutung, indem z. B. durch den neuen Bildtypus des Nemanjidenstammbaumes in Gračanica der dynast. und auf die Zukunft ausgerichtete Anspruch unterstrichen wird. Dementsprechend werden auch andere Stifter mit ihren Familien dargestellt (der Sebastokrator und spätere Despot Jovan Oliver, Naos und Narthex, Lesnovo, 1346/49; Kučevište 1334/37). Sind die Stifter nicht mit den Herrschern ident., so werden letztere vielfach zusätzl. mitdargestellt (Lesnovo, der Zar Dušan mit seiner Frau Jelena). Weitere Beispiele bei KALOPISSI-VERTI, PANAYOTOVA, SPATHARAKIS, STYLIANOU und VELMANS).

Übergibt der Stifter einen Chrysobull, eine Geldspende oder einen Codex, so unterscheidet sich sein Bild meist nur durch seine Kleidung und die Alterstypisierung. Ks.-Paare oder Ks. bzw. Kg. überreichen ihre Gaben stehend, so z. B. Konstantin IX. Monomachos das Apokombion (die vom Ks. zu den fünf großen Festen dargebrachte Geldspende) und Zoe einen Chrysobull (um 1042), Johannes II. Komnenos und Irene in gleichartiger Szene (nach 1118) in den Mosaiken der H. Sophia in Konstantinopel, Andronikos II. Palaiologos auf zwei Chrysobulloi (Athen, Byz. Mus. 1301, und in der Pierpont Morgan Libr., New York, 1307) und Ks. Alexios III. Komnenos v. Trapezunt mit seiner Gattin Theodora auf einem Chrysobull im Athos-Kl. Dionysiou (1374). Häufiger ist die Übergabe von Codices dargestellt, wobei die Stifter knien (Bild des Patrikios Leon im Reg. gr. 1 der Bibl. Vatic., 10. Jh., sowie des Abtes Makarios und des Protospathars Konstantinos, ebd.) oder stehen (Alexios I. Komnenos im Ms. gr. 666 der Bibl. Vatic.; Gf. Svjatoslav mit Familie in einem Sammelband von 1073; Fs. Stefan d. Gr. in dem rumän. Evangeliar von 1473, Putna, Klostermus.; ein Beamter, dessen Gattin in Proskynese niedergefallen ist, im Ms. 60 des Athos-Kl. Koutloumousiou, 12. Jh; der Beamte Johannes im Ms. 5 des Athos-Kl. Iberon, spätes 13. Jh.; der Beamte Prokopios im Ms. 1199 des Athos-Kl. →Vatopedi, 1346; weitere Beispiele bei SPATHARAKIS).

Es lassen sich Stifter aus unterschiedl. sozialen Gruppen, stehend, kniend oder in Proskynese aufzeigen: Herrscher oder Herrscherfamilien (z. B. Sophienkirche, Kiev, um 1045; Gfsn. Gertrud mit Sohn Jaropolk im Egbert-Psalter in Cividale, um 1078/86; Hamartolos-Chronik mit S. des Gfs.en Michal v. Tver und seiner Mutter Oksinija,

Anfang 14. Jh.; Isaak Komnenos, posthumes Bildnis in der Chora-Kirche, Konstantinopel, frühes 14. Jh.; Maria Palaiologina, Gattin des Despoten Tomas Preljubović v. Janina, auf zwei Ikonen im Verklärungskl. der Meteoren und dem Diptychon in Cuenca, um 1372/83; Tomas ist hier weggekratzt); Bf. (Bf. Johannes im Lektionar der Speer Libr., Princeton, spätes 11. Jh.; Ikone der Platytera im Sinai-Kl., 13. Jh., Patriarch Euthymios v. Jerusalem; Kirche auf dem Volotovo-Feld bei Novgorod, um 1380, die Ebf.e Moisij und Aleksij v. Novgorod); Beamter (Johannes Entalmatikos in der Karanlik Kilise in Göreme, Kappadokien, 2. Hälfte 12. Jh.; Konstantinos Akropolites und seine Gattin Maria Komnene Tournikine auf dem Beschlag einer Ikone, Moskau, Tretjakov-Gal., um 1300; der Stratopedarch Alexios und der Primikerios Johannes auf einer Pantokrator-Ikone in Leningrad, Eremitage, 1363); Priester (Hieromonachos Barnabas in Asinou, Zypern, 1302/03); Mönch (viele Ikonen im Sinai-Kl.; Germanos im Cod. 198, ebd., 14. Jh.; H. Apostoloi, Thessalonike, um 1315; Georgios in H. Stephanos in Kastoria, 1338; Manolis in der Mavriotissa, ebd., wohl 13. Jh.); Nonne (Melania in der Chora-Kirche, Konstantinopel, frühes 14. Jh.; Kreuzfahrer-Ikone des hl. Georg im Sinai-Kl., 13. Jh.; Relief-Ikone des hl. Georg im Byz. Mus, Athen, 13. Jh.; Theopempte im Cod. 61 des Sinai-Kl., 1274); weltl. Stifter oder Stifterfamilien (Hamilton-Psalter, Berlin, Kupferstichkabinett, 13. Jh.; Ikone Johannes' d. Täufers im Sinai-Kl.; doppelseitige Marien-Ikone ebd.; Ikone Johannes' d. Täufers in Patriarchat Istanbul, 14. Jh.; Christus-Ikone, Nikosia, Slg. Phaneromeni, 1356; Ikone des hl. Eleutherios, ebd., Ende 14. Jh.; Marien-Ikone, ebd., um 1400; Anastasia Saramalina, Asinou, 2. Hälfte 14. Jh.; anonyme Stifterin, ebd.; Maria Kamariotissa, Nikosia, Slg. Phaneromeni, um 1500; für Armenien vgl. die Hss. im armen. Patriarchat in Jerusalem Ms. 2586 und in der Slg. Feron-Stoclet, Brüssel, beide um 1270). Ihrer Identifizierung dienen v. a. die spezif. Kleidung und die betreffenden Beischriften. K. Wessel†

Lit.: A. und J. STYLIANOU, Donors and Dedicatory Inscriptions, Supplicants and Supplications in the Painted Churches of Cyprus, JÖB 9, 1960, 97–127 – A. VASILIEV, Ktitorksi portreti, 1960 – E. KITZINGER, Some Reflections on Portraiture in Byz. Art, ZRVI 8, 1, 1963, 185–193 – M.-A. MUZINESCU, Introduction à une étude sur le portrait de fondateur dans le sud-est europ., RHSE 7, 1969, 281–310 – D. PANAJOTOVA, Les portraits des donateurs de Dolna Kamenica, ZRVI 12, 1970, 143–156 – J. SPATHARAKIS, The Portrait in Byz. Ill. Mss., 1976 – S. KALOPISSI-VERTI, DEDICATORY INSCRIPTIONS AND DONOR PORTRAITS IN THIRTEENTH-CENT. OF GREECE, 1992 – s.a. →BILDNIS.

Stiftergrab/Grabkirche. Mit S. und Grabkirche werden hervorgehobene oder exklusive Bestattungen im oder beim Sakralraum bezeichnet; das S. birgt den Leichnam des Gründers oder eines Wohltäters der Kirche, bei Grabkirchen sind insbes. Personen(gruppen) angesprochen, für die die betreffende Kirche von Dritten errichtet wurde oder denen mehrere Gotteshäuser für ihre →Grablege zur Verfügung gestanden hätten. Wiederholte Versuche, die Bestattungen im Kirchengebäude einzuschränken oder abzuschaffen (z. B. durch Karl d. Gr.), blieben im MA zumindest im Hinblick auf Bf.e, Äbte, Herrscher und Fs.en erfolglos. Über die Rechtsverhältnisse an der Kirche sagen die Begriffe S. und Grabkirche nichts aus (→Eigenkirche, →Patronat, →Stiftung). Die Lage der Gräber war in oder außerhalb der Kirche variabel, sie richtete sich nach dem Altargrab des Hl. und anderen Plätzen bes. »Öffentlichkeit«, um die Fürsprache des Kirchenpatrons beim Jüngsten Gericht bzw. die Gebete der Nachlebenden für das eigene Seelenheil zu erwirken. M. Borgolte

Lit.: K. H. KRÜGER, Kg.sgrabkirchen der Franken, Angelsachsen und Langobarden bis zur Mitte des 8. Jh., 1971 – Beitr. zur Bildung der frz. Nation im Früh- und HochMA, hg. H. BEUMANN, 1983 [J. EHLERS, R. HAMANN-MAC LEAN] – B. KÖTTING, Die Tradition der Grabkirche (Memoria, 1984), 69–78 – M. BORGOLTE, S. und Eigenkirche, ZAMA 13, 1985, 27–38 – A. ZETTLER, Die frühen Kirchenbauten der Reichenau, 1988, 64–133 – E. GIERLICH, Die Grabstätten der rhein. Bf.e vor 1200, 1990 – C. SAUER, Fundatio und Memoria, 1993 – O. ENGELS, Die ksl. Grablege im Speyerer Dom und die Staufer (Fschr. H. JAKOBS, 1995), 227–254 – →Grablege.

Stiftschulen → Domschulen

Stiftsstadt ist, ebenso wie →Abteistadt, ein moderner Kunstbegriff für einen →Stadttypus, dessen Ausformung in hohem Maße von einem in der Stadt gelegenen →Stift bestimmt ist. Das Vorhandensein eines Stiftes allein erlaubt es aber noch nicht, von einer S. im engeren Sinn zu sprechen. Der Begriff soll zudem nur auf solche Fälle angewandt werden, in denen die Stiftserrichtung zeitl. der Stadtwerdung voranging und vom Stift für die Stadtbildung entscheidende Impulse ausgingen. Anders als im Falle der Abteistadt sind allerdings von Stiften ausgehende Stadtbildungsimpulse selten und schwach. Marktfunktion (oft früh königlicherseits privilegiert) und Stift gemeinsam veranlaßten im Regelfall erst die Stadtwerdung. Topograph. sind zumeist mehrere Siedlungskerne festzustellen. Nur idealtyp. besaß das Stift auch die volle Stadtherrschaft; die Realität wurde von Grenzfällen und Mischformen bestimmt. Oft erfolgte im Hoch- bis SpätMA zusätzl. die Bildung einer →Neustadt unter anderer Stadtherrschaft (z. B. →Herford), so daß kondominale Stadtherrschaftsformen (im 17./18. Jh. auch 'civitates status mixti' gen.) und kleine territoriale Sonderformen (z. B. →Quedlinburg, →Essen) die Regel waren. Die Problemsituation strittiger Stadtherrschaft führte zumeist dazu, daß sich die Bürgerschaft der (Alt-)Stadt meistens früh im hohen Maße von der stift. Stadtherrschaft emanzipieren und sich die stadtherrl. Rechte mit dem Stift teilen konnte, z. B. ausgedrückt in der Formel »Stift und Stadt Herford«. Entscheidend für die spät- und nachma. Ausgestaltung der Verhältnisse wurde im Regelfall der Umstand, in wessen Händen die stift. Vogteirechte lagen. F. B. Fahlbusch

Lit.: F. KORTE, Die staatsrechtl. Stellung von Stift und Stadt Herford vom 14. bis zum 17. Jh., Jber. des Hist. Vereins für die Gft. Ravensberg 58, 1955, 1–172 – B. PÄTZOLD, Stift und Stadt Quedlinburg. Zum Verhältnis von Klerus und Bürgertum im SpätMA, Hans. Stud. VIII, 1989, 171–192 – →Essen, →Stift.

Stiftung
I. Abendländischer Westen – II. Byzantinisches Reich – III. Arabisch-osmanischer Bereich.

I. ABENDLÄNDISCHER WESTEN: Das Substantiv »S.«, das mit lat. fundatio, frz. *fondacion*, zusammengestellt werden kann, ist erst seit dem 14. Jh. belegt; das Verb »stiften« gebrauchte hingegen schon →Notker Labeo um die Jahrtausendwende, und zwar im Sinne von Gründungen, die dauernden Bestand haben (Komm. zu Ps 103, 17: »Sie stiftent monasteria an íro éigenen, daz dár ínne sí sanctorum fratrum communio.«). Genauere wortgeschichtl. Untersuchungen, die auch die westeurop. Sprachen einbeziehen müßten, fehlen. Das Phänomen S. hat aber zu allen Zeiten des MA eine Rolle gespielt, wenn auch mit unterschiedl. Intensität. Für die Auffassung der S., die sich bei Franzosen und Angelsachsen (Amerikanern) in NZ und Moderne anders entwickelt hat, dominiert in Dtl. seit dem 19. Jh. ein jurist. Ansatz, der in jüngster Zeit sozialgeschichtl. korrigiert worden ist.

S.en wurden demnach dadurch errichtet, daß der Initiator ein größeres Vermögen zur Verfügung stellte – meist

Landbesitz oder sonstige Immobilien –, das auf Dauer für sich bestehen, also nie in den Besitz eines Dritten übergehen sollte. Die Erträge oder Zinsen des Besitztums sollten bestimmten Personen und Personengruppen zufallen, die für ihre wirtschaftl. Förderung zum Stiftergedenken verpflichtet waren. Meist sind dies Kleriker oder Mönche gewesen, dazu kamen die Armen, die Kranken und Bedürftigen in Spitälern, die Künstler v. a. im Bereich des Sakralen oder die Studenten der ma. Univ.en. Stiftermemoria bestand aber nicht allein darin, daß die materiell Geförderten ihres Wohltäters im Gebet oder beim Mahl gedachten; vielmehr hatte der Stifter vorgesehen, daß die von ihm bestellten Exekutoren und Verwalter der S. in seinem Namen handelten, indem sie Arme versorgten, Schüler beherbergten usw. Die Organe der S. vergegenwärtigten den Stifter also schon durch ihr Tun; Stiftermemoria schuf Gegenwart des Stifters durch Gebet und soziales Handeln anderer Art. S. etablierte ein soziales System, das den Tod aller Beteiligten überdauerte; sie manifestierte deshalb zugleich die vormoderne Konzeption von Gesellschaft, die Lebende und Verstorbene zugleich umfaßte. Die Rechtsform der S. war älter als das Christentum und begegnet auch außerhalb von diesem; ursprgl. hingen S.en immer mit dem Toten- bzw. Erinnerungskult zusammen und wurden vorzügl. am Grabe des Stifters errichtet. Archetyp aller christl. (Gedenk-)S.en war das letzte Abendmahl Christi selbst. S.en wurden errichtet, wo das (Toten-)Gedenken nach hohen individuellen Ansprüchen gestaltet und anderen Personengruppen als der eigenen Familie anvertraut werden sollte. Freilich waren S.en stets fragile Gebilde: Vorauszusetzen war eine Rechtsordnung, die den Bestand der S. garantierte, sie also vor dem Zugriff von herrschaftl. Gewalten oder vor den Erben der Stifter schützte; gerade im MA war eine derartige Rechtskultur nicht zu allen Zeiten gegeben. Aber auch wo sie bestand, weckte das Vermögen der S.en Begehrlichkeiten. Trotzdem lassen sich immer wieder interess. S.straditionen beobachten. Im MA errichtete beispielsweise Papst Gregor III. († 741) in der röm. Peterskirche eine Grabkapelle mit S.en für sich selbst, die bis zum Ende des 15. Jh., also bis zum Neubau von St. Peter, bestanden haben bzw. erneuert und erweitert wurden. Das von Kg. Ludwig d. Dt. († 876) geschaffene Kollegiatstift zur Alten Kapelle in Regensburg existiert noch heute, ebenso wie die Johanneshofs. zu Hildesheim, die auf das Jahr 1160 und auf →Rainald v. Dassel zurückgeht.

Obgleich es sich um ein universalhist. Phänomen handelt, gab es stiftungsarme Zeiten. Im frühen MA war das Wirtschaftsleben vom Gabentausch geprägt, neben dem sich »quid pro quo«-Transaktionen wie die S. kaum entfalten konnten; nicht einmal in frühma. Königsurkk. lassen sich S.en in dichter Folge belegen. Nach der Zeit des →Eigenkirchenwesens, also wohl gefördert durch die Rezeption des röm. Rechts, traten S.en wieder stärker in Erscheinung, v.a. im Schriftmedium der Testamente bzw. Anniversarbücher. Zur Verbreitung der S.en trugen im späten MA v. a. die Stadtbürger bei. Als »totales soziales Phänomen« (M. Mauss) betraf S. nahezu alle Bereiche des Lebens – von Religion, Recht, Wirtschaft und Politik angefangen bis zu Kunst, Technik, Wissenschaft und Fürsorge; deshalb sind auch Kunstwerke und Sachzeugnisse Q. für S.en; allerdings liegen dort keine S.en vor, wo die Gabe keine Leistung von Dauer bewirken konnte. Unklar ist noch, welche Rolle die S.en in dem gesellschaftl. Gesamtprozeß neben den Ordnungsprinzipien von Herrschaft und Genossenschaft spielten; für den Bereich der Städte läßt sich der Wandel der S.swirklichkeit gut beobachten. In welchem Maße S.en schon im MA innovativ wirkten und wann die Zweckbindung des Vermögens, die ihren rechtl. Kern ausmachte, zur Beharrung und Verkrustung der Gesellschaft beitrug, bliebe zu klären. Auch die Rolle, die S.en für die Wirtschaft und das Sozialgefüge einer Adelsherrschaft oder eines territorialen Fsm.s spielten, läßt sich vorerst nicht genau bestimmen. Ein Sonderproblem stellt das Verhältnis von *memoria* und *fama*, von liturg. Gedächtnis bzw. Caritas und Ruhmstreben, dar; ähnliches gilt von den Beziehungen zw. religiösen Stiftern und Mäzenen, wie sie als Gönner und Auftraggeber etwa bei der höf. Dichtung neuartig in Erscheinung traten.

M. Borgolte

Lit.: HRG IV, 1980–1990 – H. Liermann, Hb. des S.srechts, 1, 1963 – M. Besold-Backmund, S.en und S.swirklichkeit, 1986 – A. Meyer, Zürich und Rom. Ordentl. Kollatur und päpstl. Provisionen am Frau- und Großmünster 1316–1523, 1986 – M. Borgolte, Die S.en des MA in rechts- und sozialgeschichtl. Sicht, ZRG KanAbt 74, 1988, 71–94 – I. Heidrich, Die kirchl. S.en der frühen Karolinger (Beitr. zur Gesch. des Regnum Francorum, hg. R. Schieffer, 1990), 131–147 – Materielle Kultur und religiöse S. im SpätMA, 1990 – M. Borgolte, Die ma. Kirche, 1992, 121f. u.ö., 145f. [Lit.] – F. Rexroth, Dt. Universitätss.en von Prag bis Köln, 1992 – M. Borgolte, »Totale Geschichte« des MA? Das Beispiel der S.en, 1993 – Ders., Die s.urkk. Heinrichs II. (Fschr. E. Hlawitschka, 1993), 231–250 – H. Kamp, Memoria und Selbstdarstellung. Die S.en des burg. Kanzlers Rolin, 1993 – W. Paravicini, Sterben und Tod Ludwigs XI. (Tod im MA, hg. A. Borst u.a., 1993), 77–168 [dazu: HZ 260, 1995, 198] – F. Rexroth, Städt. Bürgertum und landesherrl. Univ.ss. (Stadt und Univ., hg. H. Duchhardt, 1993), 13–31 – Ch. Sauer, Fundatio und Memoria. Stifter und Kl.gründer im Bild 1100 bis 1350, 1993 – W. Schmid, Stifter und Auftraggeber im spätma. Köln, 1994 – W. Wagner, Das Gebetsgedenken der Liudolfinger im Spiegel der Kg.s- und Ks.urk. von Heinrich I. bis zu Otto III., ADipl 40, 1994, 1–78 – Memoria in der Ges. des MA, hg. D. Geuenich–O. G. Oexle, 1994 – M. Borgolte, Petrusnachfolge und Ks.imitation. Die Grablegen der Päpste, 1995² – R. Fuhrmann, Kirche und Dorf, 1995 – Memoria als Kultur, hg. O. G. Oexle, 1995.

II. Byzantinisches Reich: [1] *Begriff*: Der Vorgang des Stiftens wird in der byz. Verwaltungssprache als κτίζειν bezeichnet, die Person als κτίστης, später κτήτωρ, während für das Ergebnis (Stiftung) kein jurist. Ausdruck existiert (bisweilen, eher rhetor., χάρις), sondern meist nur die daraus resultierenden Rechte (κτητόρεια δίκαια, κτητορικὸν δίκαιον) genannt werden.

[2] *Weltliche Stiftungen*: In antiker Tradition blieb es auch in Byzanz Aufgabe des Ks.s, der Mitglieder des Ks.hauses und der führenden Familien, öffentl. Bauten zu errichten oder zu erneuern, bes. solche, die dem Schutz und Nutzen der Bevölkerung dienten (Wehrbauten, Wasserleitungen, Zisternen, Pilgerheime, Alten- und Waisenhäuser, Krankenhäuser; →Hospital, II).

[3] *Geistliche (religiöse) Stiftungen*: Die religiösen S.en, wesentlich umfangreicher als die weltl., waren wegen ihrer teilweise komplexen Eigentumsverhältnisse und damit verbundener sozialer Auswirkungen (s. u.) auch Gegenstand der Gesetzgebung, erstmals zusammenfassend unter →Justinian. Es ist zu unterscheiden zw. Sach-s.en (Errichtung oder Erneuerung einer Kirche oder eines Kl.), Geld-s.en (für temporäre Baumaßnahmen, auch als πρόσοδον bezeichnet, den Unterhalt der Kleriker oder die Kosten der Liturgie) oder (häufig) einer Verbindung von beiden. Die Einzelheiten werden in einer Stiftungsurk. (τυπικόν, διάταξις) geregelt. S.en konnten auch auf mehrere Personen zurückgehen.

Seit dem 10. Jh. begegnet im Charistikariat (χαριστική sc. δωρεά, πρᾶξις, φιλοτιμία zu χάρις in der Bedeutung 'beneficium'; →Charistikariersystem) eine erweiterte S.sform, welche als vom Ks. und der kirchl. Hierarchie unterstütztes Programm zur Renovierung und zum Unterhalt kirchl. Institutionen durch Privatpersonen (überwiegend Laien, aber auch Kleriker) bezeichnet werden kann. Eine S. dieser Art ging (u. U. bis zur dritten Generation) in das Eigentum (κυριότης), nicht aber in den Besitz (κτῆσις) über. Die Tatsache, daß es sich um ein zeitlich begrenztes Eigentum handelte, führte (anstatt zur beabsichtigten wirtschaftl. Konsolidierung) in vielen Fällen zum Ruin oder zur Überleitung in eine weltl. Institution, die oft in den tatsächl. Besitz übergeleitet wurde. Die vielfachen Mißstände zwangen im 12. Jh. zu einer weitgehenden Einschränkung der Vergabe der χαριστική, obwohl, wie fast immer im byz. Gesetzgebungsbereich, eine formelle Abschaffung nicht erfolgte.

Die Beseitigung der baul. Schäden, die in allen Landesteilen, bes. aber in Konstantinopel als Folge der lat. Herrschaft entstanden waren, machte den Großteil der S.en in der Palaiologenzeit aus. Einmalige oder regelmäßige Zahlungen an Kl. (allerdings schon seit der Komnenenzeit) dienten zu deren Erhalt und Unterhalt und ermöglichten dem Stifter ggf. auch einen Alterssitz (ἀδελφάτον).

[4] *Stifterrechte, -pflichten:* Der Stifter konnte Priester und Mönche bestimmen, in spätbyz. Zeit jedoch nicht mehr den Abt. Eine Veränderung der Gründungsurk. war ihm (theoretisch) nicht erlaubt. Er konnte in seiner S. begraben werden und genoß dort die Totenehrung (μνημόσυνον). Er durfte auch Ehreninschriften und Bildnisse (→Stifterbild) anbringen. Die S.rechte konnten (mit Einschränkungen) testamentarisch weitergegeben werden. Persönl. finanzielle Vorteile sollten aus der S. nicht entstehen.   P. Schreiner

Q. und Lit.: J. v. Zhishman, Das Stifterrecht in der morgenländ. Kirche, 1888 – A. Steinwenter, Die Rechtsstellung der Kirchen und Kl. nach den Papyri, ZRGKanAbt 19, 1930, 1–50 – E. Herman, Ricerche sulle istituzioni monastiche bizantine, OrChrP 6, 1940, 293–375 – R. Ahrweiler, Charisticariat et autres formes d'attribution des fondations pieuses aux X⁵–XI⁵ s., ZRVI 10, 1967, 1–27 – S. I. Bernandides, Ὁ θεσμὸς τῆς χαριστικῆς (δωρεᾶς) τῶν μοναστηρίων εἰς τοὺς Βυζαντινούς, 1985 – J. Ph. Thomas, Private Religious Foundations in the Byz. Empire, 1987 – Oxford Dict. of Byz., 1991, 412, 1160 – S. Kalopissi-Verti, Dedicatory Inscriptions and Donor Portraits in Thirteenth-Century Churches of Greece, 1992.

III. Arabisch-osmanischer Bereich: Von den frühen islam. Juristen wird die Institution der S. (*waqf*) auf →Mohammed zurückgeführt. Es handelt sich um die Dedikation einer Sache von einem vom Stifter festgelegten religiös erlaubten Zweck auf ewige Zeiten. Die Stiftenden mußten volljährig und frei sein; von Sklaven eventuell errichtete S.en galten als S.en ihres Eigentümers (bzw. ihrer Eigentümerin). Nichtmuslime durften nur den Interessen des Islams nicht zuwiderlaufende S.en errichten, etwa S.en zugunsten von Armen, auch ihrer eigenen Konfession. Über die zu stiftende Sache mußte der Stifter das volle Eigentumsrecht innehaben. Außerdem mußte das zu stiftende Gut von einer gewissen Dauer sein, vorzugsweise Haus- und Grundbesitz. Die S. von Sklaven wurde aus diesem Grund von manchen Juristen, die S. von Geld vor der Osmanenzeit durchgängig abgelehnt.

Mit Hilfe der S. wurden →Moscheen, theol. Schulen (→Madrasa) und Derwischkonvente (→Orden) finanziert, aber auch →Brücken, Einrichtungen der Wasserversorgung (→Brunnen, →Zisternen) und Armenküchen. Auch existierten Familiens.en, deren Vermögen primär den Nachkommen zugutekam. Nach eventuellem Aussterben der betreffenden Familie mußte dieses Gut einem wohltätigen Zweck, etwa den Armen, zugeführt werden.

Zugriff des Staates auf das S.sgut wurde von den Juristen durchweg abgelehnt, aber einschlägige Fälle sind bekannt. So ordnete der Fāṭimiden-Kalif al-Muʿizz 974 an, S.surkunden wie -vermögen an die Staatskasse abzuliefern. Aus dem von staatl. Seite verpachteten Vermögen sollten die S.sbediensteten bezahlt werden; aber da am Nötigsten gespart wurde, waren die S.en innerhalb weniger Jahrzehnte stark heruntergewirtschaftet.

S.urkunden und die einen Auszug aus diesen bietenden Inschriften an Moscheen, theol. Schulen usw. gehören zu den am weitesten verbreiteten ma. Geschichtsquellen; für die Gesch. mancher wenig belegter Perioden stellen sie eine Hauptquelle dar. S.sinschriften verewigten nicht nur den Stifter, sondern auch den Herrscher, unter dem die S. etabliert worden war. Was die Pilgerstadt →Mekka betraf, so erteilten die →Kalifen v. Bagdad am Ende des 12. Jh. allen muslim. Herrschern die Erlaubnis, an diesem zentralen Ort des Islams S.en errichten zu lassen. Dabei mußte eine Gebühr an die Scherifen v. Mekka gezahlt werden. Der Quellenwert für die S.sdokumente für das Stadtgesch. von →Kairo liegt u. a. in ausführl. Beschreibungen der Objekte, die den Unterhalt der S.en sichern sollten: Läden, gedeckte Märkte, Mühlen, Färbereien, Gärten.

Auch im von den frühen →Osmanen beherrschten Westanatolien des 14. Jh. gehören S.briefe zu den frühesten Quellen, wenn auch die Echtheit einiger Stücke nicht unumstritten ist. Seit der 2. Hälfte des 15. Jh. sind Register vorhanden, die, im Namen des Sultans zusammengestellt, die S.urkunden einer oder mehrerer Provinzen zusammenfassen. Sultan →Meḥmed II. befahl die Verstaatlichung zahlreicher S.en sowie ihre Umwandlung in *timara* (→*timār*); diese Maßnahme wurde aber von seinem Nachfolger →Bāyezīd II. wieder rückgängig gemacht. Seit dem späten 15. Jh. wurde im Osman. Reich die S. von Bargeld üblich, das gegen einen Zins von 10–15% ausgeliehen wurde. Obwohl das islam. Zinsverbot dieser S.form entgegensteht, breitete sie sich in Istanbul während des frühen 16. Jh. rasch aus. Seit →Murad I. errichteten die osman. Sultane fast alle mindestens je eine große S. In Anatolien und auf der Balkanhalbinsel waren S.en ein von Herrschern und ihren Großen oft angewandtes Instrument zur Anhebung der Bevölkerungszahl von eroberten Städten und zur Islamisierung des Stadtbildes, ebenso auch ein Hilfsmittel für die ländl. Siedlung (→Bursa seit Mitte des 14. Jh., Istanbul seit 1453). Die S.en schufen Verdienstmöglichkeiten, u. a. durch die stiftungseigenen Läden und Märkte. Sie wurden als eine zentrale Institution der osman. Gesellschaft angesehen.   S. Faroqhi

Lit.: EI¹, s.v. Waḫf – EI², s.v. al-Kahira – Ö. L. Barkan, Osmanlı Imparatorluğunda bir Iskân ve Kolonizazyon Metodu Olarak Vakıflar ve Temlikler, VD 2, 1942, 279–386 – Istanbul Vakıfları Tahrir Defteri, 953 (1546) Târikli, hg. Ders. – E. H. Ayverdis, 1970 – H. Inalcik, The Policy of Mehmed II toward the Greek Population of Istanbul and the Byz. Buildings of the City, DOP 23–24, 1969–70, 231–249 – Ders., The Hub of the City: The Bedesten of Istanbul, Internat. Journal of Turkish Studies 1,1, 1979–80, 1–17 – D. Behrens-Abouseif, Egypt's Adjustment to Ottoman Rule, 1994.

Stigand, Ebf. v. →Canterbury, † wohl 1072, stammte wahrscheinl. aus Ostanglien, sein Name ist an.; zuerst 1020 erwähnt, als ihm die neu errichtete Kathedrale in Assandun übertragen wurde. Zunächst kgl. Priester, wurde er 1043 Bf. v. Elmham und 1047 Bf. v. Winchester. Nach der Krise von 1051–52 (→England, A. V) und der Flucht →Roberts, Abt v. Jumièges und norm. Ebf. v. Canterbury, wurde S. zum Ebf. ernannt. Seine kirchl. Amtsgewalt war begrenzt, wahrscheinl. wegen seiner umstrittenen Ernennung. Jedoch war er in der kgl. Verwaltung tätig und dürfte als Geistlicher für das Schlüsselamt des kgl. Beichtvaters zuständig gewesen sein. Er war verweltlicht, profitierte von seinen beiden Diöz.en, klösterl. Vakanzen und förderte die Leihe kirchl. Ländereien. 1066 krönte er wahrscheinl. →Harald. Nach der Schlacht bei →Hastings schloß S. sich zunächst →Edgar 'the Ætheling' an, wechselte dann aber zu Wilhelm I. Zw. 1067 und 1070 hat er wohl als Ebf. amtiert, er erscheint 1069 an hervorragender Stelle in der Zeugenliste einer Urk. Doch wurde S. auf der Ostersynode v. Winchester 1070 abgesetzt mit der Begründung, daß er den Ebf.ssitz unrechtmäßig erhalten habe, aber wohl auch, weil er ein Pluralist war, und wegen der fragwürdigen Verleihung seines Palliums. J. Hudson

Lit.: F. BARLOW, The English Church 1000-1066, 1963.

Stigmatisation, die schmerzhafte Manifestation der (meist blutenden) Wundmale Jesu am Körper, tritt erst seit dem frühen 13. Jh. auf: die älteste Nachricht betrifft die sel. →Maria v. Oignies († 1213), bei der es sich um gezielte Selbstverletzungen handelte – ein Erzwingen der Christusförmigkeit, die in dieser konkreten →Imitatio nie vor dem HochMA gesucht wurde, als erstmals die →Passionsmystik entstand. 1222 richtete man in England einen Stigmatisierten als Betrüger hin. Erst zwei Jahre später erhielt der hl. →Franziskus v. Assisi in einer Ekstase die Wundmale, doch bedurfte es zw. 1237 und 1291 neun päpstl. Bullen, ehe sie nicht mehr angezweifelt wurden. In der Folge häufen sich S.en als Zeichen exzeptioneller Gottesnähe bes. bei Mystikerinnen, z. B. →Elisabeth v. Spalbeek, →Wilhelmina (Guglielma) v. Böhmen, Lukardis v. Oberweimar SOCist, →Margareta Colonna, Gertrud v. Oosten, →Katharina v. Siena OPTert (unsichtbare Stigmen, die lange Kontroversen mit den Franziskanern auslösten), →Elisabeth v. Reute, →Coletta v. Corbie, →Katharina v. Genua. Stigmatisierte Männer sind dagegen selten, z. B. der sel. Philipp v. Aix-en-Provence († 1387). Die psycho-phys. Möglichkeit einer authent. (autosuggestiven) S. ist auf Grund med. gut untersuchter Analogien bis ins 20. Jh. unbezweifelbar, obwohl auch Selbst-S. und Betrug zu belegen sind. P. Dinzelbacher

Lit.: DSAM XIV, 1211-1243 – Lex. der Mystik, ed. P. DINZELBACHER, 1989, 470 – LThK² IX, 1081f. – J. MERKT, Die Wundmale des hl. Franziskus v. Assisi, 1910 – P. DEBONGNIE, Essai critique sur l'hist. des stigmatisations au MA, Ét. Carmélitaines 21, 1936, 22–59 – H. THURSTON, Die körperl. Begleiterscheinungen der Mystik, 1956 – A. VAUCHEZ, Les stigmates de saint François et leur détracteurs, MAH 80, 1968, 595–625 – J. M. HÖCHST, Von Franziskus zu Pater Pio und Therese Neumann, 1974 [Materialslg.] – PH. FAURE, L'iconographie de la S. de S. François, Micrologus I, 1993, 327–346 – CH. FRUGONI, Francesco e l'invenzione delle stimmate, 1993 – P. DINZELBACHER, Christl. Mystik im Abendland, 1994 – DERS., Heilige oder Hexen?, 1995, 195ff. – DERS., Diesseits der Metapher: Selbstkreuzigung und -s. als konkrete Kreuzesnachfolge, RevMab NF 7, 1996.

Stiklestad, Schlacht v. → Norwegen, A. I; →Olaf Haraldsson d. Hl. (4. O.)

Stil ist die auf wesentl. Eigenschaften beruhende Gleichartigkeit künstler. Mittel; die Einbindung des Individuellen ins Allgemeine: die Eigenheit einer Künstlerpersönlichkeit (Individuals.), einer Landschaft (Raum-, Nationals.), einer Zeit (Zeits., wie →Romanik, →Gotik) oder eines Materials (Materials.). Nach L. DITTMANN ist die Bedeutung des S.begriffs ästhetisch-normativ, historisch-deskriptiv, individuell und generell. Aus der Erkenntnis von S.merkmalen der fest datierten Werken kann eine S.entwicklung rekonstruiert und undatierte Werke mit einer gewissen Genauigkeit der Datierung eingefügt werden. Der S.begriff ist unentbehrlich, weil er bei der Feststellung einer auf wesentl. Eigenschaften beruhenden Gleichartigkeit künstler. Werke Unterscheidungen möglich macht, ohne die weder der für den Historiker unabdingbare Vergleich möglich, noch Geschichte darstellbar ist. Da sich der S. eines Werkes oder einer Person in der Wahl der Formen und deren Verwendung manifestiert, kann man nicht von einer S.wiederaufnahme sprechen, sondern nur von Wiederaufnahme von Formen, die für einen S. charakteristisch waren, so z. B. die →Antikenrezeption in karol., otton. und spätsal. Zeit als ein Element des karol., otton. oder spätsal. Stils. Formale Übernahmen bzw. Rückbeziehungen gehören zumeist in den Bereich der Ikonologie, d. h. sie sind in der Absicht der Repräsentation besonderer Bedeutungen, Bezüge oder Ansprüche vorgenommen. G. Binding

Lit.: D. FREY, Kunstwiss. Grundfragen, 1946 (1972) – L. DITTMANN, Stil, Symbol, Struktur, 1967 – H. BAUER, Kunsthistorik, 1979².

Stilicho, röm. Reichsfeldherr (ca. 365–408), Sohn eines Vandalen, bewährte sich früh im diplomat. und militär. Dienst (z. B. gegen den Usurpator →Eugenius) und wurde 395 von dem sterbenden →Theodosius I. mit der Fürsorge für →Honorius und →Arcadius betraut. Seine Stellung als leitender Staatsmann wurde gestärkt durch die Ehe mit Serena, einer Nichte des Theodosius, sowie durch die Vermählung seiner Tochter Maria (und nach deren Tod von deren Schwester Thermantia) mit Arcadius. Seine Weigerung, den Anspruch des Westens auf die illyr. Provinzen aufzugeben, hatte den Einfall des in oström. Diensten stehenden Westgotenkg.s →Alarich nach Italien und den Aufstand des →Gildo in Afrika zur Folge. Es gelang ihm jedoch, Mailand zu entsetzen und die Westgoten durch die Erfolge von Pollentia (402) und Verona (403) und anschließende Vertragsverhandlungen zum Abzug zu bewegen. Die unter Radagais erneut eingebrochenen Gotenscharen konnte er 406 bei Fiesole vollständig vernichten. Wegen der dadurch notwendigen Rückberufung von Truppen überschritten →Vandalen, →Alanen und →Sueben den Rhein und plünderten Gallien bis zu den Pyrenäen. Da er sich gegen den gall. Usurpator Konstantin III. nicht durchsetzen konnte und auf hohe Geldforderungen Alarichs einzugehen bereit war, der erneut Italien bedrohte, verlor er das Vertrauen des Ks.hofes. Zu seinem Sturz trug auch der Verdacht bei, er erstrebe nach dem Tode des →Arcadius (408) für seinen Sohn Eucherius die Ks.würde in Konstantinopel. Nach seiner Absetzung floh er in Ravenna in eine Kirche, wurde aber herausgelockt und auf Befehl des Honorius hingerichtet. S., zu Lebzeiten wegen seiner erfolgreichen Germanenpolitik gefeiert (Claudian, De laude Stilichonis), wurde später von chr. we. heidn. Seite als Verräter des Reiches verurteilt. Eine gute bildl. Darstellung bietet das Konsulardiptychon in Monza. R. Klein

Lit.: PLRE I, 853–858 – S. MAZZARINO, Stilicone, 1942 – A. DEMANDT, Die Spätantike, 1989, 138ff. – W. F. VOLBACH–M. HIRMER, Frühchr. Kunst, 1958, Nr. 62 und 63 [Diptychon] – B. KIILERICH–H. TORP, Jb. des Dt. Arch. Inst. 104, 1989, 319–372 – R. WARLAND, Mitt. des Dt. Arch. Inst. Röm. Abt. 101, 1994, 175–202 [unbekannter amtierender comes domesticus].

Stilo, Stadt in Kalabrien (Prov. Reggio C.). Im 7./8. Jh. nach der langob. Landnahme an der Küste des Ion. Meeres gegründet, wurde die Siedlung im 10. Jh. wegen der Angriffe der Sarazenen auf den Hang des Monte Consolino verlegt. S. war byz. Festung und bewahrt noch zahlreiche Zeugnisse aus dieser Zeit wie das berühmte Katholikon (»Cattolica«), die griech. Kl. S. Giovanni Theriste und S. Maria di Arsafia sowie die Lauren S. Angelo und La Pastorella. Nach sechsjährigem Widerstand wurde S. 1071 von den →Normannen erobert. Diese befestigten das Kastell »in cacumine montis« und erhoben S. zur Stadt der

Krondomäne. Sie begegneten der lokalen Judengemeinde mit kluger Toleranz und gestatteten, daß der griech. Ritus und die städt. Gewohnheiten weiterleben konnten. Gleichzeitig erstarkte der Einfluß der lat.-westl. Kultur durch die Ausdehnung des Besitzes der 1091 vom hl. →Bruno gegr. Kartause S. Maria della Torre auf das Gebiet von S. Im 11. Jh., vor der Einführung des lat. Ritus in der Diözese (1096), schmückte sich Bf. Mesimerios v. →Squillace auch mit dem Titel eines Bf.s v. S. und Taverna. Dies ist jedoch als extensiver Gebrauch des Begriffs anzusehen und kein Beleg für die Existenz eines Bm.s in S. Den Staufern treu ergeben, leistete S. hartnäckigen Widerstand gegen die Anjou, die es erst nach dem Vesperkrieg (→Sizilianische Vesper) anerkannte. Vom 14. bis zum 16. Jh. war S. weiterhin Stadt der Krondomäne. 1435 bestätigte Alfons v. Aragón die Kapitel der »Universitas civium«.   P. De Leo

Lit.: IP, X, 56 – L. Cunsolo, La storia di S. e del suo regio demanio, 1965 [Nachdr. 1987].

Stjórn ('Regierung', 'Herrschaft'), anorw. Bibelkompilation, Anfang des 14. Jh. im Auftrag von Kg. →Hákon V. Magnússon verfaßt. Wie in vergleichbaren dt. →Historienbibeln wurde die Übers. der ersten Bücher des AT um einen ausführl. Komm. (nach patrist. und ma. Q.) erweitert, der hier aber so breit angelegt war, daß der Kompilator nicht über Ex 18 hinauskam. Bis zum 2. Buch der Könige folgt dann eine fast kommentarlose Übers., wobei aber eine der beiden Haupths. (A) im Buch Josua eher der Historia scholastica des →Petrus Comestor als der Vulgata folgt; dann wurde das Werk offenbar völlig eingestellt. In der Hs. A steht die S. vor der Rómverja saga, der Alexanderssaga (→Alexander der Gr., B. XI) und der Gyðingasaga, womit eine Art von Weltchronik entsteht. Der Kompilator zitiert im ersten Teil einige seiner Q. sogar ausdrückl. (Historia scholastica, Vincenz' v. Beauvais Speculum historiale), stillschweigend verwendete er auch Isidors Etymologiae, Honorius' Augustodunensis Imago mundi sowie Schriften Bedas, Augustins, Gregors d. Gr. und selbst den anorw. Kg.sspiegel (→Fürstenspiegel, B. IV).   R. Simek

Lit.: KL VI, s.v. – G. Storm, Om Tidsforholdet mellem Kongespejlet og S. samt Barlaams og Josaphats saga, ANF 3, 1886 – R. Astås, Noen bemerkninger om norrøne bibelfragmenter, ebd. 85, 1970 – H. Bekker-Nielsen, Caesarius und S. (Saga ok Språk, 1972) – D. Hofmann, Die Kg.sspiegel-Zitate in der Stjórn, Skandinavistik 3, 1973 – S. Bagge, Forholdet mellom Kongespejlet og S., ANF 89, 1974 – Sjötíu ritgerðir helgaðar Jakobi Benediktssyni, 1, 1977 [Beitr. H. Pálsson, P. Hallberg] – R. Astås, Kompilatoren bak S. I som teolog (The Sixth Int. Saga Conf., Workshop Papers I, 1985) – Ders., En kompilator i arbeid. Stud. i S. I, 1985 – I. J. Kirby, Bible Translation in Old Norse, 1986 – R. Astås, Et Bibelverk fra middelalderen: Stud. i S., 1987 – K. Wolf, Brandr Jónsson and S., Scandinavian Stud. 62, 1990, 163–188 – Dies., Peter Comestor's Hist. Scholastica in Old Norse Translation, Amsterdamer Beitr. zur älteren Germanistik 33, 1991, 149–166 – Medieval Scandinavia. An Encyclopedia, 1993, 611f.

Štip, ma. Stadt in Makedonien, an der Mündung des Flusses Otinja in die Bregalnica gelegen. Eine bulg. Legende aus dem MA schreibt ihre Gründung dem sonst unbekannten »kavhan Odeljan« zu, moderne Forscher betrachten Š. als Nachfolgerin des antiken Astibo. Dafür spricht nur die Kontinuität der Benennung: Astibo, Stipeon, Stoupion, Š.; eine Siedlungskontinuität bleibt hingegen archäolog. unbewiesen. Bis zum Ende des 10. Jh. wurde Š. eine bedeutende Festung. Die byz. Geschichtsschreiber der Zeit Basileios' II. erwähnen die Eroberung 1014 und einen kurzen Aufenthalt des Ks.s 1018. Aus der Zeit der byz. Herrschaft (11.–12. Jh.) fehlen Nachrichten; wahrscheinl. wurde die aus späteren Q. bekannte Zweiteilung in die Festung auf der Anhöhe und in das Suburbium (*amborij*, *trg*, *podgradije*) auf dem Plateau der Otinja-Mündung vollendet. Seit dem Ende des 12. Jh. gehörte Š. zum zweiten Bulg. Reich, vorübergehend war die Stadt in den Händen der Griechen aus Epeiros (vor 1230) und Nikaia (nach 1246). Seit 1308 stand Š. bis zur türk. Eroberung 1395 (mit mögl. Unterbrechungen zw. 1322 und 1332) unter serb. Herrschaft. In der letzten Periode wurden für die Stadt die Territorialherren entscheidend, zuerst Hrelja († 1343), der in Š. ein Kl. der hl. Erzengel gründete, dann Jovan Oliver, der Grundstücke, Häuser und Hörige in Š. besaß. Die Brüder Jovan und Konstantin Dragaši (→Dragaš) waren die letzten Stadtherren von Š. Die Stadtwar Sitz eines *kefalija*, innerhalb dessen Sprengels der eigtl. Stadtdistrikt lag (*metoh gradski*). Sechs Kirchen werden in Š. erwähnt. Der Stadtvorsteher hatte den Titel *knez* wie in den Bergbaugemeinden. Unter den Bewohnern war das slav. Element stärker verteten als in anderen makedon. Städten.   S. Ćirković

Lit.: Astibo-Š., I–XX vek, 1964 – S. Ćirković, Š. u XIV veku, Zbornik na trudovi posveteni na akademikot Mihailo Apostolski, 1986, 25–37.

Stirling, Burg der schott. Kg.e und Stadt (*burgh*) am Forth, nw. von Edinburgh, nahm seit ca. 1100 bis weit über das MA hinaus eine Schlüsselstellung in der schott. Gesch. ein und beherrschte einen entscheidenden Flußübergang, der die n. und die s. Hälfte Schottlands miteinander verband. Ständig von den schott. Kg.en als Residenz und Bollwerk genutzt, war S. auch der Schauplatz bemerkenswerter Ereignisse: 1107 Todesort Alexanders I., David I. und seine Enkel verwahrten in der Burg den kgl. Schatz, seit der Mitte des 12. Jh. wurden Ratsversammlungen und nach ca. 1240 Parliaments häufig nach S. einberufen. Der frz.-schott. Vertrag v. 1295 (→Auld Alliance) nahm seinen Anfang in einem im Juli desselben Jahres in S. abgehaltenen Parliament. In der Schlacht bei S. Bridge (11. Sept. 1297) besiegte ein schott. Heer unter William →Wallace ein engl. Heer unter dem Earl of Surrey. Die Schlacht v. →Bannockburn (23.–24. Juni 1314) focht und verlor der engl. Kg. Eduard II., als er verhindern wollte, daß S. in schott. Hände fiel. In der Burg tötete am 22. Febr. 1452 Kg. Jakob II. William, den 8. Earl of →Douglas.   G. W. S. Barrow

Lit.: W. Nimmo, Hist. of S.shire, 1895 – Royal Commission on Ancient and Historical Monuments of Scotland, S.shire, 1963 – R. Fawcett, Scottish Architecture, 1371–1560, 1994.

Stirnstulp, aus der Stirnverstärkung des →Elmetto entstandener Oberteil des zweiteiligen it. →Visiers.
                                                                  O. Gamber

Štitny, Tomáš → Thomas v. Stitne

Stobaios (Στοβαῖος [Suda: Στοβεύς], nach der makedon. Stadt Stoboi gen.), Johannes, gr. Sammelautor wohl des 5. Jh. In den seinem Sohne Septimios gewidmeten 4 Büchern Ἐκλογαί, ἀποφθέγματα, ὑποθῆκαι ('Auszüge, Aussprüche, Ratschläge') oder Ἀνθολόγιον ('Blütenlese') hat er, z. T. aus älteren Slg.en schöpfend, Exzerpte aus Werken ca. 500 heidn. Autoren von →Homer bis →Themistios themat. zusammengestellt: I Welt, II/III Mensch, IV Gesellschaft. In insges. 206 Kap. werden nach der Nennung je eines Themas Belege aus poet., philos., hist., rhetor. und med. Lit. angeführt, darunter viele Frgm.e sonst verlorener und Varianten erhaltener Texte. Die in der ma. Überlieferung gekürzte (z. T. aus →Photios cod. 167 und byz. Slg.en, bes. dem Florilegium Laurentianum, zu ergänzen) und geteilte Slg. (I/II Ἐκλογαί/Eclogae, ed. pr. W. Canter 1575; III/IV Ἀνθολόγιον/Florilegium bzw.

Sermones, ed. pr. V. Trincavelli 1536) wurde im byz. MA und im Humanismus viel verwendet.   U. Dubielzig

Ed.: C. WACHSMUTH–O. HENSE, 1884–1923 [1974³] – *Scholien:* A. H. L. HEEREN, Ed. 1801, II, 1, 442–465 – *dt. Übers. (III/IV):* G. Frölich, Basel 1551 – *Lit.:* HAW VII, 2. 2, 1087–1089 – KL. PAULY V, 378f. – RE IX, 2549–2586 – C. WACHSMUTH, Stud. zu den gr. Florilegien, 1882 – R. M. PICCIONE, Sulle fonti e la metodologie compilative di Stobeo, Eikasmós 5, 1994, 281–317 [Lit.].

Stockbüchse, bes. Gattung einer →Handbüchse, der frühesten Form der →Handfeuerwaffe. Bei der S. hatte das aus Eisen geschmiedete oder aus Bronze gegossene Rohr am hinteren Ende eine Ausnehmung zum Einstecken eines Stockes, einer Holzstange (→Tüllenschäftung), die sowohl dem Schützen als Handhabe als auch, in den Boden gerammt, zum Abfangen des Rückstoßes beim Feuern diente. Geladen wurde eine S. mit Schwarzpulver und Kugeln aus Stein, Eisen oder Blei. Das Zünden erfolgte von Hand aus mittels eines Loseisens oder einer →Lunte.
   E. Gabriel

Lit.: W. HASSENSTEIN, Das Feuerwerksbuch v. 1420, 1941.

Stocker, Hans (Jo[h]ann[es]), schwäb. Arzt aus dem Ulmer Patriziat (flügelschlagender Adler auf Stock als Wappentier), * um 1453/55, † 27. Mai 1513, ⌑ Dreifaltigkeitskirche, Ulm. 1472 Beginn des Studiums in Ingolstadt (Artes), Promotion zum Dr. med. in Bologna, 1477–78 als Arzt in Tübingen praktizierend, dann in Ulm niedergelassen, dort 1483 in Nachfolge Heinrich →Steinhöwels als Stadtarzt angestellt, zusätzl. in gfl.-württ. sowie hzgl.-tirol. Diensten mehrfach als Leibarzt verpflichtet. S.s umfangreiches lit. Werk bietet ausschließl. heilkundl. Fachprosa. Von seiner amtsärztl. Tätigkeit zeugt die jahrhundertelang gültige 'Hebammenordnung', die S. gemeinsam mit den schwäb. Kollegen Johannes Münsinger und Johannes Jung ausarbeitete. Durch S.s leibärztl. Verpflichtungen sind mehrere →Regimina sanitatis motiviert, die den Bereich der Ernährung betonen und durch ein Reise-Regimen sowie ein Pest-Regimen ergänzt werden. Als allg. patientenbezogen erweist sich seine Materia medica, die in verbreiteter Streuüberlieferung sowie in (teils mehrfach gedr.) Rezeptslg.en erhalten ist ('Ulmer Wundarznei'): Am bedeutendsten ist sein nur hs. überliefertes 'Arzenîbuoch'; die stärkste Wirkung erzielte die posthume 'Praxis ⟨aurea⟩ morborum particularium' (ed. zuletzt 1657 in Leiden).   G. Keil

Lit.: Verf.-Lex.² IX, 341–344 – J. MARTIN, Der Ulmer Wundarzt J. S. und sein nosolog. gegliedertes Arzneibuch, Würzburger med.hist. Mitt. 5, 1987, 85–95 – Die 'Ulmer Wundarznei'. Einl. – Text – Glossar zu einem Denkmal dt. Fachprosa des 15. Jh., hg. J. MARTIN, Würzburger med.hist. Forsch. 52, 1991, 13f., 32f., 175f.

Stockholm, Hauptstadt v. →Schweden, an der Mündung des Mälarsees in die →Ostsee. Die Stadtgründung wird traditionell auf 1252 datiert (aufgrund von zwei in diesem Jahr in S. ausgefertigten – nicht aber S. betreffenden – Briefen des 'major domus' →Birger Jarl). Zwar sind bereits für das 11. Jh. Befestigungsarbeiten am Platz der späteren Stadt belegt (Sicherung der Mälarseemündung zum Schutz des inneren Mälargebiets, bes. von →Sigtuna), doch ist Stadtentwicklung erst ab Mitte des 13. Jh. faßbar. Die Grundlage hierfür bildete wohl das Interesse einerseits der schwed. Krone, andererseits der dt. Kaufleute (bes. aus →Lübeck) an der Errichtung eines verkehrsgünstig gelegenen und gut kontrollierbaren Umschlagplatzes für den Austausch zw. Schweden und Deutschen (Metallhandel); in einem Abkomken zw. der Krone und Lübeck wurde u. a. festgelegt, daß in Schweden ansässige dt. Kaufleute nach schwed. Recht leben und 'Schweden' (d. h. schwed. Mitbürger) werden sollten.

S. stieg bereits in der 2. Hälfte des 13. Jh. zur größten und politisch wie wirtschaftlich wichtigsten Stadt des Kgr.es auf und erreichte am Ende des MA die für skand. Städte (→Stadt, H) hohe Einwohnerzahl von ca. 6000. In ethn. Hinsicht bestand die Bevölkerung aus drei Gruppen: *Schweden*, welche die Mehrheit bildeten und in allen sozialen Schichten zu finden waren; *Deutsche*, die ztw. bis zu einem Drittel der Einwohner umfaßten, mit starkem Anteil an der wirtschaftl.-polit. Führungsschicht; *Finnen*, die zumeist den Unterschichten (Hausgesinde, Tagelöhner) angehörten.

Der Rat in S. war, wie um 1350 im schwed. Stadtrecht (→Magnús Eriksson Stadslag) festgelegt wurde, je zur Hälfte von Schweden und Deutschen besetzt; es herrschte durchgängig der (nicht durch Stadtrecht vorgeschriebene) Brauch, nur Kaufleute in den Rat aufzunehmen. Obwohl S. (außer vielleicht in den Jahren nach 1365) offiziell nicht der →Hanse angehörte, waren Wirtschaft und Kultur stark von den norddt. Hansestädten (v.a. Lübeck, woher der Großteil der dt. Bewohner stammte) beeinflußt. Als bedeutendster Außenhandelsplatz Schwedens stand S. vorwiegend mit Lübeck und (im SpätMA) →Danzig in Beziehung; wichtige Ausfuhrgüter waren Metalle (Eisen, Kupfer) sowie Pelze, Lachs und Roggenspeck, ztw. auch Häute und Butter, Einfuhrgüter dagegen Salz, Tuche, Luxuswaren, Gewürze, Hopfen, Bier und Wein.

In S. lag die wichtigste Burg Schwedens; der Kg. bzw. →Reichsverweser nahm über den (an den Ratssitzungen obligatorisch beteiligten) Vogt entscheidenden Einfluß auf die städt. Verwaltung. S. wird schon seit den Jahren um 1390 als »Hauptstadt« (d.h. wichtigste Stadt des Reiches) genannt; Regierungs- und Hauptstadtfunktionen im modernen Sinne sind aber erst seit dem 17. Jh. gegeben. Das älteste erhaltene Stadtprivileg stammt von 1436 (wohl vorhandene ältere Urkk. fielen dem Stadtbrand von 1419 zum Opfer). In kirchl. Hinsicht besaß S. (abgesehen von Kapellen in den Vorstädten) nur eine Pfarrkirche, St. Nikolaus. Es bestanden ein Franziskanerkl. (seit 1270), ein Dominikanerkonvent (seit 1340), ein Klarissenkl. (seit 1289) und ein Nebenhaus der →Johanniter zu Eskilstuna (seit 1334).   G. Dahlbäck

Q.: S.s stadsböker från äldre tid, 4 Ser., 1876–1944 – *Lit.:* N. AHNLUND, S.s hist. före Gustav Vasa, 1953 – Helgeandsholmen – 1000 år i S.s ström, hg. G. DAHLBÄCK, 1982 – G. DAHLBÄCK, I medeltidens S., 1988.

Stöcklin (Stöckl), **Ulrich**, Udalricus Wessofontanus OSB, * um 1360 in Rottach, † 6. Mai 1443. Als Geschäftsträger der Kl. OSB der Diöz. Freising berichtete S. in 46 Briefen über das Basler Konzil. Er war kurze Zeit Prior in →Tegernsee, 1438 wurde er Prior von →Wessobrunn. Eine Reihe z. T. umfangreicher Dichtungen, die den Einfluß →Konrads v. Haimburg zeigen, schreibt G. M. DREVES (Einl. zur Ausg. AnalHym 6 und 38) mit guten Gründen S. zu – in der Überlieferung findet sich nur das Pseudonym 'Quisucius presbiter cardinalis tytuli sancti Clementis': Gruß- und Preisdichtungen an Maria, Gebete, Stundenlieder, →Rosarien, Psalterien mit jeweils 150 Strophen (→Psalmen, Psalter, B.I), häufig in der Form von →Glossenliedern, →Akrostichen oder Abecedarien. Unter den Strophenformen sind die Vagantenstrophe (in reichen gereimten Formen), eine Zehnsilberstrophe und eine Zwölfsilberstrophe mit daktyl. Rhythmus bevorzugt. Die Sprache der formal gewandten Dichtungen zeigt eine Reihe von Neubildungen, oft dem Reim zuliebe, auch – nicht immer beherrschtes – Griechisch aus Glossaren und den Werken des Hieronymus. Das »Centinomium«, eine Dichtung über die 100 Namen Mariae, berichtet von einer

Marienvision, die dem Dichter zuteil wurde. Auch sonst ist gelegentl. Persönliches eingestreut, bes. Klagen über die Beschwerden des Alters. G. Bernt

Ed.: AnalHym 6 und 38 – G. M. Dreves–Cl. Blume, Ein Jt. lat. Hymnendichtung, I, 458 [Ausw.] – *Lit.:* Verf.-Lex.² IX, 346–352 – G. M. Dreves, AnalHym 6, 5–16; 38, 5–8.

Stockwerk, im Wohnbau eine Bezeichnung für eine obere Etage; übernommen aus dem Holzbau, dem S.bau, der aus in sich abgezimmerten, jeweils als selbständige Gerüste gebildeten, übereinandergestellten Etagen besteht. Der Übergang vom älteren Geschoßbau zum S.bau vollzieht sich in den einzelnen Landschaften unterschiedlich, in Südwestdtl. ist ab 1420/30 der S.bau üblich, →Fachwerkbau. S. wird fälschlich im Steinbau für Geschoß gebraucht. G. Binding

Stodewescher, Silvester, Ebf. v. →Riga 1448–79, † 1479 in der Haft auf Burg →Kokenhusen. Der Thorner Bürgersohn studierte 1427 in Leipzig, 1433 Mag. art., 1441 Kaplan und Kanzler des Hochmeisters des →Deutschen Ordens. Auf dessen Betreiben zum Ebf. ernannt, verpflichtete er sich als Ordenspriester v. a. in der Habitfrage. Dem ordensfeindl. Domkapitel machte er unerfüllbare Zusagen. Dieser Widerspruch ließ ihn beim Einzug in Riga sogar um sein Leben bangen. 1451 gab er zu Wolmar dem Verlangen des Ordens nach Inkorporierung des Kapitels nach. Am 30. Nov. 1452 vereinbarte er zu Kirchholm mit dem Orden eine Teilung der Herrschaft über die (dadurch dem Orden zur Heeresfolge verpflichtete) Stadt Riga. Angesichts des Widerstandes der Stadt ergriff S. bald die Partei des Ordens, der nun aber die Alleinherrschaft anstrebte. Isoliert, suchte der Ebf. die erzstift. Ritterschaft durch ein erweitertes Erbrecht (Silvesters Gnade, 1457) für sich einzunehmen, während der Orden Riga durch einen Gnadenbrief gewann und so die Lage beherrschte. 1474 mußte S. auf alle Hoheitsrechte über Riga verzichten, doch konspirierte er mit Gegnern des Ordens, sogar mit Polen und Schweden (Einsatz schwed. Söldner), und belegte Orden und Stadt mit Bann und Interdikt (1477). Dagegen verbanden sich die livländ. Stände, auch die eigenen Vasallen; 1479 besetzte der Orden das Erzstift und nahm S. gefangen. H. von zur Mühlen

Q. und Lit: Liv-, Est- und Kurländ. UB, 1852ff. – L. Arbusow, Grdr. der Gesch. Liv-, Est- und Kurlands, 1918⁴ – R. Wittram, Balt. Geschichte, 1954 – G. Kroeger, Ebf. S. S. und sein Kampf mit dem Orden um ... Riga, MittLiv 24, 1930 – K. Militzer, Die Finanzierung der Erhebung S. S.s zum Ebf., ZOF 28, 1979 – H. Boockmann, Der Einzug Ebf.s S. S.s ... in sein Ebm. 1449, ZOF 35, 1986.

Stodorjane → Heveller

Stoke Field, Schlacht v. (16. Juni 1487), gilt als letzte Schlacht der sog. →Rosenkriege, deren Ausgang den engl. Thron für Heinrich Tudor sicherte. Eine Reihe von Verschwörungen gegen Heinrich und seine Gemahlin →Elisabeth, Tochter Eduards IV., war ihr vorausgegangen. Die von →Margarete v. Burgund unterstützten Rebellen machten 1487 Lambert →Simnel, einen Betrüger, der sich in Irland als Eduard, Earl of Warwick, ausgab, zum Mittelpunkt ihrer Verschwörung – der echte Earl of Warwick konnte als Sohn von →George, Duke of Clarence, den Thron beanspruchen und war 1485 gefangengenommen worden. Obwohl die Verschwörer vom Kg. begnadigt wurden, floh John de la →Pole, Earl of Lincoln, nach Burgund, wo er mit dt. Söldnern ausgestattet wurde. Lincolns Heer versammelte sich in Dublin, und Simnel wurde am 24. Mai 1487 als »Eduard VI.« zum Kg. proklamiert. Am 4. Juni 1487 landete es in Foulday (Lancashire) und bewegte sich in s. Richtung, um auf das Heer Heinrichs VII. zu treffen. Am 16. Juni 1487 kam es bei dem Dorf East S. zur Schlacht, bei der die Rebellen, deren Heer (ca. 8000 Mann) neben den dt. Söldnern nur schlecht bewaffnete und gekleidete Fußsoldaten (ir. »Kerns«) umfaßte, unterlagen. Die meisten ihrer Führer wurden getötet, Simnel gefangengenommen. A. Cameron

Lit.: J. D. Mackie, The Earlier Tudors, 1957 – S. B. Chrimes, Henry VII, 1972 – →Simnel, Lambert.

Stoke, Melis → Chronik, F

Stola, Teil der liturg. →Kleidung; bei der →Weihe überreichte Amtsinsignie von →Diakon und →Priester; langes Stoffband, von Diakon (Schärpe von der linken Schulter nach rechts), Priester (zumeist vor der Brust gekreuzt) und Bf. (gerade herabfallend) über der Albe getragen. Das zunächst Orarium ('Schweißtuch') gen. Gewandteil ist im Osten (Orarion [Diakon], Epitrachelion [Priester]; z. T. auch von Subdiakon und Lektor getragen) Mitte des 4. Jh., vorkarol. im Westen für Gallien und Spanien im 6. Jh., in Rom erst in der 2. Hälfte des 8. Jh. belegt (dort zunächst von allen Weihegraden getragen). Der Name S. ('Kleid') setzte sich im Norden im 8./9. Jh. durch, während die Ordines Romani noch von 'orarion' sprachen (erst im 13. Jh. selten). Die S. wurde mit Gold, Silber, Fransen und Quasten, mit Kreuzen, Figuren u.a. geschmückt und orientierte sich seit dem 11./12. Jh. in Farbe und Stoff an der Kasel. Für die Entstehung der S. wird u.a. auf ähnl. Würdezeichen in der theodosian. Kleiderordnung verwiesen. In einigen Kirchen, in denen es ztw. Diakoninnen gab, wurde auch diesen Orarion oder S. verliehen (Verwendung nicht immer eindeutig). Belegt ist auch die Überreichung der S. an die Kartäuserinnen bei ihrer Consecratio; die S. wurde beim Verkünden des Evangeliums in den Metten und zur goldenen Profeß getragen und mit ins Grab gegeben. (vgl. A. G. Martimort, Les diaconesses, 1982). B. Kranemann

Lit.: Liturg. Woordenboek, 1965–68, 2594–2597 – LThK² IX, 1090f. – L. Duchesne, Origines du culte chrétien, 1902³, 390–394 – J. Braun, Die liturg. Gewandung im Occident und Orient, 1907 [Nachdr. 1964], 562–620 – R. Berger, Liturg. Gewänder und Insignien (Ders. u.a., Gestalt des Gottesdienstes, 1990²), 324f. – B. Kleinheyer, Stud. zur nichtröm.-westl. Ordinationsliturgie 4, ALW 33, 1991, 217–274 – →Kleidung, II.

Stolberg (ma. Stalberg), Gft. Die S.er gehörten zu den Gf.en, die nach 1230 die Kg.smacht im →Harz verdrängten. Vielleicht stammten sie von den Gf.en v. Kirchberg ab. Erster Vertreter war um 1200 Heinrich v. Voigtstedt, der seit 1210 nach der Burg S. (wohl im 10./11. Jh. gegr.) gen. wurde. Die S.er erwarben wichtige Herrschaftsrechte, u. a. 1341 Roßla/Bennungen, 1413 Kelbra, 1417 Hohnstein, 1429 →Wernigerode, 1443 Heringen, 1465 Questenberg. Erbverbrüderung bestand mit den Gf.en v. →Hohnstein, →Schwarzburg und Wernigerode, Lehnsabhängigkeit von →Brandenburg, →Braunschweig, →Magdeburg, →Mainz und →Thüringen (1485 Albertiner). Wegen der Bergwerke (bes. um Straßberg) gab es Konflikte mit den Regalherren, die S. das Münzrecht zugestanden. Die Gf.en beteiligten sich an Fehden (u.a. 1275 gegen →Erfurt, 1437 gegen →Halberstadt) und Landfriedenseinungen, betrieben die Kl.reform (1463 Ilfeld) und stellten im 14. Jh. zwei →Merseburger Bf.e. W. Zöllner

Q. und Lit: Reg. Stolbergica, hg. G. A. v. Mülverstedt, 1885 – G. Dehio, Hb. dt. Kunstdenkmäler, 1976, 445ff.

Stolgebühren, →Abgaben (iura stolae, Gebühren), die Geistliche (Pfarrer) für bestimmte Amtshandlungen, Sakramentenspendungen und andere kirchl. Funktionen

(Taufe, Aufgebot zur Ehe, Trauung, Einsegnung und Beerdigung, Aussegnung der Wöchnerinnen, Ausstellung von Bescheinigungen über derlei vorgenommene Akte, zeitweilig auch Abendmahl, Beichte und letzte Ölung) von den Gläubigen seit dem hohen MA als Rechtsanspruch einfordern konnten. Der Begriff geht auf die →Stola zurück. Usprgl. wurden den Geistlichen für die Erfüllung ihrer Funktionen freiwillige Gaben geboten (1 Kor 9, 7–14). Schon die Synode v. Elvira (306, c. 48) und Gregor I. hatten sie verboten. Andere Synoden (Braga 572, Toledo 675) betonten die Freiwilligkeit solcher Gaben, ließen aber kein Forderungsrecht entstehen. Im System der →Eigenkirche werden die S. zu Einnahmen des Kirchenherren. Die Bedeutung der Eigenkirche darf in diesem Zusammenhang allerdings nicht überbewertet werden. Wegen der Gefahr der →Simonie waren die S. immer umstritten. Sie wurden einerseits kirchenrechtl. verboten (C. 1 q. 1 cc.99–103; X. 5. 3. 8–9), andererseits wurde die alte Gewohnheit der Darbringung von Opfern aus verschiedenen kirchl. Anlässen im hohen MA aber in Pflichtleistungen verwandelt. Der Pfarrer oder Pfarrvikar forderte nun als iustitia, was vorher Gewohnheit war (PLÖCHL). Die Lösung des Simonieproblems war wohl folgende: Vor Verrichtung bestimmter Akte durften keine S. vereinbart, nachträgl. konnte der ehrwürdigen Gewohnheit gefolgt werden. Seit dem IV. →Laterankonzil (1215) durften geistl. Handlungen nicht von der Zahlung der S. abhängig gemacht werden, die Erhebung einer Gebühr danach wurde aber als laudabilis consuetudo beibehalten. Die unentgeltl. Sakramentenspendung für Arme wurde sichergestellt, dem Mißbrauch übermäßiger Forderungen gesteuert und gleichzeitig ein notwendiger Teil des Einkommens des Seelsorgeklerus gemeinrechtl. sanktioniert. Umfang und Höhe der S. blieben dem Partikularrecht (Stolordnungen) überlassen. R. Puza

Lit.: FEINE, 192 – PLÖCHL II, 434f. – HRG IV, 2005f. – LThK² IX, 1092f. – RE XIX, 67ff. – RGG VI, 388f. – TH. FREUDENBERGER, Der Kampf um die radikale Abschaffung der S. während der Bologneser Periode des Trienter Konzils, Münchner Theol. Zs. 1, 1950, Nr. 4, 40–53.

Stolle, Sangspruchdichter des 13. Jh. Sein Name ist v. a. mit einem Spruchton verbunden, der von namentl. bekannten Autoren schon des 13. Jh. vielfach verwendet wurde. Die älteste datierbare Strophe dichtete der Hardegger 1235/37. Da Gebrauch fremder Töne bei den Spruchdichtern des 13. Jh. ungewöhnl. ist, verwundert es nicht, daß dem Ton der Name *Alment* ('Gemeindeland') gegeben wurde. Seiner Bauform nach zeigt er Verwandtschaft mit den Tönen des Bruders →Wernher (1. Hälfte 13. Jh.). Inwieweit Textstrophen, die in der Jenaer Liederhs. J (dort auch die Melodie; →Liederbücher) unter *Meyster stolle* überliefert sind, wirkl. vom Tonerfinder stammen, ist nicht klar (eine Scheltstrophe gegen Kg. Rudolf v. Habsburg kann erst nach 1273 verfaßt sein). Die Alment wurde von den →Meistersingern bis ins 18. Jh. verwendet, ihr Schöpfer, häufig auch als Alter S., unter die Zwölf alten Meister gezählt; im 16. Jh. wurde ihm zusätzl. ein Blutton unterschoben. Seit dem 15. Jh. begegnet der Name des Jungen S. Er gilt in der Kolmarer Liederhs. als Erfinder eines schon im ausgehenden 13. Jh. überlieferten (namenlosen) Tons; im 16. Jh. wird er v. a. als Erfinder des Hohen Tons genannt. H. Brunner

Ed. und Lit.: Verf.-Lex.² IX, 356–359 [G. KORNRUMPF] – W. SEYDEL, Meister S. [Diss. Leipzig 1892] – Rep. der Sangsprüche, V, 1991, 385–411 – G. KORNRUMPF–B. WACHINGER, Alment (Dt. Lit. im MA. Kontakte und Perspektiven, 1979), 356–411.

Stolle, Konrad, Chronist, * 1430 Zimmern am Ettersberg, † 30. Dez. 1505, ⌑ St. Severi in →Erfurt. Nach Schulbesuch im Severistift und in Langensalza Italienreise (1458–62: Rom, Florenz, Mantua), seit 1464 Vikar an St. Severi und anderen Erfurter Kirchen. Aus der Sicht des Weltklerikers schrieb er in den 80er Jahren ein umfangreiches Gesch.swerk im mitteldt. Dialekt, das von Noah bis zur Gegenwart (1502) reicht. Den Grundstock bildeten ältere zeitgeschichtl. Aufzeichnungen, sein 1474 einsetzendes »Memoriale«. Für die ältere Zeit hat er v. a. Johannes →Rothe ausgeschrieben. Mit der Verengung auf die thür.-erfurt. Gesch. gewinnt die Chronik durch Augenzeugenberichte, Verträge, Streitschrr. und Lieder bes. kultur- und sozialgeschichtl. Quellenwert. G. Streich

Ed.: Memoriale. Thür.-erfurt. Chronik von K. S., bearb. R. THIELE, 1900 – *Lit.:* Verf.-Lex.² IX, 359–362 – H. PATZE, Landesgesch.sschreibung in Thüringen, JGMODtl 16/17, 1968, 107f. [auch PATZE–SCHLESINGER I, 7f.].

Stolp, Burg und Stadt in →Pommern. Die slav. Burg S. am rechten Ufer der Stolpe war Mittelpunkt des gleichnamigen Landes, das 1227 Hzg. →Barnim I. v. Pommern unterstand, dann zum Hzm. der Samboriden (→Pommerellen), kirchl. zu →Gnesen gehörte. 1236 wird ein Kastellan erwähnt, 1269 ein Kaplan in der civitas vor der Burg. Neben der Burgstadt entstand eine dt. Siedlung (1276 Schultheiß). 1278 genehmigte Hzg. Mestwin II. den Danziger Dominikanern die Errichtung eines Kl., 1281 überwies er dem OPraem-Stift Belbuck die Petrikirche (in der Burgstadt), die Marienkapelle in der Burg und zum Bau eines Nonnenkl. die Nikolaikirche. Nach Mestwins Tod 1295 gelangten Burg und Land an die Swenzonen (schon zuvor Kastellane in S.). 1307 unterstellten sie sich den Mgf.en v. →Brandenburg, die 1310 die dt. Siedlung (links der Stolpe) zur Stadt mit →Lübischem Recht erhoben. 1317 waren Burg, Stadt und Land im Besitz des Greifenhzg.s Wartislaws IV. v. Pommern, 1329–41 waren sie an den →Dt. Orden verpfändet, gehörten aber seitdem zum Hzm. der →Greifen, kirchl. zum Bm. →Kammin. Im 14. Jh. entwickelte S., seit 1337 im Besitz des Hafens Stolpmünde, als Mitglied der →Hanse weitreichende Handelsbeziehungen. Nach der Teilung des Hzm.s Pommern-Wolgast 1372 wurde S. ztw. Residenz des als Pommern-S. bezeichneten hinterpommerschen Landesteils. Nach dem Stadtbrand v. 1476 wurde St. Marien als Stadtkirche erbaut. Die Errichtung einer hzgl. Burg innerhalb der Stadt konnten die Bürger verhindern. R. Schmidt

Lit.: W. REINHOLD, Chronik der Stadt S., 1861 – W. BARTHOLDY, O Stolpa, du bist ehrenreich, 1910 – R. BONIN, Gesch. der Stadt S., 1910 – H. HOOGEWEG, Die Stifter und Kl. der Prov. Pommern, II, 1925, 630–652.

Stör, von Thomas v. Cantimpré 7, 10 nach Plin. n. h. 9, 60 als »acipenser« und zusätzl. aus Unkenntnis seiner Identität nach unbekannter Q. (dem Liber rerum?) 7, 70 (= Vinzenz v. Beauvais 17, 95) als »sturio« = »stora« (Name der Barbaren!) beschrieben. Der (nach Albertus Magnus, animal. 24, 51 neun Fuß) lange altertüml. Grundfisch nimmt während des Laichens in Flüssen keine Nahrung zu sich. Thomas behauptet wohl deshalb, er lebe nur von heiterer Luft durch Öffnung eines tatsächl. vorhandenen »Spritzloches« (modicum sub gutture foramen) und nehme nur bei Südwind zu. Der rüsselartig vorstülpbare kleine zahnlose (und daher von Thomas offenbar übersehene) Mund auf der Unterseite der von Albert erwähnten »langen Nase« (der Schnauze) sauge eine zähe Flüssigkeit (tatsächl. Würmer und Weichtiere) ein. Die zarten Eingeweide konstrastieren nach Thomas mit der großen und wegen ihrer Süße vor dem Verzehr mit der bitteren Galle zu bestreichenden Leber. Das von Albert erwähnte gelbl. Fett (pinguedo crocea) sind vielleicht die später – wie das von ihm gerühmte weiße Fleisch – als Kaviar verspeisten Eier. Er kennt auch die den runden Körper umgebenden in Längsrichtung verlaufenden Knochenschilderreihen (aber nur 3 statt 5: tres habet denticulorum in pelle pungentium, per corporis longitudinem) und wohl auch die Verknöcherung der Schuppen am Kopf aus eigener Anschauung von seiner Heimat an der Donau her. Thomas lobt den fangfrischen und in Milch noch lange lebenden, aber bei Donner leicht verwesenden Fisch als nahrhaft.

Ch. Hünemörder

Q.: Albertus Magnus – Thomas Cantimpr., Liber de nat. rerum, T. 1, ed. H. BOESE, 1973 – Vinc. Bellov., Speculum nat., 1624 [Neudr. 1964].

Storax(baum) (Styrax officinalis L. / Styracaceae). Im MA war unter dem Namen *storax* nicht nur das feste, seit der Antike bekannte Harz des S.es in Gebrauch, sondern auch das flüssige des Amberbaumes (Liquidambar orientalis Mill. / Hamamelidaceae). Entsprechend wurden eine trockene, gelbe oder rötl. (*calamita*) und eine flüssige, bisweilen als schwarz bezeichnete Sorte (*sigia* u. a.) unterschieden (Constantinus Africanus, De grad., 351), welch letztere man durch Auskochen der Rinde gewann (Albertus Magnus, De veget. VI, 227); der anderweitig verwendete Name *t(h)imiama* (Alphita, ed. MOWAT, 179) bezieht sich hier wohl auf den Preßrückstand (»f[a]ex storacis liquid[a]e«). Med. nutzte man diese Pflanzenprodukte v. a. bei Kopf-, Haut- und Frauenkrankheiten sowie als Räuchermittel (Gart, Kap. 378).   I. Müller

Lit.: MARZELL II, 1337; IV, 523 – A. TSCHIRCH, Hb. der Pharmakognosie, III, 1925, 1048–1060.

Storch (lat. *ciconia*, gr. *géranos*), von Thomas v. Cantimpré 5, 28 u. a. nach Isidor, etym. 12, 7, 16f., Solin 40, 25–27, Ambrosius, exam. 5, 16, 53–55, Plin. n. h. 10, 61–63 eingehend beschriebener Schreitvogel von angebl. grauer Färbung. Eine genauere Aufteilung der Farben Schwarz und Weiß beim Weißs. wie auch beim in einsamen Sümpfen nistenden Schwarzs. nimmt nur Albertus Magnus, animal. 23, 35, vor, Bartholomaeus Anglicus 12, 8 kennt dagegen die allmähl. rote Umfärbung der anfangs schwarzen Beine und Schnäbel der Jungen. Bei Frühjahrs- und Herbstzug sollen sich die S.e an bestimmten Orten in Asien sammeln und von den sie im Kampf gegen Greifvögel (vgl. dazu Albert) unterstützenden Krähen (*cornices*) übers Meer geleiten lassen. Eine dortige Überwinterung weist Albert dreifach begründet als Lüge zurück. Abweichen vom nistplatztreuen Brutverhalten galt für die benachbarten Menschen als böses Vorzeichen. Die schützende Liebe zum zahlenmäßig von der Nahrung abhängigen Nachwuchs sollte der »pia avis« (Ambros. 5, 16, 55 bei Thomas) schon nach Aristoteles (h. a. 9, 13 p. 615 b 23–25) im Alter durch Pflege vergolten werden (daher für Alexander Neckam, nat. rer. 1, 65 Beispiel für pietas). Von der Bestrafung des vom Menschen (durch Verhindern des Waschens) dem Storch (durch den Geruch, was Albert bestreitet) offenbarten mehrfachen Ehebruchs einer Störchin durch Artgenossen berichten eingehend Thomas und Alexander 1, 64 (nach gemeinsamer Quelle?). Wie beim Vogel das bloße Wasser, so tilgen nach Thomas beim Menschen die Taufe und die Träne der Reue den Geruch der Sünde. Der auch im MA geltende Schutz des S.es wurde schon in der Antike dem ihm nicht schadenden Verzehr von Schlangen (daher hilft auch nach Plin. n. h. 29, 105 bei Thomas der Magen gegen alle Gifte) zugeschrieben. Einzelheiten über Nahrungsaufnahme (u. a. Mäuse) berichtet Albert. Nach seinem Vorbild soll Galen (bei Vinzenz v. Beauvais 16, 47, aber vgl. Alexander 1, 64) das Klistier erfunden haben. Das seit Solin zur Namenserklärung (ciconia a sono que crepitant) verwandte charakterist. Schnabelklappern hat nach Thomas (und etwas anders nach Albert) einen vierfachen Auslöser. Für Hrabanus Maurus, de univ. 8, 6 (MPL 111, 245), ist der S. Sinnbild für vorausschauende Menschen und böse Geister bekämpfende Diener Gottes.   Ch. Hünemörder

Q.: → Albertus Magnus, → Alexander Neckam, → Ambrosius, → Bartholomaeus Anglicus, → Hrabanus Maurus, → Isidor v. Sevilla, → Solinus – Thomas Cantimpr., Lib. de nat. rerum, T. 1, ed. H. BOESE, 1973 – Vinc. Bellov., Speculum nat., 1624 [Neudr. 1964] – Lit.: HWDA VIII, 498–507.

Stormarn bildete mit → Holstein und → Dithmarschen einen der drei norddt. Gaue → Sachsens. Die Stormarner stellten gemeinsam mit den Bewohnern Wigmodiens z. Zt. Karls d. Gr. einen Teil der *Nordleudi* oder *Nordliudi* dar, die während der Sachsenkriege Karls (→ Karl d. Gr., A. 3) diesem am längsten Widerstand leisteten. Der Name S. mag mit 'Sturm' (eventuell auf ihren Kampfgeist weisend) oder mit einem Gewässer, der Stör, zusammenhängen. Der verwandte Gauname 'Sturmi' in Niedersachsen könnte auf Einwanderung von Norden her zurückzuführen sein. Seit der otton. Zeit bildete S. einen Teil der dieses und Holstein umfassenden Gft., die seit 1111 unter den → Schauenburgern als Lehnsgf.en → Lothars (III.) und → Heinrichs d. Löwen stand. Obwohl die »Sturmarii« bei → Adam v. Bremen und → Helmold v. Bosau noch erwähnt werden, wurde der Gauname S. in den Urkk. mehr und mehr dem des weitaus größeren und bedeutenderen Holstein subsumiert. Vor Errichtung der Landesherrschaft in Holstein verfügten die S.er anscheinend wie die Holsten über eine Gauverfassung, die der holstein. glich: mit vier Gauvierteln, wahrscheinl. wie in Holstein unter *Boden*, und einem Gauthing unter Vorsitz eines *Overboden* (in einer Urk. Heinrichs d. Löwen v. 1148 bezeugt). Doch scheint die Funktion der alten Gauverfassung in S. eher als in Holstein verschwunden zu sein.

E. Hoffmann

Lit.: GSH IV, 12f. – H. REINCKE, Frühgesch. des Gaues S. (S., der Lebensraum zw. Hamburg und Lübeck, 1938), 154 – W. LAUR, Hist. Ortsnamenlex. von Schleswig-Holstein, Gottorfer Schr. 8, 1967, 194f. – E. HOFFMANN, Beitr. zum Problem des »Volksadels« in Nordelbingen und Dänemark, ZSHG 100, 1975, 39f.

Stornello, volkstüml. Dichtung, zumeist mit erot. Thematik, aus zwei oder drei Versen bestehend (der erste gewöhnl. ein Fünfsilber, die anderen Elfsilber), schriftl. Q. erst seit dem 17. Jh., bestimmt für den (Wechsel)gesang. Weitverbreitet ist die Assonanz v. a. des ersten Verses (in dem gewöhnl. ein – auch fiktiver – Blumenname angesprochen wird) und des zweiten Verses, falls es sich um kurze Dichtungen handelt. Das S. wird heute noch anläßl. des Palio-Festes in Siena in etwas erweiterter Form gesungen. Die Verbreitung des S. beschränkt sich auf Mittel- und Süditalien. Dall'Ongaros »S.i« (mit Risorgimento-Thematik) sind ihrer Form nach → Strambotti.

G. Capovilla

Lit.: A. M. CIRESE, Ragioni metriche, 1988, 35–153 – S. ORLANDO, Manuale di metrica it., 1993, 195f. – P. BELTRAMI, La metrica it., 1994².

Störtebe(c)ker, Klaus → Vitalienbrüder

Stoß, Veit, Bildhauer, Maler und Kupferstecher, * um 1440/50, wahrscheinl. in Nürnberg (?), möglicherweise aber auch im Schwäbischen, † 1533 in Nürnberg. Herkunft nicht gesichert. – Einer der Hauptmeister der süddt. Spätgotik, siedelte er 1477 nach Krakau über. Dort schuf er in der Marienkirche das größte und gewaltigste Hochaltar-Retabel (13 m hoch) der dt. Bildschnitzerkunst. Obwohl es erst 1489 vollendet war, hielt sich S. zw. 1486 und

1488 nachweisl. immer wieder in Nürnberg auf. Ausmaße und Schönheit des Krakauer Werkes – von bes. Feinheit und leidenschaftl. Eleganz die Gruppe des Marientodes im Mittelschrein – brachten dem Meister dort neue Aufträge ein, v. a. Arbeiten in Stein. Seit 1496 wieder in Nürnberg, geriet er dort 1503 beim Versuch, fällige Schulden einzutreiben, mit der Obrigkeit in Konflikt. (Zu Unrecht) der Wechselfälschung für schuldig befunden, wurde er zu der entehrenden Strafe des Durchbrennens beider Wangen mit glühenden Eisen verurteilt. Zwar nach Wiederaufnahme des Verfahrens durch Ks. Maximilian I. rehabilitiert, blieb der gezeichnete Meister ein in Nürnberg von allen gemiedener Bürger und starb, wahrscheinl. auch blind, als seel. gebrochener Mann. – Lehre und künstler. Anfänge von S. liegen im dunkeln, doch lassen stilist. Gegebenheiten auf Einflüsse oberrhein. und Nürnberger Meister schließen, v. a. aber auf Schulung durch N. →Gerhaerts. Leidenschaftl. Naturalismus der Details gepaart mit einer Art üppiger Durchwühlung der Umrisse der Figuren und Gewänder kennzeichnen S.' Schaffen und weisen es als einen der Höhepunkte spätgot. Plastik aus. Meisterhaft in der Technik des Bildschnitzens und der Arbeiten in Stein, firm in der Malerei und zugleich erfahrener Kupferstecher, übte er – v. a. in Polen und im Osten – auf seine Zeitgenossen einen erhebl. Einfluß aus. Er gilt als der größte Vertreter der sog. »barocken« Phase der späten Gotik. – *Werke*: Hochaltar-Retabel in der Marienkirche zu Krakau, 1477–89; Ölbergrelief, Krakau, Nat. Mus.; Marmorgrabmal für Kg. Kasimir Jagiełło, um 1492, Krakau, Dom; Grabmal für Ebf. Olesnitcki, um 1493, Gnesen, Dom; Grabmal für Bf. Peter v. Buina, 1494, Wloclawek, Dom; Großes Sandsteinkruzifix, Krakau, Marienkirche; Maria vom Hause des V. S. in Nürnberg, um 1499; Passionsreliefs, Nürnberg, St. Sebald; Hl. Rochus, um 1505, Florenz, SS Annunziata; Apostel Andreas, um 1505/07, Nürnberg, St. Sebald, Ostchor; Verkündigungsrelief, 1513, Langenzenn, Klosterkirche; Englischer Gruß, 1517–19, Nürnberg, St. Lorenz; Großes Kruzifix, 1520, Nürnberg, St. Sebald; Hochaltar-Retabel aus der Nürnberger Karmelitenkirche, 1520, heute Bamberg, Dom. – Werke als Maler: Flügeltafeln für das Altar-Retabel von Tilmann Riemenschneider in Münnerstadt, Pfarrkirche, 1504. – Von S.' Kupferstichen sind nur wenige überkommen. Sie stehen überwiegend im Zusammenhang mit seinem bildner. Œuvre. M. Tripps

Lit.: G. Dehio, Gesch. der dt. Kunst, 2, 1921 – A. Feulner, Dt. Plastik des 16. Jh., 1926 – W. Pinder, Dt. Plastik vom ausgehenden MA bis zum Ende der Renaissance, 1929 – E. Lutze, Kat. der V.-S.-Ausst., Nürnberg, Germ. Nat.mus., 1933 – Ders., Die Ausstrahlung des V. S. im O, 1944 – E. Buchner, V. S. als Maler, Wallraf-Richartz-Jb. 14, 1952 – F. Baumgart, Gesch. der abendländ. Plastik, 1957 – A. Stange, Dt. Malerei der Gotik, 1958 – Ausstellungskat. V. S. in Nürnberg und Umgebung, 1983 – V. S. Die Vorträge des Nürnberger Symposions, 1985 [Bibliogr., 297–345].

Stoßklinge, zumeist verstärkte mittlere Klinge kombinierter →Stangenwaffen. O. Gamber

Stoßzeug, auch Sturmbock, Widder oder Tummler genannt, gehörte zu den ma. Belagerungsmaschinen (→Antwerk) und wurde in dieser Form bereits von den Römern als Palisaden- und Mauerbrecher verwendet. Unter einem meist rollbaren Schutzdach (→Katze) befand sich ein an Ketten oder Tauen waagerecht hängender und an seinem vorderen Teil mit Eisen beschlagener Balken, der, von einer Anzahl von Männern in Pendelbewegung versetzt, als sehr wirkungsvolles Gerät zum Schlagen einer Bresche diente. E. Gabriel

Lit.: B. Rathgen, Das Geschütz im MA, 1928.

Stourbridge, engl. Marktflecken in Cambridgeshire. Das dortige Leprosenhospital St. Mary Magdalen (vermutl. in der 1. Hälfte des 12. Jh. gegr.) diente auch zur Versorgung des benachbarten →Cambridge. Die Verbindung zu dieser Stadt dokumentiert sich u. a. in einer Q. des Jahres 1279, die eine Stiftung der Bürger von 24,5 *acres* Land an das Hospital verzeichnet. Bes. Bedeutung gewann S. i. J. 1211, als Kg. Johann dem Hospital eine jährl. Messe für die Zeit von St. Bartholomaei bis Michaelis gewährte. Es ist jedoch davon auszugehen, daß S. bereits seit ags. Zeit als Warenumschlagplatz gedient hatte. Maßgebl. Anteil an der wachsenden Bedeutung der Messe hatte die sich entwickelnde Univ. in Cambridge, der, wie auch der Stadt selbst, erhebl. wirtschaftl. Privilegien erteilt wurden. Die Gerichtsbarkeit während der Messe blieb bis 1589 umstritten. Zu den wichtigsten Gütern zählten Tuche und Fisch; die Q. belegen Hansen, it. und span. Händler. S. erhielt im MA niemals Stadtrecht.
B. Brodt

Q. und Lit.: VCH Cambridgeshire and the Isle of Ely, II, 1948; III, 1959 – I. Starsmore, English Fairs, 1975 – E. W. Moore, The Fairs of Medieval England, 1985.

Straboromanos, Manuel, byz. Beamter am Ks.hof, Schriftsteller, Protonobelissimos (→Nobilissimat) und Megas Hetaireiarches, * 1070, † nach 1110, wahrscheinl. Sohn des Megas Hetaireiarches Romanos S. Durch den Eintritt in die Palastgarde →Alexios' I. Komnenos besserte sich seine materiele Misere. Die Bittrede an Alexios I. (nach 1103), in der er Trost durch Lit. hervorstreicht, enthält Autobiographisches und Angaben zur →Krim. Nach Übersendung von weiteren Logos erhielt er positive Antwort. Auf Michael Dukas († zw. 1108–18) verfaßte er ein Grabgedicht (für Michaels Schwester, Ksn. Eirene Dukaina). Neben Epigrammen (auf Alexios und den hl. →Demetrios) betrauert er den Verlust eines seiner Kinder (aus der Sicht der Mutter). Sein Sohn Nikephoros widmete ihm ein Grabgedicht. M. Grünbart

Ed.: P. Autier, Le dossier d'un haut fonctionnaire d'Alexios Ier Comnène, M. S., RevByz 23, 1965, 168–204 [aus Coislin. 136] – *Lit.*: Tusculum-Lex., 1989³, 749f. – Oxford Dict. of Byzantium, 1991, 1961f. – G. G. Litavrin, A propos de Tmutorokan, Byzantion 35, 1965, 221–234 – W. Bühler, Zu M. S., BZ 62, 1969, 237–242 – Hunger, Profane Lit., I, 123.

Strafe, Strafrecht

A. Kanonisches Recht – B. Spätantike und Byzanz – C. Rechte einzelner Länder – D. Islamisches Recht.

A. Kanonisches Recht

Von ihren Anfängen an hat die Kirche gegen schwerwiegendes Versagen, das ihre Ordnung störte oder die Gemeinde nach außen entehrte, mit S.n reagiert. Hauptq. für die Existenz der S. der →Exkommunikation und zugleich Ausgangspunkt für die Entwicklung einer kirchl. Strafgewalt bildet Mt 18, 15–18. Für Kleriker kam bereits im 3. Jh. die →Deposition, d. h. die Amtsentsetzung, zur Anwendung. Außer Mord, Abfall vom Glauben und Unzucht (→Sexualdelikte, kanon. Recht) stellten die Synoden des 4. und 5. Jh. auch →Wucher, Simonie, Erhebung falscher Anklagen und den Verkehr mit Exkommunizierten unter S. Dienstvergehen von Klerikern bezogen sich auf die Verletzung von Amtspflichten, der Gehorsamspflicht sowie einer dem Klerikerstand entsprechenden Lebensführung. Die Ausübung der Strafgewalt oblag in erster Linie dem Diözesanbf. Zunehmend gewannen germ. Rechtselemente (z. B. Reinigungseid; →Gottesurteil) Einfluß auf das Gerichtswesen und das Strafrecht der Westkirche. Die Einführung der sog. Privatbeichte im 7. Jh. auf dem Festland drängte zu einer differenzierten Unterscheidung zw. Straftat und Sünde (→Schuld, II) und damit zu einer Lösung der von der frühchr. Zeit her festgehaltenen Verbindung von Exkommunikation und Buße (forum iudiciale – forum poenitentiale).

Im hohen MA gelangte das kanon. Strafrecht zu seiner vollen Ausbildung und wiss. Erörterung. Neben zahlreichen anderen S.n blieb die Exkommunikation die einschneidendste Maßnahme des kirchl. Strafrechts. Für Kleriker kam der Entzug des Amtes in mannigfach differenzierten Formen (→Degradation, Deposition, →Suspension) zur Anwendung. Das lokale →Interdikt, d.h. die Einstellung sämtl. gottesdienstl. Handlungen, entwickelte sich zu einer eigenständigen S. Die Ausbildung der Tats., die automat. mit Begehung der Tat eintritt, ermöglichte die Bestrafung von nicht bekanntgewordenen Straftaten und Straftätern. Mit der Beschränkung des Begriffs Beuges. (censura) auf die Exkommunikation, das Interdikt und die Suspension unter Innozenz III. (1198–1216) begann eine deutlichere Unterscheidung zw. Beuge- und Sühnes.n. Die Strafverfolgung war im Unterschied zur privatrechtl. Auffassung der germ. Rechts grundsätzl. eine Angelegenheit der kirchl. Autorität. Der befreite Gerichtsstand der Kleriker (→privilegium fori) fand reichsgesetzl. Anerkennung. Das unter Innozenz III. neuentwickelte Inquisitionsverfahren (→Inquisitionsprozeß) ließ den →Akkusationsprozeß in den Hintergrund treten. Für den Nachlaß der dem Apostol. Stuhl vorbehaltenen S.n (→Reservationen) entstand ein bes. päpstl. Gerichtshof, die Apostol. Pönitentiarie. Infragestellungen der kirchl. Strafgewalt, insbes. durch →Marsilius v. Padua in seinem »Defensor Pacis« (1324), John →Wyclif († 1384) und Jan →Hus († 1415), wurden vom kirchl. Lehramt als häret. abgewiesen.

W. Rees

Lit.: PLÖCHL I, 1953, 88f.; II, 1955, 304ff. – FEINE, 1972⁵, 120ff., 219ff., 436ff. – W. REES, Die Strafgewalt der Kirche. Das geltende kirchl. Strafrecht – dargestellt auf der Grundlage seiner Entwicklungsgesch., 1993 [Lit.].

B. Spätantike und Byzanz

Inwieweit die Byzantiner das S.recht als abgegrenztes Rechtsgebiet aufgefaßt haben, läßt sich am ehesten am Aufbau der Gesetzessslg.en ablesen. Die Verfasser bzw. Kompilatoren des justinian. →Corpus iuris civilis hatten einschlägige Normen zusammengefaßt und jeweils gegen Ende von Institutionen (B.4), Digesten (B.47–48) und Codex (B.9) plaziert; →Ekloge (Titel 17), Eisagoge (→Epanagoge; Titel 40), →Basiliken (B.60) und →Procheiros Nomos (Titel 39) folgten diesem Beispiel. Allen diesen Slg.en ist gemeinsam, daß sie den Normen des (öffentl.) S.rechts solche des privaten Deliktsrechts – sei es auch in verschiedenem Umfang und in unterschiedlicher Anordnung – benachbarten oder untermischten. Gemeinsamer Nenner war die ποινή, d.h. die S. bzw. Buße, unter die auch der Schadensersatz subsumiert wurde. Dem Katalog der Straftatbestände, der in spätantiker Zeit vornehmlich um Religionsvergehen ergänzt worden war, fügte die Ekloge wohl auch kirchl. Einfluß zahlreiche Sexualdelikte hinzu, die sie darüber hinaus erstmals als eigene Kategorie konzipierte. Ansonsten wurde die röm.-justinian. Dogmatik des S.rechts weitgehend beibehalten. Ähnliches gilt auf der normativen Ebene auch für den Strafprozeß, der schon terminologisch nicht konsequent vom Zivilprozeß unterschieden wurde. Hier blieb es beim Akkusationsprinzip, wobei je nach Delikt nur der Verletzte oder Geschädigte selbst, seine Verwandten oder jedermann anklageberechtigt war; die Anklage mußte bei Gericht registriert werden. Anders als im Zivilprozeß war die Vertretung stark eingeschränkt; Zeugen mußten persönlich erscheinen; die peinl. Befragung spielte eine größere Rolle; die maximale Prozeßdauer sollte nur zwei statt drei Jahre betragen; dem erfolglosen Ankläger drohte dieselbe S., die den Angeklagten im Fall seiner Verurteilung getroffen hätte. In der Praxis des ohnehin »außerordentl.« Strafverfahrens dürfte es gerade in Fällen von öffentl. Interesse weiten Spielraum für die richterl. Untersuchung gegeben haben. Die Regeln für Zuständigkeit und Instanzenzug waren – soweit überhaupt vorhanden – vermutlich wenig wirksam. – Die S.n reichten von der an den Geschädigten oder an den Fiskus zu zahlenden Geldbuße über leichte und schwere Körperstrafen (Züchtigung, Schur, Verstümmelung) und Verbannung bis zu verschiedenen Formen der Todesstrafe. Einsperrung war vom Gesetz nur als (militär.) Arrest oder als Untersuchungshaft vorgesehen; die Internierung in einem Kl. ist als Form der Relegation zu betrachten. Konfiskation und Infamie traten meist in Begleitung anderer S.n auf. In vielen Fällen sah das Gesetz eine Differenzierung von Strafart und -maß nach der sozialen Stellung des Täters vor. Im übrigen blieb die Strafzumessung häufig mehr oder weniger explizit den Jurisdiktionsbeamten überlassen; ein kohärentes Strafsystem, das sich durch eine Vorliebe für (keineswegs neue, geschweige denn »oriental.«) die Tat spiegelnde Verstümmelungss.n auszeichnet, ist lediglich in der Ekloge ausgebildet; es konkurriert in den späteren Rechtsslg.en mit den justinian. Strafvorschriften. Über die tatsächl. Strafpraxis fehlen verallgemeinerungsfähige Nachrichten.

L. Burgmann

Lit.: K. E. ZACHARIÄ V. LINGENTHAL, Gesch. des griech.-röm. Rechts, 1892³, 325–349, 406–408 – TH. MOMMSEN, Röm. S.recht, 1899 – B. SINOGOWITZ, Stud. zum S.recht der Ekloge, 1956 – S. TROIANOS, 'Ο »Ποινάλιος« τοῦ Ἐκλογαδίου, 1980 – D. SIMON, Die Melete des Eustathios Rhomaios über die Befugnis der Witwe zur Mordanklage, ZRG-RomAbt 104, 1987, 559–595.

C. Rechte einzelner Länder

I. Deutsches Recht – II. Italien – III. Iberische Halbinsel – IV. Skandinavien – V. England – VI. Rus' – VII. Serbien.

I. DEUTSCHES RECHT: Das Wort 'S.' findet sich erst ab 1200 für ein Phänomen, das zuvor noch als »rächen« oder »körperl. züchtigen« oder »beaufsichtigen« bezeichnet worden war. Das entscheidend Neue wurde offenbar in der nüchternen, affektionslosen und im voraus schriftl. fixierten und institutionalisierten Schadenszufügung gesehen (v. SEE, 1979). – Zeitl. früher (vgl. WEITZEL) hatte es eine gewalttätige kgl. Praxis gegeben, die sich selbst noch primär als Rachehandlung (→Rache) verstanden hatte; und deshalb auf Taten reagierte, die als Verletzungen der Position des Kg.s (seiner als leibl. aufgefaßten Herrschaftssphäre) aufzufassen waren: polit. Verrat, Untreue der Amtsträger, Unterlassen des amtl. Einschreitens, tätl. Angriff (auch durch Zauberei), Beleidigung. Daneben hatte der christl. Kg. seine Sanktionen gegen Taten gerichtet, die vom Dekalog des AT als »Todsünde« bewertet wurden: →Diebstahl und →Raub, Inzest, Eheschließung zw. Freien und Sklaven, Frauenraub, Grabfrevel, →Totschlag; und selbstverständl. Abfall vom christl. Glauben oder heidn. Zauberpraktiken. Der Täter wurde als Feind des Kg.s (bzw. Gottes) betrachtet und in einem Verfahren – das vom spätantiken röm. Vorbild her auch Festnahme, Untersuchung, Folterung kannte – durch Urteil der Gerichtsverhandlung (unter Vorsitz des Kg.s oder eines Stellvertreters, des Gf.en) sanktioniert. Freilich fehlte dem Kg. (v. a. der Merowingerzeit) der institutionelle Unterbau eines »Staates«. Die Gliederung in →Sippen oder in an den entstehenden Adelshöfen durch Eid verbundene Mannschaften war noch zu stark, weshalb v. a. bezügl. des

Totschlags die herkömml. Rache (→»Fehde« = Feindschaft) nur schwer in den Hintergrund zu drängen war. Dort, wo die Kg.e durch die Aufzeichnung der »Volksrechte« mit ihren genauen Bußkatalogen versuchten, diese unmittelbare Gewalt zurückzudrängen zugunsten eines (wenn möglich durch sie bzw. den Gf.en geleiteten) Bußverfahrens, war ein zusätzl. kgl. Racheverfahren nicht möglich, da mit Zahlung der ausgehandelten oder bestimmten →Buße der Konflikt bereinigt war. Nur dort, wo die Angehörigen den Täter im Stich ließen oder wo der Herr für den Sklaven nicht haften wollte, kam es zu Gewalthandlungen (Tötung, Verstümmelung, Prügel), zumindest unter Mitbeteiligung des Gf.en (NEHLSEN). Auch die überkommene Tötung eines auf handhafter Tat ertappten Missetäters schloß kgl. Einschreiten aus, sofern die ritualisierten Regeln eingehalten waren. – Nur hingewiesen soll werden auf die seit jeher gegebenen vielfältigen Möglichkeiten einer kirchl. Bestrafung in durchaus handfester Gestalt (Einsperrung, Prügelung, sogar Skalpierung und Entmannung). Durch den Einsatz der Exkommunikation kam der Kirche – die nach Röm. Recht lebte, häufig auf einer spätröm. Organisation aufbauen konnte und zunehmend zentral von Rom aus gelenkt wurde – durch lange Zeit hindurch eine höhere Effektivität zu als dem Kg. Insgesamt kann der Einfluß des kirchl.-klerikalen Denkens (gipfelnd in der Ausarbeitung des kanon. Rechts, in das zahlreiche Bestimmungen des röm. Rechts eingingen) auf das weltl. Recht(sdenken) gar nicht überschätzt werden. – Auf die Frage, was denn nun Neues um 1200 eingetreten war, ist ein Hinweis auf den hist. Zusammenhang zur sog. Friedensbewegung (→Gottes- und →Landfrieden) naheliegend. Freilich war auch schon zuvor vom christl. Kg. erwartet worden, daß er für Frieden auf Erden zu sorgen habe. Deshalb hatte es schon im Merowingerreich Versuche einer amtl. Verfolgung und Hinrichtung von Friedensbrechern (v. a. gewalttätigen Räubern) gegeben; wobei sicherl. auch spätröm. Vorstellungen eine Rolle gespielt hatten (NEHLSEN). Doch war diesen Versuchen nicht allzu viel Erfolg beschieden. So entstand der Gedanke der Gottesfrieden, erstmals am Konzil v. Charroux 989, bei dem Bf.e (in ihrer Funktion als Gerichtsherren) und Adlige sich eidl. verpflichteten, sowohl selbst Frieden zu halten als auch Friedensbrecher mit gemeinsamer Kraft zu überwinden. Als Sanktion sahen die Gottesfrieden zunächst die kirchl. →Exkommunikation vor: als Zwangsmittel, um den Betroffenen zur Wiederherstellung der Friedensordnung zu bringen. Zugleich bot sich an, diese Ausstoßung aus der Kirche mit der Vertreibung auch aus der weltl. Friedensgemeinschaft zu verbinden, wie der Kölner Gottesfrieden v. 1083 ausdrückl. festsetzte; ein Unfreier sollte dafür enthauptet oder zumindest körperl. durch Verstümmelung oder Brandmarkung gezeichnet werden. Spätere Gottesfrieden und daran anschließend die Landfrieden dehnten die Körper- und Lebensstrafen auf Freie aus: um auf diese Weise den Ausschluß aus der Friedensgemeinschaft offenbar zu machen (WILLOWEIT). Dabei darf der Einfluß der Städte nicht übersehen werden. Die Stadt verstand sich als Friedensbezirk für Menschen, die als Fremde (und daher ohne Einbindung in eine Sippe oder Mannschaft) miteinander auszukommen hatten, weshalb die Bürger ihre Waffen (und damit auch die Möglichkeit zu gewalttätigen Auseinandersetzungen) an den Magistrat abgeben mußten, der bald in die Stellung einer Obrigkeit rückte. Der Rat der neuen Städte entwickelte in dieser Funktion neue, schnellere, effektivere Methoden der Bekämpfung der gefährl. Kriminalität (v. a. der Straßenräuber), bis hin zu reinen Polizeimaßnahmen. Jedenfalls war das spezif. Neue die Betonung der alle Untertanen umfassenden, »objektiven« Friedensordnung (zuletzt und zutiefst: die Ordnung der von Gott gewollten und verwirklichten Schöpfung) und ihrer Verletzung durch Friedensbruch. Die kgl. Rachehandlungen wurden auf diese Ordnungsfunktion bezogen und dadurch objektiviert. Der innere Mechanismus der Rache blieb aber bewahrt: wer den Frieden brach, dem wurde auch der Friede genommen. Es war von daher leicht möglich, den atl. Vergeltungsgedanken zu übernehmen, was v. a. für Totschlag die Konsequenz der Todess. nach sich ziehen mußte. So entstand allmähl. das blutige Strafrecht des MA, verbunden mit der Institution des berufsmäßigen →Scharfrichters. Doch ist anzumerken, daß das faszinierende »Theater« der Hinrichtungen erst der NZ angehörte. Noch stand nicht im Vordergrund die Abschreckung durch eine beeindruckende Strafpraxis, sondern die Aufhebung des Ordnungsbruches – der unter dem Einfluß des kanon. Rechts auch schuldhaft sein mußte – durch Sühne (vor den Menschen, aber v. a. vor Gott). Oft reichte es aus, wenn der Missetäter sich bestimmten beschämenden und erniedrigenden Zeremonien in der Öffentlichkeit unterwarf (»Ehrens.n«). Die Unters. des Aktenmaterials zeigt, daß die angedrohten blutigen S.n meist nur gegen Ortsfremde auch wirkl. verhängt wurden, sofern diese nicht einfach (auch aus Kostengründen) nach Züchtigung und Brandmarkung des Landes (oder der Stadt) verwiesen wurden (GUDIAN). Zudem gab es im MA in vielen Fällen allg. die Möglichkeit, eine Leibess. mit einer Geldzahlung abzulösen, von dem großzügig gehandhabten Gnadenrecht ganz abgesehen. – Jedenfalls ist die (auch sprachl.) Veränderung um 1200 und damit der Unterschied zum alten germ. Rechts- und Sanktionsverständnis eindeutig (zum Problem des Missetäters als *wargus*: →Werwolf). Deshalb soll kurz auf den Zustand vor der Herausbildung des germ. Kgtm.s hingewiesen werden. Unstrittig standen damals mangels einer zentralen Macht die Sippenkriege im Mittelpunkt: als Mittel der Herstellung der durch Konflikte gestörten Ordnung zw. den einzelnen Sippen. Für Verletzungen der Ordnung innerhalb der einzelnen Sippe und der Gesamtordnung aller Sippen (etwa im Bereich der religiösen Überzeugungen [Tabus]) fiel freilich diese Möglichkeit aus. Es kam hier – neben der Gewalt des Ältesten über die Sippenmitglieder – zu Gemeinschaftsaktionen, von denen bereits Tacitus berichtete. Manche Theoretiker (in Nachfolge des v. AMIRA) wollen darin eine Opferung des Missetäters an die beleidigte Gottheit sehen: doch kannten die Germanen noch keine Götter, die – wie der jüd.-christl. Gott – sittl. an der Einhaltung der Ordnung interessiert gedacht waren; zudem war ein Missetäter kein geeignetes (makelloses) Opfer. Überzeugender ist die Theorie, wonach ein solcher Täter aus dem Bereich des Menschlichen herausfiel: seine Tat war eine nicht nachvollziehbare (und daher nicht begehbare) Un-Tat, die ihn von selbst ausschloß aus dem menschl. Kosmos; HASENFRATZ spricht von dem »akosm. Toten«, den die Anderen aus der Kommunikation der Lebenden ausschlossen, vertrieben, steinigten, im Sumpf versenkten, seinen Leib dem Wind oder der Sonne oder dem Wasser übergaben und ihn dadurch auflösten und ihn so vernichteten, wodurch auch seine Gefährlichkeit als Wiedergänger beseitigt wurde. Die Theorie von REHFELDT sieht in diesen Aktionen Reinigungs-, Wiedergutmachungs- oder Abwehrzauber gegen dämon. Kräfte. Am überzeugendsten scheint aber die Auffassung zu sein, die diese Vernichtung des Un-Menschen als Zuordnung des Betroffenen zu der Sphäre versteht, in die er eigtl.

gehörte. So hing man den Dieb an den →Galgen, damit ihn Wotan – der Gott der Diebe und des Windes, der selbst am Galgen aufgehängt war – als Führer der wilden Jagd (also des Heeres der Toten) in stürm. Nächten zu sich nehmen konnte: nicht als Sühneopfer, sondern als sein Eigen. Der Unterschied zur Zeit nach 1200 ist jedenfalls fundamental, was freilich nicht ausschloß, daß die überkommenen Formen der Behandlung des Missetäters – also das Hängen, Rädern, Ertränken, Lebendigbegraben, Zerstückeln, Enthaupten usw. – weiter übernommen und unter Aufnahme spätröm. Vorstellungen ausgebaut wurden.

W. Schild

Lit.: R. His, Das Strafrecht des dt. MA I, II, 1920, 1935 – K. v. Amira, Die germ. Todess.n, 1922 – B. Rehfeldt, Todess.n und Bekehrungsgesch., 1942 – V. Achter, Geburt der S., 1951 – G. Gudian, Geldstrafrecht und peinl. Strafrecht im späten MA (Rechtsgesch. als Kulturgesch. [Fschr. A. Erler, 1976]), 273–288 – K. v. See, S. im An., ZDA 108, 1979, 283–298 – H.-P. Hasenfratz, Die toten Lebenden, 1982 – H. Hattenhauer, Über Buße und S. im MA, ZRGGermAbt 100, 1983, 53–74 – H. Nehlsen, Entstehung des öffentl. Strafrechts bei den germ. Stämmen (Gerichtslaubenvorträge, hg. K. Kroeschell [Fschr. H. Thieme, 1983]), 3–16 – W. Schild, Alte Gerichtsbarkeit, 1985² – D. Willoweit, Die Sanktionen für Friedensbruch im Kölner Gottesfrieden v. 1083 (Recht und Kriminalität. [Fschr. F. W. Krause, 1991]), 37–52 – H. Holzhauer, Zum Strafgedanken im frühen MA (Überlieferung, Bewahrung und Gestaltung in der rechtsgeschichtl. Forsch. [Fschr. E. Kaufmann, 1993]), 179–192 – J. Weitzel, S. und Strafverfahren in der Merowingerzeit, ZRGGermAbt 111, 1994, 66–147.

II. Italien: Mit dem Zusammenbruch der kaiserzeitl. öffentl. Institutionen in den von den germ. Völkern eroberten Gebieten Italiens verschwand auch allmählich der röm. Strafrecht, und es setzten sich die Rechtsvorstellungen der germ. Völker durch, v. a. was die Klassifikationskriterien der strafbaren Handlungen und die S.n selbst betraf, die in die ostgot. Edikte, das →Edictum Rothari und später in die karol. →Kapitularien aufgenommen wurden.

In den langob. Gesetzen sind die für die Barbarenrechte typ. archaischen Elemente vertreten: eine streng objektive Wertung der kriminellen Handlung (eine Handlung ist nur dann ungesetzlich, wenn sie einen materiellen äußerl. Schaden verursacht, unabhängig von der subjektiven Absicht); Auffassung des Delikts als Friedensbruch und Ursache für Feindschaft zw. dem Familienverband des Geschädigten bzw. Getöteten und des Täters (faida →Blutrache); S. bzw. Buße als Schadenersatz, der die älteren Formen der Privatrache ablöst. Vorherrschend ist dabei die Kernidee aller germ. Volksrechte, daß für den Körper jedes Individuums ein in Geld zu definierender Wert festgesetzt werden könne. Dieses »pretium hominis« (→Wergeld) variiert je nach dem sozialen Status und dem Grad der Zugehörigkeit zur militär. Organisation der Gemeinschaft. Deshalb kann jede Verletzung oder Schädigung eines Freien oder seines Besitzes durch Wergeld gebüßt werden. Die Staatsmacht, die nunmehr die Strafgewalt für sich beansprucht und damit die unkontrollierte Praxis der faida zw. →fara unterbindet, legt dafür ein »Tarifsystem« fest. Bereits im Ed. Rothari sind Fälle vorgesehen, in denen das Bußgeld ganz oder teilweise an den Fiskus zu zahlen ist: so etwa bei öffentl. Straftaten (tätl. Angriff auf den Herrscher, polit. und militär. Verbrechen). Es zeigen sich auch der Einfluß des Christentums (→Bußbücher) sowie der fortschreitende Einfluß des röm. Rechts, so daß der langob. Gesetzgeber das subjektive Element einer Straftat (begangen »asto animo, malitiose, fraudolenter, se sciens«) hervorhebt. Es wird daher Gewicht gelegt auf die abstrakten Begriffe »böse Absicht«, »Schuld«, »erschwerender und mildernder Umstand«, »Zufall«, »Notfall«, »Notwehr«; Roth. 139–141 wird der Begriff des Versuchs einer Straftat behandelt. Die gebräuchl. S.n umfaßten neben der compositio (Bußgeld) die Todess. (für einige wenige Fälle mit öffentl. Relevanz vorgesehen und bisweilen durch eine Geldzahlung ablösbar), Leibess.n (Abhacken der Hand, Schur, Auspeitschung, Brandmarkung, auch diese nicht häufig angewendet), Konfiskation des Vermögens eines zum Tode Verurteilten, Versklavung des Schuldigen und Überstellung an das Tatopfer. Die – der Mentalität der Germanenvölker so gut wie fremde – Gefängniss.n begegnet seit →Liutprand. Die karol. Kapitularien verbreiten in Italien die folgenden S.n frk. Ursprungs: bannum (→Bann; Königsbann, Buße bei der Verletzung eines Befehls des Kg.s), fredus (1/3 der compositio, die dem Staat für seine Friedensvermittlung und Schlichtung gezahlt werden mußte), Exil, als Alternative zum Bann oder bei →Kontumaz des Angeklagten in Mordfällen. Während der Blüte des Lehnswesens gingen diese S.n teilweise in degenerierter Form in die Consuetudines der einzelnen Terrae ein: sie wurden häufig nach der Willkür der lokalen Grundherren angewendet, auf die die hohe Gerichtsbarkeit (bannum sanguinis) überging, die Karl d. Gr. der polit. Zentralmacht vorbehalten hatte. In der Spätphase des Feudalismus wurde in den →Statuten der freien Kommunen ein Strafrecht schriftl. festgelegt, das vom röm. Recht in seiner »vulgärröm.« Ausformung geprägt war und innovativ röm. Rechtsgrundsätze und germ. Normen verschmolzen hat. In den ma. Strafrechtsstatuten hat sich daher ein beachtl. Erbe langob.-frk. Kasuistik und simplizist. Mechanismen der Wertung einer strafbaren Handlung erhalten. Es herrscht dabei die Auffassung vor, daß die S. als Mittel zum Schutz des Gemeinwohls eingesetzt werde und völlig der Verfügungsgewalt der geschädigten Privatperson entzogen sei. Bestimmend für die Konzeption der S. als Sanktion für die Verletzung eines Gesetzes des Staates – auch in moral. Hinsicht deutlich unterschieden von der finanziellen Schadenersatzleistung – und maßgebend für die Definition der für eine strafbare Handlung konstitutiven Elemente waren einerseits die Lehrsätze der noch jungen Kanonistik, andererseits die Wiedergeburt des Röm. Rechts und der Rechtskultur, die im 13.–15. Jh. in den Traktaten eines →Albertus de Gandino, →Jacobus de Belvisio, Bonifacio da Vitalini, Angelo Gambiglioni sowie den Komm.en großer Rechtslehrer wie →Bartolus und →Baldus ihren vollendetsten Ausdruck fanden. Aus dem Prinzip der Öffentlichkeit der S. entwickelte sich so logischerweise die Vorstellung von ihrer exemplar. und abschreckenden Funktion: die Strafandrohung wurde nun als Prävention angesehen, welche der öffentl. Gewalt oblag. Gleichzeitig entwickelte sich auch das traditionelle kanonist. Konzept der erzieher. Funktion der öffentl. S., das jedoch für die Verbrechensbekämpfung eine geringere Rolle spielte, da den Gefängniss.n weiterhin nur sekundäre Bedeutung zukam. Im 16. Jh. (Tib. Deciani, Giulio Claro, Prospero Farinaccio) findet der Stoffkomplex von Verbrechen und S. eine systemat. wiss. Darstellung, gestützt auf die Praxis der zentralen Gerichtshöfe der Territorialfsm.er. Die dabei geschaffenen dogmat. Kategorien sind in die nz. Strafgesetzbücher eingegangen.

A. Cavanna

Lit.: Enc. del diritto penale it., I, II, 1906 [P. Del Giudice; C. Calisse] – Enc. del diritto, XXXII, 1982, 751ff. [G. Diurni] – J. Kohler, Das Strafrecht der it. Statuten vom 12.–16. Jh., 1897 – G. Dahm, Das Strafrecht Italiens im ausgehenden MA, 1931 – A. Padoa Schioppa, Delitto e pace privata nel pensiero dei giuristi bolognesi, SG 20, 1976, 270ff. – A. Cavanna, La civiltà giuridica longobarda (I Longobardi e la Lombardia, 1978), 26ff. – G. P. Massetto, I reati nell' opera di Giulio

III. IBERISCHE HALBINSEL: S. wurde von der polit. Gewalt direkt oder indirekt verhängt, je nachdem ob diese die Vollstreckung ihren eigenen Machtorganen vorbehielt oder dem Opfer des Verbrechens bzw. seinen Familienangehörigen übertrug. Letzteres traf v. a. im HochMA zu, als der eigtl. Zweck des S.rechts die Wiederherstellung des durch das Verbrechen gestörten sozialen Friedens war, anders als im SpätMA, als der Kg. v. a. durch das Mittel der Abschreckung verhindern wollte, daß neue verbrecher. Handlungen begangen wurden.

Das handelnde Subjekt des Verbrechens und das passive der S. war der Mensch, obwohl im HochMA auch einige Tiere in diese Definition einbezogen wurden, v. a. wenn es sich um →Mord oder sexuellen Verkehr mit Tieren handelte. In dieser Zeit hatte sich das Prinzip der personenbezogenen S. noch nicht voll durchgesetzt, so daß – wenn auch nur ersatzweise – die Angehörigen des Täters zur Verantwortung gezogen werden konnten oder die Bewohner des Ortes, an dem das Verbrechen begangen worden war, wenn der Verbrecher selbst unbekannt blieb. Eine Beteiligung des Opfers oder seiner Angehörigen bei der Vollstreckung der S. setzte voraus, den Straftäter zuvor zum »Feind« zu erklären. Lag ein Fall von Verrat oder arglistiger Täuschung vor, so konnte öffentl. Vergeltung geübt werden, da der Täter als »Feind« der »ganzen Stadtgemeinde« galt. Nun war es auch möglich, die Vollstreckung der vom Kg. verhängten S. gleichwohl Privatpersonen zu übertragen. Der soziale Stand des Verurteilten hatte dabei großen Einfluß auf die Härte der S. und die Art und Weise ihres Vollzugs.

Es gab peinl. S.n an Hals und Hand und Freiheitss.n; solche, die das Vermögen betrafen oder die schimpfl. waren. Zu den peinl. S.n zählten: Hinrichtung, Verstümmelung, Körperverletzungen und Auspeitschung. Es gab verschiedene Arten von Todess.n: Verhungernlassen, Lebendigbegraben, Vergiften, Herabstürzen, Ersticken, Enthaupten, Verbrennen, Steinigen, Erwürgen oder Pfählen. Die hauptsächlichsten Verstümmelungss.n waren: Kastration, Blendung, Abhauen der Hände, Füße, Finger, Nase und Ohren oder Ausreißen der Zunge. Unter den Vermögenss.n konnten im HochMA Kompositionss.n inbegriffen sein, später waren Besitzkonfiskationen und Gelds.n allg. üblich. Im HochMA wurden immer öfter schimpfl. S.n verhängt, dazu gehörten jetzt auch S.n an Haut und Haar. Ebenso fand der Rechtsgrundsatz des →Talion Anwendung. Die →Folter wurde nicht als S. betrachtet, sondern als gerichtl. Beweismittel.

J. Lalinde Abadía

Lit.: E. CORREIA, Estudo sobre a evolução histórica das penas no direito português, Boletim da Faculdade de Direito 53, 1977, 51–150 – J. LALINDE ABADÍA, La pena en la Península Ibérica hasta el siglo XVII, RecJean Bodin 56, 1991, 173–203.

IV. SKANDINAVIEN: [1] *Allgemeine Grundlagen:* Da die skand. Gesellschaften von der Wikingerzeit bis in die Zeit der →Landschaftsrechte nicht von zentralen, universell wirksamen obrigkeitl. Gewalten geprägt waren und, im ma. Sinne, eine öffentl. Rechtspflege regional bis in die Zeit um 1200 nur schwach ausgeprägt war, kann von S.n als der Reaktion einer rechtlich legitimierten gesellschaftl.-staatl. Autorität auf den Bruch anerkannter Rechtsnormen nicht gesprochen werden. Rechtsbrüche werden vielmehr als Kränkung und Schädigung des persönl. →Friedens und persönl. Rechtsansprüche gewertet. Demgemäß konnte ein Ausgleich nur durch eine unmittelbare Konfrontation (zumeist unter Einschaltung des Dings) zw. dem Geschädigten und dem Schädiger erfolgen (häufig unter Einschluß der nächsten Verwandten) – in der Regel durch den →Vergleich (anord. *sætt*), der oft erst nach fehdeartigen Rachehandlungen (*hævn/hæmnd*) zustandekam.

[2] *Buße:* Der Schaden (auf Gegenstände wie auch auf Menschen bezogen) wurde allein durch die →Buße kompensiert; lediglich flagranter →Diebstahl und →Ehebruch konnten sofort durch den Geschädigten mit dem Tod geahndet werden (→Handhafte Tat). Die Buße (anord. *bót*, 'Besserung') blieb bis in die Zeit der Reichsrechte (Mitte 13.–14. Jh.) das wichtigste Instrument der skand. Rechtssysteme, um auch schwere Vergehen zu kompensieren und damit zu bestrafen. Der Strafcharakter der Buße ergibt sich erst, indem von den jeweiligen Dinggemeinden (→Ding) Bußtaxen für bestimmte Vergehen festgelegt werden und private Rachehandlungen erst dann zulässig waren, wenn die Bußzahlungen nicht erfolgten. Durchgängig ging die Buße zunächst nur an den Geschädigten bzw. dessen unmittelbare Erben. In der Periode verstärkter kgl. Rechtspflege ergab sich, v. a. in Schweden und Dänemark, eine Dreiteilung der Buße (jeweils Anteile der Kläger, der Dinggemeinde und des Kg.s). Die Einführung der 40-Mark-Buße im Zusammenhang mit der hochma. kgl. →Eidschwurgesetzgebung bedeutete schließlich die Umformung der ehemals privatrechtlich verankerten Kompensationsbuße zu einer öffentl., allein dem Kg. zustehenden Bußstrafe. Das traditionelle Bußensystem blieb daneben allerdings bestehen.

[3] *Friedlosigkeit:* Bei bes. niederträchtigen, nicht durch Bußen zu kompensierenden Vergehen (anord. *úbotamál, niðingsverk*) mußte nach den skand. Landschaftsrechten die →Friedlosigkeit (*útlegð, utlægher*; oft mit gänzl. oder teilw. Eigentumseinziehung gekoppelt; s. a. →Acht, →Verbannung/Exil) erfolgen. Die Friedlosigkeit, die sich ursprgl. nur auf den Geltungsbereich des jeweiligen Ding-/Rechtsbereichs erstreckte und (etwa auf Island) auf drei Jahre begrenzt war (*fjǫrbaugsgarðr*), bedeutete den vollständigen Verlust des Rechtsschutzes; ein Friedloser konnte bußlos erschlagen werden, seine Verwandten hatten kein Recht auf Rache. Im Zusammenhang mit der kgl. Friedensgesetzgebung des 13. Jh. wurde die Friedlosigkeit auf das gesamte Reich ausgedehnt (schwed. *biltogha*), in der Zeit der Kalmarer Union sogar auf alle drei nord. Reiche. Es existierte allerdings die Möglichkeit, sich wieder in den Frieden 'zurückzukaufen'. In Island wurde bei qualifizierten Verbrechen zudem die schwere Acht ausgesprochen (*skóggangr*, 'Waldgang').

[4] *Todes- und Leibesstrafen:* Die Todess. spielte gegenüber Buße und Friedlosigkeit in Skandinavien eine nur geringe Rolle; öffentl. Todess.n sind in den Landschaftsrechten des 12. und 13. Jh. nicht belegt. Erst seit dem 13. Jh. und in den Stadtrechten erscheinen Todess.n in den Rechtstexten etwas häufiger, im Zeichen einer Verdrängung der früheren »Selbstjustiz« durch kgl. Rechtspflege. In der Regel konnten nur flagrante Taten mit dem Tode bestraft werden, zunächst vom Geschädigten selbst, dann zunehmend vom örtl. Amtsträger des Kg.s nach ergangenem Urteil des Dinggerichts. Praktiziert wurden das Erhängen (Diebstahl, Diebinnen wurden lebendig begraben), Halsabschlagen (Raub, Landesverrat, Bruch des Kirchenbanns), Rädern (eine spät eingeführte S., v. a. bei Kirchenraub, Mord/Meuchelmord, Mordbrand); Steinigung (Diebstahl, Ehebruch der Frau), Verbrennen (spät und selten bei Zauberei, Giftmord, Brandstiftung). Todess.n begegnen insgesamt häufiger in Dänemark und

Schweden als in Norwegen und Island. Freiheitss.n sind in Skandinavien in hochma. Zeit kaum belegt, allenfalls in den Städten als Schuldhaft.

Leibess.n (Prügels.n, Verstümmelungen) wurden urspüngl. wohl nur bei Unfreien angewendet, in den Landschaftsrechten treten sie häufig als Ersatzstrafen auf, wenn Bußen nicht gezahlt werden konnten. Generell wurden sie bei geringeren Vergehen angewendet (bei Diebstahl bis zu einem bestimmten Geldwert), oft auch als S. für Frauen. Verstümmelungen (Zunge, Ohren, Nase, Hand und Fuß bei geringem Diebstahl, Verleumdung/übler Nachrede, Ehebruch und dgl.) weisen häufig auf spiegelnde S.n und Talions.n hin. In Norwegen ist bei Diebstahl das Gassenlaufen, oft zusammen mit Teeren und Federn, belegt. Nach Ausweis v. a. schwed. Urteilsbücher scheinen gerade Verstümmelungen recht selten in der Praxis vorgekommen zu sein. In den dän. Landschaftsrechten sind Leibess.n nur in wenigen Fällen belegt. Eine häufigere Anwendung ist im städt. Bereich zu beobachten im SpätMA.   H. Ehrhardt

Lit.: KL III, s.v. Dødstraff; IX, Kroppstraff; XVII, Straff; XXI, Straff/Norge – K. v. Amira, Die germ. Todess.n, 1922 – R. Hemmer, Studier rörande straffutmätningen i medeltida svensk rätt, 1928 – T. Wennström, Tjuvnad og fornæmi, 1936 – J. Skeie, Den norske strafferett, I, 1937 – K. Helle, Norge blir en stat 1130–1319, 1974.

V. England: Im ags. Recht gab es ein kompliziertes System von S.n, wobei nach Art und Schwere der Tat, dem Stand von Täter und Opfer, den Umständen der Verhaftung des Verdächtigen sowie der Stellung des Schutzherrn unterschieden wurde. Schwerverbrechen wurden durch die Todess. gesühnt, die durch Enthaupten, Hängen (an der Küste auch durch Ertränken oder Herabstürzen) sowie Steinigen oder Verbrennen vollzogen wurde. Verstümmelung konnte an ihren Platz treten. Eine Ablösung durch Geldbußen war möglich. Hier ist zw. dem →Wergeld für die Sippe des Erschlagenen, der Mannbuße an dessen persönl. Schutzherrn, der Gerichtsherrn zukommenden *wite* und der dem Schutzherrn des Tatorts zustehenden Buße zu unterscheiden, für die sich feste Tarife herausbildeten. Zahlungsunfähige konnten verknechtet werden. Unfreie wurden auch mit Prügeln und Brandmarkung bestraft. Vergewaltiger wurden entmannt oder geblendet. Die Vollstreckung der S. konnte dem Geschädigten oder (wie bei der Blutrache) der Sippe obliegen. Unter Wilhelm I. wurde die Todess. durch Verstümmelung ersetzt, kgl. Richter unter Heinrich I. griffen jedoch wieder auf Hinrichtung durch Erhängen zurück. Im späten 12. und frühen 13. Jh. war außer dem Erhängen auch die Verstümmelung (Amputation von Hand und Fuß, Blendung und Kastration) als S. für →*felony* üblich, die S. am Galgen wurde jedoch allg. gebräuchlich. Außerdem fiel das Lehen des Verurteilten für Jahr und Tag an die Krone, danach an den Lehnsherrn. Die →Fahrhabe wurde eingezogen. Verdächtige, die im Kirchenasyl ein Geständnis ablegten, gingen ins Exil und verloren ihren Besitz. Schwerer wurde Verrat, z.B. Ermordung des Ehemanns durch seine Frau, des Meisters durch den Lehrling, bestraft: Frauen wurden verbrannt, Männer zum Richtplatz geschleift. Hochverrat wurde neben Rückfall des Lehens an die Krone durch Kombination verschiedener Hinrichtungsarten gebüßt (Schleifen zum Richtplatz, Hängen, Kastration, Köpfen, Vierteilen). Geringere Vergehen wurden mit der seit Mitte des 13. Jh. üblichen →*Trespass*-Klage als Bruch des Kg.sfriedens geahndet mit Inhaftierung, Geldbuße und Schadensersatz bestraft, kleinere Diebstähle (Wert bis 12 Pfennige) mit kurzen Hafts.n oder Schandpfahl sowie mit Züchtigung oder dem Verlust eines Ohres. Betrügerische Handwerker zahlten eine Geldbuße, verloren Arbeitserlaubnis oder Bürgerrecht, Bäcker wurden auf einem Schlitten (*hurdle*) durch die Straßen gezogen.   J. Röhrkasten

Lit.: F. Pollock–F. W. Maitland, Hist. of English Law, 1898², II, 458–462, 495–498, 513–519 – W. Holdsworth, Hist. of Engl. Law, 1903–66, II, 150f.; III, 69–71; XI, 557f.

VI. Rus': Altruss. »Strafrecht« findet sich v. a. in der →Russkaja Pravda, die überwiegend – in ihrer älteren »kurzen« Redaktion sogar fast ausschließlich – Unrechtstaten und deren Ahndung behandelt. Trotz des Nebeneinanders ungleichzeitiger Normen und mancher Unklarheiten im einzelnen läßt sich eine Entwicklung von der (Blut-) Rache über die dem Opfer bzw. seiner Familie zu leistende Entschädigung zur obrigkeitl. Sanktion und an den Fürsten zu leistenden S. erkennen. Totschlag, Körperverletzung, Raub und Diebstahl stehen im Mittelpunkt. Die Regelungen bezüglich der Tatqualifikationen sowie zum Verfahren sind teilweise sehr detailliert, bieten aber trotz oder gerade wegen ihrer Konkretheit häufig Interpretationsprobleme. Im Prozeß spielten auch →Ordalien eine Rolle; bei →Diebstahl war ein aufwendiges Ermittlungsverfahren vorgesehen. Die Androhung von Körpers.n tritt in russ. Rechtssammlungen erst spät auf. Ob und inwieweit das byz. S.recht, das in der Rus' durch häufig abgeschriebene slav. Übersetzungen von →Ekloge und →Procheiros Nomos sowie durch den Zakon sudnyj ljudem weit verbreitet war, mehr als eine symbol.-pädagog. Wirksamkeit entfaltete, ist unsicher.   L. Burgmann

Lit.: D. H. Kaiser, The Growth of the Law in Medieval Russia, 1980 – →Recht, B. I.

VII. Serbien: Von den rund 200 Kapiteln des Gesetzbuchs von →Stefan Dušan enthalten mehr als ein Drittel (auch) Strafbestimmungen. Ein großer Teil folgt dabei dem einfachen Muster: »Wenn jemand die Tat x begeht, so trifft ihn die Strafe y.« Nicht selten ist die Sanktionsdrohung jedoch eher beiläufige Zutat einer ausführlicheren Normierung gesellschaftl. Ordnung. Unter den Straftatbeständen nehmen (Banden-)Raub und Diebstahl, Tötungsdelikte und Injurien sowie Verstöße gegen den rechten Glauben und die Kirche den breitesten Raum ein. Zahlreiche sanktionsbewehrte Normen dienen dazu, die vertikale und horizontale Strukturierung des Gemeinwesens zu sichern, wobei Fragen der Kollektiv- und »Amts«-Haftung eine große Rolle spielen. Strafart und -maß variieren bisweilen nach der sozialen Stellung des Täters, aber auch des Geschädigten bzw. Verletzten. Unter den Vermögenss.n sind Geldbuße und (in der Regel siebenfacher) Schadensersatz häufig, unter den Leibesstrafen Verstümmelungen und Brandmarkung. Todess. wird nur bei wenigen Vergehen angedroht, Freiheitss. allenfalls als kurzer Arrest. Bei Vergehen gegen Glauben und Kirche wird meist auf die S.n des kanon. Rechts verwiesen.   L. Burgmann

Lit.: A. Solovjev, Zakonodavstvo Stefana Dušana, 1928, 140–198 – →Recht, B. II.

D. Islamisches Recht

Das islam. Strafrecht bildet kein in sich geschlossenes Ganzes, sondern gibt nur Antworten auf Einzelfragen, die an den Propheten Mohammed herangetragen worden sind. Von der Rechtswiss. ist es gedankl. mangelhaft durchdrungen worden. Daher sind die allg. Lehren wenig entwickelt. Die wichtigste Einteilung der Straftaten erfolgt nach den über sie verhängten S.n (*'uqūba*): Fünf Delikte, die im Koran genannt werden, unterliegen einer bestimmten S., die auf arab. *ḥadd* (Plural: *ḥudūd*) genannt wird: 1. Unzucht (*zināʾ*): Täter, die einmal in legaler Ehe Geschlechtsverkehr gehabt haben (*muḥṣan*), sind nach der Tradition (*sunna*) mit Steinigung (*raǧm*) zu bestrafen. Täter, die niemals verheiratet waren, haben nach koran. Weisung nur 100 Geißelhiebe (*ḍarb*) verwirkt (Koran 24/1–5 [2]). – 2. Verleumdung wegen Unzucht (*qaḏf*): Sie ist mit 80 Geißelhieben zu bestrafen (Koran 24/4). – 3. Weintrinken (*šurb al-ḫamr*): Das Weintrinken, zu dem auch der Genuß anderer berauschender Getränke zählt, unterliegt nach der Tradition einer S. von 40 bzw. 80 Geißelhieben, je nach Rechtsschule (*maḏhab*; vgl. Koran 5/90f.). – 4. Diebstahl (*sariqa*): Nach dem Koran und der Überlieferung ist im Fall eines Diebstahls beim ersten Mal die rechte Hand, im Wiederholungsfall der linke Fuß abzuschlagen (*qaṭʿ*; Koran 5/38–39). Der gestohlene Gegenstand muß einen gewissen Mindestwert (*niṣāb*) gehabt haben. Außerdem liegt kein Diebstahl vor, wenn der Täter irgendein Anrecht auf die Sache hat oder der Gegenstand dem Nutzen aller Muslime dient (z.B. Moscheeinventar). Der Familiendiebstahl findet unter Verwandten in gerader Linie keine Bestrafung. – 5. Straßenraub (*qaṭʿ aṭ-ṭarīq*) in vier Formen: Hat ein Schuldiger nur die öffentl. Wege unsicher gemacht, wird er gefangengesetzt. Hat er dabei einen Raub (*nahb*) begangen, werden ihm die rechte Hand und der linke Fuß abgeschnitten; im Wiederholungsfall auch die linke Hand und der rechte Fuß. Hat ein Wegelagerer jemanden umgebracht, wird er getötet, selbst wenn die Familie des Opfers mit einem Blutpreis (*diya*) zufrieden wäre. Hat der Straßenräuber sowohl Raub als auch Totschlag begangen, sind Hinrichtung und Kreuzigung (*ṣalb*) die S. (vgl. Koran 5/33–34). Der Totschlag gehört nicht zu den sog. ḥadd-Delikten. Seine Ahndung erfolgt aufgrund der Wiedervergeltung (*qiṣāṣ*). Der Grundsatz der talio gibt dem nächsten männl. Verwandten (*walī ad-dam*) das Recht, den Täter öffentl. mit dem Schwert zu töten sowie ihm im Fall einer Körperverletzung eine gleiche Verletzung beizubringen (vgl. Koran 17/33 und 2/178–179). Findet keine Wiedervergeltung statt, haben der Täter bzw. die männl. Verwandten (*ʿaṣabāt*) seiner Sippe (*ʿāqila*) der Familie des Opfers einen Blutpreis zu zahlen. Außerdem ist der Täter Gott gegenüber zu einer religiösen Sühne (*kaffāra*) verpflichtet (vgl. Koran 4/94). Bei einer Körperverletzung ist eine gesetzl. bestimmte Entschädigung (*arš*) oder eine gerichtl. Buße (*ḥukūma*) zu zahlen. – Der Abfall vom Islam (*ridda, irtidād*) unterliegt bei Uneinsichtigkeit der Todesstrafe, ohne daß sie als ḥadd-S. gilt. Andere Vergehen unterliegen einer »Züchtigung« (*taʿzīr*) nach dem Ermessen des Richters (*qāḍī*). Als Straftat kann jedes Verhalten angesehen werden, das dem »öffentl. Interesse« (*maṣlaḥa ʿāmma*) widerspricht. Die Anwendung des islam. Strafrechts wird durch das Beweisrecht stark eingeschränkt. Die Verjährungsfrist beträgt grundsätzl. nur einen Monat. Es gibt im klass. Recht keine Verfolgung von Amts wegen. K. Dilger

Lit.: Th. W. Juynboll, Hb. des islam. Gesetzes, 1910 – R. Maydani, ʿUqūbāt: Penal Law (Law in the Middle East, hg. Khadduri-Liebesny, 1955), 223ff. – M. Abdulmegid Kara, The Philosophy of Punishment in Islamic Law, 1977.

Strafverfahren, das gerichtl. und grundsätzl. von Amts wegen betriebene Verfahren zur Aburteilung von Straftaten. Im Gegensatz dazu werden in einem Zivilverfahren private, insbes. vermögensrechtl. Ansprüche von einer Partei geltend gemacht. Beide Verfahren folgen jeweils eigenen Prozeßmaximen. Diese uns heute geläufige und vom Ziel des Verfahrens bestimmte Unterscheidung fehlt in der Epoche des frühen MA. Jeder Prozeß wurde daher durch die →Klage des Verletzten eröffnet und mit den für dieses frühe Verfahren typ. irrationalen Beweismitteln (→Beweis), nämlich dem Reinigungseid, dem →Gottesurteil und dem →Zweikampf geführt. Die Ursachen für die Entstehung eines nur der Erledigung von Strafklagen dienenden Verfahrens sind komplex und noch immer nicht genügend erforscht. Sie stehen in einem engen Zusammenhang mit der ebenfalls noch nicht überzeugend geklärten Frage nach der »Geburt« der öffentl. →Strafe. Sicher dürfte sein, daß die Herausbildung eines eigenen S.s mit der Entstehung des Staatswesens verknüpft ist. Denn wo die Sühne von Missetaten weitgehend der →Rache und →Selbsthilfe des einzelnen oder der →Sippe überlassen bleibt (→Fehde), kann es kein gerichtl. S. geben. Die Entstehungsgründe werden also dort zu suchen sein, wo werdende staatl. Verbände die Ahndung einer Missetat nicht mehr dem Verletzten überlassen, sondern zur Wahrung des Gemeinschaftsfriedens für ein strafwürdiges Verhalten Sanktionen androhen und die Verbrechensverfolgung selbst in die Hand nehmen.

Ansätze zu dieser Entwicklung findet man in der frk. Epoche, als karol. Recht (MGH Cap. I, 191ff.) Kapitalverbrechen im sog. Rügeverfahren (→Rüge) verfolgt werden. Dementsprechend wurden Rügegeschworene eidl. verpflichtet, Verbrechen, die in ihrem Bezirk begangen worden waren, anzuzeigen. Die beschuldigten Täter standen dann gleichsam unter öffentl. Anklage und mußten sich gegen den Schuldvorwurf verteidigen, ohne daß es einer Klage durch die Verletzten oder deren Angehörige bedurft hätte. Eine vom üblichen Rechtsgang abweichende Strafverfolgung bildete auch das gegen den auf frischer Tat betroffenen Verbrecher gerichtete Handhaftverfahren (→Handhafte Tat). Doch handelt es sich sowohl bei diesem als auch beim Rügeverfahren ledigl. um elementare Sonderformen der Verbrechensverfolgung, ohne daß man hier schon von einem eigenständigen gerichtl. S. sprechen könnte.

Erst mit den ma. →Gottes- und →Landfrieden, die den Schwerpunkt nicht mehr auf die Wiedergutmachung des Verbrechens gegenüber dem Verletzten, sondern auf den mit peinl. Strafe bedrohten Bruch des beschworenen →Friedens legten, kam es unter dem Einfluß des röm.-kanon. Rechts zu einer Teilung in »iurisdictio civilis« und »iurisdictio criminalis«. Diesen Vorgang hat vornehml. V. Achter am Beispiel südfrz. Gottesfrieden nachzuweisen versucht. Er läßt sich aber auch recht gut in der Sachsenspiegelglosse des Johann v. →Buch nachvollziehen. Dort versuchte der am röm.-kanon. Recht geschulte Jurist, in den →Sachsenspiegel die Unterscheidung zw. einer *borgerlike[n]* und einer *pinlike[n] klage* hineinzuinterpretieren und die typ. Merkmale der jeweiligen Klage zu definieren. Die »Trennung in ein bürgerl. Verfahren und ein S.« ist die wohl »bedeutsamste Neuerung« des ma. Rechts gewesen (Conrad, I, 385). Geradlinig und kontinuierl. verlief diese Entwicklung freilich nicht. Das zeigt sich bereits darin, daß es lange Zeit zu keinem einheitl. S. nicht gekommen ist. Denn zum einen entstand der auf strafrechtl. Verurteilung gerichtete →Akkusationsprozeß, wie ihn Johann v. Buch beschreibt. Zum andern begann, ebenfalls im Zuge der Rezeption, der zunächst nur für strafwürdige Kleriker bestimmte kanon. →Inquisitionsprozeß auch im weltl. Bereich Fuß zu fassen, ohne daß man die Ursachen für diese Zweispurigkeit des S.s genau angeben könnte. Während die Eröffnung eines Akkusationsprozesses stets eine Klage voraussetzte (»Wo kein Kläger, da ist kein Richter«), wurde der Inquisitionsprozeß auch ohne Klage »ex officio« eingeleitet und bis zum Urteil von Gerichts wegen zu Ende geführt. So bildete das »Verfahren aufgrund einer Anklage, mochte diese nun Privatklage oder Klage von Amts wegen sein«, den »Gegensatz zu dem Verfahren ohne Klage, dem sog. Inquisitionsverfahren« (R. His, I, 381). Die Übergänge zw. beiden S. waren allerdings fließend. Dementsprechend konnte z. B. ein mit einer Klage begonnenes S. in einen Inquisitionsprozeß wechseln. Noch in der Peinl. Halsgerichtsordnung v. 1532 waren beide Verfahren geregelt, jedoch so, daß der Sache nach der Inquisitionsprozeß dominierte. Er wurde schließlich zum Inbegriff des S.s schlechthin und bestimmte in Dtl. bis ins 18. Jh. die strafprozessuale Entwicklung. W. Sellert

Lit.: → Strafe – HRG II, 837ff.; IV, 2030ff. – R. His, Das Strafrecht des dt. MA, II, 1935, 377ff. – H. Conrad, Dt. Rechtsgesch., I, 1962², 29ff., 146ff., 385ff. – W. Sellert–H. Rüping, Stud.- und Q.buch zur Gesch. der dt. Strafrechtspflege, I, 1989, 50ff., 62ff., 107ff. – W. Sellert, Borgerlike, pinlike und misschede klage nach der Sachsenspiegelglosse des Johann v. Buch (Überlieferung, Bewahrung und Gestaltung in der rechtsgeschichtl. Forsch., hg. St. Buchholz, P. Mikat, D. Werkmüller, Rechts- und Staatswiss. Veröff. der Görresges., NF 69, 1993), 321ff.

Strafvollzug → Strafe

Strahov, OPraem-Abtei in → Prag (wegen der Lage auch Mons Sion gen.), als Doppelkl. (Frauenkl. bald nach Doxan verlegt) durch den Olmützer Bf. → Heinrich Zdik (86. H.) und den Prager Přemyslidenfs.en → Vladislav II. am Anfang der 40er Jahre des 12. Jh. im w. Vorfeld der Prager Burg gegründet. Zunächst schwach besetzt, wurde es unmittelbar nach der großen staatl. Krise definitiv 1143 gegründet und reich dotiert. Als erste nichtbenedikt. Gründung im Lande sollte das Kl. für die Kirchenreform im Sinne des Papsttums in den böhm. Ländern sorgen. Nach ursprgl. Besetzung durch unbekannte Orden fiel endlich die Wahl auf die Prämonstratenser: 1142–43 Ausstellung der Gründungsurk. durch den Olmützer Bf. Heinrich Zdik, Einzug der Chorherren unter der Leitung des ersten Abtes Gezo aus dem niederrhein. → Steinfeld. Bald entstanden Tochterkl. sowohl in Böhmen als auch im benachbarten Ausland: → Leitomischl-Litomyšl (wohl 1145 durch Reformation des älteren Benediktinerstiftes), Hebdów (bei Krakau, wohl um 1150), Klosterbruck-Louka (1190), → Tepl-Teplá (1193), Obrowitz-Zábrdovice (1209), Neusandetz-Nowy Sącz (1409/10 auf Gesuch des nach Polen exilierten S.er Chorherrn Johann). Vladislavs Gemahlin Gertrude gründete das Frauenkl. in Doxan (nach 1143). Etliche weitere S.er Gründungen sind unsicher. Nicht nur Bf. Heinrich Zdik († 1150), sondern auch die Kgn. Gertrude († 1151) sowie der Gründer, der spätere Kg. Vladislav I., der nach seiner Abdankung (1172) kurze Zeit in S. gelebt hatte, ließen sich hier begraben. S. wurde zur vornehmen Ausbildungsstätte etlicher Přemyslidenprinzen. Ein kultureller (große Bibl. und weit ausstrahlendes Skriptorium im 13. Jh.), künstler. (1182 zweite Weihe der restaurierten Kirche) und wirtschaftl. Aufstieg ist bes. im Přemyslidenzeitalter zu verzeichnen. Zu S. gehörte auch eine berühmte Schule. Obwohl der ersten Äbte fremder Herkunft waren, erlangte das Kl. einen großen innerstaatl. polit. und kirchl. Einfluß; aus ihm gingen mehrere Bf.e, vornehml. die von Olmütz, bes. während der Přemyslidenzeit hervor. S. erhielt umfangreiche Stiftungen von verschiedensten Seiten, so daß die Abtei zu den größten Grundbesitzern des Landes gehörte. Die Äbte waren ab 1344 praelati infulati. Am Beginn der tschech. Reformationsbewegung wandten sich die S.er scharf gegen → Hus und seine Anhänger, deshalb wurde die Abtei am Beginn der Hussitenkriege (Mai 1420) zerstört und ihre Güter säkularisiert, die Kommunität zerfiel. Erst ab 1436 erfolgte allmähl. wieder ein Aufstieg am alten Ort, 1483 wurden Kirche und Kl. erneut verwüstet, so daß bis zum Ende des MA keine Blütezeit mehr folgte.

I. Hlaváček

Q. und Lit.: CDBohem – Decem registra censuum bohemica compilata aetate bellum hussiticum praecedente, ed. J. Emler, 1881 – V. Novotný, České dějiny, 1–2, 1913 – A. Kubíček–D. Líbal, S., 1955 – Jb. Strahovská knihovna, 1–21, 1966–86 – P. Kneidl, Strahovská knihovna, 1988 – B. Ryba, Soupis rukopisů Strahovské knihovny 3–5 und 6–2, 1970–79 [nicht mehr ersch.] – T. Říha, Svatý Norbert, 1971 – J. Pražák, Z počátků Strahovské knihovny, Studie o rukopisech 13, 1974, 169–171 – N. Backmund, Monasticon Praem., I–II², 1983, 376–382 [Lit.] – W. Löhnertz, Steinfeld und die Gründung von S. (1142/1143). Wann wurde Steinfeld prämonstratensisch?, AnalPraem 68, 1992, 126–133 – J. Čechura, Urbář kláštera S. z roku 1410, Bibliotheca Strahoviensis 1, 1995, 25–44.

Stralen-Kalthoff, Kölner Firma. Die Handelsbeziehungen der Kölner Familie v. S. und ihrer Gesellschafter erstreckten sich im 15. Jh. von Italien und Spanien über Oberdtl. und die Niederlande bis nach England und in den Ostseeraum. Die Firma unterhielt Vertretungen (Faktoren) in Venedig, in anderen Städten Italiens, in Spanien (Barcelona) und in den Niederlanden (Middelburg). Ihr Geschäft konzentrierte sich auf sog. Drugwaren (Seide, Baumwolle, Gewürze, Buntmetall). In den 40er und 50er Jahren des 15. Jh. wickelte die Firma auch Bankgeschäfte ab. Der Ehemann Gretgins v. S., der Bankier Abel Kalthoff, knüpfte u. a. Beziehungen zu den → Medici.

M. Groten

Lit.: B. Kuske, Q. zur Gesch. des Kölner Handels und Verkehrs, 4 Bde, 1917–34 – F. Irsigler, Die wirtschaftl. Stellung der Stadt Köln im 14. und 15. Jh. (VSWG Beih. 65, 1979) – G. Hirschfelder, Die Kölner Handelsbeziehungen im SpätMA, 1994.

Stralsund, Stadt in inselartiger Lage zw. Teichen und dem Strelasund gegenüber der Insel → Rügen. Ausgangspunkt ist ein slav. Fährort Stralow, dem Fs. Wizlaw I. v. Rügen 1234 die Rechte von → Rostock (d. h. → Lübisches Recht) verlieh. 1240 erweiterte er diese Rechte für die nova civitas »Stralesund«. 1249 zerstörten die Lübecker die aufkommende Konkurrenzgründung, konnten aber deren Entwicklung nicht aufhalten. 1251 gründeten die Dominikaner das Katharinenkl., die Franziskaner das Johanniskl. 1256 wird bereits die S.er Neustadt erwähnt. 1271 brannten große Teile der Stadt nieder. 1276 ist die Pfarrkirche St. Nikolai bezeugt, 1298 die Marienkirche (der heutige Bau wurde 1382/84 begonnen) in der Neustadt. Eine hier befindl. Kirche St. Peter und Paul wird nach 1321 nicht mehr genannt. Auf der Grenze von Alt- und Neustadt entstand die Pfarrkirche St. Jakobi (1303 erstmals erwähnt). Alle Kirchen waren zunächst Filialkirchen der Pfarrkirche in Voigdehagen. Die im 13. Jh. begonnene Ummauerung (sechs Wasser- und vier Landtore) umschloß die Alt- und Neustadt. Im 13. Jh. betrug die Größe des Stadtareals 24 ha, im 15. Jh. hatte S. ca. 13 000 Einwohner. Im 15. Jh. wurden das Brigitten-Nonnenkl. Marienkrone (1420), ein Beginenhaus St. Annen, mehrere Hospitäler und Siechenhäuser eingerichtet.

Noch im 13. Jh. nahm die Stadt einen gewaltigen wirtschaftl. Aufschwung durch Handwerk, Herings- und Fernhandel mit Dänemark, Norwegen, Flandern, England, Frankreich und Rußland. 1293 schloß sie ein Schutzbündnis mit Lübeck, Wismar, Rostock und Greifswald. Als sie 1316 von einem Fs.en- und Ritterheer belagert wurde, besiegten es die Bürger in der Schlacht bei Hainholz. Wizlaw III. v. Rügen gewährte der Stadt 1318 Zollfreiheit und Münzrecht. Nach dem Aussterben der Fs.en v. Rügen 1325 verfocht S. im Rügischen Erbfolgekrieg (1326–28) die Ansprüche der Hzg. e v. → Pommern-Wolgast gegenüber Mecklenburg, bewahrte aber in der Folge eine weitgehende Selbständigkeit gegenüber den pommerschen Landesherren.

Der Krieg der Hansestädte mit Kg. Waldemar IV. v. Dänemark wegen der Vorherrschaft im N Europas endete mit einem Sieg der Städte und dem 1370 in S. geschlossenen Frieden. Gegen das selbstherrl. Regiment des Bürgermeisters Bertram Wulflam kam es 1391 zu einem Aufstand der Gewerke und der Opposition in der Stadt unter Führung von Karsten Sarnow und zur Abschaffung der Ratsverfassung. Die →Hanse erzwang jedoch die Rücknahme der Reformen; Karsten Sarnow wurde 1393 hingerichtet. 1407 verbrannte eine wütende Menge drei Geistliche (»Papenbrand am Sunde«) als Rache für Gewalttätigkeiten, die der Archidiakon v. Tribsees Cord Bonow auf S.er Besitzungen verübt hatte. In langwierigen Auseinandersetzungen mit dem Landesherrn wurde die Stadt verstrickt, als der Bürgermeister Otto Voge 1453 Raven Barnekow, den Landvogt v. Rügen, hinrichten ließ. Voge wurde aus der Stadt vertrieben, 1458 jedoch zurückgerufen.

R. Schmidt

Q. und Lit.: F. W. F. Fabricius, Das älteste S.er Stadtbuch (1270–1310), 1871/72 – R. Baier, Zwei S.er Chroniken des 15. Jh., 1893 – R. Ebeling, Das 2. S.er Stadtbuch (1310–42), 1903 – Ders., Das älteste S.er Bürgerbuch (1319–48), 1926 – K. Fritze, Die Hansestadt S., 1960 – H. Heyden, Die S.er Kirchen und ihre Gesch., 1961 – Greifswald-S.er Jb. 4, 1964, 31–68 [Aufsätze zur Frühgesch. S.s] – H.-D. Schroeder, Der S.er Liber memorialis (1320–1440), 5 Bde, 1964–82 – K. Fritze, Am Wendepunkt der Hanse, 1967 – Aufsätze zum 600. Jahrestag des S.er Friedens, HGBll 88, 1970, 83–214 – H. Ewe, Gesch. der Stadt S., 1985².

Stralsund, Friede v. Der am 24. Mai 1370 in S. geschlossene Friedensvertrag beendete die mehrjährigen, oft krieger. Auseinandersetzungen zw. Kg. Waldemar IV. v. Dänemark und den Städten, denen es um den Erhalt der Handelsfreiheiten v. a. auf →Schonen (→Hanse) ging. Vertragspartner waren auf der einen Seite der dän. Reichsrat und auf der anderen Seite die in der →Kölner Konföderation verbündeten nordndl. und hans. Städte, außerdem Köln und Bremen. Die Städte erlangten die Wiederherstellung ihrer Rechte und deren Fixierung in einem einheitl. Privileg. Ferner regelte das Vertragswerk den Schadensersatz, die befristete Kontrolle über die Sundschlösser und die Zustimmung zu einem eventuellen Herrscherwechsel, solange die Ratifizierung der Verträge noch ausstand. Sie wurde von Waldemar 1371 nur mit dem Sekretsiegel und erst 1376 von dessen Nachfolger Olav mit dem Majestätssiegel vollzogen. Bes. seit der Gründung des Hans. Gesch.svereins 1870 ist der S.er Friede wiederholt als Höhepunkt der Hansegesch. gewertet worden, der die Städte zu einer polit. Macht im Ostseeraum werden ließ. Die neuere Forsch. betont dagegen die längerfristigen Wandlungen im nordeurop. Handelssystem, die sich auch auf die Stellung der Hanse ausgewirkt haben. K. Wriedt

Lit.: A. v. Brandt, Der S.er Friede. Verhandlungsablauf und Vertragswerk 1369–1376, HGBll 88, 1970 – P. Dollinger, Die Bedeutung des S.er Friedens in der Gesch. der Hanse, ebd. – K. H. Schwebel, Der S.er Friede (1370) im Spiegel der hist. Lit., Jb. der Wittheit zu Bremen 14, 1970.

Strambotto, volkstüml. Dichtungsform lyrischen Charakters, zumeist für den Gesang bestimmt, die vermutl. im 14. Jh. in der Toskana entstand und sich – auch auf hohem künstler. Niveau – in Venetien, in Mittel- und Süditalien und in Sizilien verbreitete. Der S. ist in der »Hofdichtung« des 15. Jh. sehr häufig. In morpholog. Hinsicht lassen sich drei Haupttypen unterscheiden: die toskan. Sestima (Schema: ABABCC), die siz. Ottava (Schema: AB AB AB AB), auch »Canzuna« genannt, sowie die toskan. Ottava (Schema: ABABABCC), die auch →Rispetto genannt wird. Nur schwer läßt sich der S. vom Rispetto trennen; ebenso wie dieser kann er einzeln oder in Reihen auftreten (mit unterschiedl. Inhalt als »Strambotti spicciolati«) oder in thematisch verbundenen Folgen (»Strambotti continuati«). Ursprung und Name beider Genera werfen noch immer viele Fragen auf. Je nach Region gibt es auch zahlreiche andere Bezeichnungen. Wie der Rispetto erfreute sich auch der S. der größten Wertschätzung →Lorenzos il Magnifico und →Polizianos und wurde im 19. Jh. von Carducci und seinem romant.-positivist. Kreis wiederbelebt.

G. Capovilla

Lit.: G. Capovilla, Materiali per la morfologia e la storia del madrigale »antico«. dal ms. Vaticano Rossi 215 al Novecento, Metrica III, 1982, 172–175 – A. M. Cirese, Ragioni metriche, 1988, 35–153 – P. Beltrami, La metrica it., 1994², 286–289.

Strandrecht (lat. *ius naufragii*). Die Gesch. des S.s ist fast ausschließl. die Gesch. seiner Bekämpfung und Abschaffung. Während im klass. röm. Recht die Aneignung von Strandgut als →Diebstahl verfolgt wurde, entstand im Früh- oder HochMA aus unklarer Wurzel das Recht der Küstenbewohner und ihrer Territorialherren, gestrandetes Gut zu behalten und Schiffbrüchige zu versklaven oder sogar zu töten. Zur verwandten Situation auf Fernstraßen und an Binnengewässern →Grundruhr.

Dies war ein Zustand, den die handeltreibenden Städte, im Mittelmeerraum wie an Nord- und Ostsee Träger der kommerziellen Revolution, um jeden Preis bekämpfen mußten, zumal die →Seefahrt in der Anfangszeit dieser Aufbruchsphase durch die naut. Kenntnisse auf küstennahe Routen beschränkt war. Bereits zum 1. Kreuzzug stellte Venedig →Gottfried v. Bouillon 200 Schiffe zur Verfügung – als Gegenleistung für die Befreiung von Steuern und vom *ius naufragii*. Mit diesem frühen, aber typ. Beispiel ist zugleich eine wichtige Waffe der Städte im Kampf gegen das S. genannt: die Bemühung um Privilegierungen vom S. durch die Herren der Küstenländer einerseits, durch die höchsten geistl. und welt. Autoritäten andererseits (Verurteilung des S.s durch die Laterankonzile v. 1110 und 1179, Abschaffung des S.s durch Heinrich V. 1196 und Friedrich II. 1220). Während die Reichsgewalt sich leicht zum Kampf gegen das S. bereitfand, war die Haltung der Kirche und der anderen Territorialherren mit Grundbesitzungen in Küstengebieten gespalten, da sie von der Ausübung des S.s profitierten. Daß die Kaufleute in den von ihnen selbst bestimmten Rechtsordnungen die Ausübung des S.s bekämpften, versteht sich fast von selbst: So wird sie in den Rôles d'→Oleron (vor 1286) und dem →Llibre del consolat de mar aus Barcelona (um 1350) als Diebstahl bezeichnet. Den gleichen Zweck verfolgten das Handelsverbot mit gestrandeten Waren und der Ausschluß des gutgläubigen Erwerbs, falls sie dennoch zum Verkauf kamen (Hanserezeß v. 1287).

Während die persönl. Unfreiheit als Folge des S.s bereits 1112 in einem Streit am Kg.shof als unzeitgemäß empfunden wurde und nicht mehr durchgesetzt werden konnte (Annales Stadenses, MGH SS 16, 320f.), war der Kampf gegen die Anwendung des S.s auf Sachen langwieriger – eine Folge der Schwierigkeiten bei der prakt. Durchsetzung der neuen Rechtsauffassung in der Situation nach einem Seewurf oder einem Schiffbruch, in der das Gut nicht rechtl., aber fakt. herrenlos war. Noch Art. 218 der Constitutio Criminalis Carolina v. 1532 mißbilligt zwar die Ausübung des S.s und verfügt (wieder einmal) seine Abschaffung, doch mit Strafen droht er nicht.

Zu einem gewissen Ausgleich der Interessen führte die

weitgehende Anerkennung eines Bergungslohns für die Strandbauern. Er betrug häufig ein Drittel des Werts, ein weiteres Drittel beanspruchte häufig der Landesherr des Küstengebiets. Die Interessen der Strandbauern wurden aber im Laufe der Zeit noch weiter zurückgedrängt. Am Ende des MA war ihnen vielerorts zumindest theoret. nur noch ein Anspruch auf Vergütung ihrer Arbeitsleistung bei der Bergung des Strandguts geblieben. Immerhin dauerte es aber noch bis 1777, daß in Mecklenburg das Kirchengebet der Küstenbewohner um einen »gesegneten Strand« abgeschafft wurde. A. Cordes

Lit.: HRG I, 1856–1860; V, 19–26 – F. TECHEN, Das S. an der mecklenburg. Küste, HGBll 12, 1906, 271 – V. NIITEMAA, Das S. in Nordeuropa im MA, 1955 – K.-F. KRIEGER, Ursprung und Wurzeln der Rôles d'Oléron, 1970, 50–58.

Straßburg (Strasbourg), Stadt im Unterelsaß (dép. Bas-Rhin); Bm.

I. Spätantike – II. Früh- und Hochmittelalter – III. Spätmittelalter – IV. Topographie, Wirtschaft, kulturelles Leben – V. Konflikte zwischen Stadt und Bistum im Spätmittelalter.

I. SPÄTANTIKE: Das wahrscheinl. 12 v. Chr. errichtete Kastell Argentorate konnte sich während der folgenden zwei Jahrhunderte in eine nicht unbedeutende Siedlung umwandeln. Den Kern bildete das 20 ha umfassende castrum, das zuerst eine Legion, die II. und später die VIII., und nach dem Vorrücken der Grenzbefestigungen bis weit jenseits des Schwarzwalds die für die Versorgung und Verwaltung der Truppen bestimmten Stellen beherbergte. Die mit der Anwesenheit einer bedeutenden Garnison verbundenen wirtschaftl. Funktionen bewirkten die Bildung einer Vorstadt; dieser vicus canabarum füllte ziemlich rasch den Raum zw. den beiden Armen der Ill, den die militär. Anlagen frei ließen, vollständig aus; Händler und Handwerker bildeten den Großteil dieser Bevölkerung. Die heute noch bestehende sog. »lange Straße« war der Hauptverkehrsweg dieses Viertels, das etwa 20000 Einwohner zählte und am Oberrhein wohl durch keinen anderen Ort an Größe übertroffen wurde. Für dieses Wachstum war die Lage des castrum Argentorate an einem äußerst wichtigen Knotenpunkt des röm. Straßennetzes entscheidend. Verbindungen bestanden sowohl nach O, mit den Decumates agri als Hinterland, in w. Richtung über die Zaberner Steige, nach S, der Ill entlang, bis zur Burg. Pforte. Die Bewohner des zivilen Vororts besaßen jedoch eine untergeordnete Rechtsstellung. Der Rückzug des röm. Heeres, das 260 den Limes aufgab und den Rhein wieder zur Hauptverteidigungslinie machte, änderte die Situation der Stadt grundlegend, die nun wie zur Zeit ihrer Gründung exponiert lag. Die Befestigungen wurden verstärkt und verschiedentl. ausgebessert. 352 gelang den →Alamannen der entscheidende Durchbruch. Der Sieg Ks. Julians in der Nähe von Argentorate (357) konnte die Alamannen nur für kurze Zeit zurückdrängen. Bereits 366 überschritten sie den Fluß noch einmal; Valentinian I. und später Gratianus (378) schlugen sie zwar auf dem Schlachtfeld, konnten jedoch ihre Ansiedlung auf dem linken Rheinufer nicht verhindern. Der Einfall im Winter 406–407 ließ auch Argentorate nicht unberührt. Der tractus Argentoratensis, den die röm. Heeresleitung am Ende des 4. Jh. eingerichtet hatte, war durch die Alamannen überrannt worden. Nur geringe Truppenbestände blieben im castrum zurück, bis 451 der Einfall der →Hunnen den totalen Zusammenbruch des röm. Verteidigungs- und Verwaltungsapparats bewirkte.

II. FRÜH- UND HOCHMITTELALTER: Sicher ist das Bestehen einer christl. Gemeinde 343 bezeugt. Unter den Bf.en, die für →Athanasius einstanden, befand sich Amandus, episcopus Argentinensis. Ob sich bereits früher Christen in S. angesiedelt hatten, läßt sich an Hand von wenigen archäolog. Funden, deren religiöse Bedeutung nicht eindeutig ist, kaum ermitteln. Das Mithrasheiligtum in der Nähe der Stadt wurde systemat. zerstört, möglicherweise durch die S.er Christen. Ein Anzeichen dafür, daß die S.er Kirche zur Zeit der germ. Völkerwanderung eine nicht unbedeutende Größe erreicht hatte, ist die Tatsache, daß die Bf.sliste keine längere Unterbrechung aufweist. Die christl. Kultstätte ist nicht sicher zu lokalisieren. Um die Mitte des 6. Jh. übernahm Bf. Arbogast, von frk. Herkunft, mindestens z. T. die röm. Institutionen. So lieferte die einst für das Militär produzierende Ziegelei nun an den Bf. Die Kontinuität wurde auf diese Weise gesichert, und die frühere Bezeichnung der Ortschaft blieb in der Titulatur »episcopus Argentinensis« erhalten; die bereits in Dokumenten der röm. Spätzeit aufkommende Benennung »Strateburg« scheint zur Zeit →Gregors v. Tours allg. üblich gewesen zu sein. Daß die Stadt, obwohl sie einen großen Teil ihrer Bewohner einbüßte, nicht aufgelassen wurde, ist wohl dem Bm. zu verdanken (→Bf.sstadt). Im Inneren des röm. Kastells wurde ein erstes Gebäude, das den Hauptgottesdiensten diente, sicherl. vor dem 8. Jh. an der Stelle des heutigen Münsters errichtet.

Am Ende des 7. Jh., als man zur Abriegelung der alam. Angriffe das Hzm. Elsaß bildete, wurde auch der Bezirk des Bm.s entsprechend erweitert, so daß sich Hzm. und Bm. ungefähr deckten. Als hundert Jahre später die Gefahr abgewendet war und das Hzm. aufgelöst wurde, veränderte man auch die Grenzen des Bm.s, die bis zur Frz. Revolution bestanden. Sie schlossen den größten Teil des heutigen Unterelsasses ein, überließen jedoch die n. des Hagenauer Forstes gelegenen Landstriche dem Bm. →Speyer. Ungefähr ein Drittel des Sprengels lag rechts des Rheins und umfaßte die bad. Ortenau. Die S.er Bf.e gehörten, soweit bekannt ist, der sozialen und geistl. Elite an. Erwähnt sei v. a. →Pirmins Schüler →Heddo († nach 762), der seit 734 den S.er Bf.ssitz innehatte. Der ins Elsaß verbannte aquitan. Kleriker →Ermoldus Nigellus lobt in einem Gedicht nicht nur den Reichtum der gesegneten Landschaft zw. Vogesen und Rhein, die durch Heddo erbaute Kathedralkirche, sondern auch den Eifer des Bf.s Bernold, eines adligen Sachsen, der die Hl. Schrift übersetzte (vor 840). 842 kündete der berühmte Eid, den Ludwig der Dt. und Karl der Kahle in S. schworen (→S.er Eide), den Zusammenbruch der karol. Einheit an. Das Elsaß, das ursprgl. Lotharingien zugewiesen worden war, kam 870 zum Ostreich. Als die sächs. Ks. ihr Reich mit Hilfe des Gefüges der kirchl. Einrichtungen sichern wollten, machten sie das S.er Bm. zu einem der wichtigen Stützpunkte im Rheintal. In den letzten Jahrzehnten des 10. Jh. verliehen sie den Bf.en die →Regalien, insbes. das Münzrecht und die Gerichtsbarkeit. Daß die Bf.e über eine ansehnl. Macht verfügten, zeigen die hundert gepanzerten Reiter, die 981 das S.er Kontingent des Reichsheeres bildeten.

Das Kernstück des bfl. Besitzes war die Herrschaft über die Stadt S. Der allg. Aufschwung Westeuropas nach der Jahrtausendwende vermehrte die Bevölkerung und den Reichtum der Stadt. Schon im 11. Jh. war das frühere castrum nicht mehr das einzige dichtbesiedelte und befestigte Viertel. An diese Altstadt schloß sich ein neues Viertel an, das den größeren Teil der von den Flußarmen der Ill umfaßten Insel bedeckte und den Schutz einer Umwallung genoß. Die Verwaltung der Stadt war z. T. →Ministerialen (1129 Erwähnung von 25) übertragen. Das erste erhaltene Stadtrecht, das Bf. Burkhard

(1146–47) veröffentlichte, beweist, daß dem Stadtherrn ein nicht unbedeutender Mitarbeiterstab zur Verfügung stand; →Vogt und →Schultheiß besorgten die Rechtsprechung; der Burggraf kümmerte sich um die Befestigungen, übte die Polizeigewalt aus, überwachte die Märkte und elf Zünfte; der Zoller erhob die Taxen, war für Brücken und Straßen, Handel und Maße verantwortlich. Die Bürger, denen der Ks. 1129 das Privileg »de non evocando« verliehen hatte, wurden durch drei →Heimbürge, die Beisitzer des Schultheiß waren, vertreten. Es ist nicht auszuschließen, daß die Bürgerschaft im bfl. Rat repräsentiert war. Sie konnte aber nur für Frondienste herangezogen werden. →Gottfried v. S. gehörte vielleicht dem Kreis der Ministerialen an. Sein mhd. höf. Versroman »Tristan und Isold« läßt den hohen Grad der städt. Kultur erkennen und zeigt rege Beziehungen zum frz. Sprachraum.

III. SPÄTMITTELALTER: Die Wirren des ersten »Interregnums« änderten die Beziehungen der Einwohnerschaft zum Stadtherrn. Kg. Philipp v. Schwaben befreite die Bürger von allen öffentl. Lasten und nahm sie in seinen Schutz (1205). Philipps Tod und die vorsichtige Politik des jungen Friedrich II. hemmten die städt. Emanzipation gegenüber dem bfl. Stadtherrn, und im Konflikt der für den Papst eintretenden Prälaten mit dem Ks. kam es sogar zur eindeutigen Zusammenarbeit der Bürgerschaft mit ihrem Stadtherrn (1245, 1246). Doch dieses Zusammenwirken hatte notwendigerweise die Festigung der bürgerl. Gemeinde zur Folge (Siegel zu 1201 belegt). Zur Auseinandersetzung kam es, als die Bürger sich das Recht anmaßten, Schultheiß und Burggraf, die bfl. Amtsinhaber, abzusetzen. Der Bf. →Walter v. Geroldseck versuchte, seine Herrschaft durchzusetzen, indem er die Bevölkerung 1261 gegen die Oberschichten aufwiegelte. Gestützt auf die Hilfe der Gegner des Hauses Geroldseck (u. a. Rudolf v. Habsburg) konnten die bfl. Aufgebot bei Hausbergen am 8. März 1262 schlagen. Kurz danach starb Walter v. Geroldseck. Sein Nachfolger, Heinrich v. Geroldseck, schloß am 12. Febr. 1263 mit der Bürgerschaft Frieden. Der Rat verfügte nun über das Recht, Statuten zu erlassen und Bündnisse einzugehen, ohne die Zustimmung des Bf.s einzuholen. Seine Zusammensetzung war in keiner Weise von dem bfl. Konsens abhängig. S. wurde eine Freie Stadt; das Bestimmungswort »frei« kam 1358 auf (→Freie Städte).

Im Laufe des 14. und 15. Jh. bildete sich der Regierungs- und Verwaltungsapparat voll aus. Er mußte sich der sozialen Entwicklung anpassen. Ein Teil der Geschlechter, die den Sieg von 1262 errungen hatten, übernahm die Lebensweise des Adels und geriet in Konflikt mit den Handel treibenden Patrizierfamilien, die sich 1332 der wichtigsten Regierungsämter bemächtigten. Die durch das Herannahen des Schwarzen Todes hervorgerufene Unruhe ermöglichte einen zweiten polit. Umsturz (1349). Diesmal gewannen die Handwerker, und ihrem Vorsteher, dem Ammeister, wurde nun die Exekutivgewalt übertragen. Die Zünfte stellten die Grundeinheiten der städt. Organisation, aus ihnen stammte die Hälfte der Ratsmitglieder. Doch schied das Patriziat nicht völlig aus, es behielt auch Sitze in den am Anfang des 15. Jh. gebildeten »geheimen Stuben« (XV. und XIII.), in denen emeritierte Ratsherren und verdiente Regierungsinhaber die Kontinuität der städt. Politik sicherten. Im großen und ganzen wurde zw. den verschiedenen Schichten ein Gleichgewicht hergestellt. Die 1482 herausgegebene Fassung des »Schwörbriefs« (→Schwurbrief) blieb bis zur Frz. Revolution in Kraft.

IV. TOPOGRAPHIE, WIRTSCHAFT, KULTURELLES LEBEN: Der Aufschwung, den die Stadt erlebte, läßt sich an den Erweiterungen ihrer Ringmauer ablesen. Bereits in der 2. Hälfte des 13. Jh. wurde ein Areal auf dem s. Illufer einbezogen; am Ende des 14. Jh. geschah das gleiche in entgegengesetzter Richtung; schließlich umfaßte die Umwallung nach 1450 200 ha, zehnmal mehr als das castrum. 1444 hatte S. 16000 Einwohner und 8000 Flüchtlinge, die aus Furcht vor den sog. →Armagnaken in die Stadt geflohen waren. Das Aufblühen des Nord-Südhandels im Laufe des 13. Jh. vermehrte den Reichtum S.s erheblich. Als Hauptverkehrsweg für den Warentransport diente der Rhein. S.s Schifferzunft dominierte auf dem Strom bis nach Mainz. Die elsäss. →Weine, deren Transport die Ill bis nach S. erleichterte, wurden nach Frankfurt a. M. und Köln exportiert. Die 1388 erbaute Brücke verband das Elsaß mit dem rechten Rheinufer und erlaubte den Export bes. des in S. gespeicherten Getreides nach Schwaben. S.er Händler traf man sowohl in Norditalien und der »Schweiz« als auch in den Niederlanden. Die hauptsächl. durch kaufmänn. Tätigkeit erworbenen Kapitalien wurden sowohl auf dem Lande, wo die Bauernschaft oft Kredit brauchte, als auch in den Rentmeisterämtern der aufsteigenden Territorialstaaten angelegt.

Pfalz (Rathaus), Pfennigturm (Schatzkammer) und Kaufhaus repräsentierten Wohlstand und polit. Macht. Aber auch die Wahrzeichen des religiösen Lebens, Dom, Kirchen und Kl., verdankten ihre Pracht dem Reichtum der Stadt. Am Ende des 12. Jh. beschloß der Bf., den durch seinen Vorgänger Wernher um 1000 errichteten Dom zu ersetzen. Das unter der Leitung der städt. Behörden gestellte Liebfrauenwerk besorgte die Bauarbeiten, die 1439 mit der Fertigstellung des damals höchsten Turms der abendländ. Christenheit zum Abschluß kamen. Drei Kollegiatkirchen, St. Thomas, Jung St. Peter und Alt St. Peter, erhöhten den äußeren Glanz der kirchl. Einrichtungen. Außerdem gab es vier Pfarrkirchen. Zum Damenstift St. Stefan kamen im Laufe des 13. und des 14. Jh. 18 Kl. hinzu. Bes. zahlreich waren die Bettelorden, Franziskaner, Dominikaner, Augustiner-Eremiten und Karmeliter, sowie die entsprechenden Frauengemeinschaften (zwei Klarissenkl., sieben Dominikanerinnenkl.). Die Zahl der →Beg(h)inen läßt sich schwer abschätzen. Daß sie ansehnl. war, können wir daraus folgern, daß ihre Verdammung durch das Konzil v. →Vienne 1311 dem damaligen Bf. Schwierigkeiten bereitete. Die Studien wurden in den Bettelorden eifrig gepflegt. Im Dominikanerkl. wirkte wiederholt →Albertus Magnus. →Ulrich (Engelberti) v. S. und →Hugo Ripelin, beide aus S. gebürtig, gehörten zu seinen begabtesten Schülern. Im Barfüßerkl. bestand ein →Studium generale, in dem man die für das Lektorenamt bestimmten Brüder ausbildete. Die →Augustinerschule wurde durch →Thomas v. S. (1345–51) berühmt. Der größte dt. Mystiker, Meister →Eckhart, verweilte in S. (1313–22). Johannes →Tauler, in S. geboren und gestorben (1361), zählte zu seinen treuesten Nachfolgern. Er übte wahrscheinl. einen entscheidenden Einfluß auf Rulman →Merswin aus, einen reichen Patrizier, der mit 40 Jahren seine Geldgeschäfte aufgab und das den Johannitern anvertraute Kl. Grünenwörth gründete, in dem er 1382 starb. Ob Merswin oder seinem Sekretär Nikolaus v. Löwen die Schriften des »Gottesfreundes vom Oberland« zuzuschreiben ist, ist noch ungeklärt. Sicher ist, daß die →»Gottesfreunde«, die im südwestdt. Raum zerstreut lebten, S. und bes. den Grünenwörth als ein wirksames Zentrum ihrer Bewegung betrachteten.

Die Möglichkeit, sich in S. die notwendigen Geldmittel zu beschaffen, hat vielleicht dazu beigetragen, daß der Mainzer Patrizier Johannes →Gutenberg, der aus polit. Gründen seine Vaterstadt verlassen mußte, S. als vorläufigen Wohnsitz wählte. Als er 1444 in seine Heimat zurückkehrte, hatte er vielleicht für seine Erfindung, die erst zehn Jahre später vollendet sein sollte, wichtige Versuche gemacht. Es ist bemerkenswert, daß bereits wenige Jahre nach dem Druck der 42zeiligen Bibel von Johannes →Mentelin 1460 in S. eine 49zeilige herausgegeben wurde. Diese Leistung wirkte bahnbrechend. Vor 1480 produzierten in S. etwa zehn Werkstätten für einen ausgedehnten Markt. Die bekanntesten Drucker waren Schott, →Grüninger, Flach, Hupfuff, Prüss, Schürer und →Rusch. Die Buchillustration verschaffte großen Künstlern wie Wechtlin, Urs Graf, Weiditz und Baldung Grien bedeutende Aufträge.

Daß der Aufschwung des →Buchdrucks dem →Humanismus in S. einen starken Impuls gab, beweist der Besuch, den →Erasmus v. Rotterdam der Sodalitas litteraria abstattete. Zweck der Reise war eigtl. die Verhandlung mit Schürer, der zu den wichtigen Verlegern des Humanistenfs.en zählte (1514). Die literar. Gesellschaft hatten Sebastian →Brant und Jakob →Wimpfeling ins Leben gerufen. Seit 1501 wohnte der Autor des »Narrenschiffs«, der in Basel zu Berühmtheit gelangt war, wieder in seiner Geburtsstadt. Ständig hielt sich der aus Schlettstadt stammende Wimpfeling nicht in S. auf, wurde aber oft von seinen Gesinnungsgenossen freundl. aufgenommen. Er geriet mit dem Franziskaner Thomas Murner in Streit (1502). Brants und Wimpfelings Humanismus war konservativ gefärbt. Die einer radikalen Neuerung zugeneigte Gedankenwelt des Erasmus und noch viel mehr die Ulrichs v. Hutten stießen bei der S.er Führungsschicht der älteren Generation auf Ablehnung. Sie konnte es nicht billigen, daß die jüngere Generation auch in S. im »Dunkelmännerstreit« an der Redaktion der bekannten Briefe teilnahm (1515). Die Notwendigkeit einer gründl. Reform leuchtete der geistl. Elite wohl ein, doch die Möglichkeit, sie zu verwirklichen, schien dahinzuschwinden. Selbst Johannes →Geiler v. Kaisersberg, der sich während seiner Amtszeit (1478–1510) mit glühendem Eifer für die Gesundung der kirchl. Zustände eingesetzt hatte, machte von seinen Zweifeln an der Durchführung einer Reform 1508 keinen Hehl mehr.

V. KONFLIKTE ZWISCHEN STADT UND BISTUM IM SPÄTMITTELALTER: Das Bm. hatte im Laufe des 13. und 14. Jh. den Verwaltungsapparat vervollständigt. Offizialat, Generalvikariat und Kanzlei bildeten die Zentralbehörden. Die Dekanate ermöglichten die Erfassung der zahlreichen Mitglieder des Klerus und ergänzten die Funktion der Archidiakonate, die die Stiftsherren vollständig in ihrer Hand hatten. Das bfl. Territorium wurde zur gleichen Zeit method. ausgebaut, mit Burgen und ummauerten Marktflecken befestigt und durch Ankauf der unterelsäss. Lgft. (1359) bedeutend erweitert. Allerdings trat bald eine Wende in der Entwicklung ein, da das Gleichgewicht der bfl. Finanzen zerstört wurde. Den Schwierigkeiten konnte weder Friedrich v. Blankenheim begegnen, der 1392 versuchte, mit Hilfe von verschiedenen Herren die Stadt militär. zu bezwingen, noch Wilhelm v. Diest, der 1419 in die inneren Auseinandersetzungen S.s eingriff und für die revoltierenden Patrizier Partei nahm. Wilhelms Politik brachte das Bm. an den Rand des Bankrotts. Das Domkapitel, das sich bereits im 12. Jh. vollständig vom Bm. gelöst hatte, trat an die Spitze der Körperschaften, die sich der bfl. Autorität entgegenstellen wollten (1415); diese »größere Verbrüderung« blieb bis zur Reformation bestehen und behinderte die Durchführung der Maßnahmen des Ordinariats. Das sich durch Kooptation rekrutierende Domkapitel hat selbst gegen den päpstl. Willen seine ausschließl. hochadlige Zusammensetzung behauptet; vor der Reformation mußte ein Bewerber nachweisen, daß er väterlicher- und mütterlicherseits 14 Ahnen besaß, die Fs.en, Gf.en oder Freiherren waren. Da alle elsäss. Dynastien, die diesen Ansprüchen hätten genügen können, ausgestorben waren, gehörten dem Domkapitel nur fremde Adlige an. Es kam auch nach der Versetzung →Lamprechts v. Brunn (1374) bis 1842 kein Elsässer mehr auf den S.er Bf.ssitz. Die Schwäche des Bm.s hatte die Stadt ausnutzen können. Sie streckte dem Bf. große Geldsummen vor und nahm die wichtigsten Ortschaften und Burgen als Pfand. Am Ende des 15. Jh. gelang es jedoch Albrecht v. Bayern (1478–1506) und seinem Nachfolger, durch eine kluge Finanzpolitik das Gleichgewicht von Einnahmen und Ausgaben wieder herzustellen und die →Pfandschaften auszulösen. Die Stadt, die mit dieser Restaurierung der bfl. Kredits nicht gerechnet hatte, bemühte sich, auf schnellstem Weg die wieder an ihren Herrn zurückgegebenen Territorien durch Ankäufe zu ersetzen. Da Bf. Albrecht sich 1483 und 1485 weigerte, die Reste der bfl. Herrschaft in S. zu verkaufen, und sein Nachfolger eine ähnl. Politik betrieb, befürchtete der Rat, daß die Stadt wie →Mainz wieder in die Hand des Stadtherrn geraten könnte. →Elsaß.

F. Rapp

Q. und Lit.: [Bistum]: M. SDRALEK, Die S.er Diozesansynoden, 1894 – W. KOTHE, Kirchl. Zustände S.s im 14. Jh., 1903 – Reg. der Bf.e v. S., 2 Bde, hg. P. WENTZKE, 1908 – F. KIENER, Stud. zur Verfassung des Territoriums der Bf.e v. S., 1912 – A. VETULANI, Le grand chapitre de S., 1927 – L. PFLEGER, Kirchengesch. der Stadt S., 1941 – F. J. HIMLY, Les origines chrétiennes en Alsace, 1963 – A. M. BURG, Die alte Diöz. S. von der bonifaz. Reform bis zum Konkordat, Freiburger Diözesan Archiv, 1966 – R. LEVRESSE, L'officialité épiscopale de S., 1971 [masch.] – F. RAPP, Réformes et Réformation S., 1974 – S., Hist. des diocèses de France, 14, hg. F. RAPP, 1982 – DERS., Der Klerus der ma. Diöz. S. unter bes. Berücksichtigung der Ortenau, ZGO 137, 1989, 91–104 – [Stadt]: UB der Stadt S., 8 Bde, hg. W. WIEGAND–A. SCHULTE u.a., 1879–1900 – Chr. dt. Städte 9, 1890 – F. v. APELL, Gesch. der Befestigung u. S., 1902 – A. HERZOG, Die Lebensmittelpolitik der Stadt S. im MA, 1909 – E. BENDER, Weinhandel und Wirtsgewerbe im ma. S., 1914 – K. STENZEL, Die Politik der Stadt S. am Ausgang des MA, 1915 – R. FORRER, S. Argentorate, 1927 – J. J. HATT, Une ville du XVᵉ s., 1929 – L. BLUM, La part de l'Alsace à l'origine des Epistolae virorum obscurorum, Archives de l'Église d'Alsace, 1949–50 – PH. DOLLINGER, Patriciat noble et patriciat bourgeois à S. au XIVᵉ s., Revue d'Alsace 90, 1951 – J. UNGERER, Le pont du Rhin à S., 1952 – J. J. HATT, S. au temps des Romains, 1953 – F. RITTER, Hist. de l'imprimerie alsacienne, 1955 – La mystique rhénane, hg. PH. DOLLINGER, 1963 – G. WUNDER, Das S.er Gebiet, 1965 – H. REINHARDT, La cathédrale de S., 1972 – F. J. FUCHS, L'espace économique rhénan et les relations commerciales de S., Oberrhein. Stud. 3, 1973 – F. KÖSTER, Gutenberg in S., 1973 – F. RAPP, Les Strasbourgeois et les universités rhénanes, Annuaire des Amis du Vieux S., 1974 – Grandes figures de l'humanisme alsacien, hg. G. LIVET, 1978 – H. MAURER, Der Hzg. v. Schwaben, 1978 – Hist. de S. des origines à nos jours, 4 Bde, hg. G. LIVET – F. RAPP, 1980–82 – B. WERNER-SCHOCK, Das S.er Münster im 15. Jh., 1983 – Hist. de S., hg. G. LIVET – F. RAPP, 1988 – M. ALIOTH, Gruppen an der Macht, Zünfte und Patriziat. Unters. zu Verfassung, Wirtschaftspflege und Sozialstruktur S.s, 2 Bde, 1988 – F. RAPP, Geiler de Kaysersberg (Nouveau Dict. de biographie alsacienne, 1988) – R. LIESS-A. KÖPKE, Zur ehem. Erwin-Inschrift an der Westfassade des S.er Münsters, ZGO 137, 1989, 105–173 – G. BECHTEL, Gutenberg et l'invention de l'imprimerie, 1992 – F. RAPP, Le prince, l'argent et la ville. Finances strasbourgeois à la fin du MA, Académie des Inscriptions, 1993.

Straßburg, Vertrag v. (Mai/Juni 1016). Als Kg. →Rudolf III. v. Burgund Anfang 1016 mit dem Versuch gescheitert war, seinen renitenten, um Mâcon – Besançon erstarkten Großvasallen →Ott-Wilhelm v. Burgund zu unterwerfen, mußte er die Unterstützung Ks. Heinrichs II., seines Neffen, erbitten, dem er, weil selbst ohne legitime Kinder, bereits 1006 die Nachfolge in Burgund versprochen und dafür Basel als Faustpfand überlassen hatte. Da er Heinrichs Bitte, die Lage in Bamberg zu erörtern, nicht erfüllen konnte, kam dieser ihm nach S. entgegen. Dort erkannte Rudolf vertragl. die Nachfolge seines Neffen erneut an, trug ihm Burgund formell zu Lehen auf und gelobte, »in den wichtigsten Angelegenheiten nichts ohne seinen Rat zu tun«. Die mitgekommenen Stiefsöhne Rudolfs machten in der Lehnshuldigung sogleich den Anfang, wofür Heinrich alle reich beschenkte, auch einen Feldzug gegen Ott-Wilhelm zusagte. Dieser bewirkte im Sommer 1016 jedoch nur die Verheerung des Gebietes Ott-Wilhelms. Rudolf konnte in der Folge indes die zugesicherte Huldigung aller seiner Großen nicht durchsetzen, übergab aber Anfang Febr. 1018 in Mainz dem Ks. zur Bekräftigung des S.er V.s Krone und Zepter, die als Lehnssymbole zurückerhielt. Bedeutung erlangte der Vertrag nach Heinrichs II. Tod, als sich Ks. Konrad 1027 auf die S.er Lehnsauftragung Burgunds an seinen Vorgänger und die Mainzer Bestätigung berufen und dadurch letztl. auch nach Rudolfs Tod (1032) den Anfall Burgunds an das Reich durchsetzen konnte.

E. Hlawitschka

Q. und Lit.: Thietmar v. Merseburg, VII, 27ff. (MGH SRG, 1955²) – MGH DD Rudolf., 1977 [Einl. von TH. SCHIEFFER].

Straßburger Alexander. Als S. A. wird nach dem einzigen Überlieferungszeugen, einer 1870 verbrannten Hs. der Straßburger Stadtbibliothek vom Ende des 12. Jh., eine erweiternde, stilistisch und metrisch glättende Bearbeitung des Alexanderromans des Pfaffen →Lamprecht in 7302 Versen bezeichnet, die Lamprechts mit dem Tod des Darius endenden Text bis zum Tod Alexanders weiterführt, die Paradiesreise völlig neu gestaltet und schon Ansätze zur Höfisierung zeigt, v. a. in der oriental. Wunder- und Aventiurenwelt der Indienfahrt und der Minnehandlung mit Kgn. Candacis. Obgleich das Vanitas-Motiv beibehalten wird, ist nicht Weltabkehr, sondern richtiges Herrscherverhalten das Thema: Alexanders Vergehen liegt nicht in seiner 'superbia', dem Aufbegehren gegen Gott, sondern in der 'giricheit', dem Überschreiten der herrscherl. Macht. →Alexander d. Gr., B. VI. N. H. Ott

Ed.: Das Alexanderlied des Pfaffen Lamprecht, ed. I. RUTTMANN, 1974 – Lit.: H. DE BOOR, Frühmhd. Stud. Vom Vorauer zum S. A., 1926 – P. K. STEIN, Ein Weltherrscher als vanitas-Exempel in imperial-ideologisch orientierter Zeit? Fragen und Beobachtungen zum »S. A.« (Stauferzeit, ed. R. KROHN u. a., 1978), 144–180 – T. EHLERT, Deutschsprachige Alexanderdichtung des MA, 1989, 55–79.

Straßburger Eide. Eingebettet in den lat. Text über die Vorgänge des Jahres 842 in Buch III, 5 der »Historiarum libri quattuor« des frk. Geschichtsschreibers →Nithard, Enkel Karls d. Gr., finden sich im Bericht zur Bündniserneuerung der beiden jüngeren Söhne →Ludwigs d. Fr., nämlich →Ludwigs d. Dt. und →Karls d. K. vom 14. Febr. 842 zu Straßburg vor ihren Heeren, je zwei Eidesformeln (→Eid, A. IV) in ahd. (rheinfrk.) und afrz. Sprache. Den Eidesleistungen gehen lat. wiedergegebene Ansprachen der Herrscher zur Begründung des Vorgangs an ihre Heere voraus, während die Eidesformeln zur Bekräftigung des Bündnisses zunächst von den Herrschern je in der Sprache des Bündnispartners, zuerst vom älteren Ludwig 'romana lingua', dann vom jüngeren Karl 'teudisca lingua' gesprochen werden: afrz. »Pro deo amur et pro christian poblo et nostro commun saluament« usw.; ahd. »In godes minna ind in thes christanes folches ind unser bedhero gehaltnissi« usw. Dies hatte den Sinn, daß sich die beiden Kg.e je vor den beiden Heeren über deren Volkssprache vertrauenerweckend verständlich machten, Ludwig d. Dt. vor dem westfrk., Karl d. K. vor dem ostfrk. Heer. Daran schließen sich zwei weitere Eidesformeln in afrz. und ahd. Sprache an, welche von den beiden Heeren je in ihrer Sprache ('propria lingua') mit dem Inhalt gesprochen wurden, beim Bruch des Eides ihres Herrschers erlösche der Beistand an diesen gegen seinen Bruder.

Während sprachl. Doppeltexte im FrühMA sonst nur lat.-volkssprachl. in Form von Übersetzungen vorkommen, liegt hier als Unikat ein afrz.-ahd. Gebrauchstext früher pragmat. Schriftlichkeit vor, der älteste frz. überlieferte Text überhaupt und einer der ältesten in ahd. Sprache. Dies erklärt das ungewöhnl. große Interesse an diesem Denkmal seit humanist. Zeit in Frankreich und Deutschland. Eine Einbettung in die zwar freiere Benutzung lat. Urkundenformulartradition ergibt sich durch den teilweise umständl. Kanzleistil, welcher pro Eid aus je einem Satz besteht, wobei der Herrschereid mit der 'dispositio' (mit vorgängiger 'invocatio'), der Heereseid mit der 'minatio' (Strafandrohung beim Bruch des Bündniseides) einer Urkunde vergleichbar ist. Trotzdem sind auch Textstücke einer sprechsprachl. Rhythmik bei den Volkssprachen feststellbar. Da sich die beiden volkssprachl. Fassungen inhaltlich recht genau entsprechen, sind sie (vielleicht von Nithard selbst) aufeinander abgestimmt worden, ohne daß ein sicheres Primat der einen oder anderen Sprache ausgemacht werden könnte. Jedenfalls stehen die Eide im Spannungsverhältnis von lat. Schriftlichkeit und volkssprachl. intendierter Mündlichkeit. Letztere zeigt sich auch im kurzen ahd. Priestereid (bair.) des 10. Jh., während der afrz. Text Entsprechungen in lat. →Kapitularien hat.

S. Sonderegger

Ed.: Denkmäler dt. Poesie und Prosa, 1964⁴, I, 231f. (Nr. LXVII); II, 365f. – G. KÖBLER, Slg. kleinerer ahd. Sprachdenkmäler, 1986, 561–563 (Text nach E. v. STEINMEYER, Sprachdenkmäler, 1916 [Nachdr. 1963], Nr. XV] – Lit.: HRG V, 29–31 [Lit.] – Verf.-Lex.² IX, 377–389 [Lit.] – P. WUNDERLI, Die ältesten roman. Texte unter dem Gesichtswinkel von Protokoll und Vorlesen, Vox Romanica 24, 1965, 44–63 – H. L. W. NELSON, Die Latinisierungen in den S. E.n, ebd. 25, 1966, 193–226 – G. HILTY, Die Romanisierung in den S. E.n, ebd. 227–235 – DERS., Les Serments de Strasbourg (Fschr. P. IMBS, 1973), 511–524 – R. SCHMIDT-WIEGAND, Eid und Gelöbnis, Formel und Formular im ma. Recht (Recht und Schrift im MA, hg. P. CLASSEN, 1977), 62–72 – F. VAN DER RHEE, Die S. E., afrz. und ahd., Amsterdamer Beitr. zur älteren Germanistik 20, 1983, 7–25.

Straße (s. a. →Verkehr)
I. Westlicher Bereich – II. Südosteuropa – III. Byzantinischer Bereich – IV. Osmanischer Bereich.

I. WESTLICHER BEREICH: [1] *Begriff:* Der Terminus 'S.' oder auch 'Weg' bezeichnet einen aus dem bewohnten, bewirtschafteten oder ungenutzten Land herausgegrenzten Bodenstreifen, der als Verkehrsraum reserviert und von der Allgemeinheit zu gleichem Recht benutzt wird. Wie schon die hist. Terminologie verdeutlicht (lat. via, strata; it. *via, strada*; dt. *weg, straze*; engl. *way, straeta, stret, lane*; frz. *voie, route, rue, chemin*; span. *via, estrada, cammino*; ung. *ut, utca*; poln. *ulica*), handelt es sich um ein altes Erbe, das in der Nomenklatur und in der Sache verschiedenen Kulturkreisen des Kontinents verpflichtet ist. Die Grundstruktur des europ. S.nnetzes wurde von den Römern geschaffen, erfuhr aber im Laufe der Jahrhunderte eine Umprägung und Erweiterung, die seine originären Züge weitgehend überdeckten.

[2] *Spätantike und Frühmittelalter:* Das Ende des Imperium Romanum und der Niedergang seiner administrativen Techniken in den Reichen, die es beerbten, führten seit

dem 6. Jh. zum Verfall der einstigen Kunsts.n, dem sich die letzten Karolinger trotz wiederholter Anstrengungen (MGH Cap. I Nr. 19 c. 4, II Nr. 202 c. 13) nicht entgegenzustemmen vermochten. Die alten Verkehrsverbindungen fielen weitgehend in ihren Naturzustand zurück und waren schließlich nur noch »der Ort, wo man ging«.

Das Schicksal der Ferns.n wurde auch von den innerstädt. Wegen geteilt. Dort, wo sie weiterhin in Gebrauch waren, blieben sie als Verkehrseinrichtungen erhalten – bei gleichzeitiger materieller Überlagerung durch spätere Schichten – und verschwanden andernorts ohne Spur: In den Städten, die seit der Spätantike zwar geschrumpft, in ihrem Kern aber weiterhin bewohnt waren, hat sich das einst rasterförmige Netz der S.n im Siedlungskern erhalten wie im Falle von Florenz oder Piacenza; in anderen, deren Leben stärker gestört wurde, erfuhr auch das einst regelmäßige Rasternetz deutliche Veränderungen, wie dies die Stadtpläne von Bologna, Lucca, Novara oder Köln zeigen; in denjenigen Städten schließlich, die am Ende der Antike weitgehend verlassen und die erst im Laufe des HochMA neu übersiedelt wurden, fehlt vom einstigen Rasternetz beinahe jede Spur, wie es die Beispiele von Limoges oder Trier vor Augen führen.

Das grundlegende mentale Konzept der via- bzw. strata publica hingegen, nach welchem die Wege ein Allgemeingut darstellten, blieb an den weiter benutzten Verbindungen der Antike haften und wurde mit dem lat. Schriftgut auch über die einstigen Grenzen des Imperium Romanum ins Neusiedelland verbracht und dort heimisch.

[3] *Hoch- und Spätmittelalter:* Auf die Periode des Niedergangs der antiken Strukturen folgte zw. 900 und 1500 eine Zeit des Neuaufbaus, in dessen Verlauf die Knotenpunkte des Verkehrsnetzes durch Umstrukturierung und Expansion des alten Siedlungsgefüges neu geknüpft wurden. Die Veränderungen im S.nnetz sind dort am auffälligsten, wo im Altsiedelland antike Städte von der Landkarte verschwanden, einst wichtige Zentren zu Bedeutungslosigkeit herabsanken und bis dahin unbedeutende Flecken zu Städten aufstiegen, oder dort, wo im Neusiedelland in bis dahin unbewohnten bzw. nur dünn besiedelten Gebieten Dörfer und Städte gegründet wurden. Diese Siedlungstätigkeit erforderte die Ergänzung des überkommenen Wegenetzes um neue Verbindungen und brachte Gewichtsverschiebungen mit sich, die etwa in der Umpolung des frz. S.nnetzes von Lyon auf Paris oder des ung. von Gran auf Buda (Ofen) zu fassen sind. Parallel dazu vollzog sich eine Neubestimmung des Verhältnisses der Gesellschaft zur S., die sich nur langsam abzeichnete und die in den verschiedenen Gegenden Europas einen unterschiedl. Entwicklungsrhythmus aufwies.

Das einst unter staatl. Aufsicht unterhaltene S.nnetz blieb seit dem 9. Jh. weitgehend sich selbst überlassen. Das schloß vereinzelte Maßnahmen nicht aus, lief aber im ganzen auf einen Zustand der Improvisation hinaus, in dem sporad. Eingriffe von der Notwendigkeit der Situation diktiert wurden. So war es bei Heerzügen üblich, Wege oder auch Brücken zur Erleichterung des Durchmarsches wieder herzurichten; gelegentl. wurden lokale Wege aus bes. Gründen von der örtl. Gewalt instandgesetzt; Kl.gründungen auf Rodungsland erforderten die Erschließung des Terrains durch Wege und dessen Anbindung an das bestehende S.nnetz; bisweilen wurden auch aus religiösen Motiven Wegstrecken in Ordnung gebracht. Doch fehlte allen diesen Initiativen ein einheitl. Konzept, das den systemat. Einsatz der Kräfte und den Rückgriff auf allg. akzeptierte Prinzipien für die Durchführung der Arbeiten erlaubt hätte.

Erst im 12. Jh. kam es zu einer »Neuentdeckung« der S.n. Das schlägt sich einerseits in der Konstatierung der herrscherl. oder obrigkeitl. Aufsicht über die S.n (England: →»Leges Henrici Primi«, um 1115; Italien: Reichstag v. →Roncaglia, 1158) und in der Bezeichnung via regia (England, Dtl., Frankreich) nieder, andererseits in der Festlegung der Mindestbreite der Königss.n (England: »Leis Willelme«; Dtl.: →Sachsenspiegel, Frankreich: »Coutumes de Beauvaisis« [→Philippe de Beaumanoir]). Die Unterhaltung des S.nnetzes jedoch rückte erst später ins Blickfeld der Gesellschaft und blieb längerhin das Aktionsfeld verschiedener Initiativen.

Seinen frühesten und konzentriertesten Ausdruck fand die neue Hinwendung zu den S.n in der Pflege der innerstädt. Wege, während die Reparatur von Lands.n erst im Laufe der Zeit üblich wurde. In den Städten trifft man im einzelnen auf die Festlegung der S.nbreite (Pisa 1155, Reggio 1204, Treviso 1231), die Neuanlage von →Plätzen (Piacenza 1178, Brescia 1179) und S.n (Florenz, Bologna, Vercelli) sowie auf Teilpflasterungen (Paris 1185, Hannover um 1200, Parma 1231, Duisburg 1250, Venedig 1264, Lincoln 1286, London 1353) oder sonstige Instandhaltungsarbeiten (St-Omer vor 1127), wobei die anfallenden Kosten entweder aus der Stadtkasse bezahlt oder von den Anliegern getragen wurden, deren S.nbaupflichten in den Stadtstatuten niedergelegt waren.

Was die Lands.n betrifft, so hat man in Dtl. das Privileg der Erhebung von S.nzöllen als gleichzeitige Verpflichtung gedeutet, die S.n zu reparieren (→Mainzer Landfrieden, 1235). Entsprechend wurden von Herrscher Zölle an Städte (Nördlingen 1358) und lokale Herren (Mergentheim 1340) mit der Auflage der Wegbesserung verliehen. In einzelnen Fällen erhielten sogar Privatleute Zollprivilegien, die sich im Gegenzug zur Reparatur der S. verpflichteten (Heinrich Kunter an der Brenners., 1314; Jakob v. Castelmur an der Septimers., 1387). In norddt. Städten waren Spenden und Vermächtnisse (Lübeck 1289, Hamburg 1398) für den S.nbau üblich, der z. T. durch Einsiedler, die an der S. hausten, besorgt wurde.

In Frankreich, wo vereinzelter Wegebau durch lokale Gewalt (Vgf. v. Bourges, 1095, Vgfn. v. Narbonne, 1157) oder durch Mönche (Vexin, 12. Jh.) schon früh bezeugt ist, findet sich die Verbindung von Zoll und S.nbau seit dem 13. Jh. ebenfalls belegt, was durch Kaufleute finanzierte Arbeiten (14. Jh.) nicht ausschließt. Im übrigen dürfte die S.nhoheit im Lande im 13. Jh. auch als eine Kompetenz der Regionalgewalten aufgefaßt worden sein (»Coutumes de Beauvaisis«, 1283).

In Skandinavien scheint der S.nbau vorzugsweise von Privatleuten für das Seelenheil ihrer Verstorbenen unternommen worden zu sein.

In England, wo der Brückenbau seit dem frühen MA zur gut bezeugten Untertanenpflicht gehörte, hat man sich der Wege jedoch nur auf Kriegszügen angenommen (1102, 1278, 1283); sonst blieben sie sich selbst überlassen, sofern nicht Kaufleute sie auf ihre Kosten instandsetzten (13. Jh.) oder Eremiten sich ihrer annahmen bzw. Indulgenzen für die Reparatur von Brücken und S.n von kirchl. Seite erteilt wurden (Canterbury, 1389). Im 13. Jh. gelegentl. unternommene Versuche, für die Reparatur von S.n wie auf dem Kontinent Zölle zu erheben, unterband das engl. Kgtm., um im 14. Jh. auf dem Felde der S.nbesserung selbst aktiv zu werden und es weitgehend unter seine Kontrolle zu bringen.

Auf der Iber. Halbinsel wachte das kast. Kgtm. seit Ende des 13. Jh. über die Integrität des S.nbestandes (→»Siete Partidas«, wahrscheinl. zw. 1256 und 1265) und ließ das Verkehrsnetz seit dem Ende des MA auf Kosten der Anlieger und Nutznießer reparieren.

In Italien war die Verbesserung des S.nnetzes im wesentl. ein Werk der Kommunen, die die Sorge für die Wege im Laufe des 13. Jh. auch auf ihr Territorium ausdehnten, wo man die S.n anfangs nur bei Bedarf, seit der 2. Hälfte des 13. Jh. aber schon regelmäßig instandsetzen ließ. Die Kosten der Arbeiten legte man nach dem Nutznießerprinzip teils auf die Ortschaften um, die von der S. durchquert wurden, teils auch auf jene Siedlungen, die in ihrem weiteren Einzugsbereich lagen. Dabei organisierte die Kommune nur die Instandhaltung der Haupts.n des Territoriums, während die Sorge für die Nebens.n den Gemeinden überlassen blieb. Die Verwaltung der S.n oblag jeweils dem Wegeamt, dessen Pflichten in eigenen Statuten zusammengefaßt wurden (Siena, 1290/99, Mailand 1346). Im Laufe der Zeit perfektionierte sich die Administration. Nachdem im 13. Jh. zunächst nur die Zahl der Haupts.n (*strate magistre, -principales*) festgelegt und die Verteilung der mit ihnen verbundenen Kosten lediglich. summar. umrissen waren, wurden im Laufe des 14. Jh. die Haupts.n ellenweise aufgeteilt, die Abschnitte im Gelände durch Versteinung markiert und schriftl. in eigenen S.nverzeichnissen (Siena 1306, Mailand 1346, Florenz 1461), im 16. Jh. sogar in einer Kartierung aller S.n des Territoriums (Florenz 1580–95) festgehalten.

Die Technik der S.nreparatur weist starke regionale Unterschiede auf. In Skandinavien gehörte dazu die Rodung, in den Ländern des europ. Nordens, Norddtl. und Nordfrankreich eingeschlossen, die Verwendung von Holzbohlen, in Italien die Aufschüttung von Kies und Pflasterung schwieriger Abschnitte, abgesehen von der Aushebung von S.ngräben und der Zuschüttung der Löcher im S.nboden.

Auch wenn die S.n jedem zur Benutzung offenstanden, hatten sich die Kaufleute gewöhnl. an bestimmte Strecken zu halten (Frankreich: rectum caminum, *droit chemin*; Dtl.: Geleits.n [→Geleit]; Italien: zw. Kommunen vertragl. festgelegte S.n), sofern sie auf die obrigkeitl. gewährte Sicherheit ihrer Transporte Wert legten.

Unsere Kenntnis des ma. Ferns.nnetzes vor dem Jahre 1300 ist fragmentar. und stützt sich auf Etappenverzeichnisse von →Pilgern, die nach Rom oder Santiago de Compostela zogen, sowie auf →Itinerare von Herrschern, geistl. Würdenträgern oder anderen Reisenden. Nach 1300 kommen vermehrt kaufmänn. Itinerare hinzu, die ganz Europa umfassen. Daneben erscheinen allmähl. auch S.nkarten. Das früheste Beispiel dafür ist die sog. Gough Map von ca. 1360, die das S.nnetz Englands in einer Gesamtlänge von 4700 km abbildet. →Topographie.

Th. Szabó

Lit.: L. GLASER, Dunántúl középkori úthálózata, Századok 63, 1929, 138–167, 257–285 – F. BRUNS–H. WECZERKA, Hans. Handelsn. in, 1967 – H.-J. NIEDEREHE, S. und Weg in der galloroman. Toponomastik, 1967 – A. C. LEIGHTON, Transport and Communication in the Early Medieval Europe AD 500–1100, 1972 – G. T. SALUSBURY-JONES, Street Life in Medieval England, 1975² – E. TÓTH, Eötteven seu via antiqua Romanorum, Magyar Nyelv LXXIII, 1977, 194–201 – R. PÉREZ-BUSTAMANTE, El marco jurídico para la construcción y reparación de caminos (Castilla: s.s XIV y XV), (Les communications dans la Péninsule ibérique au MA [Actes du Coll. de Pau, 28–29 mars 1980], 1981), 163–178 – B. P. HINDLE, Roads and Tracks (The English Medieval Landscape, ed. L. CANTOR, 1982), 193–217 – M. ROUCHE, L'éritage de la voirie antique dans la Gaule du haut MA, V^e–XIe s. (L'Homme et la Route en Europe occidentale au MA et aux Temps modernes [Flaran 2], 1982), 13–32 – L. FRANGIONI, Milano e le sue strade, 1983 – TH. SZABÓ, Antikes Erbe und karol.-otton. Verkehrspolitik (Fschr. J. FLECKENSTEIN zu seinem 65. Geburtstag, 1984), 125–145 – K. DÜWEL, Wege und Brücken in Skandinavien nach dem Zeugnis wikingerzeitl. Runeninschriften (Fschr. R. SCHMIDT-WIEGAND zum 60. Geburtstag I, 1986), 88–97 – Trasporti e sviluppo economico nei sec. XIII–XVIII, a cura di A. VANNINI MARX, 1986 – F. BOCCHI, Normativa urbanistica, spazi pubblici, disposizioni antinquinamento nella legislazione comunale delle città emiliane (Cultura e società nell'Italia medieval. studi per P. BREZZI [Studi Storici 184–187], 1988), 91–115 – Piante di Popoli e Strade. Capitani di Parte Guelfa 1580–95, ed. G. PANSINI, 1989 – E. HUBERT, Espace urbain et habitat à Rome du Xe à la fin du XIIIe s., 1990, 97–124 – R.-H. BAUTIER, Sur l'hist. économique de la France médiéval. La route, le fleuve, la foire, 1991 – F. J. VILLALBA RUIZ DE TOLEDO, Notas acerca del estudio de las vias de comunicación en la España cristiana durante los siglos X y XI (Estudios de Historia Medieval en homenaje a L. SUÁREZ FERNÁNDEZ, 1991), 535–547 – TH. SZABÓ, Comuni e politica stradale in Toscana e in Italia nel Medio Evo, 1992 – Viabilità e legislazione di uno Stato cittadino del Duecento. Lo Statuto dei Viarî di Siena, a cura di D. CIAMPOLI–TH. SZABÓ, 1992 – L. FRANGIONI, Milano fine Trecento (Il carteggio milanese dell'Archivio Datini in Prato, 1994), 8–180 – TH. SZABÓ, Die Entdeckung der S. im 12. Jh. (Studi i. o. di C. VIOLANTE, 1994), 913–929 – A. ESCH, Die Via Flaminia in der Landschaft, Antike Welt. Zs. für Archäologie und Kulturgesch. 26, 1995, 85–113.

II. SÜDOSTEUROPA: In ma. südslav. Texten finden sich für 'S.' im Sinne von Fernreiseweg das gemeinslav. Wort *put'* und *cesta*, letzteres wahrscheinl. eine Lehnübersetzung zu lat. 'strata' oder gr. 'dromos'. – Noch im FrühMA wurden in den zentralen Gebieten der Balkanhalbinsel die alten röm. Wege mit Sicherheit weiterbenutzt. Konkretere Quellennachrichten finden sich aber erst im 11. und 12. Jh., in der Zeit der byz. Vorherrschaft (→Byz. Reich, D. III–V) und der →Kreuzzüge. Einige Kreuzfahrerverbände (Raimund v. Toulouse, später dann Konrad III., Ludwig VII., Friedrich Barbarossa) wählten den mühsamen Landweg entlang der Adriaostküste, andere (Gottfried v. Bouillon) die Route durch Ungarn nach Belgrad und von dort weiter auf der Via militaris, der »Heerstraße« nach Konstantinopel (ungefähr 1000 km, Reisedauer einer Karawane: 26–30 Tage; wichtigste Etappenstationen: →Niš, →Sofia und →Adrianopel, mit Abzweigungen in Richtung →Thessalonike und zur →Ägäis). Doch blieb auch die aus röm. Zeit stammende Via Egnatia von →Dyrrhachion über →Ohrid nach Thessalonike und →Konstantinopel in Funktion.

Mit dem Aufblühen des Handels im Raum der Adria, der Agrar- und Stadtkolonisation in →Slavonien und der Erschließung von Bodenschätzen in →Bosnien und →Serbien erfolgte im 13.–15. Jh. ein intensiverer Ausbau der Verkehrswege unter Verlagerung der Hauptverkehrsströme. Die wichtigsten S.n dienten nun der Verbindung des Binnenlandes mit der Adriaostküste, um Anschluß an die Seewege nach Italien, v.a. nach →Venedig, zu finden (→Adria, →Mittelmeerhandel); die Routen folgten soweit als mögl., wie noch das moderne S.nnetz, den Flußläufen. Über Kupa und Una verlief der Verkehr zw. den nördl. Küstenstädten einerseits und Slavonien und Ungarn andererseits. Ausgangspunkte der Wege ins Landesinnere waren →Split, →Drijeva am Unterlauf der →Neretva, Dubrovnik (→Ragusa), →Kotor und Sveti Srđ an der →Bojana. Über die Via Narenta durch das Neretvatal gelangten Reisende in das Bosna-Tal und zum Bergbauort Olovo. Von Dubrovnik aus über Trebinje erreichte man bei Foča die Via Drina, die nach Goražde und Srebrenica wie auch ins Limtal führte (wichtigste Rastplätze: Bijelo Polje und Priboj). Nach O ging der Weg weiter ins Ibartal und zum Bergbaugebiet am Kopaonik und ins Amselfeld (→Kosovo polje) nach →Novo Brdo. Kotor und →Budva waren über die Via de Zenta (→Zeta) mit Podgorica verbunden; von hier führte eine S. ins Tara-Tal und nach Brskovo. Über mehrere Pässe verlief eine S. von Podgorica in

Prof. Dr. Ljubomir Maksimović
Filozofski fakultet, Beograd: *Geschichte Südosteuropas*

Prof. Dr. Helmut Meinhardt
Zentrum für Philosophie und Grundlagen der Wissenschaft, Universität Gießen: *Philosophie und Theologie des Mittelalters*

Prof. Dr. Volker Mertens
Germanisches Seminar, Freie Universität Berlin: *Deutsche Literatur*

Prof. Dr. Peter Moraw
Historisches Institut – Landesgeschichte, Universität Gießen: *Deutsche Geschichte im Spätmittelalter*

Prof. Dr. Hubert Mordek
Historisches Seminar, Universität Freiburg i. Br.: *Kanonisches Recht; Kirchengeschichte und Kirchenverfassung*

Prof. Dr. Dr. Hans-Georg v. Mutius
Seminar für Semitistik, Universität München: *Geschichte des Judentums*

PD Dr. Erwin Neuenschwander
Abt. Geschichte der Wissenschaft, Math. Inst., Universität Zürich: *Geschichte der Mechanik, Mathematik und Astronomie*

Mrs. Stella Mary Newton, London: *Kostümkunde*

Prof. Dr. Dr. h. c. Konrad Onasch, Halle/Saale: *Russische Kunst*

Prof. Dr. Paul Ourliac
Institut d'Études Politiques, Université des sciences sociales, Toulouse: *Romanisches Recht*

Prof. Dr. Edith Pásztor
Istituto di Storia Medioevale, Università di Roma: *Häresien*

Prof. Dr. Alexander Patschovsky
Fachgruppe Geschichte, Universität Konstanz: *Häresien*

Prof. Dr. Hans Patze †
Göttingen: *Deutsche Geschichte im Spätmittelalter*

Dr. Joachim M. Plotzek
Erzbischöfliches Diözesan-Museum, Köln: *Buch-, Wand- und Glasmalerei, Mosaikkunst*

Prof. Dr. Günter Prinzing
Historisches Seminar, Abt. Byzantinistik, Universität Mainz: *Byzantinische Geschichte und Kultur*

Prof. Dr. Adolf Reinle, Zürich: *Skulptur*

Prof. Dr. Marcell St. Restle
Institut für Byzantinistik, neugriechische Philologie und byzantinische Kunstgeschichte, Universität München: *Byzantinische Kunstgeschichte*

Prof. Dr. Michael Richter
Fachgruppe Geschichte, Universität Konstanz: *Keltologie*

Prof. Dr. Jonathan Riley-Smith
Royal Holloway College, London University: *Geschichte der Kreuzzüge*

Prof. Dr. Burkhard Roberg
Historisches Seminar, Universität Bonn: *Kirchengeschichte und Kirchenverfassung*

Prof. Dr. Werner Rösener
Max-Planck-Institut für Geschichte, Göttingen: *Agrar- und Siedlungsgeschichte*

Prof. Dr. Luciano Rossi
Romanisches Seminar, Universität Zürich: *Romanische Literaturen und Sprachen (Teilbereich)*

Prof. Dr. Walter Rüegg, Veytaux: *Humanismus; Universitäten, Schulwesen*

Prof. Dr. Hans Sauer
Institut für Anglistik/Amerikanistik, Technische Universität Dresden: *Altenglische Literatur; Mittelenglische Literatur*

Prof. Dr. med. et phil. Heinrich Schipperges, Heidelberg: *Geschichte der Medizin*

Prof. Dr. Peter Schreiner
Institut für Altertumskunde. Abt. Byzantinistik, Universität Köln: *Historische Grundwissenschaften in Byzanz, Südost- und Osteuropa*

Prof. Dr. Ursula Schulze
Germanisches Seminar, Freie Universität Berlin: *Deutsche Literatur*

PD Dr. Dr. Sigrid Schwenk
Forstwissenschaftlicher Fachbereich, Universität Göttingen: *Jagdwesen*

Prof. Dr. Klaus von See
Institut für Skandinavistik, Universität Frankfurt: *Skandinavische Literatur; Politische und Rechtsgeschichte Skandinaviens (unter Mitarbeit von Dr. Harald Ehrhardt)*

Prof. Dr. Josef Semmler
Abt. Mittelalter, Universität Düsseldorf: *Mönchtum*

Prof. Dr. Rolf Sprandel
Institut für Geschichte, Universität Würzburg: *Handel, Gewerbe, Verkehr, Bergbau, Bankwesen*

Prof. Dr. Heinz Stoob
Institut für vergleichende Städtegeschichte, Münster: *Städtewesen*

Prof. Robin L. Storey, M. A., Carlisle: *Englische Geschichte im Spätmittelalter*

Prof. Dr. František Svejkovský
Dept. of Slavic Languages and Literatures, University of Chicago: *Slavische Literaturen*

Prof. Dr. Giovanni Tabacco, Torino: *Geschichte Italiens im Spätmittelalter*

Prof. Dr. Andreas Tietze
Orientalisches Institut, Universität Wien: *Geschichte der Osmanen*

Prof. Dr. Adriaan Verhulst
Faculteit van de Letteren en Wijsbegeerte, Rijksuniversiteit Gent: *Agrar- und Siedlungsgeschichte; Geschichte der Niederlande*

Prof. Dr. Giulio Vismara
Istituto di Storia del Diritto Italiano, Università degli Studi, Milano: *Italienische Rechtsgeschichte*

Dr. Ludwig Vones
Historisches Seminar, Universität Köln: *Geschichte der Iberischen Halbinsel*

Prof. Dr. Peter Weimar
Rechtswissenschaftliches Seminar, Universität Zürich: *Römisches und gemeines Recht*

Prof. Dr. Karl Ferdinand Werner, Paris/Rottach-Egern: *Geschichte Deutschlands und Frankreichs im Hochmittelalter*

Prof. Dr. Hartmut Zapp
Kanonistisches Seminar, Universität Freiburg i. Br.: *Kanonisches Recht*

Prof. Dr. Klaus Zernack
Geschichtswissenschaften Freie Universität Berlin: *Geschichte Ostmitteleuropas im Spätmittelalter*

MITTEILUNG AN DIE BEZIEHER DER LIEFERUNGSAUSGABE

Das LEXIKON DES MITTELALTERS wird acht Bände mit je 1128 Seiten umfassen. Je 10 Lieferungen zu je 7 Druckbogen (= 112 Seiten) und eine Titelei ergeben einen Band. Der Verlag behält sich vor, auch Lieferungen mit einem größeren Umfang und entsprechend höherem Bezugspreis zu disponieren. Zusammen mit der letzten Lieferung eines Bandes kann auf Wunsch eine Einbanddecke bezogen werden. Die Titelei erscheint mit der letzten Lieferung eines Bandes.

Die vorliegende Lieferung ist die 1. Lieferung des achten Bandes. Sie umfaßt 7 Druckbogen = 112 Seiten. Der Subskriptionspreis für die Fortsetzungsbezieher beträgt DM 50,– / SFr. 50,– / ÖS 390,–, der Einzelbezugspreis DM 60,– / SFr. 60,– / ÖS 468,–. Dieser Preis ist auf der Grundlage der Effektivkosten des Jahres 1993 berechnet.

REDAKTION MÜNCHEN

Dr. Mag. phil. Gloria Avella-Widhalm
Dr. Liselotte Lutz
Roswitha Mattejiet, M. A.
Ulrich Mattejiet, M. A.

ARBEITSSTELLE LEXIKON DES MITTELALTERS AM HISTORISCHEN SEMINAR DER UNIVERSITÄT ZÜRICH

Dr. Charlotte Bretscher-Gisiger
Dr. Thomas Meier

ANSCHRIFTEN

für München:

LexMA Verlag, Hackenstraße 5, D-80331 München
Telefon (089) 236803-0, Telefax (089) 264499

für Zürich:

Arbeitsstelle LexMA, Münstergasse 9, CH-8001 Zürich
Telefon (01) 2623773, Telefax (01) 2624792

© 1996 LexMA Verlag GmbH, München.
Alle Rechte, einschließlich derjenigen des auszugsweisen Abdrucks,
der fotomechanischen und elektronischen Wiedergabe, vorbehalten.
Satz und Druck: Laupp & Göbel, Nehren b. Tübingen
Printed in Germany. ISBN 3-89659-871-6

Der Umschlag dieser Lieferungsausgabe